suhrkamp taschenbuch
wissenschaft 1400

Die *Physik der Sitten und des Rechts* ist ein Schlüsseltext zum Verständnis von Emile Durkheims Werk. Es handelt sich dabei um eine Vorlesungsreihe, die Durkheim zwischen 1890 und 1900 zweimal in Bordeaux, zwischen 1902 und 1915 mehrfach in Paris gehalten hat.
Nach der Beendigung seiner religionssoziologischen Studie *Die elementaren Formen des religiösen Lebens* (stw 1125) hatte Durkheim noch mit dem groß angelegten Versuch begonnen, seine gesammelten Erkenntnisse zur Soziologie der Moral in einem Buch mit dem Titel *Die Moral* zusammenzufassen, ein Vorhaben, das ihm durch seinen frühen Tod verwehrt blieb. Wie aus der Einleitung (1920) – dem einzig erhaltenen Fragment dieses Projekts – hervorgeht, wollte er einen Großteil der vorliegenden Vorlesungsreihe gemäß dem skizzierten Aufbau übernehmen und die Resultate seiner empirischen Forschungsbemühungen einarbeiten. Da es dazu nicht mehr gekommen ist, stellt die *Physik der Sitten und des Rechts* – neben dem Aufsatz »Bestimmung der moralischen Tatsache« (enthalten in stw 176: Emile Durkheim, *Soziologie und Philosophie*) und der Vorlesung *Erziehung, Moral und Gesellschaft* (stw 487) – Durkheims wichtigste Studie seiner Soziologie als Wissenschaft von der Moral dar, sein geistiges Vermächtnis, wenn auch in unvollständiger Form.
Emile Durkheim (1858-1917) war ab 1896 Professor in Bordeaux, ab 1902 an der Sorbonne in Paris.

Emile Durkheim
Physik der Sitten und des Rechts

Vorlesungen zur Soziologie der Moral

Übersetzt von
Michael Bischoff

Herausgegeben von
Hans-Peter Müller

Suhrkamp

Die Deutsche Bibliothek – CIP-Einheitsaufnahme
Durkheim, Emile:
Physik der Sitten und des Rechts :
Vorlesungen zur Soziologie der Moral /
Emile Durkheim. Übers. von Michael Bischoff.
Hrsg. von Hans-Peter Müller. –
1. Aufl. – Frankfurt am Main :
Suhrkamp, 1999
(Suhrkamp-Taschenbuch Wissenschaft ; 1400)
ISBN 3-518-29000-2

suhrkamp taschenbuch wissenschaft 1400
Erste Auflage 1999

Druck: Wagner GmbH, Nördlingen
Printed in Germany
Umschlag nach Entwürfen von
Willy Fleckhaus und Rolf Staudt

1 2 3 4 5 6 – 03 02 01 00 99

Inhalt

Physik der Sitten und des Rechts

ERSTE VORLESUNG

Die Berufsmoral

Die Physik der Sitten und des Rechts befaßt sich mit moralischen und rechtlichen Tatbeständen. Bei diesen Tatbeständen handelt es sich um sanktionsbewehrte Verhaltensregeln. Die Wissenschaft hat zu klären:

1. wie diese Regeln im geschichtlichen Verlauf entstanden sind, das heißt, auf welche Ursachen sie zurückgehen und welchen Zwecken sie dienen;
2. wie sie innerhalb der Gesellschaft funktionieren, das heißt, auf welche Weise sie von den Individuen angewandt werden.

Es ist nun in der Tat etwas anderes, ob man danach fragt, wie unser gegenwärtiger Eigentumsbegriff entstanden ist und wie es demnach kommt, daß der Diebstahl unter den vom Gesetz präzisierten Bedingungen ein Verbrechen darstellt, oder ob man zu klären versucht, unter welchen Voraussetzungen die dem Schutz des Eigentumsrechts dienende Regel mehr oder weniger beachtet wird, das heißt, wie es kommt, daß es in den verschiedenen Gesellschaften viele oder wenige Diebe gibt. Doch obwohl es sich um zwei verschiedene Fragen handelt, sollten sie in der Analyse nicht voneinander getrennt werden, denn sie hängen aufs engste miteinander zusammen. Die Gründe für die Entstehung der Regel und die Gründe für ihre mehr oder weniger starke Verankerung im Bewußtsein einer größeren oder kleineren Zahl von Individuen sind zwar nicht identisch, aber sie beeinflussen sich gegenseitig und vermögen sich wechselseitig zu erhellen. Die Frage nach der Genese und die Frage nach dem Funktionieren müssen also nacheinander erforscht werden. Deshalb kommen in der Physik der Sitten und des Rechts auch zwei unterschiedliche Forschungsmethoden zur

Anwendung. Auf der einen Seite haben wir die vergleichende Geschichtswissenschaft und die vergleichende Ethnographie; sie helfen uns, die Genese der Regel nachzuzeichnen; sie zeigen uns die einzelnen Elemente, aus denen sie besteht, und führen uns vor Augen, wie diese Elemente nach und nach zusammengefügt worden sind. Auf der anderen Seite haben wir den statistischen Vergleich, der es uns gestattet, das jeweilige Maß an Autorität zu ermitteln, das diese Regel im Bewußtsein der Menschen besitzt, und die Gründe zu bestimmen, weshalb diese Autorität in ihrer Stärke unterschiedlich ausgeprägt ist. Zweifellos sind wir gegenwärtig noch nicht in der Lage, jede moralische Frage aus beiden Perspektiven zu untersuchen, denn in den meisten Fällen fehlen uns die erforderlichen statistischen Daten. Dennoch ist der Hinweis angebracht, daß eine Wissenschaft, die auf Vollständigkeit bedacht ist, nicht umhin kann, sich mit beiden Fragen auseinanderzusetzen.

Mit dieser Definition des Forschungsgegenstandes ist auch die Einteilung der Wissenschaft festgelegt. Die moralischen und rechtlichen Tatbestände – wir werden im weiteren nur noch abgekürzt von moralischen Tatbeständen sprechen – bestehen aus sanktionsbewehrten Verhaltensregeln. Die Sanktion ist mithin das gemeinsame Merkmal aller in diese Kategorie fallenden Tatsachen. Kein anderer Tatbestand im Bereich des menschlichen Lebens zeigt diese Besonderheit. Denn die Sanktion, wie wir sie definiert haben, ist nicht etwa bloß die spontane Folge menschlichen Handelns, wie man zum Beispiel sagt, Unmäßigkeit führe zu Krankheit, oder die Faulheit eines Prüfungskandidaten ziehe dessen Scheitern nach sich. Die Sanktion ist zwar durchaus auch Folge der Handlung, aber eine Folge, die nicht aus der Handlung an sich resultiert, sondern aus dem Umstand, daß die Handlung einer im voraus festgelegten Verhaltensregel entspricht oder nicht entspricht. Diebstahl wird bestraft, und diese Strafe ist eine Sanktion. Aber die Sanktion resultiert nicht aus der Tatsache, daß Diebstahl aus bestimmten materiellen Operationen besteht; die repressive Reaktion, die auf die Verletzung des Eigentumsrechtes folgt, verdankt sich einzig und allein dem Umstand, daß Diebstahl, das heißt der Angriff auf das Eigentum eines anderen, verboten ist. Diebstahl wird nur deshalb bestraft, weil er verboten ist. In einer Gesellschaft, in der eine andere Auffassung von Eigentum herrscht als bei uns, würden viele Handlungen, die wir als Diebstahl einstufen und entsprechend bestrafen, nicht als Diebstahl verstanden und demnach auch nicht bestraft. Die Sanktion ist also nicht an das Wesen der betreffenden Handlung gebunden, denn sie kann auch ausbleiben, obwohl die Handlung dieselbe ist. Sie hängt gänzlich von der Beziehung zwischen der Handlung und einer Regel ab, die diese Handlung zuläßt oder verbietet. Und deshalb ist die Sanktion das Definitionsmerkmal sämtlicher moralischen und rechtlichen Regeln.

So mußte denn die Sanktion als Wesenselement jeglicher moralischen Regel zuerst untersucht werden. Und deshalb war der erste Teil dieser Vorlesung[1] einer Theorie der Sanktionen gewidmet. Wir haben die verschiedenen Arten von Sanktionen herausgearbeitet – strafrechtliche, moralische, zivilrechtliche; wir haben ihren gemeinsamen Ursprung erkundet und herauszufinden versucht, wie sie sich von diesem gemeinsamen Ursprung her ausdifferenziert haben. Bei dieser Untersuchung der Sanktionen haben wir die Regeln selbst völlig außer acht gelassen. Doch nachdem ihr gemeinsames Merkmal herausgearbeitet war, mußten wir uns den Regeln selbst zuwenden, die den wesentlichen und zentralen Teil der Wissenschaft ausmachen.

Bei den Regeln haben wir zwei Arten zu unterscheiden: Die einen gelten unterschiedslos für alle Menschen. Sie beziehen sich auf den Menschen schlechthin. Sämtliche Regeln, die

1 Dieser Teil der Vorlesung ist verloren gegangen. Siehe die editorische Notiz und das Nachwort des Herausgebers.

uns vorschreiben, wie wir unser eigenes Menschsein und das Menschsein anderer respektieren und fortentwickeln sollen, gelten für alle Menschen gleichermaßen. Diese Regeln einer universellen Moral bestehen ihrerseits aus zwei Gruppen; die erste Gruppe bezieht sich auf das Verhältnis, das jeder zu sich selbst hat; diese Regeln konstituieren die individuelle Moral. Die zweite Gruppe betrifft unsere Beziehungen zu anderen Menschen, und zwar ungeachtet jeder Gruppenzugehörigkeit. Die Pflichten, die uns diese beiden Gruppen von Regeln auferlegen, beruhen einzig und allein auf der Tatsache, daß wir und die anderen, mit denen wir in Beziehung treten, Menschen sind. Aus der Sicht eines gemeinsamen moralischen Bewußtseins müssen diese Regeln für alle dieselben sein. Die erste dieser beiden Gruppen von Regeln haben wir bereits untersucht[2]; die zweite wird den Gegenstand des letzten Teils unserer Vorlesung bilden. Man sollte übrigens nicht allzu erstaunt sein, daß diese beiden Bereiche der Moral, die in mancherlei Hinsicht doch so eng miteinander verwandt sind, in unserer Untersuchung getrennt behandelt und an zwei gegenüberliegenden Polen der Wissenschaft angesiedelt worden sind. Diese Einteilung hat ihre Gründe. Denn die Regeln der individuellen Moral haben die Funktion, im Bewußtsein des einzelnen die grundlegenden und allgemeinen Voraussetzungen für jegliche Art von Moral zu legen; auf diesem Fundament ruht alles übrige. Die Regeln dagegen, durch die jene Pflichten bestimmt werden, die der Mensch den anderen gegenüber allein aufgrund der Tatsache hat, daß sie alle Menschen sind, bilden den Schlußstein der Ethik, den krönenden Abschluß des gesamten Gebäudes. Der Aufbau der Untersuchung ist daher durchaus nicht künstlich, sondern entspricht sehr wohl der Ordnung der Dinge.

Aber zwischen diesen beiden Polen sind Pflichten ganz ande-

2 Dieser Teil der Vorlesung ist verloren gegangen. Siehe die editorische Notiz und das Nachwort des Herausgebers.

rer Art angesiedelt. Sie beruhen nicht auf der allgemeinen Qualität des Menschseins, sondern auf spezifischen Qualitäten, die nicht jedem Menschen eigen sind. Schon Aristoteles hat festgestellt, daß die Moral in gewissem Maße variiert, je nachdem, wer sie praktiziert. Die Moral des Mannes, sagte er, ist nicht die der Frau; die Moral des Erwachsenen nicht die des Kindes, die des Sklaven nicht die des Herrn usw. Die Beobachtung ist richtig, und heute kommt ihr eine weitaus allgemeinere Geltung zu, als Aristoteles annehmen konnte. Denn in Wirklichkeit ist der größte Teil unserer Pflichten von dieser Art. Das galt schon für jene Pflichten, die wir im vergangenen Jahr zu untersuchen Gelegenheit hatten[3], das heißt für jene, deren Gesamtheit das häusliche Recht und die häusliche Moral bildet. Dort begegnen uns in der Tat Unterschiede des Geschlechts, des Alters, des Verwandtschaftsgrades, und alle diese Unterschiede haben Einfluß auf die moralischen Beziehungen. Dasselbe gilt für die Pflichten, die wir in Kürze untersuchen werden, für die staatsbürgerlichen Pflichten nämlich, also die Pflichten des Menschen gegenüber dem Staat. Denn da nicht alle Menschen demselben Staat angehören, haben sie auch unterschiedliche und zuweilen sogar gegensätzliche Pflichten. Auch abgesehen von den Antagonismen, die sich daraus ergeben, variieren die staatsbürgerlichen Pflichten mit der jeweils ganz verschiedenen Natur des Staates. Die Pflichten des Bürgers sind in einer Aristokratie nicht dieselben wie in einer Demokratie, und in einer Demokratie nicht dieselben wie in einer Monarchie. Dennoch besitzen die häuslichen und die staatsbürgerlichen Pflichten noch ein recht hohes Maß an Allgemeinheit. Denn im Prinzip gehört jeder Mensch einer Familie an und gründet eine eigene Familie. Jeder ist Vater, Mutter, Onkel usw. Zwar gehören nicht alle zur selben Zeit derselben Altersklasse an und haben deshalb nicht dieselben Pflichten

3 Dieser Teil der Vorlesung ist verloren gegangen. Siehe die editorische Notiz und das Nachwort des Herausgebers.

innerhalb der Familie, aber diese Unterschiede sind jeweils nur von begrenzter Dauer; zwar erfüllen nicht alle diese unterschiedlichen Pflichten zur selben Zeit, aber jeder erfüllt sie sämtlich nacheinander. Es gibt innerhalb der Familie keine Pflichten, denen der Mensch sich nicht irgendwann einmal zu widmen hätte, zumindest unter normalen Umständen. Die einzigen Unterschiede, die dauerhaften Bestand haben, sind die des Geschlechts; aber sie reduzieren sich auf Nuancen. Gleiches gilt für die staatsbürgerliche Moral. Sie variiert von Staat zu Staat, aber jeder Mensch gehört irgendeinem Staat an, und die Pflichten, die ihm daraus erwachsen, sind überall in ihren Grundzügen ähnlich (die Pflicht zu Treue und Aufopferung). Es gibt keinen Menschen, der nicht Mitglied eines politischen Gemeinwesens wäre. Eine Gruppe von Regeln zeigt indessen ein sehr viel höheres Maß an Vielfalt; es handelt sich um jene Regeln, die zusammen den Komplex der Berufsmoral bilden. Professoren haben andere Pflichten als Kaufleute; Unternehmer haben andere Pflichten als Soldaten, Soldaten andere als Priester usw. Man kann sagen, daß es ebenso viele unterschiedliche Moralen wie Berufe gibt, und da jeder Mensch in der Regel nur einen Beruf ausübt, so folgt daraus, daß diese unterschiedlichen Moralen für vollkommen verschiedene Gruppen von Menschen Geltung haben. Die Unterschiede können sich sogar bis zu Gegensätzen steigern. Die Moralen unterscheiden sich nicht bloß voneinander, manche von ihnen stehen in direktem Gegensatz zueinander. Der Wissenschaftler hat die Pflicht, seinen kritischen Verstand zu schulen und sein Denken keiner anderen Autorität zu unterwerfen als der Vernunft; er muß sich bemühen, ein freier Geist zu sein. Der Priester und der Soldat haben in gewisser Weise die gegenteilige Verpflichtung. In einem noch zu bestimmenden Ausmaß besteht ihre Pflicht in passivem Gehorsam. Der Arzt hat gelegentlich die Pflicht, zu lügen oder zumindest nicht die ihm bekannte Wahrheit zu sagen; für die Vertreter der übrigen Berufe gilt das Gegenteil. Wir stoßen also innerhalb jeder Gesellschaft auf eine Vielzahl parallel funktionierender Moralen. Und mit diesem Teil der Ethik wollen wir uns hier beschäftigen. Die Stellung, die wir dieser Untersuchung im folgenden zuweisen, steht übrigens voll im Einklang mit den bisherigen Ausführungen. Der moralische Partikularismus, wenn man so sagen darf, der in der individuellen Moral völlig fehlt, tritt in der häuslichen Moral erstmals auf, erreicht seinen Höhepunkt in der Berufsmoral, nimmt dann in der staatsbürgerlichen Moral wieder ab und löst sich schließlich in einer allgemeinen Menschheitsmoral auf. In dieser Hinsicht hat die Berufsmoral also ihren Platz zwischen der familialen Moral, von der wir bereits gesprochen haben, und der staatsbürgerlichen Moral, mit der wir uns später noch befassen werden. Aus diesem Grunde wollen wir hier ein paar Worte dazu sagen.

Wir können jedoch nur kurz auf diesen Bereich eingehen, denn offensichtlich ist es unmöglich, die Moral jedes einzelnen Berufsstandes zu beschreiben oder gar zu erklären – und schon die Beschreibung wäre ein gewaltiges Unterfangen. Wir vermögen lediglich ein paar Überlegungen zu den wichtigsten Fragen vorzutragen, die man in diesem Zusammenhang aufwerfen könnte, wobei wir uns auf zwei beschränken: 1. Welche allgemeinen Merkmale kennzeichnen die Berufsmoral im Verhältnis zu den übrigen Bereichen der Ethik? 2. Welches sind die notwendigen Bedingungen für die Entstehung und das Funktionieren jeglicher Berufsmoral?

Das Merkmal, durch das die Berufsmoral sich von allen übrigen Bereichen der Ethik unterscheidet, ist die relative Gleichgültigkeit, mit der das öffentliche Bewußtsein sie bedenkt. Es gibt keine moralischen Regeln, auf deren Verletzung die öffentliche Meinung zumindest gemeinhin mit solcher Indifferenz reagiert. Fehler, die nur die Ausübung eines Berufes betreffen, erfahren jenseits des eigentlichen Berufsmilieus allenfalls einen unbestimmten Tadel.

Sie gelten dort als läßliche Sünden. Bei einem Beamten zum Beispiel vermag der Verweis eines Vorgesetzten oder eine von einem eigens für solche Fragen eingerichteten Spezialgericht verhängte Disziplinarstrafe den Schuldigen in seiner Ehre nicht sonderlich zu beeinträchtigen, sofern er natürlich mit seiner Tat nicht zugleich gegen Vorschriften der allgemeinen Moral verstoßen hat. Ein Finanzbeamter, der eine Unterschlagung begeht, wird wie jeder andere behandelt, der sich eines solchen Vergehens schuldig gemacht hat. Aber ein Buchhalter, der nicht sämtliche Regeln einer ordentlichen Buchführung beachtet, oder ein Beamter, der seinen Dienstpflichten nicht mit der nötigen Sorgfalt nachkommt, steht nicht als Schuldiger da, obwohl er natürlich innerhalb seines Unternehmens oder seiner Behörde als solcher behandelt wird. Einen abgeschlossenen Vertrag nicht einzuhalten gilt unter Geschäftsleuten als schändlich, ja möglicherweise als die größte Schändlichkeit, die man begehen kann. Außerhalb der Geschäftswelt sieht man das anders. Wir denken gar nicht daran, einem Bankrotteur unsere Achtung zu entziehen, nur weil er Bankrott gemacht hat. Warum die Berufsmoral diese Besonderheit zeigt, ist leicht zu erklären. Sie vermag im öffentlichen Bewußtsein nicht auf lebhaftes Interesse zu stoßen, eben weil sie nicht für sämtliche Mitglieder der Gesellschaft Geltung beansprucht, oder anders gesagt, weil sie ein wenig außerhalb des öffentlichen Interesses steht. Denn da sie die Ausführung von Aufgaben regelt, die nicht von jedermann ausgeführt werden, hat auch nicht jedermann ein Verständnis dafür, wie diese Aufgaben geartet sind, wie sie ausgeführt werden sollten und in welchen Beziehungen jene Menschen stehen sollten, denen die Ausführung dieser Aufgaben obliegt. All das entgeht mehr oder weniger der öffentlichen Meinung, liegt zumindest teilweise außerhalb ihres unmittelbaren Einflußbereichs. Und deshalb fühlt die Allgemeinheit sich von Verstößen dieser Art allenfalls geringfügig berührt. Nur solche Verstöße vermögen sie zu treffen, die aufgrund ihrer Schwere Auswirkungen auf die Allgemeinheit haben könnten.

Aus diesen Überlegungen ergibt sich auch ein Hinweis auf die Grundvoraussetzung, ohne die es keine Berufsmoral geben kann. Eine Moral ist stets das Werk einer Gruppe und funktioniert nur, wenn die Gruppe sie mit ihrer Autorität beschützt. Sie besteht aus Regeln, die dem einzelnen auferlegt werden, die ihn verpflichten, in bestimmter Weise zu handeln, die den Neigungen des einzelnen Grenzen setzen und deren Überschreitung verbieten. Nun gibt es aber nur eine moralische und damit allgemeine Macht, die über dem Individuum steht und ihm legitimerweise ein Gesetz auferlegen kann, das ist die Macht des Kollektivs. In dem Maße, wie das Individuum sich selbst überlassen und von sozialen Zwängen frei bleibt, ist es auch jedem moralischen Zwang entzogen. Diese Grundvoraussetzung jeglicher Moral gilt auch für die Berufsmoral. Da nun die Gesellschaft als ganze kein Interesse an der Berufsmoral zeigt, muß es innerhalb der Gesellschaft Gruppen geben, in deren Schoß sie sich entwickelt und die über die Einhaltung ihrer Regeln wachen. Bei diesen Gruppen handelt es sich natürlich um die Vereinigung von Angehörigen desselben Berufes und damit um Berufsgruppen. Während also die allgemeine Moral ihr einheitliches Substrat und einziges Organ in der Gesamtheit der Gesellschaftsmitglieder findet, weist die Berufsmoral eine Vielzahl von Organen auf. Und es gibt deren ebenso viele, wie es Berufe gibt. Jedes dieser Organe besitzt gegenüber den anderen wie auch gegenüber der Gesamtgesellschaft eine relative Autonomie, denn für die Verhältnisse, deren Regelung ihm obliegt, besitzt allein das betreffende Organ die nötige Kompetenz. So zeigt sich hier noch deutlicher als zuvor der partikulare Charakter der Berufsmoral, bedeutet sie doch in der Tat eine Dezentralisierung des moralischen Lebens. Während die Meinung, auf der die allgemeine Moral basiert, diffus über die ganze Gesellschaft verteilt ist, ohne daß man sagen könnte, sie sei eher hier als dort lokalisiert, ist die Berufsmoral in einem beschränkten Bereich angesiedelt. Auf diese Weise bilden sich verschiedene, wenngleich solidarische Horte des moralischen Lebens heraus, und der funktionalen Differenzierung entspricht eine Art moralischer Polymorphismus.

Aus dieser Feststellung ergibt sich sogleich als deren Korollar eine weitere. Da jede Berufsmoral das Werk einer Berufsgruppe ist, übernimmt sie teilweise deren Eigenheiten. Dabei gilt allgemein und unter ansonsten gleichartigen Bedingungen: Je ausgeprägter die Gruppe konstituiert ist, desto größer ist die Zahl der ihr eigenen moralischen Regeln und desto größer auch deren Autorität über das Bewußtsein ihrer Mitglieder. Denn je enger der Zusammenhalt einer Gruppe, desto enger und häufiger der Kontakt zwischen ihren Mitgliedern, und je enger und häufiger der Kontakt zwischen den Gruppenmitgliedern, desto umfangreicher der Austausch an Gedanken und Gefühlen, mit der Folge, daß schließlich auch die öffentliche Meinung sich auf eine größere Zahl von Gegenständen erstreckt, da ja eine größere Zahl von Dingen in den gemeinsamen Bereich fallen. Man vergleiche damit eine Bevölkerung, die über eine weite Fläche verstreut lebt, deren verschiedene Teile kaum miteinander kommunizieren können, sondern die meiste Zeit allein auf sich gestellt sind, so daß die öffentliche Meinung sich nur bei den seltenen Gelegenheiten herauszubilden vermag, zu denen die verstreuten Teile sich mühsam zusammenfinden müssen. Des weiteren gilt, daß eine Gruppe, sofern sie stark ist, ihre Autorität auf die moralische Disziplin überträgt, die sie errichtet und die demgemäß respektiert wird. Eine Gesellschaft mit geringem Zusammenhalt, deren Kontrolle man sich leicht zu entziehen vermag und deren Präsenz man nicht ständig spürt, kann die von ihr erlassenen Vorschriften dagegen nur mit einem geringeren Einfluß ausstatten. Daher können wir sagen, daß Berufsgruppen mit starkem Zusammenhalt und hohem Organisationsgrad am ehesten über eine hochentwickelte und funktionstüchtige Berufsmoral verfügen werden.

Diese Voraussetzung ist bei einer Reihe von Berufsgruppen hinreichend erfüllt. Das gilt insbesondere für solche Professionen, die in mittelbarer oder unmittelbarer Beziehung zum Staat stehen und dadurch einen öffentlichen Charakter haben, für die Armee, die Lehrerschaft, den Richterstand, die Verwaltung usw. Jede dieser Funktionsgruppen bildet einen wohlumgrenzten und einheitlichen Komplex mit berufstypischen Regeln, über deren Einhaltung eigens dafür bestimmte Organe wachen. Bei diesen Organen handelt es sich entweder um Amtsträger, zu deren Aufgaben die Kontrolle der ihnen unterstellten Untergebenen gehört (Inspektoren, Direktoren, Vorgesetzte aller Art), oder um echte Gerichte, die durch Wahl oder auf andere Weise zustande gekommen sind und denen es obliegt, schwere Verstöße gegen die beruflichen Pflichten zu ahnden (Disziplinargerichte oder Disziplinarausschüsse im Bereich der Verwaltung, des Schulwesens usw.). Neben den genannten Berufsgruppen gibt es einen Berufsstand, der nicht im selben Maße öffentlichen Charakter besitzt wie die angeführten und dennoch in ganz ähnlicher Weise organisiert ist: die Anwaltschaft. Der Stand – um den üblichen Ausdruck zu verwenden – verfügt über eine Berufsorganisation mit regelmäßigen Versammlungen und einem gewählten Vorstand, dem es obliegt, über die Einhaltung der überkommenen, für alle Mitglieder der Gruppe geltenden Regeln zu wachen. In all diesen Fällen liegt die Kohärenz der Gruppe auf der Hand und wird durch ihre Organisation gewährleistet. Des weiteren findet sich hier überall ein Reglement, das die beruflichen Aktivitäten bis ins Detail regelt und das sich bei Bedarf Achtung zu verschaffen weiß.

Es gibt jedoch – und das ist die wichtigste Feststellung, zu der diese Untersuchung der Berufsmoral Anlaß geben muß –, es gibt eine ganze Kategorie von Funktionen, die der genannten Bedingung keineswegs genügen; das sind die ökonomischen Funktionen in Handel und Industrie. Zweifellos stehen die Menschen, die derselben Tätigkeit nachgehen, schon aufgrund dieser Tätigkeit in einer Beziehung zueinander. Allein schon die Konkurrenz schafft eine solche Beziehung. Aber diesen Beziehungen fehlt es an der nötigen Regelmäßigkeit; sie hängen von zufälligen Begegnungen ab und bleiben strikt individueller Natur. Der einzelne Unternehmer steht in Kontakt mit anderen Unternehmern; aber es kommt nicht vor, daß sich sämtliche Unternehmer einer Branche zu festgesetzten Zeiten versammelten. Demnach gibt es jenseits der einzelnen Berufsangehörigen keine Standesorganisation, die für die Bewahrung der Einheit, die Pflege der Tradition und die Einhaltung gemeinsamer Praktiken sorgte, und dies notfalls auch mit Zwangsmitteln. Es gibt kein solches Organ, weil es nur als Ausdruck des gemeinsamen Lebens der Gruppe zustande kommen könnte und weil die Gruppe solch ein Gemeinschaftsleben gar nicht besitzt, zumindest nicht in einer als kontinuierlich zu bezeichnenden Weise. Es bleibt die Ausnahme, daß die Mitglieder einer solchen Berufsgruppe sich einmal auf einem Kongreß zusammenfinden, um Fragen von gemeinsamem Interesse zu diskutieren. Solche Kongresse dauern jeweils nur kurze Zeit und wirken nicht über die speziellen Umstände hinaus, die zu ihrer Einberufung geführt haben, womit dann auch das Gemeinschaftsleben, zu dem sie Anlaß boten, wieder erlischt.

Die mangelnde Organisation der wirtschaftlichen Berufe hat eine überaus wichtige Konsequenz: In diesem ganzen Bereich des sozialen Lebens gibt es keine Berufsmoral. Oder zumindest ist das, was auf diesem Gebiet anzutreffen ist, so rudimentär, daß man darin allenfalls ein Versprechen auf die Zukunft erblicken kann. Zwar gibt es zwangsläufig einige Kontakte zwischen den Individuen, aus denen einige gemeinsame Ideen und in der Folge auch ein paar Verhaltensregeln resultieren, doch die sind nur vage und besitzen wenig Autorität. Wollte man versuchen, die Ideen einigermaßen klar auszuformulieren, die darüber im Umlauf sind, wie das Verhältnis der Beschäftigten untereinander und zu ihrem Arbeitgeber, zwischen den Arbeitern und dem Unternehmer, zwischen den Unternehmern selbst sowie zwischen diesen und der Öffentlichkeit beschaffen sein sollte, so erhielte man allenfalls sehr unscharfe und unbestimmte Formeln. Ein paar kaum greifbare Gemeinplätze über die Treuepflicht des Angestellten oder Arbeiters gegenüber ihrem Arbeitgeber und über die Zurückhaltung, mit der die Unternehmer von ihrer ökonomischen Vormachtstellung Gebrauch machen sollten, sowie eine gewisse Mißbilligung allzu offenkundig unlauterer Konkurrenz, das wäre fast schon alles, was den Inhalt des moralischen Bewußtseins der verschiedenen Berufe ausmacht. Derart vage und realitätsferne Leitlinien können keinen sonderlich großen Einfluß auf das Verhalten ausüben. Außerdem gibt es keine Instanz, die über ihre Einhaltung wachte. Sie werden allenfalls durch eine diffuse Meinung sanktioniert, und da diese Meinung sich nicht auf regelmäßige Beziehungen zwischen den Individuen stützt, da sie aus demselben Grunde keine ausreichende Kontrolle über das individuelle Handeln auszuüben vermag, fehlt es ihr an Konsistenz und Autorität. Daher lastet die Berufsmoral nur mit einem sehr geringen Gewicht auf dem Gewissen des einzelnen und schrumpft letztlich zu einem Nichts zusammen. Wie wir sehen, gibt es heutzutage einen ganzen Bereich kollektiven Handelns, der außerhalb der Moral steht und dem mäßigenden Einfluß der Pflicht fast vollständig entzogen ist.

Ist dieser Zustand normal? Große Doktrinen sind dieser Ansicht. Vor allem der Ökonomismus, der die These vertritt, das Spiel der ökonomischen Kräfte reguliere sich selbst und finde automatisch zu einem Gleichgewicht, ohne daß es nötig oder auch nur möglich wäre, diese Kräfte irgendeinem lenkenden Einfluß zu unterwerfen. Letztlich gehen auch die meisten sozialistischen Doktrinen von dieser Vorstellung aus. Denn wie der Ökonomismus, so vertritt auch der Sozialismus die Auffassung, das Wirtschaftsleben sei in der Lage, sich selbst zu regulieren und in geregelten Bahnen harmonisch zu funktionieren, ohne daß es einer moralischen Autorität unterstellt wäre; allerdings müsse das Eigentumsrecht umgestaltet werden, die Dinge dürften nicht mehr von einzelnen oder Familien monopolisiert werden, sondern müßten wieder in die Hand der Gesellschaft gelangen. Danach bräuchte der Staat nur noch eine genaue Statistik der periodisch erzeugten Güter zu führen und sie nach einer festgelegten Formel unter seinen Bürgern zu verteilen. Indessen erheben beide Theorien lediglich einen morbiden Zustand in den Rang einer Norm. Denn es ist durchaus richtig, daß unser Wirtschaftsleben gegenwärtig so beschaffen ist; aber es ist unmöglich, daß die Wirtschaft in diesem Zustand verharrt, selbst wenn die Organisation des Eigentums eine tiefgreifende Veränderung erfährt. Es ist nicht möglich, daß eine soziale Funktion ohne jede moralische Disziplin existiert. Anderenfalls bliebe nichts außer den individuellen Begierden, die sich aufgrund ihrer wesensmäßigen Grenzenlosigkeit und Unersättlichkeit nicht selbst regulieren können, sondern von außen reguliert werden müssen.

Und genau dort liegt der Grund für die gegenwärtige Krise der europäischen Gesellschaften. In den letzten zwei Jahrhunderten hat das Wirtschaftsleben eine bis dahin ungeahnte Entwicklung genommen. Von einer zweitrangigen, verachteten, den unteren Klassen überlassenen Beschäftigung ist sie an die erste Stelle vorgerückt. Im Verhältnis zu ihr treten die militärischen, administrativen und religiösen Funktionen immer stärker in den Hintergrund. Allenfalls die Wissenschaften sind noch in der Lage, ihr den Platz streitig zu machen, aber auch die Wissenschaft verdient in den Augen der heutigen Gesellschaften nur in dem Maße Achtung, wie sie der Praxis zu dienen vermag, und das heißt im wesentlichen den wirtschaftlichen Berufen. Nicht ohne eine gewisse Berechtigung spricht man von einer ihrem Wesen nach industriellen Gesellschaft. Ein Tätigkeitsbereich, der im Begriff ist, solch eine Stellung innerhalb der Gesellschaft einzunehmen, kann unmöglich ohne eine spezielle moralische Reglementierung auskommen, wenn die Gesellschaft nicht in völliger Anarchie versinken soll. Die solcherart freigesetzten Kräfte wissen nicht mehr, welche Entwicklung normal ist, da nichts ihnen zeigt, wo sie halt machen müssen. In unkoordinierten Bewegungen stoßen sie gegeneinander, suchen einander zu überbieten, zu schwächen und zu verdrängen. Zweifellos wird es den stärkeren gelingen, die schwächeren zu vernichten oder sie zumindest zu unterjochen. Aber da diese Unterjochung nur ein faktischer Zustand ist, dem jede moralische Rechtfertigung fehlt, wird sie nur unter Zwang hingenommen und nur bis zum Tage der lange ersehnten Rache. Friedensverträge, die unter diesen Bedingungen zustande kommen, sind niemals von Dauer; sie sind nur ein Waffenstillstand, der den Gemütern keinen Frieden bringt. Daher die immer wieder aufflammenden Konflikte zwischen den verschiedenen Faktoren der ökonomischen Organisation. Diese anarchische Konkurrenz als Ideal hinzustellen, das es zu erreichen gelte, ja das in noch höherem Maße als heute verwirklicht werden müsse, hieße, Krankheit und Gesundheit miteinander zu verwechseln. Andererseits genügt es nicht, das wirtschaftliche Leben ein für allemal auf eine andere Grundlage zu stellen, um den gegenwärtigen Zustand zu überwinden, denn wie man es auch anstellt und welche neuen Organisationsmuster man auch einführt, die Wirtschaft wird sich dadurch nicht in ihrem Wesen verändern. Und ihrem Wesen nach vermag sie sich nicht selbst zu genügen. Ordnung und Frieden unter den Menschen gehen nicht automatisch aus gänzlich materiellen Ursachen hervor, aus irgendeinem blinden Mechanismus, so kunstvoll er auch sein mag. Vielmehr haben wir es hier mit einer moralischen Aufgabe zu tun.

Noch in einer anderen Hinsicht bedeutet dieser amoralische Charakter des Wirtschaftslebens eine Gefahr für die Gesellschaft. Die ökonomischen Funktionen binden heute den größten Teil der Kräfte eines Landes. Eine Vielzahl von Menschen verbringt ihr Leben im Bereich von Industrie und Handel. Das heißt aber – da die Moral in diesem Bereich nur schwach ausgebildet ist –, daß sie den größten Teil ihres Lebens fern von jeglichem moralischen Handeln verbringen. Solch ein Zustand kann nur zu einer Quelle der Demoralisierung werden. Wenn wir ein ausgeprägtes Pflichtgefühl entwickeln sollen, müssen unsere Lebensumstände so beschaffen sein, daß sie dieses Pflichtgefühl beständig wachhalten. Wir bedürfen einer Gruppe um uns herum, die uns für den nur allzu häufigen Fall, daß wir uns dem Pflichtgefühl gegenüber taub stellen, ständig daran erinnert. Jede Form des Handelns festigt sich nur durch Wiederholung und Übung. Wenn wir einen großen Teil des Tages ein amoralisches Leben führen, kann es da verwundern, daß die moralische Kraft in uns nachläßt? Wir sind nicht von Natur aus geneigt, uns abzumühen und uns selbst zu beschränken. Wenn wir nicht jeden Augenblick dazu aufgefordert werden, uns diesen Zwang, ohne den es keine Moral geben kann, selbst aufzuerlegen, wie sollten wir uns jemals daran gewöhnen? Wenn wir in den Tätigkeiten, die den größten Teil unserer Zeit ausfüllen, keiner anderen Regel folgen als unserem wohlverstandenen Eigennutz, wie sollten wir da jemals Gefallen finden an uneigennützigem, selbstlosem, aufopferungsvollem Handeln? Eben daher kommt es, daß die Entfesselung der ökonomischen Interessen zu einem Niedergang der öffentlichen Moral geführt hat. Weil der Industrielle, der Kaufmann, der Arbeiter, der Angestellte in seiner beruflichen Tätigkeit keine Instanz über sich hat, die seinen Egoismus einzudämmen vermöchte, ist er auch keiner Disziplin unterworfen, und deshalb entschlägt[4] er sich jeglicher Disziplin dieser Art.

Es ist daher äußert wichtig, daß unser Wirtschaftsleben eine Regulierung[5] und Moralisierung erfährt, damit die Konflikte, die es erschüttern, ein Ende nehmen und die Menschen nicht länger in einem moralischen Vakuum leben, in dem ihre individuelle Moralität verkümmert. Es ist nötig, daß sich in diesem gesellschaftlichen Funktionsbereich eine Berufsmoral herausbildet, die konkreter, realitätsgerechter und umfassender ist, als gegenwärtig der Fall. Es muß Regeln geben, die jedem Beteiligten sagen, welche Rechte und Pflichten er hat, und dies nicht nur in globaler, unbestimmter Form, sondern präzise und detailliert im Hinblick auf die wichtigsten Situationen, denen man dort am häufigsten begegnet. Es geht nicht an, daß all diese Beziehungen weiterhin im Zustand eines instabilen Gleichgewichts verharren. Eine Moral läßt sich indessen nicht aus dem Nichts hervorzaubern. Vielmehr ist sie das Werk jener Gruppe, in der sie Geltung haben soll. Ist sie nicht vorhanden, so liegt dies daran, daß die betreffende Gruppe keinen ausreichenden Zusammenhalt besitzt, daß sie als Gruppe nicht hinreichend existent ist, das heißt, der rudimentäre Charakter ihrer Moral ist lediglich Ausdruck ihres mangelnden Zusammenhalts. Daher läßt sich dem Übel nur dadurch abhelfen, daß man den Berufsgruppen im Bereich der Wirtschaft jenen Zusammenhalt verleiht, den sie jetzt noch nicht besitzen. Das Unternehmen, das gegenwärtig nur eine Ansammlung von Menschen darstellt, zwischen denen keine dauerhaften Bindungen bestehen, muß erstmals oder erneut zu einer klar umrissenen und organisierten Körperschaft werden. Doch

4 Wahrscheinliche Lesart.

5 Lesart nur wahrscheinlich.

bislang hat jede Vorstellung dieser Art mit überkommenen Vorurteilen zu kämpfen, die sie ausgesprochen unpopulär machen und daher unbedingt überwunden werden müssen.

ZWEITE VORLESUNG
Die Berufsmoral (Fortsetzung)

Keine Form gesellschaftlicher Aktivität vermag ohne eine ihr eigene moralische Disziplin auszukommen. Jede soziale Gruppe, ob groß oder klein, bildet ein aus Teilen zusammengesetztes Ganzes. Das letzte unteilbare Element, aus dem dieses Ganze sich aufbaut, ist das Individuum. Soll nun solch eine Gruppe Bestand haben, darf keiner ihrer Teile sich so verhalten, als wäre er alleine, das heißt als wäre er schon das Ganze. Vielmehr müssen alle Teile ihr Verhalten so einrichten, daß der Fortbestand des Ganzen gesichert ist. Doch die Existenzbedingungen des Ganzen sind nicht identisch mit denen des Teils, und zwar schon deshalb nicht, weil der Teil und das Ganze verschiedenerlei Dinge sind. Die Interessen des Individuums sind nicht identisch mit den Interessen der Gruppe, der es angehört, und oftmals stehen beide sogar im Gegensatz zueinander. Die sozialen Interessen, auf die das Individuum Rücksicht nehmen muß, nimmt es nur unscharf wahr, und oft erkennt es sie überhaupt nicht, weil sie außerhalb seiner selbst liegen, weil sie die Interessen von etwas sind, das nicht mit ihm identisch ist. Sie sind ihm nicht ständig gegenwärtig wie all die anderen Dinge, die es unmittelbar angehen und interessieren. Daher bedarf es einer Instanz, die den einzelnen an diese Interessen erinnert, die ihn zwingt, sie zu respektieren, und bei dieser Instanz kann es sich nur um moralische Disziplin handeln. Denn jede Disziplin dieser Art ist ein Korpus von Regeln, die dem Individuum vorschreiben, was es tun muß, um nicht gegen die kollektiven Interessen zu handeln und seine eigene Gesellschaft zu destabilisieren. Überließe der einzelne sich seinen natürlichen Neigungen, so hätte er keinen Grund, sich nicht ohne Rücksicht auf die anderen zu entfalten oder zumindest den Versuch dazu zu machen und sich dabei nicht um die Störungen zu kümmern, die er um sich herum verursacht. Erst die moralische Disziplin setzt ihm Grenzen, sagt ihm, wie sein Verhältnis zu den anderen beschaffen sein soll, wo die Schwelle zu einem unrechtmäßigen Übergriff überschritten ist und welche Leistungen er der Gemeinschaft zu deren Erhaltung schuldet. Da diese Disziplin ja gerade die Aufgabe hat, ihm Grenzen vor Augen zu führen, die nicht die seinen sind, die über ihn hinausgehen und außerhalb seiner stehen, erscheint sie ihm als etwas, das ihm äußerlich ist und ihn beherrscht – und in gewisser Weise trifft dies auch zu. Eben dieser transzendente Charakter der Moral findet seinen Ausdruck in der volkstümlichen Vorstellung, wonach die Vorschriften der Ethik auf ein göttliches Gesetz zurückgehen. Je größer eine soziale Gruppe ist, desto notwendiger wird eine Reglementierung dieser Art. Denn in kleinen Gruppen ist der Abstand zwischen Individuum und Gesellschaft nur gering; das Ganze unterscheidet sich kaum von den Teilen, und daher sind auch die Interessen des Ganzen für den einzelnen unmittelbar zu erkennen, ebenso wie die Beziehungen zwischen diesen und den Interessen des einzelnen. Doch je größer die Gesellschaft wird, desto ausgeprägter wird auch der Unterschied. Der einzelne vermag nur noch einen kleinen Ausschnitt des gesellschaftlichen Horizonts zu überblicken. Wenn es keine Regeln gibt, die ihm sagen, was er tun muß, damit sein Handeln im Einklang mit den kollektiven Zwecken steht, wird dieses Handeln unvermeidlich antisozial werden.

Aus diesem Grunde ist es untragbar, daß nicht alle beruflichen Aktivitäten ihre Moral haben. Und in der Tat haben wir gesehen, daß eine große Zahl von Berufen dieser Forderung genügt. Allein die Tätigkeiten im Bereich der Wirtschaft bilden hier eine Ausnahme. Zwar stößt man auch hier auf Rudimente einer Berufsmoral, aber sie sind so schwach entwickelt und so unzulänglich durch Sanktionen geschützt, daß es fast so ist, als wären sie gar nicht vorhanden. Nun hat man behauptet, diese moralische Anarchie sei ein Vorrecht des Wirtschaftslebens, und die Ökonomie bedürfe zu ihrer Normalität keiner besonderen Reglementierung. Doch woher sollte ihr dieses Privileg zuwachsen? Weshalb sollte diese gesellschaftliche Funktion der Grundbedingung jeglicher sozialen Organisation enthoben sein? Wenn die gesamte klassische Wirtschaftswissenschaft sich in diesem Punkte geirrt hat, so zweifellos deshalb, weil sie davon ausging, daß die ökonomischen Funktionen ihren Zweck in sich selbst hätten, und nicht danach fragte, welche Auswirkungen sie auf die gesamte Sozialordnung haben können. Aus dieser Sicht erschien die Produktion als das wesentliche und einzige Ziel der gesamten industriellen Aktivität, und in gewisser Hinsicht kann durchaus der Eindruck entstehen, daß die Produktion im Hinblick auf ihre Intensität keiner Reglementierung bedürfe, daß es im Gegenteil besser sei, zuzulassen, daß Initiative und Egoismus der einzelnen einander stimulieren, statt den Versuch zu machen, ihnen Zügel anzulegen. Doch die Produktion ist nicht alles, und wenn die Industrie nur unter der Bedingung ständiger Unzufriedenheit und eines endlosen Krieges zwischen den Produzenten ihre gegenwärtige Produktivität zu erreichen vermag, dann ist der Schaden, den sie anrichtet, größer als der Nutzen. Und selbst wenn man sich auf reine Nützlichkeitserwägungen beschränkt, fragt sich, welchen Sinn es hat, Reichtümer anzusammeln, wenn diese nicht die Begierden einer großen Zahl von Menschen zu befrieden vermögen, sondern lediglich neue Begehrlichkeit wecken? Außerdem übersieht man dabei, daß die ökonomischen Funktionen nicht um ihrer selbst willen da sind; vielmehr sind sie Mittel zu einem Zweck; sie gehören zu den Organen des sozialen Lebens, und das soziale Leben ist in erster Linie ein harmonisch vereintes Streben, ist die Vereinigung der Geister und des Willens zur Verwirklichung eines gemeinsamen Zieles. Die Gesellschaft hätte gar keine Daseinsberechtigung, wenn sie den Menschen nicht ein wenig Frieden brächte, Frieden in ihre Herzen und in ihren wechselseitigen Umgang. Wenn die Industrie ihre Produktivität nur zu entfalten vermag, indem sie diesen Frieden stört und den Krieg entfesselt, dann ist sie den Aufwand nicht wert. Hinzukommt noch, daß selbst mit Blick auf rein ökonomische Interessen die Produktivität nicht alles ist. Auch die Regelmäßigkeit der Produktion hat ihren Wert. Es kommt nicht allein darauf an, daß möglichst viele Dinge produziert werden, sie müssen auch regelmäßig in einer Menge erzeugt werden, die zur Versorgung der Arbeitenden ausreicht, so daß es nicht zu einem Wechsel zwischen Phasen des Überflusses und solchen des Mangels kommt. Diese Regelmäßigkeit ist jedoch ohne Reglementierung nicht zu erreichen.

Dem Ökonomismus wird vielfach das Verschwinden der alten Hungersnöte zugute gehalten[6], die in der Tat nicht mehr möglich sind, seit die Grenzen durchlässig geworden sind und die Länder aufgrund der erleichterten Kommunikation die Möglichkeit haben, die Dinge, die ihnen fehlen, aus anderen Ländern zu importieren. Doch an die Stelle der Nahrungsmittelkrisen von einst sind die Krisen der Produktion und des Handels getreten, deren Auswirkungen nicht minder verheerend sind. Je größer die Gesellschaften werden und je ausgedehnter die Märkte, desto dringender wird die Notwendigkeit einer Reglementierung, die dieser Instabilität ein Ende setzt. Denn aus den oben angeführten Gründen gilt: Je mehr das Ganze den Teil transzendiert, je mehr die Gesellschaft über das Individuum hinauswächst, desto weniger vermag der einzelne die gesellschaftlichen Interessen und

6 Sehr wahrscheinliche Lesart. Durkheim hat weiter oben vom klassischen Ökonomismus gesagt, er genüge sich selbst und habe keine weitergehenden Interessen. Dem so verstandenen Ökonomismus erkennt er das Verdienst zu, die Menschen vielfach vor Hungersnöten bewahrt zu haben. Dieser Gedanke wird nur bei der vorliegenden Lesart deutlich.

Notwendigkeiten zu erkennen, auf die er dennoch unbedingt Rücksicht zu nehmen hat.

Wenn sich nun im Bereich der Wirtschaft eine Berufsmoral entwickeln soll, dann ist es notwendig, daß sich Berufsgruppen, die in diesem Bereich des sozialen Lebens fast vollständig fehlen, erstmals oder neuerlich herausbilden. Denn nur Berufsgruppen vermögen das erforderliche Regelwerk auszuarbeiten. Doch hier stoßen wir auf ein historisches Vorurteil. In der Geschichte hat es solche Berufsgruppen bereits gegeben, die Zünfte nämlich, und die Zünfte gelten als Spezifikum unserer alten politischen Ordnung, die das Ancien Régime nicht überlebt haben. Wer für Industrie und Handel nach einer Rückkehr zu solch einer korporativen Organisation verlangt, der erweckt den Eindruck, als wollte er die Vergangenheit wiederherstellen, und in aller Regel gilt solch ein Wunsch als morbide.

Ein Umstand indessen spricht schon auf den ersten Blick dafür, dieser Argumentation mit Vorsicht zu begegnen: das hohe Alter der Zünfte. Hätte es sie ausschließlich im Mittelalter gegeben, könnte man in der Tat annehmen, daß sie mit dem damaligen politischen System entstanden seien und daher auch mit ihm verschwinden mußten. Aber in Wirklichkeit reichen ihre Ursprünge sehr viel weiter zurück. Solange es Handwerk gibt, also seit die Produktion nicht mehr auf die Landwirtschaft beschränkt ist, und das heißt, seit der Entstehung der Städte, gibt es die Zünfte. In Rom stammen sie bereits aus vorgeschichtlicher Zeit. Nach einer Überlieferung, von der Plutarch und Plinius berichten, geht ihre Einrichtung auf König Numa zurück. »Von seinen übrigen politischen Maßnahmen wird die Einteilung der Bevölkerung nach Handwerken besonders bewundert ... und so beschloß er, die ganze Volksmasse in mehrere Teile zu teilen und dadurch andere Gegensätze in sie hineinzubringen, um so jenen ersten großen Gegensatz durch Zerlegung in die kleineren zum Verschwinden zu bringen. Die Aufteilung erfolgte nach Handwerken: Flötenspieler, Goldschmiede, Bauhandwerker« usw.[7] Zweifellos handelt es sich hier nur um eine Legende, aber immerhin beweist sie das hohe Alter dieser Handwerkerkollegien. Zur Zeit des Königtums und der Republik bleibt ihre Existenz noch so sehr im Dunkeln, daß wir fast nichts über ihre Organisation zu sagen vermögen. Doch zu Ciceros Zeiten hatte ihre Zahl bereits beträchtlich zugenommen. »Sämtliche Gruppen von Arbeitern scheinen von dem Wunsche beseelt, die Zahl der Berufsvereinigungen zu vervielfachen. Im Kaiserreich nimmt das Zunftwesen eine Ausdehnung an, wie es sie seither wahrscheinlich nie mehr erreicht hat, berücksichtigt man die Unterschiede des wirtschaftlichen Niveaus.« (Waltzing, I, S. 57)[8] Es kommt der Zeitpunkt, da sämtliche Gruppen von Handwerkern – und deren Zahl war beträchtlich, denn die Arbeitsteilung war bereits weit fortgeschritten – sich in Form von Kollegien organisiert zu haben scheinen. Zu diesem Zeitpunkt nehmen die Kollegien einen neuen Charakter an. Bis dahin hatte es sich um private Vereinigungen gehandelt, die der Staat nur aus der Ferne reglementierte. Nun werden sie zu Organen des öffentlichen Lebens. Ihre Gründung bedarf staatlicher Genehmigung, und sie übernehmen offizielle staatliche Funktionen. Den für die Nahrung zuständigen Zünften (Fleischern, Bäckern usw.) obliegt die Lebensmittelversorgung der Bevölkerung. Für andere Handwerkszweige gilt Entsprechendes, wenngleich nicht im selben Maße. Da die Zünfte öffentliche Aufgaben erfüllen, genießen ihre Mitglieder zum Lohn für die von ihnen geleisteten Dienste gewisse Privilegien, die ihnen von den Kaisern nach und nach gewährt werden. Mit der Zeit gewann der offizielle Charakter, der im Prinzip wenig Bedeutung besaß, die Oberhand, und

7 Plutarch, *Große Griechen und Römer*, 4 Bde., Zürich: Artemis, 1954, 1. Band, »Numa«, S. 192f.

8 Jean-Pierre Waltzing, *Étude historique sur les corporations professionelles chez les Romains*, 4 Bde., Brüssel 1895-1900.

die Zünfte wurden gleichsam zu Organen staatlicher Verwaltung. Damit waren die Zünfte unter staatliche Vormundschaft geraten, und sie wurden derart mit Lasten überfrachtet, daß sie ihre Unabhängigkeit zurückhaben wollten. Der allmächtig gewordene Staat überging diese Forderung und setzte die Erblichkeit des Berufes und der damit verbundenen öffentlichen Verpflichtungen durch. Niemand konnte sich ihnen entziehen, es sei denn, er sorgte dafür, daß jemand an seine Stelle trat. Bis zum Ende des Römischen Reiches lebten die Zünfte solcherart in Knechtschaft.

Nach dem Zerfall des Reiches blieben von den Zünften nur noch unbedeutende Spuren in den einstmals römischen Städten Galliens und Germaniens erhalten. Die Bürgerkriege, die Gallien heimsuchten, und die Einbrüche fremder Völker brachten Handel und Gewerbe zum Stillstand. Die Handwerker, denen die Zünfte zu einer so schweren Last geworden waren, der nun nicht einmal mehr eine entsprechende Gegenleistung gegenüberstand, nutzten die Gelegenheit, um die Städte zu verlassen und sich über das Land zu zerstreuen. So war denn im ersten Jahrhundert unseres Jahrtausends ähnlich wie später wieder im achtzehnten Jahrhundert das Zunftleben nahezu vollkommen erloschen. Hätte ein Theoretiker sich zu diesem Zeitpunkt ein Bild von der Lage gemacht, so wäre er wahrscheinlich zu dem Schluß gelangt, die Zünfte seien deshalb zugrunde gegangen, weil sie keine Daseinsberechtigung mehr besaßen, sofern sie denn jemals eine besessen hatten. Und er hätte jeden Versuch, sie wieder zum Leben zu erwecken, als ein rückwärts gewandtes Unternehmen abgetan, das schon deshalb zum Scheitern verurteilt sei, weil man den Gang der Geschichte nicht aufzuhalten vermag. Aus eben diesem Grunde glaubten die Ökonomen am Ende des vergangenen Jahrhunderts, die Korporationen des Ancien Régime seien nicht mehr auf der Höhe ihrer Funktionen, sie seien nur Überbleibsel einer vergangenen Zeit, die in der Gegenwart keine Grundlage mehr hätten, und deshalb sei es angebracht, auch ihre letzten Spuren noch zu tilgen. Dennoch wäre solch ein Urteil von den Tatsachen auf eindrucksvolle Weise widerlegt worden. Nach einer Periode des Niedergangs erwachten die Zünfte in allen europäischen Gesellschaften wieder zu neuem Leben. Um das elfte und zwölfte Jahrhundert kommt es zu einer Wiedergeburt des Zunftwesens. »Im elften und zwölften Jahrhundert«, sagt Levasseur, »beginnen die Handwerker anscheinend das Bedürfnis zu verspüren, sich zusammenzuschließen, und sie gründen ihre ersten Vereinigungen.«[9] Vom dreizehnten Jahrhundert an stehen die Zünfte wieder in Blüte, und ihre Entwicklung setzt sich fort, bis dann eines Tages ein neuerlicher Niedergang beginnt. Liegt in diesem Alter und dieser Beständigkeit der Korporationen nicht der Beweis, daß sie ihre Existenz nicht etwa zufälligen, akzidentiellen Eigenheiten einer bestimmten Staatsform verdanken, sondern auf Ursachen von allgemeiner und fundamentaler Bedeutung zurückgehen? Wenn sie von den Anfängen der Stadt bis zum Ende des Römischen Reiches und von den Anfängen der christlichen Gesellschaften bis zur Französischen Revolution notwendig waren, so doch wahrscheinlich deshalb, weil sie einem dauerhaften und tiefen Bedürfnis entsprachen. Und nimmt die Tatsache, daß sie, nachdem sie verschwunden waren, von selbst in neuer Form wiedererstanden, nicht dem Argument jeden Wert, wonach ihr plötzliches Verschwinden Ende vergangenen Jahrhunderts als Beweis dafür gelten kann, daß sie mit den neuen Bedingungen des kollektiven Daseins nicht mehr in Übereinstimmung stünden? Ist das in allen großen europäischen Gesellschaften derzeit spürbare Bedürfnis, die Korporationen wieder ins Leben zu rufen, nicht im Gegenteil ein Anzeichen dafür, daß ihre gewaltsame Unterdrückung ihrerseits eine morbide Erscheinung gewesen ist und daß die Turgotsche Reform die

9 Levasseur, *Histoire des classes ouvrières en France depuis la conquête de Jules César jusqu'à la Révolution*, Paris 1859, Bd. 1, S. 194.

Notwendigkeit einer entgegengesetzten oder andersartigen Reform geschaffen hat?
Es gibt dennoch einen Grund, weshalb man den Nutzen, den solch eine Reorganisation der Korporationen haben könnte, sehr skeptisch wird einschätzen müssen. Denn wenn diese Wiederbelebung von Nutzen sein sollte, dann vor allem wegen ihrer Konsequenzen auf moralischem Gebiet. Jede Berufsorganisation müßte zum Hort eines moralischen Lebens *sui generis* werden. Nun geben aber die Erfahrungen aus der Vergangenheit und das Bild, das die Reste des Zunftwesens heute bieten, kaum Anlaß zu der Hoffnung, die Berufsorganisationen könnten dieser Aufgabe gewachsen sein. Wir haben vielmehr den Eindruck, daß sie nur auf reine Nützlichkeit ausgerichtete Funktionen zu erfüllen und allein den materiellen Interessen des Berufsstandes zu dienen vermögen. Wollte man sie wiederbeleben, so bedeutete dies lediglich, daß man den individuellen Egoismus durch den Egoismus der Korporation ersetzte. Unsere Vorstellung ist dabei geprägt von dem Bild, das die Korporationen in der allerletzten Zeit boten, als sie sich darauf beschränkten, eifersüchtig über ihre Privilegien zu wachen, ihre Monopolstellung zu sichern und beides sogar noch auszuweiten. Und es scheint uns kaum wahrscheinlich, daß ein so eng auf den eigenen Berufsstand bezogenes Handeln in der Lage wäre, einen sonderlich günstigen Einfluß auf die Moral des Standes oder seiner Mitglieder auszuüben. Wir sollten uns jedoch davor hüten, Aussagen, die für einzelne Zünfte zu bestimmten Zeiten ihrer Geschichte gegolten haben mögen, auf das ganze Zunftwesen auszudehnen. Bei den genannten Übeln handelt es sich durchaus nicht um Merkmale jeglicher korporativen Organisation, und die römischen Zünfte waren vollkommen frei davon. Bei ihnen stand die Verfolgung materieller Zwecke deutlich im Hintergrund. »Bei den Römern«, schreibt Waltzing, »war der berufsständische Charakter der Handwerkerzünfte nicht so ausgeprägt wie im

Mittelalter. Dort finden wir weder eine Reglementierung der Arbeitsmethoden noch eine obligatorische Lehre, noch ein Monopol. Auch war es nicht ihr Ziel, die zur Ausbeutung eines Gewerbezweiges erforderlichen Mittel zusammenzubringen.« (Waltzing, I, S. 194.) Zweifellos bot ihnen die Vereinigung größere Chancen, ihre gemeinsamen Interessen im Bedarfsfall zu schützen. Doch dies war lediglich eine vorteilhafte Nebenfolge und nicht der eigentliche Daseinsgrund der Zünfte. Worin bestanden ihre zentralen Funktionen? Zunächst einmal war die Zunft eine religiöse Vereinigung. Jede Zunft hatte ihren eigenen Gott und ihren eigenen Kult, den sie in einem eigenen Tempel zelebrierte, sofern sie die Mittel dazu besaß. So wie jede Familie ihren *Lar familiaris,* jede Stadt ihren *Genius publicus* hatte, so besaß jedes dieser Handwerkerkollegien seinen eigenen Schutzgott, den *Genius collegii.* Die berufsständischen Kulte gingen natürlich nicht ohne Feste ab und die Feste nicht ohne Opferfeiern und gemeinsam abgehaltene Festmähler. Aber die Zunftmitglieder kamen nicht nur zusammen, um den Gott ihrer Zunft zu feiern, sondern auch bei anderen Gelegenheiten. Zu Neujahr zum Beispiel »versammelten sich die römischen Kunsttischler und Elfenbeinschnitzer in ihrer *schola*; dort erhielten sie auf Kosten der Gemeinschaftskasse fünf Dinare, Gebäck, Datteln usw.« Zum Familienfest der *Cara cognatio* oder *Caresta* (der lieben Verwandtschaft) beschenkte man sich wie am ersten Januar (?) innerhalb der Familie; und auch zu diesem Fest wurden innerhalb der Kollegien auf Gemeinschaftskosten Geschenke verteilt. Man hat die Frage aufgeworfen, ob die Zünfte über eine Hilfskasse verfügten und ob sie in Not geratenen Mitgliedern eine regelmäßige Unterstützung gewährten. Die Ansichten sind in diesem Punkte geteilt. Doch einen Teil ihres Interesses und ihrer Tragweite verliert diese Diskussion durch die Tatsache, daß die Verteilung von Geld und Lebensmitteln anläßlich der Feste und die in der Gemeinschaft abgehaltenen Gastmähler in jedem Falle eine Hilfe darstellten und als indirekte Unterstützung angesehen werden können. Jedenfalls wußten die Bedürftigen, daß sie von Zeit zu Zeit auf diese verhohlene Unterstützung rechnen konnten. Als Folge dieses religiösen Charakters übernahm die römische Zunft zugleich auch die Aufgaben eines Beerdigungsvereins. Da ihre Mitglieder wie die *gentiles* während ihres Lebens in einem gemeinsamen Kult vereint waren, wollten sie auch gemeinsam ihre letzte Ruhestätte finden. Alle Zünfte, die wohlhabend genug waren, besaßen einen eigenen Friedhof, auf dem sich bestatten zu lassen sämtliche Mitglieder das Recht hatten. Hatte das Kollegium nicht die nötigen Mittel, um den Grund für einen eigenen Friedhof zu erwerben, so sorgte es wenigstens dafür, daß seinen Mitgliedern eine würdige Beerdigung auf Kosten der Gemeinschaftskasse zuteil wurde. Der erstgenannte Fall war indessen die Regel. Ein gemeinsamer Kult, gemeinsame Festmähler, gemeinsame Feste, eine gemeinsame Begräbnisstätte – sind dies nicht gerade die besonderen Merkmale der römischen Familie? Jedes Kollegium, schreibt Waltzing, »war eine große Familie. Die Berufs- und Interessengemeinschaft trat an die Stelle der Blutsbande. Und hatten die Zunftbrüder nicht wie die Familie ihren gemeinsamen Kult, ihre gemeinsamen Festmähler, ihre gemeinsame Begräbnisstätte?« (Waltzing, I, S. 322.) Und an anderer Stelle heißt es: »Diese häufigen Mahlzeiten trugen nachhaltig dazu bei, daß das Kollegium den Charakter einer großen Familie annahm. Kein Wort vermag besser auszudrücken, wie das Verhältnis zwischen den Zunftbrüdern beschaffen war, und es gibt zahlreiche Hinweise, die belegen, daß eine große Brüderlichkeit unter ihnen herrschte. Die Mitglieder betrachteten sich gegenseitig als Brüder, und gelegentlich nannten sie sich auch so.« (S. 330.) Die üblichere Bezeichnung war *sodalis* (Genosse). Aber auch dieses Wort bringt eine geistige Verwandtschaft zum Ausdruck, die ein enges brüderliches Verhältnis voraussetzt. Der

Schirmherr und die Schirmherrin des Kollegiums erhielten häufig den Titel »Vater« und »Mutter«. Ein Beweis für die Hingabe, die die Zunftgenossen für ihr Kollegium empfanden, sind die Legate und Schenkungen, aber auch die Grabmäler, auf denen *Pius in collegio* zu lesen ist, er war seinem Kollegium stets treu ergeben, ganz wie man ansonsten sagte und schrieb: *Pius in suos*. Dieses familiale Leben war nach Boussier sogar der Hauptzweck aller römischen Zünfte. »Selbst in den Korporationen der Arbeiter vereinigte man sich vor allem wegen des Vergnügens, in Gemeinschaft zu leben, um sich einen Kreis von Vertrauten zu schaffen, der weniger eingeschränkt war als die Familie und nicht so ausgedehnt wie die Stadt, um sich mit Freunden zu umgeben und sich das Leben dadurch leichter und angenehmer zu machen.«[10]

Wie die christlichen Gesellschaften nicht nach dem Vorbild des Stadtstaates aufgebaut waren, so glichen auch die Zünfte des Mittelalters nicht bis ins letzte Detail den römischen Zünften. Aber auch sie bildeten für ihre Mitglieder ein moralisches Milieu. Nach Levasseur »schuf die Zunft enge Bande zwischen den Mitgliedern desselben Gewerbes. Oft ließ sie sich in der Pfarrkirche oder einer besonderen Kapelle nieder und stellte sich unter den Schutz eines Heiligen, der dann zum Schutzpatron der ganzen Gemeinde wurde... Und dort (in einer Kapelle) kam man auch zusammen und nahm gemeinsam an einem feierlichen Hochamt teil, worauf dann sämtliche Mitglieder der Bruderschaft den Tag mit einem Festmahl beschlossen. In dieser Hinsicht ähnelten die Zünfte des Mittelalters sehr den Zünften der römischen Zeit.« (Levasseur, I, S. 217f.) »Um ihre Ausgaben bestreiten zu können, benötigte die Zunft finanzielle Mittel. Und sie hatte sie... Ein Teil der Einnahmen war... für wohltätige Zwecke bestimmt. Die Köche (von Paris) verwandten ein

10 Boussier, *La religion romaine d'Auguste aux Antoines*, Paris 1884, Bd. 2, S. 287f.

Drittel der vereinnahmten Strafgelder für die Unterstützung von Berufskollegen, die durch Lebensmittelmangel oder Alter in Not geraten waren... Noch sehr viel später, im achtzehnten Jahrhundert, findet sich in den Büchern der Goldschmiedezunft unter der Rubrik Almosen ein zinsloses Darlehen von 200 Livres an einen ruinierten Goldschmied.« (S. 221.) Des weiteren bestimmten äußerst präzise Regeln für jedes Gewerbe die wechselseitigen Pflichten der Meister und Gesellen sowie der Meister untereinander. War ein Geselle erst einmal eingestellt, durfte er sein Arbeitsverhältnis nicht nach Belieben aufkündigen. »Die Satzungen verbaten einhellig, einen Gesellen freizugeben, der seine Zeit noch nicht beendet hatte; sowohl dem Meister, der dies vorschlug, als auch dem Gesellen, der darin einwilligte, drohten hohe Geldstrafen.« (S. 237.) Aber auch der Geselle konnte nicht ohne Grund entlassen werden. Bei den Schwertfegern war es erforderlich, daß zehn Gesellen und die vier Obermeister der Zunft der Entlassung zustimmten. Für jedes Gewerbe war festgelegt, ob Nachtarbeit erlaubt war oder nicht. War sie verboten, so war es dem Meister ausdrücklich untersagt, seine Gesellen des Nachts aus dem Bett zu holen. Andere Vorschriften dienten der Sicherung eines bestimmten Qualitätsstandards. So traf man alle möglichen Vorkehrungen, die verhindern sollten, daß ein Kaufmann oder Handwerker seine Käufer täuschte, etwa indem er seinen Waren ein Aussehen gab, das ihnen aufgrund ihrer wahren Beschaffenheit nicht zustand. »Den Fleischern war es verboten, das Fleisch aufzuschwemmen, Rindertalg und Schweineschmalz miteinander zu vermischen, Hundefleisch zu verkaufen usw. Die Weber durften ihr Tuch nicht mit Wolle weben, die sie bei Geldverleihern erstanden hatten, weil diese Wolle ein Pfand sein konnte, das für eine Geldschuld hinterlegt worden war. Den Messerschmieden war es verboten, Griffe herzustellen, die mit Seide, Messingdraht oder Zinnblech überzogen waren, weil diese Griffe im Innern aus Holz bestanden und daher den unwissenden Käufer täuschen konnten« usw. (S. 243.) Zweifellos kam eine Zeit (das achtzehnte Jahrhundert), da solch eine Reglementierung eher als schikanös denn als nützlich angesehen werden mußte und ihr Ziel nicht so sehr in der Bewahrung des guten Rufes eines Gewerbes und der Ehrbarkeit seiner Mitglieder als vielmehr in der Erhaltung von Privilegien für die Meister lag. Doch es gibt keine Institution, die nicht irgendwann einmal degeneriert, entweder weil sie sich nicht auf neue Bedingungen einzustellen vermag oder weil sie sich in einseitiger Weise fortentwickelt und bestimmte Merkmale in übertriebenem Maße hervorkehrt, so daß sie nicht mehr in der Lage ist, den Zwecken zu dienen, denen sie eigentlich dienen sollte. Das kann ein Grund sein, sie reformieren zu wollen, nicht aber, sie für grundsätzlich unnütz zu erklären und abzuschaffen.

Jedenfalls beweisen die angeführten Tatsachen eindeutig, daß die Berufsgruppe keineswegs unfähig ist, ein moralisches Milieu zu bilden, denn sie hat es in der Vergangenheit getan. Ja, wie wir sehen, war dies die meiste Zeit in der Geschichte sogar ihre Hauptfunktion. Dabei handelt es sich übrigens lediglich um den Sonderfall eines weitaus allgemeineren Gesetzes. Sobald im Schoß einer politischen Gesellschaft eine bestimmte Anzahl von Individuen gleiche Ideen, Interessen, Gefühle und Betätigungen gemeinsam haben, die von der übrigen Bevölkerung nicht geteilt werden, ist es unvermeidlich, daß sie sich unter dem Einfluß dieser Übereinstimmungen wechselseitig angezogen fühlen, daß sie einander suchen, miteinander in Beziehung treten, sich zusammenschließen und dadurch innerhalb der größeren Gesellschaft eine eingegrenzte Gruppe bilden, die ihre eigene Physiognomie besitzt. Ist die Gruppe erst einmal entstanden, kann es gar nicht ausbleiben, daß sie ein moralisches Leben entfaltet, das ihren Eigenheiten entspricht und alle Zeichen jener besonderen Bedingungen trägt, aus denen sie hervorgegangen ist. Denn es ist ausgeschlossen, daß Menschen zusammen leben und regelmäßig miteinander verkehren, ohne daß sie ein Gefühl für das Ganze entwickelten, das sie gemeinsam bilden, ohne daß sie eine Bindung daran aufbauten, sich damit auseinandersetzen und in ihrem Verhalten darauf Rücksicht nähmen. Diese Bindung an etwas, das den einzelnen transzendiert, an die Interessen der Gruppe, der man angehört, ist der Ursprung jeglichen moralischen Handelns. Wenn dieses Gefühl präzisere Gestalt annimmt, indem es auf die gewöhnlichsten und wichtigsten Aspekte des gemeinschaftlichen Lebens Anwendung findet, dann entwickeln sich mehr oder weniger klar umrissene Formeln und damit auch die ersten Elemente eines Korpus moralischer Regeln.

All das geschieht mit Notwendigkeit, sofern keine anomalen Ursachen den natürlichen Gang der Dinge stören. Zugleich aber ist es gut, daß die Dinge so liegen, und zwar sowohl für das Individuum als auch für die Gesellschaft. Es ist gut für die Gesellschaft, denn es geschieht nur unter der Bedingung, daß die solcherart ausgelöste Aktivität sich sozialisiert und das heißt reguliert. Bliebe sie vollständig den Individuen überlassen, könnte sie nur chaotisch sein, sich in Konflikten erschöpfen, und die Gesellschaft kann nicht von so vielen inneren Konflikten erschüttert werden, ohne daß sie dadurch Schaden nähme. Dennoch ist die Gesellschaft allzuweit entfernt von den Sonderinteressen, die es zu regeln, und den Antagonismen, die es auszugleichen gilt, als daß sie diese mäßigende Funktion selbst übernehmen oder stellvertretend vom Staat ausführen lassen könnte. Deshalb hat sie selbst ein Interesse daran, daß sich Gruppen der beschriebenen Art herausbilden und ihr diese Aufgabe abnehmen. Ja, bei Bedarf muß sie sogar die Bildung solcher Gruppen erleichtern und fördern. Aber auch für den einzelnen ist es von großem Vorteil, wenn er sich der friedensstiftenden Vormundschaft des Kollektivs unterstellt, denn auch er leidet unter der Anarchie. Auch er leidet unter dem ständigen Gezerre und den endlosen Reibereien, zu denen es kommt, wenn die zwischenmenschlichen Beziehungen keinem regulierenden Einfluß unterworfen sind. Es ist nicht gut für den Menschen, inmitten seiner engsten Genossen ständig auf Kriegsfuß zu leben, als hätte er sein Lager mitten unter den Feinden aufgeschlagen. Dieses Gefühl einer allseitigen Feindseligkeit, die Anspannung, die nötig ist, um damit fertig zu werden, dieses beständige Mißtrauen untereinander, all das ist äußerst beschwerlich. Wir mögen zwar den Kampf lieben, aber wir lieben auch die Freuden des Friedens, und man kann sagen, diese Freuden werden um so kostbarer, je umfassender und tiefgreifender der Mensch sozialisiert, das heißt – und diese beiden Worte sind gleichbedeutend – je umfassender er zivilisiert ist. Wenn also Menschen mit gleichen Interessen sich zusammenschließen, so geschieht dies nicht nur, um diese Interessen zu schützen und sie gegen rivalisierende Vereinigungen durchzusetzen, sondern auch um der bloßen Vereinigung willen; um das Gefühl zu genießen, daß man mit anderen eins ist; um sich nicht mehr allein in einer Welt von Feinden zu fühlen; um sich an der Kommunikation mit seinesgleichen zu erfreuen, und das heißt letztlich, um zusammen mit anderen ein gemeinsames moralisches Leben führen zu können.

Die häusliche Moral hat sich nicht anders herausgebildet. Wegen des Ansehens, das die Familie in unseren Augen genießt, meinen wir, wenn sie von jeher ein Hort der Moral, eine Schule der Hingabe, der Selbstlosigkeit und der moralischen Einheit ist, so aufgrund bestimmter Besonderheiten, die ihr allein eigen und anderswo nicht anzutreffen seien. Nur zu gern erblicken wir in der Blutsverwandtschaft eine außergewöhnlich machtvolle Ursache moralischer Annäherung. Doch wie wir im vergangenen Jahr gesehen haben[11], besitzt die Blutsverwandtschaft durchaus nicht jene außer-

11 Dieser Teil der Vorlesung ist verloren gegangen. Siehe die editorische Notiz und das Nachwort des Herausgebers.

ordentliche Wirkungsfähigkeit, die ihr zugeschrieben wird. Über lange Zeiten hinweg hat es in der Familie auch zahlreiche Nichtblutsverwandte gegeben; Adoptionen waren ohne die geringsten Schwierigkeiten möglich und hatten dieselben Folgen wie die natürliche Elternschaft. Die Familie ist also weder ausschließlich noch ihrem Wesen nach eine Gruppe von Blutsverwandten. Vielmehr handelt es sich um eine Gruppe von Individuen, die innerhalb der politischen Gesellschaft aufgrund einer besonders engen Gemeinsamkeit der Gedanken, Gefühle und Interessen zu einer Einheit zusammengefaßt sind. Ohne Zweifel hat die Blutsverwandtschaft ihren Beitrag zur Herstellung dieser Gemeinsamkeit geleistet, aber sie ist nur einer der Faktoren, denen die Familie sich verdankt. Die physische Nähe, die Gemeinsamkeit der wirtschaftlichen Interessen und der gemeinschaftliche Kult sind weitere Faktoren, deren Bedeutung nicht geringer zu veranschlagen ist. Es ist indessen bekannt, welche moralische Rolle die Familie in der Geschichte der Moral gespielt hat, welch ein kraftvolles moralisches Leben sich im Schoße der so entstandenen Gruppe herausgebildet hat. Weshalb sollte es bei dem moralischen Leben, das die Berufsgruppe hervorzubringen vermöchte, anders sein? Ohne Zweifel läßt sich absehen, daß es in mancherlei Hinsicht weniger intensiv sein wird, und zwar nicht, weil die Elemente, die darin Eingang finden, von geringerer Qualität wären, sondern weil sie geringer an Zahl sind. Die Familie ist eine Gruppe, die das gesamte Dasein umfaßt; nichts entgeht ihr; alles findet seinen Widerhall darin. Sie ist eine verkleinerte Version der politischen Gesellschaft. Die Berufsgruppe dagegen umfaßt unmittelbar nur einen bestimmten Teil des Lebens, nämlich jenen, der im Zusammenhang mit der beruflichen Tätigkeit steht. Man darf allerdings nicht die enorme Bedeutung übersehen, die dem Beruf im Leben des Menschen zukommt, zumal wenn die Funktionen eine noch weitergehende Spezialisierung erfahren und die Tätigkeit des einzelnen sich mehr und mehr in den Grenzen jenes Bereichs bewegt, der von der ihm übertragenen Funktion abgesteckt wird.

Dieser Vergleich von Familie und Berufsgruppe findet sich im römischen Zunftwesen besonders eindrucksvoll gerechtfertigt und unmittelbar durch die Tatsachen bestätigt. Wir haben gesehen, daß die Zunft eine große Familie darstellte und unmittelbar nach dem Vorbild der häuslichen Gemeinschaft gebildet war – gemeinsame Festmähler, gemeinsame Feste, gemeinsamer Kult, gemeinsame Begräbnisstätte. Und weil wir das Zunftwesen hier am Beginn seiner Entwicklung beobachten können, erkennen wir deutlicher als anderswo, daß die Zünfte zu einem Teil auch mit Blick auf moralische Zielsetzungen entstanden sind. Solange das wirtschaftliche Leben ausschließlich durch die Landwirtschaft bestimmt war, fand es seinen natürlichen Rahmen in der Familie und in der territorialen Gruppe, die aus den Familien des Dorfes gebildet wurde. Wenn der Tausch noch unentwickelt ist, zieht den Bauern nichts nach draußen. Er ernährt sich von dem, was er produziert. Die Familie ist zugleich auch eine berufliche Gruppe. Wann entstehen nun die Zünfte? Mit dem Handwerk. Denn in der Tat kann das Handwerk sich nicht ausschließlich auf den eigenen häuslichen Bereich beschränken. Wer von einem Handwerk leben will, der muß Kunden haben; er muß daher berücksichtigen, was die Handwerker desselben Handwerkszweiges tun; er muß gegen sie kämpfen oder sich mit ihnen arrangieren. So entstand eine neue Form sozialer Aktivität, die über den Rahmen der Familie hinausging und selbst noch keinen angemessenen Rahmen besaß. Wollte sie nicht in diesem unorganisierten Zustand verharren, mußte sie sich selbst einen Rahmen schaffen; es mußte eine neuartige soziale Gruppe entstehen, die diesem Ziel gerecht wurde. Neue soziale Formen sind jedoch stets nur die alten Formen in mehr oder weniger modifizierter und teilweise veränderter Gestalt. Die neue Gruppe, die nun entstand, orientierte sich am Vorbild der Familie, aber natürlich konnte sie ihr Vorbild nicht exakt reproduzieren, sondern allenfalls deren wesentliche Merkmale nachahmen. So kam es, daß die neuentstehende Zunft eine Art von Familie wurde, daß sie die Merkmale der Familie auf eine Form sozialer Aktivität übertrug, die der Autorität eben dieser Familie nach und nach entglitt. Es handelte sich um eine Abspaltung von Kompetenzen der Familie.

Wenn ich auf die Übereinstimmungen zwischen Zunft und Familie hinweise, so will ich damit übrigens nicht sagen, daß die Berufsorganisationen der Zukunft diesen häuslichen Charakter besitzen müßten oder könnten[12]. Es liegt auf der Hand, daß die Zünfte eine eigenständige Entwicklung nehmen und sich dabei immer weiter von den Gruppen entfernen mußten, für die sie ursprünglich einen teilweisen Ersatz gebildet hatten. Schon die Zünfte des Mittelalters erinnern nur noch sehr entfernt an die häusliche Organisation. Um wieviel mehr wird dies für die Berufsorganisationen gelten, deren wir heute bedürfen.

Aber damit stellt sich die Frage, wie diese Berufsorganisationen beschaffen sein sollten. Nachdem wir gesehen haben, weshalb sie notwendig sind, möchten wir natürlich auch wissen, welche Form sie annehmen müssen, damit sie ihre Aufgabe unter den heutigen Bedingungen des kollektiven Lebens zu erfüllen vermögen. So schwer diese Frage auch zu beantworten ist, wollen wir doch ein paar Worte darüber zu sagen versuchen.

12 Wahrscheinliche Lesart.

DRITTE VORLESUNG

Die Berufsmoral (Schluß)

Neben dem historischen Vorurteil, von dem beim letzten Mal die Rede war, gibt es noch einen weiteren Grund, der zur Diskreditierung des korporativen Systems beigetragen hat, und zwar das Mißtrauen, auf das der Gedanke einer Reglementierung des Wirtschaftslebens gewöhnlich stößt. Man denkt bei solch einer Reglementierung meist an eine mehr oder weniger schikanöse und mehr oder weniger erträgliche Ordnungspolitik, die zwar erreichen mag, daß der einzelne bestimmte äußerliche Handlungen verrichtet, die aber nicht die Herzen anspricht und keinen Rückhalt im Gewissen des einzelnen besitzt. Man erblickt darin ein umfangreiches generalisiertes Betriebsreglement, dem jene, für die es gilt, sich zwar oberflächlich unterwerfen mögen, das sie aber nicht wirklich wollen können. Hier verwechselt man eine Ordnung, die den Menschen unter Androhung von Gewalt von einem einzelnen aufgezwungen wird, obwohl sie selbst kein Interesse daran haben können, mit einer kollektiven Ordnung, der die Mitglieder einer Gruppe sich verpflichtet fühlen. Eine solche kollektive Ordnung kann nur Bestand haben, wenn sie sich auf eine Meinung stützt, wenn sie in den Sitten verankert ist, und auf diese Sitten kommt es hier an. Die aufgestellten Regeln haben in gewisser Hinsicht nur die Aufgabe, diese Sitten genauer zu definieren und sie mit Sanktionen zu versehen. Sie übersetzen gemeinsame Vorstellungen und Empfindungen, eine gemeinsame Bindung an ein gemeinsames Ziel, in konkrete Vorschriften. Wer sie nur von außen sieht und nur dem Buchstaben nach betrachtet, der verkennt ihren wahren Charakter. So gesehen mögen sie in der Tat als eine bloß störende Anweisung erscheinen, die den einzelnen daran hindert, das zu tun, was er tun möchte, und zwar mit Blick auf Interessen, die nicht die seinen sind; da ist es dann auch nur folgerichtig, wenn man versucht, diese Last abzuschütteln oder auf ein Minimum zu beschränken. Aber hinter dem Buchstaben steht der Geist, der ihn erfüllt, stehen Bindungen aller Art zwischen dem einzelnen und der Gruppe, der er angehört, sowie den Interessen dieser Gruppe, stehen all die sozialen Gefühle, all die kollektiven Wünsche und Traditionen, an denen man festhält und die man respektiert, die der Regel einen Sinn geben und sie mit Leben erfüllen, die letztlich erst darüber entscheiden, wie die Regel vom einzelnen angewendet wird. Es herrscht also eine äußerst oberflächliche Vorstellung bei den klassischen Ökonomen, für die jede kollektive Ordnung eine mehr oder weniger tyrannische Zwangsherrschaft darstellt. In Wirklichkeit und unter normalen Bedingungen, wenn sie so ist, wie sie sein soll, ist sie etwas ganz anderes. Sie ist zugleich Ergebnis und Voraussetzung eines Gemeinschaftslebens, das dem einzelnen nicht weniger am Herzen liegt als sein eigenes Leben. Und wenn wir uns wünschen, daß die Berufsorganisationen nach einem noch näher zu beschreibenden Modell wiedererstehen, so nicht etwa nur, damit neue Vorschriften zu den bestehenden hinzukommen, sondern vor allem, damit die Wirtschaftstätigkeit von anderen als den individuellen Gedanken und Bedürfnissen durchdrungen und solcherart sozialisiert werde; damit dann schließlich die Professionen zu ebenso vielen moralischen Milieus werden, die alle am Wirtschaftsleben Beteiligten kontinuierlich umfassen und ihre Moralität auf Dauer gewährleisten. Die Regeln indessen, so notwendig und unvermeidlich sie sein mögen, sind nur äußerer Ausdruck dieses fundamentalen Zustandes. Es geht nicht um eine von außen kommende mechanische Koordination von Bewegungen, sondern um eine Vereinigung der Geister.

Das korporative System erscheint mir nicht aus ökonomischen Gründen unerläßlich, sondern aus moralischen. Nur ein solches System vermag das Wirtschaftsleben zu moralisieren. Es trifft die gegenwärtige Situation, wenn man sagt, daß der größere Teil der sozialen Funktionen – denn heute sind die wirtschaftlichen Funktionen die am weitesten fortgeschrittenen – jeglichem moralischen Einfluß nahezu vollständig entzogen ist; zumindest gilt dies für das spezifisch Ökonomische an diesen Funktionen. Zweifellos gelten auch hier die Regeln der Gemeinschaftsmoral, doch diese Regeln sind für das Gemeinschaftsleben bestimmt, nicht für dieses spezielle Leben. Sie regeln nur jene Beziehungen, die keine Besonderheit von Industrie und Handel darstellen, nicht aber die anderen. Warum sollten diese anderen Beziehungen nicht gleichfalls eines moralischen Einflusses bedürfen? Was soll aus der öffentlichen Moral werden, wenn in diesem ganzen, für das soziale Leben so wichtigen Bereich der Gedanke der Pflicht so wenig Bedeutung hat? Es gibt eine Berufsmoral des Priesters, des Soldaten, des Anwalts, des Richters usw. Warum sollte nicht auch der Arbeitnehmer Pflichten gegenüber dem Arbeitgeber haben und umgekehrt oder der Unternehmer gegenüber dem Unternehmer, so daß die Konkurrenz unter ihnen eine Mäßigung und Regulierung findet und sie nicht wie heute in einen Krieg ausartet, der den wirklichen Kriegen an Grausamkeit zuweilen nicht nachsteht? Diese Rechte und Pflichten können nicht in sämtlichen Wirtschaftszweigen dieselben sein; vielmehr müssen sie nach den jeweiligen Verhältnissen der betreffenden Tätigkeit variieren. Die Pflichten der Landwirtschaft sind nicht dieselben wie die der gesundheitsgefährlichen Industrien, die des Handels nicht dieselben wie die des produzierenden Gewerbes. Ein Vergleich mag uns vor Augen führen, wo wir in dieser Hinsicht heute stehen. Im Körper sind sämtliche Organfunktionen einem speziellen Teil des Nervensystems unterstellt, und zwar nicht dem Gehirn, sondern dem vegetativen Nervensystem. In unserer Gesellschaft gibt es nun zwar ein Gehirn, das die Beziehungsfunktionen steuert, doch die

Organfunktionen, die Funktionen des vegetativen Lebens oder was ihnen entspricht, sind keinem regulierenden Einfluß unterworfen. Man stelle sich einmal vor, was aus der Tätigkeit des Herzens, der Lungen, des Magens usw. würde, wenn sie frei von jedem ordnenden Eingriff agieren könnten? Genau solch ein Bild bieten uns die Völker, bei denen das Wirtschaftsleben keine Steuerungsorgane besitzt. Gewiß, das gesellschaftliche Gehirn, der Staat, bemüht sich, hier einzuspringen und diese Funktionen zu übernehmen. Aber er ist dafür nicht die geeignete Instanz, und seine Eingriffe führen zu Störungen anderer Art, wenn sie nicht sogar völlig wirkungslos bleiben.
Ich denke, es gibt keine dringendere Reform als diese. Ich meine nicht, daß damit schon alles getan wäre, aber sie ist die Vorbedingung, ohne die alle übrigen Reformen gar nicht möglich sind. Gesetzt den Fall, unsere Eigentumsordnung würde morgen auf wunderbare Weise verändert und die Produktionsmittel gingen nach kollektivistischem Modell aus den Händen einzelner in die Hand des Kollektivs über. Dann wären alle Probleme, mit denen wir uns heute herumschlagen, immer noch vorhanden. Es gäbe immer noch einen ökonomischen Apparat und die verschiedensten Akteure, die zu seinem Funktionieren beitragen. So müßte man denn auch die Rechte und Pflichten dieser verschiedenen Akteure festlegen, und dies wiederum jeweils gesondert für die verschiedenen Bereiche der Wirtschaft. Es müßte ein Regelwerk geschaffen werden, das die Menge der zu leistenden Arbeit, die Entlohnung der verschiedenen Funktionsträger und die Pflichten festlegt, die sie untereinander und gegenüber der Gemeinschaft haben, usw. Wir hätten es also ebensowenig wie heute mit einer *tabula rasa* zu tun. Nur weil wir die Produktionsmittel ihren alten Besitzern genommen und in andere Hände gelegt hätten, wüßten wir noch lange nicht, wie diese Mittel funktionieren sollten und wie das Wirtschaftsleben beschaffen sein müßte, dessen Bedingungen

man solcherart verändert hätte. Der Zustand der Anarchie bliebe erhalten, denn diese Anarchie herrscht nicht, weil irgendwelche Dinge hier sind und nicht dort, sondern weil die Tätigkeiten, zu denen diese Dinge Anlaß geben, nicht geregelt sind. Und sie regeln, sie moralisieren sich nicht wie durch ein Wunder von selbst. Solch eine Reglementierung und Moralisierung kann nicht verordnet werden, weder von einem Gelehrten in seiner Studierstube noch von einem Politiker; sie können nur das Werk der beteiligten Gruppen sein. Und weil diese Gruppen heute noch nicht existieren, gibt es keine dringendere Aufgabe, als sie ins Leben zu rufen. Alle übrigen Probleme lassen sich erst danach angehen.

Es bleibt noch die Frage zu klären, wie denn die Berufsorganisationen beschaffen sein müßten, damit sie den gegenwärtigen Bedingungen unseres kollektiven Lebens entsprechen. Natürlich kann keine Rede davon sein, sie in der Form wiederzubeleben, die sie einmal hatten. Wenn sie tot sind, so weil sie in ihrer damaligen Gestalt nicht mehr lebensfähig waren. Aber welche Gestalt sollen sie annehmen? Das Problem ist nicht einfach. Wollen wir es einigermaßen methodisch und objektiv lösen, müßten wir zunächst untersuchen, wie das Zunftwesen sich in der Vergangenheit entwickelt hat und welche Bedingungen diese Entwicklung bestimmt haben. Dann könnte man mit einiger Sicherheit sagen, wie es unter den Bedingungen beschaffen sein müßte, mit denen unsere Gesellschaften heute konfrontiert sind. Dazu wären indessen Untersuchungen erforderlich, die wir bislang noch nicht unternommen haben. Aber vielleicht läßt sich die Entwicklung doch in ihren Grundzügen nachzeichnen.

Wie wir gesehen haben, reicht das Zunftwesen bis in die Frühzeit des römischen Stadtstaates zurück; aber dort waren die Zünfte nicht dasselbe wie später im Mittelalter. Der Unterschied liegt nicht allein in der Tatsache, daß die römischen Handwerkerkollegien stärker religiös und weniger beruflich orientiert waren als die mittelalterlichen Zünfte. Der eigentliche Unterschied liegt in einem sehr viel gewichtigeren Merkmal. In Rom ist die Zunft eine außergesellschaftliche Institution, zumindest in ihren Ursprüngen. Ein Historiker, der die politische Organisation der Römer in ihre Elemente zu zerlegen versuchte, stieße nirgendwo in seiner Arbeit auf irgend etwas, das auf die Existenz der Zünfte hinwiese. Als anerkannte, festumrissene Einheiten kamen sie in der römischen Staatsverfassung schlechterdings nicht vor. In keiner Wahlversammlung und in keiner Versammlung der Armee traten die Handwerker nach Zünften gegliedert auf; nirgendwo nahm das Kollegium als ganzes oder über eigene Vertretungsorgane am öffentlichen Leben teil. Als Gegenbeispiel ließen sich hier allenfalls drei oder vier Kollegien anführen, die man in vier von Servius Tullius aufgestellten Zenturien *(tignarii, aerarii, tubicines, cornucines)* wiedererkennen zu können glaubt. Doch auch dies kann keineswegs als gesichert gelten. Mit großer Wahrscheinlichkeit umfaßten die so bezeichneten Zenturien nicht sämtliche Zimmerleute, Schmiede usw., sondern nur jene, die Waffen und Kriegsgerät herstellten oder reparierten. Bei Dionysos von Halikarnassos heißt es ausdrücklich, daß die solcherart zusammengefaßten Handwerker rein militärische Funtionen *eiz ton polemon* hatten (IV, 17; VII, 19) und daß man unter derselben Bezeichnung auch andere Handwerker zusammengefaßt hatte, die gleichfalls verpflichtet waren, in Kriegszeiten bestimmte Dienste zu leisten. Man darf daher annehmen, daß diese Zenturien keine Kollegien im eigentlichen Sinne darstellten, sondern militärische Abteilungen. Doch wie dem auch sei, für die übrigen Kollegien kann jedenfalls als gesichert gelten, daß sie außerhalb der offiziellen Organisation des römischen Volkes standen. Sie bildeten gleichsam ein überschüssiges Arrangement, soziale Formen, denen etwas Irreguläres anhaftete oder die zumindest nicht zu den regulären Formen gehörten, und die Gründe dafür lassen sich leicht ausmachen. Die Zünfte entstanden, als das

Handwerk ein gewisses Entwicklungsniveau erreichte. Lange Zeit war das Handwerk bei den Römern nur eine überaus nebensächliche kollektive Tätigkeit von zweitrangiger Bedeutung gewesen. Die römische Gesellschaft war in erster Linie agrarisch und militärisch geprägt. Als Agrargesellschaft war sie in *gentes, curies* und *tribus* unterteilt. In der Gliederung nach Zenturien spiegelt sich dagegen das militärische Organ. Da war es nur natürlich, wenn das zunächst unbekannte und dann rudimentäre Handwerk die politische Struktur des Stadtstaates in keiner Weise beeinflußte. Hier handelte es sich um Gruppierungen, die erst im nachhinein entstanden, neben den normalen, offiziellen Gruppierungen; sie bildeten gleichsam einen Auswuchs am ursprünglichen Organismus Roms. Im übrigen litt das Handwerk noch bis zu einem recht späten Zeitpunkt der römischen Geschichte unter einer moralischen Diskreditierung, die jeden Gedanken, es könne eine offizielle Stellung innerhalb des Staates einnehmen, als abstrus erscheinen ließ. Ohne Zweifel veränderten sich die Dinge im Laufe der Zeit, doch die Art, wie sie sich veränderten, zeigt, wie es ursprünglich um sie bestellt war. Um ihren Interessen Beachtung zu verschaffen und eine Stellung zu erlangen, die ihrer zunehmenden Bedeutung entsprach, mußten die Handwerker zu ungesetzlichen Mitteln greifen. Um die Verachtung, mit der man ihnen begegnete, zu überwinden, mußten die Kollegien auf das Mittel des Komplotts und der heimlichen Agitation zurückgreifen. Das ist der beste Beweis dafür, daß die Gesellschaft ihnen von sich aus nicht offenstand. Und als sie dann später in den Staat integriert wurden, als man sie in die staatliche Verwaltung einbaute, da war dies durchaus kein glorreicher Sieg für sie, aus dem sie großen Nutzen gezogen hätten; vielmehr gerieten sie dadurch in eine drückende Abhängigkeit. Wenn sie Eingang in die staatliche Organisation fanden, so nicht, um dort jene Stellung einzunehmen, die ihnen, wie es schien, aufgrund ihrer Verdienste zustand, sondern lediglich damit die Staatsmacht sie besser überwachen und kontrollieren konnte. »Die Zunft«, sagt Levasseur, »wurde zur Kette, die (die Handwerker) zu Gefangenen machte und die die kaiserliche Hand um so kürzer hielt, je schwieriger oder notwendiger ihre Arbeit für den Staat war.« (Levasseur, I, S. 31.) Nachdem man sie lange außerhalb der regulären Organisation der römischen Gesellschaft gehalten hatte, räumte man ihnen schließlich zwar einen Platz ein, aber dieser Platz grenzte an Sklaverei.

Ganz anders war die Situation im Mittelalter. Sobald die Zünfte auftauchen, erscheinen sie auch schon als der normale Organisationsrahmen jenes Teils der Bevölkerung, der einmal eine wesentliche Rolle im Staate spielen sollte, des dritten Standes oder der Bourgeoisie. Und in der Tat waren Bürger und Handwerker lange Zeit ein und dasselbe. »Die Bourgeoisie des dreizehnten Jahrhunderts«, sagt Levasseur, »bestand ausschließlich aus Handwerkern. Die Klasse der Beamten und Juristen war gerade erst in Entstehung begriffen; die Gelehrten gehörten noch zur Geistlichkeit; die Zahl der Rentiers war noch äußerst klein, da das Land zum allergrößten Teil dem Adel gehörte. So blieb den Nichtadeligen nur die Arbeit in Werkstatt oder Kontor, und in Handel oder Gewerbe hatten sie sich auch ihre Stellung innerhalb des Reiches erkämpft.« (I, S. 31.) Dasselbe gilt auch für Deutschland. Das Bürgertum bildete die Bevölkerung der Städte. Bekanntlich gingen die deutschen Städte aus ständigen Märkten hervor, die ein Landesherr auf seinem Territorium eingerichtet hatte. Die Bevölkerung, die sich bei diesen Märkten ansiedelte und später dann die städtische Bevölkerung bildete, bestand im wesentlichen aus Handwerkern und Kaufleuten. Die Städte waren also von Anfang an Zentren von Handel und Gewerbe, und genau darin liegt der Unterschied zwischen den städtischen Siedlungen der christlichen Gesellschaften und den entsprechenden oder scheinbar entsprechenden Siedlungen in anderen Gesellschaften.

Die Identität der beiden Bevölkerungen ging so weit, daß die Ausdrücke *mercatores* und *forenses* synonym mit *cives* wurden; dasselbe gilt für *jus civilis* und *jus fori*. Die Organisation des Handwerks wurde damit zur Urform für die Organisation des europäischen Bürgertums.
Als die Städte sich aus landesherrlicher Bevormundung lösten und sich zu eigenständigen Kommunen entwickelten, da wurde die Zunft, die Organisation von Handwerk und Handel, zur Grundlage der kommunalen Verfassung. In der Tat »beruhen in fast allen Gemeinden das politische System und die Wahl des Magistrats auf der Gliederung der Bürger nach Zünften«. (I, S. 193.) Vielfach wurde nach Zünften abgestimmt, und oft wählte man zugleich die Vorsteher der Zünfte und die Vorsteher der Gemeinde. »In Amiens zum Beispiel kamen die Handwerker jedes Jahr zusammen und wählten die Vorsteher ihrer Zunft; die gewählten Vorsteher benannten daraufhin zwölf Schöffen, die ihrerseits zwölf Schöffen benannten. Der Rat der Schöffen schlug dann den Vorstehern der Zünfte drei Kandidaten vor, unter denen diese den Bürgermeister der Stadt auswählen konnten... In manchen Städten war der Wahlmodus noch komplizierter, doch stets waren politische und städtische Organisation aufs engste mit der Organisation der Arbeit verknüpft.« (I, S. 183.) Und wie die Gemeinde ein Zusammenschluß von Zünften darstellte, so bildete die Zunft eine Gemeinde im Kleinen. Denn die Zunft war das Modell, das in der Kommunalverfassung ihre vergrößerte und fortentwickelte Ausgestaltung erfahren hatte.
Fassen wir noch einmal zusammen. Zunächst ignoriert, verachtet und außerhalb der politischen Verfassung stehend, wurde die Zunft zum grundlegenden Element der Gemeinde. Andererseits wissen wir, welche Rolle die Gemeinde in der Geschichte aller großen europäischen Gesellschaften gespielt hat; sie wurde mit der Zeit zu deren Eckstein. Da nun die Gemeinde eine Vereinigung von Zünften darstellt und da

sie nach dem Vorbild der Zunft gestaltet ist, hat letztlich die Zunft als Grundlage für das gesamte politische System gedient, das aus der Entwicklung der Gemeinden hervorgegangen ist. Während die Zunft in Rom außerhalb der politischen Verfassung stand, bildete sie für unsere Gesellschaften den elementaren Rahmen. Wie wir sehen, hat sie auf ihrem Wege ganz beträchtlich an Würde und Bedeutung gewonnen. Und dies ist ein Grund mehr, weshalb die Annahme, sie sei zum Verschwinden verurteilt, unwahrscheinlich ist. Wenn die Zunft bis zum sechzehnten und siebzehnten Jahrhundert ein immer wichtigeres Element der politischen Struktur wurde, dann ist kaum anzunehmen, daß sie plötzlich jede Daseinsberechtigung verloren haben sollte. Da liegt denn doch die Vermutung näher, daß sie in der Zukunft eine noch vitalere Rolle spielen wird als in der Vergangenheit.

Aber die eben angestellten Überlegungen versetzen uns in die Lage, einerseits zu erkennen, weshalb die Zünfte vor etwa zweihundert Jahren ihren Niedergang erlebten, das heißt, was sie daran hinderte, den ihnen zufallenden Aufgaben gerecht zu werden, und andererseits herauszufinden, was geschehen müßte, damit dies wieder der Fall ist. Wir haben gesehen, daß die Zunft so, wie sie im Mittelalter entstand, aufs engste mit der kommunalen Organisation verknüpft war. Beide Institutionen waren nahe Verwandte. Diese Übereinstimmung war so lange nicht nachteilig, wie auch Handel und Gewerbe kommunalen Charakter besaßen. Solange Handwerker und Kaufleute ausschließlich solche Kunden hatten, die in derselben Stadt lebten oder zu den Markttagen aus der Umgebung dorthin kamen, genügte die Zunft mit ihrer streng (lokalen)[13] Organisation sämtlichen Bedürfnissen. Das änderte sich indessen mit der Entstehung der Industrie. Die Industrie nämlich überschreitet ihrem Wesen nach den städtischen Rahmen. Einerseits ist es nicht

13 Nach »streng« muß offenbar ein ausgelassenes Wort eingefügt werden, wahrscheinlich »lokalen«.

erforderlich, daß sie ihren Standort in einer Stadt wählt; sie kann sich an jedem beliebigen Ort niederlassen, auf dem Lande geradesogut wie in der Stadt, außerhalb jeder menschlichen Ansiedlung, dort, wo sie sich am wirtschaftlichsten mit den notwendigen Ressourcen versorgen kann und von wo aus sie ihren Absatz am günstigsten zu organisieren vermag. Außerdem findet sie ihre Abnehmer überall; ihr Wirkungsfeld beschränkt sich nicht auf eine bestimmte Region. Eine Institution, die so eng mit der kommunalen Organisation verknüpft war wie die Zunft, konnte daher kaum als rahmensetzende und regulierende Instanz für eine soziale Aktivität fungieren, die eine so vollkommene Unabhängigkeit von der Kommune an den Tag legte. Und in der Tat stand die Industrie von Anfang an außerhalb des alten Zunftwesens. Nicht daß sie deshalb von jeder Reglementierung verschont geblieben wäre. Vielmehr übernahm der Staat hier unmittelbar die Rolle, die in den Städten einst die Zünfte für Handel und Gewerbe gespielt hatten. Der König gewährte den Manufakturen Privilegien und unterwarf sie zugleich seiner Kontrolle. Daher der Titel »königliche Manufaktur«, der ihnen verliehen wurde. Diese unmittelbare Vormundschaft des Staates war natürlich nur solange möglich, wie die Manufakturen gering an Zahl und wenig entwickelt waren. Aber aus der Tatsache, daß die alten Zünfte so, wie sie existierten, nicht in der Lage waren, sich an die neuen Formen anzupassen, und daß der Staat die alte ständische Ordnung nur eine Zeitlang aufrechterhalten konnte, folgt keineswegs, daß hinfort jegliche Ordnung unnötig wäre, sondern lediglich, daß die alten Zünfte sich verändern müßten, damit sie ihre Funktion auch unter den neuen Bedingungen des wirtschaftlichen Lebens erfüllen könnten. Und da die eingetretene Veränderung darin besteht, daß die Industrie nicht mehr lokal und städtisch, sondern national ausgerichtet ist, kann man aus dem Vorangegangenen lediglich den Schluß ziehen, daß die Korporation sich in gleicher

Weise zu verändern hat, daß sie nicht länger eine städtische Institution bleiben darf, sondern zu einer öffentlichen Institution werden muß. Wie die Erfahrungen des siebzehnten und achtzehnten Jahrhunderts zeigen, blieb das Zunftwesen den städtischen Interessen verhaftet und vermochte sich daher nicht an die Bedürfnisse der Industrie anzupassen, deren Wirkungsfeld so weit gesteckt ist, daß sie die allgemeinen Interessen der Gesellschaft berührt; andererseits vermochte auch der Staat diese Aufgabe nicht zu erfüllen, weil das Wirtschaftsleben zu ausgedehnt, komplex und vielgestaltig ist, als daß der Staat es überwachen und sein Funktionieren in sinnvoller Weise regulieren könnte. Aber die Lehre, die wir aus diesen Erfahrungen zu ziehen haben, lautet, daß die Korporation sich verändern muß, daß sie dem Staat ähnlich werden muß, ohne in ihm aufzugehen, das heißt, daß sie eine sekundäre, relativ autonome Gruppierung bleiben und dennoch nationalen Charakter annehmen muß. Sie hat es nicht vermocht, sich rechtzeitig zu ändern und den neuen Bedürfnissen anzupassen; deshalb wurde sie zerschlagen. Weil sie sich nicht an das neue Leben, das sich herausbildete, anpaßte, hat das Leben sich ganz selbstverständlich von ihr zurückgezogen. Und so wurde die Korporation, was sie am Vorabend der Revolution war: ein toter Fremdkörper, der sich nur noch durch seine Trägheit in unserem gesellschaftlichen Organismus aufrechterhielt. Deshalb mußte der Augenblick kommen, da dieser Fremdkörper gewaltsam ausgestoßen wurde. Mit dieser Ausstoßung war indessen den Bedürfnissen, die das Zunftwesen eigentlich hätte befriedigen sollen, noch keineswegs Genüge getan. Und deshalb stehen wir heute noch vor demselben Problem, nur daß ein Jahrhundert tastender und schmerzhafter Erfahrungen dieses Problem noch drängender gemacht hat. Mir scheint, es ist nicht unlösbar.

Man stelle sich vor, im gesamten Land würden die unterschiedlichen Industriezweige nach natürlichen Ähnlichkeiten und Affinitäten gruppiert. An die Spitze jeder dieser Gruppierungen setze man einen Verwaltungsrat, ein aus Wahlen hervorgegangenes kleines Parlament. Wenn man diesem Rat oder Parlament nun die – in ihrem Umfang noch zu bestimmende – Vollmacht gibt, die berufstypischen Belange zu regeln – die Beziehungen zwischen Arbeitnehmern und Arbeitgebern, Arbeitsbedingungen, Löhne, die Beziehungen zwischen den Konkurrenten usw. –, dann wäre damit die Zunft wiedergeboren, allerdings in vollkommen neuer Gestalt. Mit der Schaffung dieses zentralen Organs, dem die allgemeine Leitung der Gruppe obläge, wäre es keineswegs unvereinbar, daß auch nachgeordnete, regionale Organe entstünden, die der Kontrolle der zentralen Instanz unterworfen wären. Die allgemeinen Richtlinien, die sie erläßt, könnten von stärker regional ausgerichteten Industrie- und Handelskammern nach den jeweiligen regionalen Bedingungen spezifiziert und diversifiziert werden, ganz wie es heute unterhalb des Parlaments die Stadt- und Departementräte gibt. Auf diese Weise organisierte, regulierte und kontrollierte sich das Wirtschaftsleben selbst, ohne etwas von seiner Vielfalt einzubüßen. Im übrigen würde dadurch im wirtschaftlichen Bereich lediglich eine Reform nachgeholt, die alle übrigen Bereiche des nationalen Lebens bereits hinter sich haben. Die Sitten, die Gebräuche, die politische Verwaltung, die früher lokalen Charakters waren und von Region zu Region variierten, haben sich immer stärker vereinheitlicht, und die einstmals autonomen Organe, die Gerichte und die feudalen oder städtischen Träger politischer Macht, sind nach und nach zu untergeordneten Instanzen geworden, zu Organen des zentralen Organismus, der sich damit herausbildete. Spricht nicht vieles dafür, daß die wirtschaftliche Ordnung sich in derselben Weise und in demselben Sinne verändern muß? Was früher existierte, war eine lokale, eine kommunale Organisation; an deren Stelle müßte nun kein völliges Fehlen von Organisation, keine Anarchie, treten, sondern eine allgemeine, nationale, vereinheitlichte, aber dennoch komplexe Organisation, in der auch die lokalen Gruppierungen von einst weiterbestünden, allerdings nur noch als Transmissionsriemen und Diversifikationsorgane.

Damit wäre das korporative System zugleich auch vor einem weiteren Mangel geschützt, den man ihm in der Vergangenheit häufig vorgeworfen hat: der Unbeweglichkeit. Solange der Horizont der Zunft auf die Stadt beschränkt war, wurde sie wie die Stadt leicht zum Gefangenen der Tradition. In einer so kleinen Gruppe können sich die Lebensbedingungen nicht viel ändern, die Gewohnheit übt einen starken Druck auf Menschen und Dinge aus, für den es kein Gegengewicht gibt, und am Ende flößt jede Neuerung Furcht ein. Der Traditionalismus der Zünfte, ihr Geist der Routine, spiegelte lediglich den Traditionalismus ihrer Umwelt wider und hatte dieselben Ursachen. Nur überlebte er die Ursachen, aus denen er hervorgegangen war und die ihm einstmals als Rechtfertigung gedient hatten. Die Vereinigung des Landes und die damit einhergehende Entstehung der Industrie hatten eine Erweiterung des Horizontes zur Folge; die Menschen wurden offen für neue Bedürfnisse und neue Ideen. Doch nicht nur bislang unbekannte Wünsche traten zutage, das Bedürfnis nach Komfort, nach einem bequemeren Leben usw.; es entwickelte sich auch eine größere Beweglichkeit im Geschmack der Menschen, und da die Zünfte sich nicht zu ändern vermochten, da sie unfähig waren, sich anzupassen, und starr an ihren überkommenen Gewohnheiten festhielten, waren sie nicht in der Lage, diesen neuen Anforderungen gerecht zu werden. Und damit brachten sie die Menschen gegen sich auf. Doch nationale Berufsorganisationen wären vor dieser Gefahr gefeit. Ihre Größe und Komplexität bewahrten sie vor solcher Unbeweglichkeit. Sie umfaßten zu viele und zu unterschiedliche Elemente, als daß solch eine statische Gleichförmigkeit zu befürchten wäre. Das Gleichgewicht einer derartigen Organisation kann stets nur von relativer Stabilität sein und stünde deshalb in vollkommener Harmonie mit dem moralischen Gleichgewicht der Gesellschaft, das von ähnlicher Art ist und nichts Rigides an sich hat. Allzu viele unterschiedliche Geister wären darin am Werk, als daß nicht ständig neue Arrangements darin vorbereitet würden und gleichsam latent vorhanden wären. Eine große Gruppe ist niemals unbeweglich (China)[14], denn sie bringt unablässig Veränderungen hervor.

So sieht in unseren Augen das Grundprinzip des korporativen Systems aus, das allein uns für die Industrie geeignet erscheint. Nachdem wir es in seinen Grundzügen beschrieben haben, bleiben noch zahlreiche sekundäre Fragen zu klären, die wir hier nicht behandeln können. Ich möchte nur auf die wichtigsten kurz eingehen.

Zunächst wird häufig gefragt, ob die Berufsorganisation mit einer Zwangsmitgliedschaft verbunden sein sollte, das heißt, ob der einzelne verpflichtet sein sollte, ihr beizutreten. Diese Frage scheint mir nur von beschränktem Interesse zu sein. Denn sobald das korporative System eingerichtet ist, wäre es für den einzelnen so nachteilig, außerhalb der Berufsorganisation zu bleiben, daß er sich ihr aus eigenem Antrieb anschlösse, ohne daß Zwangsmittel erforderlich wären. Wenn eine kollektive Kraft entstanden ist, zieht sie alle vereinzelten Individuen an, und wer sich ihr nicht anschließt, vermag sich nicht zu halten. Im übrigen verstehe ich nicht, warum manche in diesem Falle Skrupel haben, die Möglichkeit einer Zwangsmitgliedschaft ins Auge zu fassen. Jeder Bürger ist heutzutage verpflichtet, einer Gemeinde anzugehören; weshalb sollte dieser Grundsatz nicht auch für den Berufsstand gelten, zumal die Reform, von der hier die Rede ist, am Ende dazu führte, daß die berufliche Standesorganisa-

14 Zweifelhafte Lesart.

tion an die Stelle des territorialen Bezirks als politische Einheit des Landes träte.
Wichtiger ist in diesem Zusammenhang schon die Frage, welche Stellung die Arbeitgeber und die Arbeitnehmer jeweils in der berufsständischen Organisation einnehmen sollten. Selbstverständlich müssen beide in der Versammlung vertreten sein, die über das allgemeine Leben der Berufsorganisation zu befinden hat. Diese Versammlung könnte ihre Aufgaben gar nicht erfüllen, wenn sie nicht beide Elemente in sich vereinigte. Man kann sich indessen fragen, ob innerhalb der Organisation nicht eine grundlegende Aufteilung erforderlich wäre, ob die beiden Gruppen nicht getrennt ihre Vertreter wählen sollten, kurz gesagt, ob sie nicht unabhängig voneinander sein sollten – zumindest soweit ihre Interessen offenkundig im Gegensatz zueinander stehen.
Schließlich sollte diese ganze Organisation zweifellos mit dem zentralen Organ, das heißt mit dem Staat, verbunden[15] werden. Die berufsbezogene Gesetzgebung kann kaum etwas anderes[16] sein als ein Spezialfall der allgemeinen Gesetzgebung, geradeso wie die Berufsmoral nur ein Sonderfall der allgemeinen Moral sein kann. Es wird ebenso gewiß alle möglichen Formen wirtschaftlicher Aktivität von einzelnen geben[17], die solch einer Reglementierung durch die Gemeinschaft bedürfen. Sie kann unmöglich das Werk einer einzelnen Gruppe sein.
Wir haben hier nur kurz die Funktionen aufgezeigt, die innerhalb der Berufsorganisation geschaffen werden könnten. Es ist nämlich kaum möglich, vorherzusagen, welche sonstigen Aufgaben man ihr in der Zukunft noch zuweisen mag. Da ist es besser, wenn wir uns auf jene Funktionen beschränken, die ihr aus heutiger Sicht vorbehalten werden

15 Wahrscheinliche Lesart.
16 Wahrscheinliche Lesart.
17 Könnte auch gelesen werden: »Es wird ebenso gewiß in allen Formen wirtschaftlicher Aktivität Teile geben, die ...«

sollten. Hinsichtlich der Gesetzgebung bedürfen die Rahmenbedingungen des Arbeitsvertrages[18], der Entlohnung der Beschäftigten, des Arbeitsschutzes, der Frauen- und Kinderarbeit usw. einer nach Industriezweigen gesonderten Regelung, und der Staat ist nicht in der Lage, solch eine Diversifizierung vorzunehmen. Das wäre die unerläßliche legislative Aufgabe.[19] Der (? ?) der Rentenkassen, der Krankenkassen usw. kann nicht (gefahrlos den staatlichen Kassen vorbehalten[20]) werden, die bereits mit diversen Aufgaben überlastet und zu weit vom einzelnen entfernt sind. Schließlich bedarf es zur Schlichtung von Arbeitskonflikten, die nicht vollständig (in Form von Gesetzen kodifiziert[21]) werden können, der Einrichtung von Spezialgerichten, deren Rechte[22] ebenso vielgestaltig sein müssen wie die Industriezweige, damit sie ihre Urteile in voller Unabhängigkeit fällen können. Dies wäre die judikative[23] Aufgabe, mit der man die wiederhergestellten und erneuerten Berufsorganisationen sofort betrauen könnte. Diese drei Aufgaben wären diesen drei (?) Organen oder Organgruppen anzuvertrauen; es handelt sich hier um praktische Probleme, über die nur die Erfahrung zu entscheiden vermag. Wesentlich ist, daß man die Gruppe schafft und ihr eine Daseinsberechtigung gibt, indem man ihr mit soviel Vorsicht, wie man für angebracht halten mag, einige der genannten Funktionen zuweist. Wenn sie erst einmal existiert und zu leben begonnen hat, wird sie sich ganz von selbst weiterentwickeln, und niemand vermag zu sagen, wohin diese Entwicklung am Ende führen wird. Wie ich oben gesagt habe, wird man sich an die übrigen Reformen

18 Zweifelhafte Lesart.
19 Der letzte Satz ist zweifelhaft. Dasselbe gilt für den Anfang des vorangegangenen Satzes.
20 Lesart ungewiß; lautet vielleicht auch: »gefahrlos in die Hände des Staates gelegt werden«.
21 Sehr unsichere Lesart.
22 Sehr unsichere Lesart.
23 Sehr unsichere Lesart.

sinnvollerweise erst dann machen können, wenn diese Reform durchgeführt ist; möglicherweise stellen dann die übrigen Reformen sich aber auch ganz von selbst ein. Falls denn eine Umgestaltung des Eigentumsrechts erforderlich ist, so ist es nicht der (?) von seiner (Seite ? ?), der sagen kann, worin sie bestehen wird. Wer weiß, wie komplex das soziale Leben ist und welche Stellung darin die gegensätzlichsten Elemente einnehmen, der weiß auch, wie sehr die geläufigen Formeln den Sachverhalt vereinfachen. Es ist sehr unwahrscheinlich, daß man eines Tages zu einem Zustand gelangte, in dem die Produktionsmittel ganz selbstverständlich von den Konsumtionsmitteln getrennt wären, in dem nichts vom alten Eigentumsrecht übrig wäre, in dem es keine Arbeitgeber mehr gäbe und das Erbrecht abgeschafft wäre, und keine menschliche Voraussicht vermöchte zu sagen, welchen Anteil diese Tatsachen der zukünftigen Organisation ...
welcher Anteil der Vergangenheit, der stets überleben wird, welcher ... in der Zukunft.

Diese Aufteilung kann nur spontan erfolgen, unter dem Einfluß der Tatsachen und der Erfahrung. Wenn man das industrielle Leben organisiert, das heißt, wenn man ihm das Organ gibt, das es benötigt, dann wird dieser Organismus ganz von selbst, indem er mit den übrigen gesellschaftlichen Organen Kontakt aufnimmt, zu einer Quelle von Veränderungen, die wir uns im voraus gar nicht vorstellen können. So ist nicht nur das korporative System ...

VIERTE VORLESUNG

Staatsbürgerliche Moral

Definition des Staates

Wir haben nacheinander die moralischen und rechtlichen Regeln untersucht, die sich auf das Verhältnis des Individuums zu sich selbst, zur Familiengruppe und zur Berufsgruppe beziehen. Jetzt wollen wir das Individuum in jenen Beziehungen betrachten, die es zu einer anderen Gruppe unterhält, zu einer Gruppe, die größer ist als die bisher untersuchten, ja die sogar die größte von allen heute existierenden Gruppen darstellt, die politische Gruppe nämlich. Die Gesamtheit sanktionsbewehrter Regeln, welche den Charakter dieser Beziehungen bestimmt, bildet die staatsbürgerliche Moral.

Doch bevor wir mit dieser Untersuchung beginnen, müssen wir definieren, was wir unter politischer Gesellschaft verstehen.

Ein wesentliches Element, das in den Begriff jeder politischen Gruppe eingeht, ist der Gegensatz zwischen den Regierenden und den Regierten, zwischen der Autorität und jenen, die ihr unterworfen sind. Es ist durchaus möglich, daß diese Unterscheidung zu Beginn der sozialen Evolution noch nicht existiert hat; diese Hypothese ist um so wahrscheinlicher, als wir Gesellschaften finden, in denen sie nur sehr schwach ausgebildet ist. Jedenfalls dürfen die Gesellschaften, in denen sie existiert, nicht mit jenen verwechselt werden, in denen sie nicht vorkommt. Es handelt sich um zwei verschiedene Arten von Gesellschaft, die mit unterschiedlichen Begriffen bezeichnet werden müssen, und nur auf die erste Art ist die Bezeichnung »politische Gesellschaft« anzuwenden. Denn wenn dieser Ausdruck einen

Sinn haben soll, dann in erster Linie den einer zumindest rudimentären Organisation, einer dauerhaften oder nur vorübergehenden schwachen oder starken Macht, deren wie immer geartetem Einfluß der einzelne ausgesetzt ist.

Doch eine Macht dieser Art findet sich nicht nur in politischen Gesellschaften, sondern auch anderswo. Die Familie besitzt ein Oberhaupt, dessen Macht zuweilen absolut ist, zuweilen aber auch durch die Rechte eines Familienrates eingeschränkt wird. Die patriarchalisch strukturierte Familie der Römer ist oft mit einem kleinen Staat verglichen worden; und obwohl dieser Vergleich, wie wir gleich sehen werden, nicht gerechtfertigt ist, wäre er doch unangreifbar, wenn die politische Gesellschaft einzig und allein durch das Vorhandensein einer Regierungsorganisation gekennzeichnet wäre. Es ist jedoch noch ein weiteres Merkmal erforderlich.

Dieses Merkmal hat man gelegentlich in dem besonders engen Band zu finden geglaubt, das jede politische Gesellschaft mit dem von ihr besetzten Boden verbindet. Wie es heißt, besteht eine dauerhafte Beziehung zwischen der Nation und einem bestimmten Territorium. »Der Staat«, sagt Bluntschli, »verlangt ein Staatsgebiet; *zum Volke gehört das Land.*«[24] Aber die Familie ist zumindest bei einer großen Zahl von Völkern nicht weniger eng mit einem bestimmten Stück Land verbunden; auch sie hat ihr Gebiet, und ihre Bindung an den Boden ist unauflöslich, weil das Land unveräußerbar ist. Wir haben gesehen[25], daß der unbewegliche Familienbesitz vielfach die eigentliche Seele der Familie darstellte; auf ihm beruhten Einheit und Fortbestand der Familie; er war das Zentrum, um den das Familienleben kreiste. Es ist keineswegs so, daß dem Territorium in den politischen Gesell-

24 Johann Kaspar Bluntschli, *Allgemeine Staatslehre*, 6. Aufl., Stuttgart 1886, S. 15.

25 Dieser Teil der Vorlesung ist verloren gegangen. Siehe die editorische Notiz und das Nachwort des Herausgebers.

schaften mehr Bedeutung zukäme. Im übrigen mißt man dem nationalen Territorium erst in neuerer Zeit eine so zentrale Bedeutung bei. Zunächst einmal wäre es doch recht willkürlich, wenn man den großen und manchmal überaus kunstvoll organisierten Nomadengesellschaften jeden politischen Charakter abspräche. Und dann galt früher nicht das Territorium, sondern die Anzahl der Bürger als das zentrale Merkmal eines Staates. Einen Staat zu annektieren hieß nicht, das Land zu annektieren, sondern sich dessen Bewohner einzuverleiben. Umgekehrt konnte man erleben, daß die Sieger sich bei den Besiegten und auf ihrem Land niederließen, ohne daß sie dadurch ihre Einheit und ihre politische Persönlichkeit einbüßten. In den ersten Jahrhunderten unserer Geschichte war die Hauptstadt, das heißt das territoriale Gravitationszentrum der Gesellschaft, extrem mobil. Es ist noch gar nicht lange her, daß die Völker eine so enge Bindung an ihr Territorium aufbauten und dieses Territorium gleichsam zu ihrem geographischen Ausdruck wurde. Heutzutage ist Frankreich nicht nur eine bestimmte Bevölkerung, in erster Linie also die Gesamtheit der Menschen, die eine bestimmte Sprache sprechen, eine bestimmte Rechtsordnung haben usw., sondern auch und vor allem ein bestimmter Teil Europas. Selbst wenn sich 1870 alle Elsässer für die französische Nationalität entschieden hätten, wäre man dennoch allein schon deshalb berechtigt gewesen, von einer Verstümmelung und Minderung Frankreichs zu sprechen, weil das Land einen Teil seines Bodens an eine fremde Macht abgegeben hätte. Doch zu dieser Identifikation der Gesellschaft mit ihrem Territorium ist es erst in den fortgeschrittensten Gesellschaften gekommen. Das hängt ohne Zweifel mit einer Vielzahl von Ursachen zusammen, mit dem gestiegenen gesellschaftlichen Wert des Bodens, vielleicht auch damit, daß die Bedeutung der geographischen Bindung, relativ gesehen, zunahm, während zugleich andere soziale Bindungen stärker moralischen Charakters an Kraft

verloren. Die Gesellschaft, der wir angehören, hat für uns noch stärker den Charakter eines festumrissenen Territoriums gewonnen, seit sie nicht mehr in erster Linie eine Religion, ein Komplex typischer Traditionen oder der Kult einer bestimmten Dynastie ist.
Sehen wir einmal vom Territorium ab, so scheint es, daß die Größe der Bevölkerung als Unterscheidungsmerkmal der politischen Gesellschaft dienen könnte. Zweifellos wird die Bezeichnung in der Regel nicht auf soziale Gruppen angewandt, die nur eine geringe Zahl von Mitgliedern umfassen. Aber eine Abgrenzung dieser Art wäre doch wohl allzu unscharf; denn ab welcher Größe sollten wir eine Ansammlung von Menschen als politische Gruppe bezeichnen? Nach Rousseau reichen zehntausend Menschen aus; Bluntschli dagegen hält diese Zahl für zu niedrig. Beide Schätzungen sind gleichermaßen willkürlich. Eine Reihe französischer Departements hat mehr Einwohner, als so manche Stadt in Griechenland oder Italien sie hatte. Dennoch waren diese Städte Staaten, während Departements kein Anrecht auf diese Bezeichnung haben.
Trotzdem haben wir hier ein Unterscheidungsmerkmal vor uns. Zweifellos kann man nicht behaupten, eine politische Gesellschaft unterscheide sich von Familien oder Berufsgruppen dadurch, daß sie mehr Mitglieder hätte, denn auch die Mitgliederzahl von Familien liegt gelegentlich sehr hoch und die von Staaten sehr niedrig. Richtig ist indessen, daß es keine politische Gesellschaft gibt, die nicht eine Mehrzahl unterschiedlicher Familien oder unterschiedlicher Berufsgruppen oder beides in sich vereinigte. Wenn sie sich auf eine häusliche Gemeinschaft reduzierte, dann wäre sie eben eine häusliche Gemeinschaft. Sobald sie sich aber aus mehreren häuslichen Gemeinschaften zusammensetzt, ist das so entstandene Aggregat etwas anderes als jedes seiner Elemente. Es ist etwas Neues, das auch eine andere Bezeichnung verlangt. Und ebensowenig ist die politische Gesellschaft mit

irgendeiner Berufsgruppe oder zum Beispiel einer Kaste identisch; vielmehr ist sie stets ein Aggregat aus mehreren verschiedenen Berufsgruppen oder Kasten, ganz wie sie ein Aggregat aus verschiedenen Familien ist. Allgemeiner können wir sagen: Wenn eine Gesellschaft aus mehreren verschiedenen Untergruppen zusammengesetzt ist, ohne daß sie selbst die Untergruppe einer umfassenderen Gesellschaft wäre, dann bildet sie eine soziale Entität eigener Art. Und so definieren wir die politische Gesellschaft als eine Gesellschaft, die aus einer mehr oder weniger großen Zahl derselben Autorität unterworfener sozialer Untergruppen zusammengesetzt ist und dabei selbst keiner dauerhaft konstituierten höheren Autorität unterliegt.

Interessant ist die Tatsache, daß zu den Merkmalen politischer Gesellschaften die Existenz von Untergruppen gehört. Das hatte schon Montesquieu erkannt, als er sagte, die Gesellschaftsform, die in seinen Augen das höchste Maß an Organisation besaß, die Monarchie nämlich, setze untergeordnete und abhängige Mächte intermediärer Art voraus.[26] Hier zeigt sich die ganze Bedeutung jener Untergruppen, von denen wir gesprochen haben. Sie sind nicht nur für die Verwaltung der speziellen häuslichen oder beruflichen Interessen erforderlich, die sie abdecken und die ihren Daseinsgrund ausmachen; sie bilden auch die Grundvoraussetzung jeglicher höheren Organisation. Sie stehen durchaus nicht im Gegensatz zu der sozialen Gruppe, welche die oberste Autorität innehat und spezieller als Staat bezeichnet wird; vielmehr setzt der Staat ihre Existenz voraus; er existiert nur dort, wo auch sie existieren. Wo es keine Untergruppen gibt, da gibt es auch keine politische Autorität, oder zumindest gibt es keine Autorität, die man zu Recht als solche bezeichnen könnte. Wie es zu dieser engen Verbindung zwischen beiden Arten von Gruppen kommt, werden

26 Montesquieu, *De l'esprit des lois*, Genf 1748, dt.: *Vom Geist der Gesetze*, 2 Bde., Tübingen 1951, Bd. 1, S. 16.

wir später noch sehen. Für den Augenblick soll uns der Hinweis darauf genügen.
Diese Definition steht im Gegensatz zu einer Theorie, die lange Zeit als klassisch gegolten hat, zu jener Theorie nämlich, mit der die Namen Henry Sumner Maine und Fustel de Coulanges verbunden sind. Danach war die Urgesellschaft, aus der die stärker gegliederten Gesellschaften hervorgegangen sind, eine erweiterte Familiengruppe, die aus Individuen bestand, welche durch Blutsbande oder durch Adoption miteinander verbunden waren, und die von dem ältesten männlichen Nachkommen, dem Patriarchen, geführt wurde. Wenn diese patriarchalische Theorie zuträfe, dann fänden wir am Ursprung eine voll ausgebildete Autorität, die in allen Punkten jener Autorität analog wäre, welche wir in den komplexeren Staaten vorfinden, und die daher im vollsten Sinne politischer Natur wäre, obwohl die Gesellschaft, deren Schlußstein sie bildet, durch Einheitlichkeit und Einfachheit gekennzeichnet und nicht aus kleineren Gesellschaften zusammengesetzt ist. Die oberste Autorität in den später entstehenden Stadtstaaten, Königreichen und Nationalstaaten besäße nichts Originelles oder Spezifisches; sie wäre nach dem Modell der patriarchalischen Autorität gebildet. Die sogenannten politischen Gesellschaften wären lediglich vergrößerte Familien.
Doch diese patriarchalische Theorie ist heute nicht mehr haltbar; sie ist eine Hypothese, die sich auf keine direkt beobachtete Tatsache stützen kann und durch eine Fülle bekannter Fakten widerlegt wird. Noch niemand hat eine patriarchalische Familie gesehen, wie Sumner Maine und Fustel de Coulanges sie beschrieben haben. Noch nie ist eine Gruppe von Blutsverwandten beobachtet worden, die unter der Führung eines mehr oder weniger mächtigen Oberhaupts in voller Autonomie gelebt hätte. Alle uns bekannten Familiengruppen, die ein Minimum an Organisation aufweisen und eine einigermaßen umrissene Autorität kennen,

sind Teil umfassenderer Gesellschaften. Der Klan ist dadurch definiert, daß er eine zugleich politische und familiale Untergliederung eines umfassenderen sozialen Aggregats darstellt. »Aber am Anfang?« wird man einwenden. Für die Anfänge ist die Annahme gerechtfertigt, daß es einfache Gesellschaften gegeben hat, die in sich keine noch einfacheren Gesellschaften enthielten; Logik und Analogien zwingen uns zu dieser Hypothese, die mit bestimmten Tatsachen übereinstimmt. Aber umgekehrt berechtigt uns nichts zu der Annahme, daß diese Gesellschaften irgendeiner Autorität unterworfen gewesen wären. Und vollends unwahrscheinlich wird diese Annahme, wenn wir folgendes bedenken: Je unabhängiger die Klane eines Stammes voneinander sind und je stärker jeder von ihnen nach Autonomie strebt, desto geringer die Wahrscheinlichkeit, dort irgendeine Autorität, irgendeine Form staatlicher Macht anzutreffen. Es handelt sich vielmehr um nahezu völlig amorphe Gebilde, deren Mitglieder sämtlich auf derselben Ebene stehen. Die Organisation der Teilgruppen, Klane, Familien usw. ist also nicht der Organisation des durch ihre Vereinigung entstandenen Gesamtaggregats vorausgegangen. Allerdings darf man daraus nicht den umgekehrten Schluß ziehen, die Klane und Familien seien aus dem Gesamtaggregat entstanden. In Wirklichkeit sind beide gleichursprünglich und bedingen sich wechselseitig, wie wir eben gesagt haben. Es ist nicht so, daß zuerst die Teile sich organisiert und dann ein Ganzes gebildet hätten, das nach ihrem Vorbild gestaltet wäre; vielmehr haben die Teile und das Ganze sich zur selben Zeit organisiert. Aus dem Gesagten ergibt sich noch eine weitere Konsequenz: Da politische Gesellschaften die Existenz einer Autorität voraussetzen und da solch eine Autorität nur dann entsteht, wenn die Gesellschaft mehrere elementare Gesellschaften in sich vereint, bestehen politische Gesellschaften notwendig aus mehreren Zellen oder Segmenten. Damit ist nicht gesagt, daß es niemals Gesellschaften gegeben hätte, aus einem einzigen Segment bestanden; doch diese Gesellschaften gehören einer anderen Kategorie an, sie sind keine politischen Gesellschaften.

Im übrigen kann eine Gesellschaft in bestimmter Hinsicht eine politische Gesellschaft sein und dennoch in anderen Hinsichten eine Unter- oder Teilgruppe darstellen. Das gilt zum Beispiel für alle föderalen Staaten. Jeder Teilstaat genießt darin eine gewisse Autonomie, die zwar geringer ist, als es der Fall wäre, wenn er außerhalb der Konföderation stünde, die aber, so begrenzt sie auch sein mag, dennoch nicht gleich Null ist. Insoweit jeder Mitgliedsstaat nur von sich selbst und nicht von der Zentralgewalt der Konföderation abhängt, bildet er eine politische Gesellschaft, einen Staat im eigentlichen Sinne. Insoweit er einer über ihm stehenden Instanz untergeordnet ist, stellt er bloß eine Untergruppe, eine Teilgruppe dar, ähnlich einem Bezirk, einer Provinz, einem Klan oder einer Kaste. Er ist nun kein Ganzes mehr, sondern erscheint als Teil. Unsere Definition zieht keinen absoluten Trennungsstrich zwischen politischen Gesellschaften und anderen Gemeinschaften; so etwas gibt es nicht und kann es auch nicht geben. Vielmehr sind die Übergänge fließend. Die übergeordneten politischen Gesellschaften entstehen aus dem langsamen Zusammenwachsen untergeordneter politischer Gesellschaften. Es gibt daher Übergangszeiten, in denen letztere, auch wenn sie noch manches von ihren ursprünglichen Eigenheiten bewahren, etwas anderes zu werden beginnen und neue Eigenschaften entwickeln; in diesen Übergangszeiten sind sie in ihrem Charakter nicht eindeutig bestimmt. Es kann nicht darum gehen, eine Kontinuität zu unterstellen, die es gar nicht gibt; vielmehr geht es darum, daß wir die spezifischen Merkmale erkennen, die für die Definition der politischen Gesellschaft entscheidend sind und deren mehr oder weniger ausgeprägtes Vorhandensein uns mehr oder weniger das Recht gibt, von einer politischen Gesellschaft zu sprechen.

Jetzt, da wir wissen, an welchen Zeichen wir eine politische

Gesellschaft erkennen können, wollen wir sehen, worin die Moral besteht, die damit verbunden ist. Schon aus der oben genannten Definition ergibt sich, daß die wichtigsten Regeln dieser Moral jene sind, die die Beziehung des einzelnen zu der obersten Autorität bestimmen. Da wir ein Wort benötigen, um die spezielle Gruppe von Funktionsträgern zu bezeichnen, deren Aufgabe es ist, diese Autorität zu repräsentieren, wollen wir uns darauf einigen, sie mit dem Ausdruck »Staat« zu belegen. Zweifellos bezeichnet man als Staat vielfach nicht das Regierungsorgan, sondern die politische Gesellschaft insgesamt, das regierte Volk mitsamt seiner Regierung, und wir selbst haben das Wort bisher in diesem Sinne gebraucht. So spricht man von den europäischen Staaten, oder man sagt, daß Frankreich ein Staat ist. Aber da es sinnvoll ist, für so unterschiedliche Realitäten wie die Gesellschaft und eines ihrer Organe auch unterschiedliche Ausdrücke zu benutzen, werden wir als Staat die Träger der obersten Autorität bezeichnen und als politische Gesellschaft jene komplexe Gruppe, deren herausragendes Organ der Staat ist. Gehen wir von dieser Sprachregelung aus, so sind die wichtigsten Pflichten der staatsbürgerlichen Moral offenbar jene, die der Bürger gegenüber dem Staat und umgekehrt der Staat gegenüber dem Individuum hat. Wollen wir diese Pflichten begreifen, müssen wir zunächst einmal klären, welches Wesen und welche Funktion der Staat hat.

Es mag in der Tat den Anschein haben, als hätten wir die erste Frage bereits beantwortet, und das Wesen des Staates sei im selben Zuge wie die politische Gesellschaft bereits definiert worden. Ist der Staat nicht jene oberste Autorität, der die politische Gesellschaft insgesamt unterworfen ist? Doch in Wirklichkeit ist das Wort »Autorität« ausgesprochen vage und bedarf einer Präzisierung. Wo beginnt und wo endet die Gruppe jener Funktionsträger, die diese Autorität ausüben und die den Staat im engeren Sinne bilden? Die

Frage ist um so wichtiger, als die Umgangssprache hier einige Verwirrung stiftet. Tagtäglich ist davon die Rede, daß die öffentlichen Dienstleistungen solche des Staates seien; Justiz, Armee und die Kirche, sofern es eine Staatskirche gibt, gelten als Teile des Staates. Doch wir dürfen nicht den Staat selbst mit jenen nachgeordneten Organen verwechseln, die dessen Einwirkung am unmittelbarsten ausgesetzt sind und im Verhältnis zu ihm lediglich als ausführende Organe gelten können. Zumindest die spezielle Gruppe oder die speziellen Gruppen – denn der Staat ist ein komplexes Gebilde –, denen diese unter dem Begriff Verwaltung zusammengefaßten sekundären Gruppen untergeordnet sind, müssen von diesen unterschieden werden. Und deren Eigentümlichkeit liegt darin, daß sie allein das Recht haben, für die Gesellschaft zu denken und zu handeln. Die Vorstellungen sind wie die Entscheidungen, die in diesem spezialisierten Milieu getroffen werden, natürlich notwendig kollektiver Natur. Zweifellos gibt es eine Fülle von Vorstellungen und kollektiven Entscheidungen, die auf andere Weise zustande kommen. In jeder Gesellschaft gibt oder gab es Mythen und Dogmen, wenn die politische Gesellschaft etwa zugleich eine Kirche darstellt, oder historisch-moralische Traditionen, die alle Miglieder gemeinsam haben und die nicht das Werk eines spezialisierten Organs sind. Außerdem gibt es stets auch gesellschaftliche Strömungen, die das Kollektiv in eine bestimmte Richtung drängen und die nicht vom Staat ausgehen. Sehr oft ist es der Staat, der ihrem Druck ausgesetzt ist, statt daß er selbst den Impuls gäbe. So zieht sich ein komplexes psychisches Leben durch die ganze Gesellschaft. Aber es gibt auch eines, das seinen Sitz speziell im Regierungsorgan hat. Dort entfaltet es sich, und wenn es auf die übrige Gesellschaft ausstrahlt, so nur sekundär und im Sinne eines Widerhalls. Wenn das Parlament ein Gesetz verabschiedet oder die Regierung im Rahmen ihrer Kompetenz eine Entscheidung trifft, dann hängt beides ohne Zweifel vom Staat im weiteren Sinne, von der Gesellschaft, ab. Parlament und Regierung stehen mit der Nation in Kontakt, und die Eindrücke, die sie bei diesen Kontakten gewinnen, beeinflussen sie in der einen oder anderen Weise. So gibt es zwar Einflußfaktoren, die außerhalb dieser Instanzen liegen, aber es gibt auch solche, die darinnen entstehen, die vor allem Ausdruck des inneren Milieus dieser Instanzen sind. Es kommt sogar häufig vor, daß eine Dissonanz zwischen diesem Milieu und der Gesamtnation besteht, daß die Entscheidungen der Regierung und des Parlaments zwar für die Gemeinschaft bindend sind, jedoch nicht mit deren gegenwärtigem Zustand übereinstimmen. Wir haben es also durchaus mit einem kollektiven psychischen Leben zu tun, doch dieses Leben ist nicht gleichmäßig über den gesamten Gesellschaftskörper verteilt; ohne seinen kollektiven Charakter zu verlieren, ist es in einem bestimmten Organ lokalisiert. Und diese Lokalisierung resultiert nicht daraus, daß hier ein Leben an einem bestimmten Punkt konzentriert würde, welches seinen Ursprung außerhalb dieses Punktes hätte. Vielmehr entsteht es zum Teil an eben diesem Punkt. Wenn der Staat denkt und entscheidet, dann darf man nicht sagen, die Gesellschaft denke und entscheide hier durch den Staat; vielmehr denkt und entscheidet der Staat für die Gesellschaft. Der Staat ist kein bloßes Instrument der Kanalisierung und Konzentration. In gewissem Sinne ist er das Zentrum für die Organisation der Untergruppen.

Das also ist die Definition des Staates. Er besteht aus einer speziellen Gruppe von Funktionsträgern *sui generis*, in deren Schoß Vorstellungen und Willensakte entwickelt werden, die für die Gemeinschaft bindende Kraft haben, obwohl sie nicht das Werk der Gemeinschaft sind. Es ist nicht exakt, wenn man sagt, der Staat verkörpere das Kollektivbewußtsein, denn das Kollektivbewußtsein umgibt ihn von allen Seiten. Zu einem großen Teil ist es diffus verteilt. Stets gibt es eine Fülle gesellschaftlicher Empfindungen und Zustände aller

Art, von denen der Staat allenfalls ein schwaches Echo wahrnimmt. Er ist nur der Sitz eines speziellen, beschränkten Bewußtseins, das jedoch schärfer und klarer ist und eine lebendigere Vorstellung von sich selbst besitzt. Hier findet sich nichts von der Dunkelheit und Unbestimmtheit der kollektiven Vorstellungen, die in der Gesamtgesellschaft verbreitet sind, der Mythen, der religiösen oder moralischen Legenden usw. Wir wissen nicht, woher sie kommen und was sie bezwecken sollen; sie sind nicht das Ergebnis bewußter Willensentscheidung. Die Vorstellungen, die dem Staat entspringen, sind stets stärker ihrer selbst bewußt, ihrer Ursachen und ihrer Ziele. Sie sind auf weniger untergründige Weise zustande gekommen. Der kollektive Träger, der sie hervorbringt, ist sich seines Tuns stärker bewußt. Natürlich gibt es auch hier oft genug noch Unklarheit. Wie der einzelne, so täuscht sich auch der Staat häufig hinsichtlich seiner Motive; doch ob seine Entscheidungen nun mehr oder weniger motiviert sind, entscheidend ist, daß sie überhaupt in einem gewissen Grade motiviert sind. Es gibt immer oder zumindest im allgemeinen einen Anschein von Abwägung, die Berücksichtigung sämtlicher Umstände, die die Entscheidung notwendig machen, und das innere Organ des Staates ist eben dazu bestimmt, diese Abwägung vorzunehmen. Daher all die Räte und Versammlungen, die Reden und Reglements, die dafür sorgen sollen, daß diese Art von Vorstellungen sich mit einer gewissen Schwerfälligkeit herausbildet. Zusammenfassend können wir also sagen: Der Staat ist ein spezielles Organ, das die Aufgabe hat, bestimmte Vorstellungen zu entwickeln, die für die Gemeinschaft bindend sind. Diese Vorstellungen unterscheiden sich von den übrigen kollektiven Vorstellungen durch ein höheres Maß an Bewußtheit und Reflexion.

Vielleicht wird mancher erstaunt sein, daß unsere Definition jeglichen Gedanken an Handeln, Ausführung und Realisierung vermissen läßt. Heißt es nicht gemeinhin, diesem Teil des Staates oder zumindest jener Instanz, die man im engeren Sinne als Regierung bezeichnet, obliege die exekutive Gewalt. Doch der Ausdruck ist gänzlich unangebracht: Die Regierung exekutiert gar nichts. Der Ministerrat, der Fürst, das Parlament - sie alle handeln nicht selbst; sie geben Anweisungen, nach denen dann gehandelt werden soll. Sie verknüpfen Ideen und Empfindungen miteinander, gelangen dadurch zu Beschlüssen und übermitteln diese Beschlüsse an andere Organe, die sie dann ausführen; doch damit ist ihre Aufgabe auch schon beendet. In dieser Hinsicht gibt es keinen Unterschied zwischen einem Parlament und beratenden Versammlungen aller Art, mit denen sich der Fürst, der Staatschef und die Regierung im eigentlichen Sinne, die exekutive Gewalt also, umgeben mögen. Als exekutiv wird letztere bezeichnet, weil sie den ausführenden Organen am nächsten steht; aber sie ist nicht damit identisch. Das Leben des Staates im engeren Sinne besteht nicht in äußeren Handlungen oder Bewegungen, sondern in gedanklichen Aktivitäten, das heißt in Vorstellungen. Für die Bewegungen sind andere zuständig, die Verwaltungsorgane aller Art nämlich. Der Unterschied zwischen den Verwaltungsorganen und dem Staat ist derselbe wie zwischen dem Bewegungsapparat des Körpers und dem Zentralnervensystem. Streng genommen ist der Staat das Organ gesellschaftlichen Denkens. Unter den gegenwärtigen Umständen wird dieses Denken in eine praktische und nicht in eine spekulative Zielsetzung umgesetzt. Zumindest im allgemeinen denkt der Staat nicht um zu denken, um dogmatische Gedankengebäude zu errichten, sondern um das Verhalten der Gemeinschaft zu lenken. Das ändert nichts an der Tatsache, daß seine zentrale Funktion das Denken ist.

Doch worauf richtet sich dieses Denken? Anders gefragt: Welche Ziele verfolgt der Staat normalerweise, und welche Ziele muß er dementsprechend unter den gegenwärtigen gesellschaftlichen Bedingungen verfolgen? Diese Frage haben wir zu beantworten, und erst wenn sie beantwortet ist, werden wir begreifen können, welche Pflichten der Bürger gegenüber dem Staat und umgekehrt der Staat gegenüber den Bürgern hat. Für dieses Problem werden gemeinhin zwei gegensätzliche Lösungen angeboten.

Zunächst wäre die »individualistische« Lösung zu nennen, wie sie von Spencer und den Nationalökonomen einerseits, von Kant, Rousseau und der spiritualistischen Schule andererseits vertreten wird. Die Gesellschaft, heißt es da, hat das Individuum zum Gegenstand, denn das Individuum ist das einzig Reale in der Gesellschaft. Da die Gesellschaft nur ein Aggregat von Individuen darstellt, kann sie keinen anderen Zweck haben als die Entwicklung des Individuums. Und in der Tat erhöht die Gesellschaft durch den Umstand der Vereinigung die Produktivität menschlichen Tuns im Bereich der Wissenschaft, der Kunst und der materiellen Produktion. Dank der erhöhten Produktivität stehen dem einzelnen größere geistige, materielle und moralische Ressourcen zur Verfügung, so daß er sich entwickeln und entfalten kann. Aber der Staat selbst ist nicht produktiv. Er fügt all diesen Reichtümern, welche die Gesellschaft anhäuft und deren der einzelne sich bedient, nichts hinzu und kann es auch gar nicht. Worin also besteht seine Aufgabe? Er hat gewisse schädliche Wirkungen der Vereinigung zu verhindern. Mit der Geburt wachsen dem einzelnen bestimmte Rechte zu, und zwar allein aufgrund seiner Existenz. Er ist, sagt Spencer, ein lebendiges Wesen, und deshalb hat er das Recht, zu leben und von niemandem im regulären Funktionieren seiner Organe behindert zu werden. Er ist, sagt Kant, ein moralisches Wesen und hat von daher im Gesellschaftszustand wie im sogenannten Naturzustand ein Anrecht auf Achtung. Diese mit der Geburt erworbenen Rechte, wie man sie auch begreifen und erklären mag, werden durch die Vereinigung in gewisser Hinsicht betroffen. In seinem Verhältnis zu mir kann der andere, allein aufgrund der Tatsache, daß wir in sozialem Kontakt stehen, meine Existenz bedrohen oder das normale Spiel meiner vitalen Funktionen stören; er kann mir aber auch, mit Kant zu sagen, die Achtung verweigern, die mir zusteht, und die Rechte verletzen, die ich als moralisches Wesen habe. Daher ist es erforderlich, daß eine spezielle Instanz eingesetzt wird, die über die Einhaltung dieser individuellen Rechte wacht. Denn wenn die Gesellschaft ihren Beitrag zu dem, was mir von Natur aus und noch vor jeder gesellschaftlichen Institution zusteht, leisten kann und muß, dann hat sie in erster Linie dafür zu sorgen, daß niemand daran rührt; anderenfalls hätte sie keine Daseinsberechtigung. Hier handelt es sich um ein Minimum, auf das sie sich zwar nicht beschränken sollte, hinter das zurückzufallen sie aber auch nicht zulassen darf, selbst wenn sie uns zum Ausgleich dafür jeden erdenklichen Luxus böte, denn dieser Luxus wäre ohne Wert, wenn das Notwendige uns ganz oder teilweise fehlte. Deshalb meinten zahlreiche Denker der unterschiedlichsten Schulen, die Aufgaben des Staates auf die Verwaltung einer gänzlich negativen Gerechtigkeit beschränken zu müssen. Seine Rolle müsse sich mehr und mehr darauf reduzieren, unrechtmäßige Übergriffe zwischen den Individuen zu verhindern und die Unverletzlichkeit jener Sphäre zu sichern, auf die jeder einzelne allein schon deshalb einen Anspruch hat, weil er ist, was er ist. Zweifellos wissen auch sie, daß die Funktionen des Staates in der Vergangenheit weitaus vielfältiger gewesen sind. Doch diese Vielfalt der Aufgaben führen sie auf die speziellen Bedingungen zurück, unter denen solche Gesellschaften leben, die noch kein ausreichend hohes Zivilisationsniveau erreicht haben. Manche dieser Gesellschaften befinden sich in einem beständigen Kriegszustand, und bei den übrigen ist er eine immer wiederkehrende Erscheinung. Der Krieg aber zwingt dazu, über die individuellen Rechte hinwegzugehen. Er verlangt eine harte Disziplin, und diese Disziplin setzt ihrerseits eine festgegründete Macht voraus. Daher kommt es, daß dem Staat so oft die oberste Autorität gegenüber den Individuen zugesprochen wird. Dank dieser Autorität ist der Staat in Bereiche eingedrungen, in denen er eigentlich nichts zu suchen hat. So reglementiert er den Glauben, die Produktion usw. Doch diese mißbräuchliche Ausdehnung seines Einflusses läßt sich nur dort rechtfertigen, wo der Krieg eine wichtige Rolle im Leben der Völker spielt. Je mehr diese Rolle schwindet und je seltener der Krieg wird, desto möglicher und notwendiger wird es, die Macht des Staates einzuschränken. Da der Krieg noch nicht völlig verschwunden ist, da immer noch Rivalitäten zwischen den Nationen zu befürchten sind, muß der Staat auch heute in gewissem Umfang an diesen ehemaligen Aufgaben festhalten. Doch dabei handelt es sich lediglich um einen mehr oder weniger anomalen Überrest, dessen letzte Spuren dazu verurteilt sind, allmählich zu verschwinden.

An dem Punkt unserer Vorlesung, an dem wir uns nun befinden, ist es nicht unbedingt erforderlich, diese Theorie in allen Einzelheiten zu widerlegen. Zunächst steht sie in offenkundigem Widerspruch zu den Tatsachen. Je weiter die Geschichte voranschritt, desto vielfältiger und gewichtiger wurden die Funktionen des Staates, und diese Entwicklung der Funktionen zeigt sich auf das deutlichste in der parallelen Entwicklung des Organs. Welch ein Unterschied zwischen dem staatlichen Organ in einer Gesellschaft wie der unsrigen und in Rom oder in einem Indianerstamm. Hier eine Vielzahl von Ministerien mit großen Apparaten, daneben umfangreiche Versammlungen, die ihrerseits eine äußerst komplexe Organisation aufweisen, und darüber der Staatschef mit seinem Apparat. Dort ein Fürst oder ein paar Magistrate, dazu einige von Sekretären unterstützte Räte. Wie das menschliche Gehirn, so hat sich auch das gesellschaftliche Gehirn im Laufe der Evolution vergrößert. Und dennoch sind Kriege in all der Zeit immer seltener geworden, sieht man von einigen Phasen vorübergehenden Rückschritts ab. Dennoch müßte man in dieser kontinuierlichen Entwicklung des Staates, in dieser unablässigen Ausweitung seines Aufgabenbereichs, der Gewährleistung von Gerechtigkeit, etwas grundsätzlich Anomales erblicken. Angesichts der Kontinuität und Stetigkeit, die diese Entwicklung in der gesamten Geschichte gezeigt hat, wäre solch eine Hypothese unhaltbar. Es bedürfte schon eines außergewöhnlichen Vertrauens in die Kraft der eigenen Dialektik, wenn man Entwicklungen von solcher Beständigkeit und Allgemeinheit im Namen eines einzelnen Systems als morbide abtun wollte. Kein Staat, dessen Budget sich nicht unter unseren Augen aufblähte. Die Ökonomen sehen darin das beklagenswerte Ergebnis einer logischen Verirrung und jammern über die allgemeine Blindheit. Vielleicht sollten wir eine universell so unwiderstehliche Tendenz denn doch lieber als normal ansehen, ausgenommen natürlich vorübergehende Übertreibungen und vereinzelte Mißbräuche, die man nicht leugnen darf.

Weist man diese Doktrin zurück, wird man sagen müssen, der Staat habe andere Ziele zu verfolgen und andere Rollen zu übernehmen, als über die Beachtung der individuellen Rechte zu wachen. Doch damit laufen wir Gefahr, auf die entgegengesetzte Lösung zu verfallen, die ich die mystische Lösung nennen möchte und die in vieler Hinsicht ihren systematischsten Ausdruck in Hegels gesellschaftstheoretischen Vorstellungen gefunden hat. Nach dieser Auffassung besitzt die Gesellschaft einen den Zwecken des einzelnen übergeordneten und davon unabhängigen Zweck. Aufgabe des Staates ist es danach, für die Verwirklichung dieses wahrhaft gesellschaftlichen Zweckes zu sorgen, wobei dem einzelnen die Rolle eines Instrumentes zufällt; er hat Pläne in die Tat umzusetzen, die er selbst nicht entworfen hat und die ihn auch nichts angehen. Für den Ruhm, die Größe und den Reichtum der Gesellschaft soll er arbeiten, und den Lohn für seine Mühen soll er allein darin finden, daß er als Mitglied der Gesellschaft in irgendeiner Weise an den Gütern partizipiert, zu deren Schaffung er beigetragen hat. Ein Schimmer von diesem Glanz fällt auch auf ihn, zu einem Teil ist diese Größe auch die seine, und das soll genügen, um ihn für Ziele zu interessieren, die jenseits seiner selbst liegen. Diese These verdient unsere Beachtung um so mehr, als sie nicht nur von spekulativem und historischem Interesse ist: Aufgrund der Verwirrung, die das Denken unserer Zeit beherrscht, erlebt sie gegenwärtig eine Renaissance. In unserem Land, das ihr bislang verschlossen geblieben ist, mehren sich die Anzeichen für eine gewisse Bereitschaft, sie wohlwollend aufzunehmen. Da die alten individuellen Zwecke, von denen oben die Rede war, nicht mehr genügen, wirft man sich verzweifelt auf den entgegengesetzten Glauben. Man sagt sich los vom Kult des Individuums, dem unsere Väter anhingen, und versucht in neuer Gestalt den Kult des Staates wiederzubeleben.

FÜNFTE VORLESUNG

Staatsbürgerliche Moral (Fortsetzung)

Das Verhältnis zwischen Staat und Individuum

Es kann gar kein Zweifel bestehen, daß die Ziele, die der Staat verfolgte, in einer sehr großen Zahl von Gesellschaften allein oder in erster Linie darauf ausgerichtet waren, die Macht des Staates zu vergrößern und seinem Namen mehr Glanz zu verleihen. Die Bedürfnisse und Interessen des einzelnen blieben dabei außer Betracht. Der religiöse Charakter, durch den die Politik der Gesellschaften gekennzeichnet war, fand seinen Niederschlag in der Gleichgültigkeit des Staates gegenüber den Belangen des Individuums. Das Schicksal des Staates und das Schicksal der dort jeweils verehrten Götter war aufs engste miteinander verbunden. Ein Niedergang des Staates schmälerte das Ansehen des betreffenden Gottes und umgekehrt. Öffentliche Politik und staatsbürgerliche Moral fielen ineins, waren nur Aspekte ein und derselben Realität. Den Ruhm des Staates mehren hieß den Ruhm des Staatsgottes mehren und umgekehrt. Was die Phänomene der religiösen Ordnung charakterisiert, ist gänzlich anderer Natur als die Phänomene der menschlichen Ordnung. Sie gehören einer anderen Welt an. Das Individuum gehört als Individuum zur profanen Welt; die Götter bilden das Zentrum der religiösen Welt, und zwischen beiden Welten klafft ein Abgrund. Die Götter sind aus einem anderen Stoff gemacht als die Menschen, sie haben andere Ideen, andere Bedürfnisse, ein anderes Sein. Wenn man sagt, die Ziele der Politik seien religiös und die religiösen Ziele seien politisch gewesen, so heißt das, daß zwischen den Zielen des Staates und denen, die der einzelne als einzelner verfolgte, ein Bruch bestand. Wie war es unter diesen Um-

ständen möglich, daß der einzelne sich auf die Verfolgung von Zielen einließ, die von seinen privaten Angelegenheiten so weit entfernt lagen? Weil seine privaten Belange für ihn relativ wenig zählten; weil seine Person und alles, was damit zusammenhing, nur einen geringen moralischen Wert hatten. Seine persönlichen Ideen, seine persönlichen Glaubensvorstellungen und seine persönlichen Wünsche galten als vernachlässigenswerte Größe. Was in den Augen aller Wert hatte, das waren die kollektiven Glaubensvorstellungen, die kollektiven Wünsche, die gemeinsamen Traditionen und die Symbole, in denen all dies seinen Ausdruck fand. Unter diesen Umständen war der einzelne von sich aus und ohne Widerstand bereit, sich als Instrument zur Verwirklichung von Zielen benutzen zu lassen, die ihn nicht unmittelbar betrafen. Von der Gesellschaft aufgesogen, folgte er gehorsam deren Eingebungen und ordnete sein eigenes Schicksal dem Schicksal des Kollektivs unter, ohne daß ihm dies als Opfer erschienen wäre; denn sein eigenes Schicksal hatte in seinen Augen noch nicht die Bedeutung und das Gewicht, die wir ihm heute beimessen. Und so war es, weil die Notwendigkeit bestand, daß es so war; die Gesellschaften hätten ohne diese Abhängigkeit gar nicht existieren können.
Doch im Laufe der Geschichte verändern sich die Dinge nach und nach. Aus dem Schoße der gesellschaftlichen Masse tritt langsam die individuelle Persönlichkeit hervor. Der Kreis des individuellen Lebens, der zunächst nur beschränkt und wenig geachtet war, erweitert sich und wird zu einem herausragenden Gegenstand moralischer Achtung. Immer mehr erhält das Individuum das Recht, über sich selbst und die Dinge, die ihm zugeordnet werden, zu verfügen, sich nach seinen Vorstellungen ein Bild von der Welt zu machen und seine eigene Natur frei zu entfalten. Der Krieg, der das Tun des einzelnen hemmt und beeinträchtigt, wird zum Übel schlechthin. Da er dem einzelnen ein unverdientes Leiden auferlegt, erscheint er immer mehr als Inbegriff moralischen

Übels. Unter diesen Umständen wäre es ein Widerspruch in sich, wenn man von ihm dieselbe Unterordnung verlangte wie ehedem. Man kann das Individuum nicht zum Gott, zum Gott *par excellence,* machen und es zugleich zu einem Instrument in den Händen der Götter degradieren. Man kann es nicht zum höchsten Ziel erklären und es zugleich auf die Rolle eines bloßen Mittels reduzieren. Wenn der einzelne die moralische Realität ist, dann muß er auch der Dreh- und Angelpunkt des öffentlichen wie des privaten Handelns sein. Sein Wesen zu verkünden muß als das vornehmste Ziel des Staates gelten. Man mag sagen, dieser Kult des Individuums sei ein Aberglaube, von dem wir uns befreien sollten. Doch das widerspräche allen Lehren der Geschichte, denn je weiter die Geschichte voranschreitet, desto größeres Gewicht erlangt die Würde der Person. Kein Gesetz ist besser verbürgt. Auch ist jeder Versuch, die gesellschaftlichen Institutionen auf dem entgegengesetzten Prinzip aufzubauen, zum Scheitern verurteilt, und wenn er Erfolg hat, dann nur für kurze Zeit. Denn wir können nicht machen, daß die Dinge anders sind, als sie sind. Wir können nicht machen, daß das Individuum nicht geworden wäre, was es geworden ist: ein autonomer Handlungsträger, ein System, das personale Kräfte entfaltet, deren Energie ebensowenig vernichtet werden kann wie die der kosmischen Kräfte. Es ist nicht mehr möglich, die Atmosphäre, in der wir leben und atmen, in dieser Weise zu verändern.

Aber stoßen wir damit nicht auf einen unauflösbaren Widerspruch? Einerseits stellen wir fest, daß der Staat sich immer weiter entwickeln wird, und andererseits sehen wir, daß die Rechte des Individuums, die doch als Widersacher der Rechte des Staates gelten, sich parallel dazu ebenfalls entwickeln. Wenn das Regierungsorgan immer umfangreichere Gestalt annimmt, so weil seine Funktion immer größere Bedeutung erlangt und weil die Ziele, die es verfolgt und die seine ureigenste Aktivität ausmachen, immer vielfältiger werden. Dennoch bestreiten wir, daß er andere Ziele verfolgen könnte als solche, die im Interesse des einzelnen liegen. Nun sollen letztere im Zuständigkeitsbereich individuellen Handelns liegen. Wenn die Rechte des Individuums, wie angenommen, mit dem Individuum gegeben sind, braucht der Staat nicht einzugreifen, um sie zu konstituieren; sie sind nicht von ihm abhängig. Wenn sie aber nicht von ihm abhängig sind, wenn sie außerhalb seiner Zuständigkeit liegen, wie kann sich dann der Zuständigkeitsbereich des Staates beständig erweitern, während er doch andererseits immer weniger Dinge umfaßt, die dem Individuum wesensfremd sind?

Diese Schwierigkeit läßt sich nur beheben, wenn wir das Postulat aufgeben, wonach die Rechte des Individuums mit dem Individuum gegeben sind, und statt dessen davon ausgehen, daß erst der Staat diese Rechte einsetzt. Das würde dann in der Tat alles erklären. Wir begreifen nun, daß die Funktionen des Staates sich erweitern, ohne daß deshalb das Individuum eine Schmälerung erführe, und daß der einzelne sich entfaltet, ohne daß der Staat dadurch an Bedeutung verlöre, denn das Individuum wäre in gewisser Weise das Produkt des Staates, da das staatliche Handeln wesentlich auf die Befreiung des Individuums ausgerichtet wäre. Daß die Geschichte in der Tat zur Annahme eines solchen ursächlichen Zusammenhangs zwischen der Entwicklung des moralischen Individualismus und der Entwicklung des Staates berechtigt, das zeigen die Tatsachen. Sieht man einmal von anomalen Fällen ab, auf die wir bei Gelegenheit noch zu sprechen kommen werden, können wir sagen: Je stärker der Staat, desto größer die Achtung vor dem Individuum. Der athenische Staat war bekanntlich weit weniger ausgebildet als der römische Staat, und es ist klar, daß der römische Staat, vor allem in der Zeit des Stadtstaates, nur eine rudimentäre Organisation aufwies im Vergleich zu den großen zentralisierten Staaten unserer Zeit. Die Konzentration der staatlichen Funktionen war im römischen Stadtstaat weiter fortgeschritten als in den griechischen Städten, und die staatliche Einheit war stärker ausgeprägt, wie wir im vergangenen Jahr gesehen haben. Der Unterschied zeigt sich unter anderem an der Tatsache, daß der Kult in Rom Sache des Staates war. In Athen dagegen fiel er in die Zuständigkeit mehrerer Priesterkollegien. In Athen findet sich auch nichts, was dem römischen Konsul vergleichbar wäre, in dessen Händen die gesamte staatliche Macht konzentriert war. Die athenische Staatsverwaltung war auf eine inkohärente Vielzahl von Amtsträgern verteilt. All die elementaren Gruppen, aus denen die Gesellschaft bestand, die Klane, Phratrien und Stämme, hatten eine weitaus größere Autonomie bewahrt als in Rom, wo sie schon bald von der Masse der Gesellschaft absorbiert wurden. Der Abstand ist offenkundig, der zwischen den griechischen oder italienischen Stadtstaaten und unseren europäischen Staaten liegt. Auch der Individualismus war in Rom anders entwickelt als in Athen. Die ausgeprägte Achtung der Römer vor der Person fand ihren Ausdruck in den bekannten Formeln, in denen die Würde des römischen Bürgers und jene Freiheiten bestätigt wurden, die deren juristisches Merkmal waren.

Das ist einer der Punkte, zu deren Klärung Ihering so viel beigetragen hat. (II, S. 131.)[27] Dasselbe gilt für die Freiheit des Denkens. Doch so bemerkenswert der römische Individualismus auch sein mag, er ist wenig im Vergleich zu dem Individualismus, der sich im Schoße der christlichen Gesellschaften entwickelt hat. Die christliche Religion ist eine Religion der Innerlichkeit; der innere Glaube hat darin größeres Gewicht als äußerliche Praktiken. Die Intensität des Glaubens jedoch entzieht sich der Kontrolle durch äußere Instanzen. In Athen war die geistige (wissenschaftliche und philosophische) Entwicklung beträchtlich weiter fortgeschritten als in Rom. Nun wird vielfach angenommen, Wis-

27 Rudolf von Ihering, *Geist des römischen Rechts auf den verschiedenen Stufen seiner Entwicklung*, Teil 2, Leipzig 1874.

senschaft und Philosophie, die kollektive Reflexion also, entwickelten sich im Gleichschritt mit dem Individualismus. Und in der Tat gehen sie vielfach miteinander einher. Aber der Zusammenhang müßte ein notwendiger sein. In Indien haben Buddhismus und Brahmanismus eine überaus gelehrte und sehr raffinierte Metaphysik hervorgebracht; die buddhistische Religion baut auf einer ganzen Theorie der Welt auf. In den ägyptischen Tempeln praktizierte man eine hochentwickelte Wissenschaft. Dennoch wissen wir, daß der Individualismus beiden Gesellschaften nahezu vollkommen fremd war. Darin erweist sich besser als in jeder anderen Tatsache der pantheistische Charakter dieser Metaphysiken und der Religionen, denen sie eine rationale und systematische Gestalt zu geben versuchten. Denn der Pantheismus ist dort ausgeschlossen, wo der einzelne ein ausgeprägtes Bewußtsein seiner Individualität besitzt. Deshalb befaßte man sich in den Klöstern des Mittelalters so ausgiebig mit Literatur und Philosophie. Denn für das Individuum wie für die Gesellschaft gilt, daß die Intensität der Reflexion im umgekehrten Verhältnis zur praktischen Betätigung steht. Wenn aus irgendwelchen Gründen in einem Teil der Gesellschaft die praktische Tätigkeit unter das normale Niveau absinkt, erlebt die geistige Tätigkeit einen Aufschwung und nimmt den gesamten Raum ein, der solcherart für sie frei geworden ist. Das trifft auf die Priester und Mönche zu, und zwar ganz besonders in den kontemplativen Religionen. Andererseits wissen wir, daß das praktische Leben des Atheners auf wenige Dinge beschränkt war. Unter den dortigen Umständen erlebten Wissenschaft und Philosophie einen bemerkenswerten Aufschwung; einmal entstanden, vermögen beide zwar eine individualistische Bewegung auszulösen, aber sie selbst resultieren nicht daraus. Es ist durchaus auch möglich, daß die solcherart ausgelöste Reflexion keine individualistischen Strömungen hervorruft, daß sie ihrem Wesen nach konservativ bleibt. Dann beschränkt sie sich darauf, den bestehenden Zustand der Dinge einer theoretischen Betrachtung oder auch einer Kritik zu unterziehen. Von dieser Art vor allem war die priesterliche Spekulation; und auch das griechische Denken war lange Zeit davon geprägt. Die politischen und moralischen Theorien von Aristoteles und Platon sind kaum mehr als eine systematische Wiedergabe der Organisation Spartas im einen, der von Athen im anderen Falle.

Ein letzter Grund, weshalb sich das in einem Lande erreichte Maß an Individualismus nicht am dortigen Entwicklungsstand der Reflexionsfähigkeit messen läßt, liegt in der Tatsache, daß der Individualismus keine Theorie ist; er ist praktischer und nicht theoretischer Natur. Wenn der Individualismus er selbst sein soll, muß er in die Sitten und die gesellschaftlichen Organe Eingang finden; zuweilen verliert er sich sozusagen gänzlich in spekulativen Träumereien, statt die Realität zu durchdringen und jenen Komplex von Praktiken und Institutionen zu schaffen, der ihm angemessen wäre. Dann entstehen Systeme, die zwar das gesellschaftliche Verlangen nach einem höherentwickelten Individualismus zum Ausdruck bringen, aber dennoch stets auf der Stufe eines Desideratums bleiben, weil die notwendigen Bedingungen zu seiner Verwirklichung fehlen. Ist das nicht ein wenig die Situation unseres französischen Individualismus? Theoretisch hat er seinen Ausdruck in der Erklärung der Menschenrechte gefunden, wenngleich ein wenig überspitzt. Dennoch ist er durchaus nicht tief in unserem Lande verwurzelt. Zum Beweis dafür denke man nur an die unerhörte Bereitwilligkeit, mit der wir im Verlaufe dieses Jahrhunderts autoritäre Regime akzeptiert haben, die sich in Wirklichkeit auf ganz andere Prinzipien stützten. Ganz im Gegensatz zum Buchstaben unseres Moralkodex haben die alten Gepflogenheiten, mehr als wir glauben und mehr als wir es wünschen, überlebt. Um eine individualistische Moral zu institutionalisieren, genügt es eben nicht, sie lediglich zu behaupten, sie in schöne Systeme zu übersetzen; vielmehr muß die Gesell-

schaft so gestaltet werden, daß sie diese Moral möglich macht und auf Dauer stellt. Sonst verharrt sie in einem diffusen und doktrinären Zustand.
So scheint die Geschichte zu beweisen, daß der Staat nicht dazu geschaffen wurde und nicht bloß die Aufgabe hat, dafür zu sorgen, daß das Individuum nicht in der Ausübung seiner natürlichen Rechte behindert wird; vielmehr bringt der Staat erst diese Rechte hervor, organisiert und verwirklicht sie. In der Tat ist der Mensch nur deshalb Mensch, weil er in Gesellschaft lebt. Man ziehe nur einmal vom Menschen alles ab, was sozialen Ursprungs ist, dann ist er nur noch ein Tier wie andere Tiere auch. Erst die Gesellschaft hat ihn so weit über die physische Natur hinausgehoben, und sie erzielt dieses Ergebnis durch die Vereinigung, indem sie die individuellen psychischen Kräfte zusammenfaßt, sie verstärkt und sie dadurch zu einem unendlich höheren Maß an Energie und Produktivität befähigt, als sie es jemals erreichen könnten, wenn sie voneinander getrennt blieben. So entwickelt sich ein psychisches Leben ganz neuer Art, das unendlich reicher und vielfältiger ist, als der einzelne es für sich allein jemals entfalten könnte, und dieses Leben durchdringt seinerseits den einzelnen, der daran teilhat, und verändert ihn. Doch während die Gesellschaft solcherart die individuelle Natur nährt und bereichert, entfaltet sie einen unwiderstehlichen Drang, sich diese Natur zu unterwerfen, und dies aus ein und demselben Grunde. Eben weil die Gruppe eine moralische Kraft darstellt, die der ihrer Glieder so deutlich überlegen ist, strebt sie ganz unvermeidlich danach, die Herrschaft über diese Glieder zu erlangen. Und denen bleibt gar nichts anderes übrig, als sich in diese Abhängigkeit zu fügen. Wir haben hier ein Gesetz der moralischen Mechanik vor uns, das ebenso unausweichlich ist wie die Gesetze der physikalischen Mechanik. Jede Gruppe, die eine Zwangsherrschaft über ihre Mitglieder ausübt, strebt danach, sie nach ihrem Bilde zu formen, ihnen ihre Art zu denken und

zu handeln aufzuzwingen und jegliche Abweichung zu verhindern. Jede Gesellschaft ist despotisch, soweit nicht etwas von außen hinzutritt, das ihren Despotismus in Grenzen hält. Ich will im übrigen keineswegs behaupten, daß dieser Despotismus etwas Künstliches an sich hätte; er ist natürlich, weil notwendig, und außerdem können sich Gesellschaften unter bestimmten Bedingungen gar nicht anders erhalten. Ich will auch nicht sagen, daß er unerträglich wäre; ganz im Gegenteil, der einzelne spürt ihn gar nicht, so wenig wir die Atmosphäre spüren, die auf unseren Schultern lastet. Wenn der einzelne erst einmal von der Gemeinschaft in dieser Weise erzogen worden ist, will er von sich aus, was sie will, und akzeptiert mühelos die Unterwerfung, die sie von ihm verlangt. Wenn ein Bewußtsein davon und Widerstand dagegen entstehen sollen, müssen erst einmal individualistische Wünsche entstehen, und das wiederum kann nur unter den gegebenen Bedingungen geschehen.

Aber, wird man fragen, wenn dem nicht so sein soll, genügt es da nicht, daß die Gesellschaft eine gewisse Größe hat? Zweifellos gilt: Wenn sie klein ist, wenn sie jedes Individuum stets und jederzeit von allen Seiten umfängt, dann erlaubt sie es ihm nicht, sich frei zu entfalten. Da sie stets präsent ist und ständig agiert, läßt sie ihm keinen Raum für Eigeninitiative. Das ändert sich, wenn die Gesellschaft eine gewisse Größe erreicht. Wenn sie eine große Zahl von Mitgliedern umfaßt, kann sie über den einzelnen keine so lückenlose, enge und wirkungsvolle Kontrolle mehr ausüben, wie dies möglich ist, wenn sich ihre Überwachungstätigkeit auf eine kleine Zahl konzentriert. In einer Masse ist man sehr viel freier als in einer kleinen Clique. Daher können die individuellen Unterschiede dort besser zutage treten, die Tyrannei des Kollektivs nimmt ab, der Individualismus vermag sich faktisch zu etablieren, und mit der Zeit wird aus dem *de facto* ein *de jure*. Diese Entwicklung kann indessen nur unter bestimmten Voraussetzungen eintreten. Und zwar dürfen innerhalb dieser Gesellschaft keine Sekundärgruppen entstehen, die soviel Autonomie erlangen, daß jede von ihnen gleichsam zu einer kleinen Gesellschaft im Schoße der großen wird. Denn dann verhält sich jede von ihnen gegenüber ihren Mitgliedern annähernd so, als wäre sie allein und als gäbe es die übergreifende Gesellschaft gar nicht. Jede dieser Gruppen würde die Individuen, aus denen sie besteht, aufs engste einschnüren und an ihrer Selbstentfaltung hindern; der Geist des Kollektivs würde den partikularen Bedingungen übergestülpt. Eine Gesellschaft, die aus nebeneinandergestellten Klanen, aus mehr oder weniger unabhängigen Dörfern und Städten oder aus zahlreichen voneinander unabhängigen Berufsgruppen bestünde, würde die Individualität nahezu ebenso unterdrücken wie eine Gesellschaft, die aus einem einzigen Klan, einer einzigen Stadt oder einer einzigen Zunft bestünde. Nun ist es aber unvermeidlich, daß sich solche Sekundärgruppen herausbilden, denn in einer großen Gesellschaft gibt es stets auch partikulare Interessen lokaler oder berufsbezogener Art, die ganz von selbst dafür sorgen, daß die betreffenden Menschen einander näher rükken. Diese Sonderinteressen führen zur Bildung von Vereinigungen, Zünften und Cliquen aller Art, und wenn ihre Aktivität kein Gegengewicht findet, wird jede von ihnen danach streben, ihre Mitglieder völlig zu absorbieren. In jedem Falle aber gibt es die häusliche Gemeinschaft, und es ist bekannt, wie sehr sie ihre Mitglieder absorbiert, wenn sie sich selbst überlassen bleibt, wie sehr sie alle, die ihr angehören, in ihrem Kreis gefangen hält und in ihre Abhängigkeit zwingt. (Und selbst wenn keine Sekundärgruppen dieser Art entstehen sollten, so bildet sich an der Spitze der Gesellschaft doch immerhin eine kollektive Kraft, die sie regiert. Und wenn diese kollektive Kraft allein dasteht, wenn ihr nur Individuen gegenüberstehen, dann werden diese Individuen aufgrund desselben mechanischen Gesetzes in die Abhängigkeit dieser Macht geraten.)

Soll das verhindert und statt dessen der Boden für die Entfaltung des Individuums bereitet werden, dann genügt es nicht, daß die Gesellschaft eine gewisse Größe hat; vielmehr muß der einzelne sich mit einer gewissen Freiheit in einem weiten Raum bewegen können; es darf nicht sein, daß die Sekundärgruppen ihn einengen und sich seiner bemächtigen; es muß verhindert werden, daß diese Gruppen sich zu Herren über ihre Mitglieder aufschwingen und sie nach ihren Vorstellungen formen. Es ist also notwendig, daß über all diesen Mächten lokaler, familialer, kurz: sekundärer Art eine allgemeine Macht steht, die allen ihr Gesetz aufzwingt und jede dieser Mächte daran erinnert, daß sie nicht das Ganze ist, sondern ein Teil des Ganzen, und daß sie nicht für sich behalten darf, was grundsätzlich dem Ganzen gehört. Die einzige Möglichkeit, solch einen kollektiven Partikularismus mit allen seinen Konsequenzen für das Individuum zu verhindern, ist die Schaffung eines speziellen Organs, dessen Aufgabe es ist, die umfassende Gemeinschaft bei diesen Teilgemeinschaften zu repräsentieren und ihnen gegenüber die Rechte und Interessen der umfassenden Gemeinschaft zu vertreten. Aber diese Rechte und Interessen sind identisch mit denen des Individuums. Deshalb liegt die zentrale Funktion des Staates in der Befreiung der individuellen Persönlichkeit. Nur zu diesem Zweck hält er die elementaren Gemeinschaften im Zaum und hindert sie daran, den repressiven Einfluß auf den einzelnen auszuüben, den sie ansonsten ausüben würden. Wenn er in die verschiedenen Bereiche des Gemeinschaftslebens eingreift, so hat dies daher nichts Tyrannisches an sich; im Gegenteil, seine Intervention hat das Ziel und die Wirkung, die bestehende Tyrannei zu mildern. Aber, wird man fragen, kann er nicht seinerseits despotisch werden? Das kann er zweifellos, sofern kein Gegengewicht vorhanden ist. Wenn der Staat die einzige kollektive Macht darstellt, dann erzeugt er die Wirkungen, die jede kollektive Macht in bezug auf den einzelnen erzeugt, falls keine Gegenkraft derselben Art sie zu neutralisieren vermag. Auch er wird zu einem Organ der Gleichmacherei und Repression. Und die Repression, die er ausübt, ist in gewisser Weise noch unerträglicher als die der kleinen Gruppen, denn sie ist künstlicher. In unseren großen Gesellschaften ist der Staat so weit von den partikularen Interessen entfernt, daß er auf die speziellen Bedingungen lokaler und sonstiger Art, in deren Rahmen sie sich bewegen, gar keine Rücksicht nehmen kann. Versucht er dennoch, sie zu reglementieren, so gelingt ihm dies nur, indem er Gewalt anwendet und sie denaturiert. Auch hat er zu wenig Kontakt zu der Vielzahl von Individuen, als daß er ihr Inneres so zu formen vermöchte, daß sie den Einfluß, den er auf sie ausübt, bereitwillig akzeptierten. Zu einem Teil entgeht der einzelne dem Staat, und er vermag allenfalls zu erreichen, daß die individuelle Vielfalt im Schoße einer großen Gesellschaft nicht zutage tritt. Daher all die schmerzhaften Widerstände und Konflikte. Den kleinen Gruppen bleibt dieses Problem erspart; sie sind nahe genug an den Dingen, die ihre Daseinsberechtigung ausmachen, um ihr Handeln genauestens anpassen zu können; und sie umschließen den einzelnen eng genug, um ihn nach ihren Vorstellungen formen zu können. Der Schluß, den wir aus dieser Feststellung zu ziehen haben, lautet ganz einfach wie folgt: die kollektive Macht, die der Staat verkörpert, bedarf ihrerseits eines Gegengewichts, wenn sie der Befreiung des Individuums dienen soll; sie muß von anderen kollektiven Mächten im Zaum gehalten werden, und zwar von jenen Sekundärgruppen, von denen auch im weiteren noch die Rede sein wird. Wenn es auch nicht gut ist, daß sie allein wären, so muß es sie dennoch geben. Erst aus diesem Konflikt der gesellschaftlichen Kräfte erwachsen die individuellen Freiheiten. Wir sehen also, welche Bedeutung diese Gruppen haben. Sie sind nicht nur dazu da, die in ihren Zuständigkeitsbereich fallenden Interessen zu regulieren und zu verwalten.

Ihre Aufgabe ist allgemeiner zu fassen: Sie bilden eine der notwendigen Bedingungen für die Emanzipation des Individuums.

Dennoch gilt, daß der Staat keineswegs an sich ein Widersacher des Individuums wäre. Vielmehr wird Individualismus erst durch ihn möglich, auch wenn seine Verwirklichung von bestimmten Bedingungen abhängt. Man kann sagen, daß der Staat dabei die zentrale Rolle spielt. Es war der Staat, der das Kind aus der patriarchalischen Abhängigkeit befreit und der häuslichen Tyrannei entzogen hat; er war es auch, der den Bürger aus den feudalen und später den kommunalen Gruppen herauslöste; er hat Arbeitnehmer und Arbeitgeber aus der Tyrannei der Zünfte befreit, und wenn dies allzu gewaltsam geschehen sein sollte, so wird man ihm allenfalls vorwerfen können, daß er sich auf reine Destruktion beschränkte. Darin jedenfalls findet die zunehmende Ausdehnung seiner Funktionen ihre Rechtfertigung. Diese Staatsauffassung ist individualistisch, ohne daß sie den Staat auf die Verwaltung einer bloß negativen Gerechtigkeit beschränkte; sie weist ihm das Recht und die Pflicht zu, eine überaus umfangreiche Rolle in allen Bereichen des kollektiven Lebens zu spielen, ohne mystisch zu sein.[28] Denn den Zweck, den sie dem Staat zuweist, vermag der einzelne ebenso zu begreifen wie das Verhältnis, in dem dieser Zweck zu ihm selbst steht. Die Individuen können zur Verwirklichung dieses Zwecks beitragen, indem sie sich ihr Tun und das Ziel ihres Handelns bewußt machen, weil es dabei um sie selbst geht. Sie können diesem Zweck aber auch widersprechen und sich selbst damit noch zu Instrumenten des Staates machen, denn das Individuum Realität werden zu lassen, ist das Ziel staatlichen Handelns. Und dennoch ist das Individuum hier kein Ganzes, das sich selbst genügte und

28 Soll heißen: ohne daß deshalb eine mystische Staatsauffassung daraus würde.

das der Staat lediglich zu respektieren hätte, wie es die utilitaristische oder die Kantische Schule will, denn dem Staat und ihm allein verdankt das Individuum seine moralische Existenz.

SECHSTE VORLESUNG

Staat und Individuum. Das Vaterland

Ohne auf irgendwelche mystischen Zwecke zurückgreifen zu müssen, können wir jetzt die ständige Funktionserweiterung des Staates erklären. Wenn die Rechte des Individuums nicht *ipso facto* mit dem Individuum gegeben sind, wenn sie nicht so eindeutig durch die Natur der Dinge vorgegeben sind, daß der Staat sie nur noch zu konstatieren und zu verkünden bräuchte, wenn sie vielmehr erst den widerstreitenden Mächten, die sie leugnen, abgetrotzt werden müssen und wenn allein der Staat in der Lage ist, diese Aufgabe zu übernehmen, dann kann er sich nicht auf die Rolle eines obersten Schiedsrichters, auf die Verwaltung einer bloß negativen Gerechtigkeit beschränken, wie es der utilitaristische oder der Kantische Individualismus behaupten. Vielmehr muß er Energien in bezug auf jene Kräfte freisetzen, zu denen er ein Gegengewicht bilden soll. Er muß sogar in die Sekundärgruppen, Familien, Zünfte, Kirchen, territorialen Einheiten usw. eindringen, die, wie wir gesehen haben, die Persönlichkeit ihrer Mitglieder zu absorbieren versuchen, und zwar mit dem Ziel, diese Absorption zu verhindern, den einzelnen zu befreien und diesen Teilgemeinschaften in Erinnerung zu rufen, daß sie nicht allein da sind und daß es ein Recht gibt, das über dem ihren steht. Der Staat muß sich also in das Leben dieser Gruppen einmischen, muß ihre Aktivitäten überwachen und kontrollieren, muß sich in alle Richtungen verzweigen. Wenn er diese Aufgabe erfüllen soll, darf er sich nicht in die Gerichtssäle zurückziehen; vielmehr muß er in allen Bereichen des gesellschaftlichen Lebens präsent sein und aktiv werden. Wo immer partikulare kollektive Kräfte auftreten, die den einzelnen unter ihre alleinige Vorherrschaft brächten, wenn man sie sich selbst überließe,

muß der Staat zur Stelle sein und ihren Einfluß neutralisieren. Nun werden aber die Gesellschaften immer größer und komplexer, sie bestehen aus immer vielfältigeren Zirkeln und Organen, die aus sich heraus schon ein beträchtliches Gewicht besitzen. Soll der Staat unter diesen Umständen seine Funktion erfüllen, muß er gleichfalls wachsen und dieselben Dimensionen annehmen.
Die Notwendigkeit einer solchen Ausweitung der staatlichen Funktionen werden wir besser begreifen, wenn wir uns vor Augen führen, worin die individuellen Rechte bestehen, die der Staat nach und nach gegen den Widerstand des kollektiven Partikularismus durchsetzt. Wenn man wie Spencer und Kant, um nur die Köpfe der betreffenden Schulen zu nennen, davon ausgeht, daß diese Rechte sich aus der Natur des Individuums herleiten, daß sie lediglich die Bedingungen ausformulieren, die notwendig sind, damit das Individuum es selbst sein kann, dann sieht man in diesen Rechten unvermeidlich etwas, das ebenso festumrissen und ein für allemal festgelegt ist wie die individuelle Natur, die sie zum Ausdruck bringen und aus der sie sich herleiten. Jedes Wesen hat eine bestimmte Konstitution, und seine Rechte hängen von dieser Konstitution ab, sie sind implizit darin enthalten. Man könnte eine Liste erstellen, die sie erschöpfend und endgültig aufzählte; natürlich könnte es vorkommen, daß man dabei das eine oder andere Recht ausließe, aber an sich hat die Liste nichts Unbestimmtes; sie läßt sich vollständig erstellen, wenn man nur die richtige Methode anwendet. Wenn die individuellen Rechte ein ungehindertes Funktionieren des individuellen Lebens gewährleisten sollen, dann braucht man lediglich zu ermitteln, was dazu erforderlich ist, um die Rechte abzuleiten, die dem Individuum zuerkannt werden müssen. So setzt das Leben nach Spencer ein beständiges Gleichgewicht zwischen den inneren Lebenskräften und den äußeren Kräften voraus; dazu ist es erforderlich, daß Entschädigungen und Ersatzleistungen im rech-

ten Verhältnis zur Verausgabung und Abnutzung stehen. Deshalb muß jeder von uns im Austausch für seine Arbeit eine Entlohnung erhalten, die es ihm gestattet, die bei der Arbeit verausgabten Kräfte zu ersetzen, und damit das geschieht, genügt es, wenn Verträge frei abgeschlossen werden können und eingehalten werden, wobei der einzelne allerdings darauf zu achten hat, daß er das von ihm Geschaffene nicht im Austausch gegen etwas Geringerwertiges hergibt. Nach Kant ist der Mensch ein moralisches Wesen. Sein Recht leitet sich aus dieser moralischen Qualität her und ist folgerichtig auch von daher bestimmt. Diese moralische Qualität begründet die Unverletzlichkeit der Person; alles, was gegen diese Unverletzlichkeit verstößt, bedeutet eine Verletzung dieses Rechts. Deshalb sehen die Anhänger des sogenannten Naturrechts, das heißt der Auffassung, wonach die Rechte des Individuums sich aus seiner Natur herleiten, im Recht des Individuums etwas Universelles, einen Kodex, der ein für allemal aufgestellt werden kann und der für alle Zeiten und für alle Länder Geltung besitzt. Der negative Charakter, den sie diesem Recht zu geben versuchen, erweckt den Anschein, daß es sich leichter bestimmen ließe.
Doch das Postulat, auf dem diese Theorie beruht, ist eine künstliche Vereinfachung. Als Basis des individuellen Rechts dient nicht der Begriff des Individuums, wie es ist, sondern die Art und Weise, wie die Gesellschaft mit ihm umgeht, wie sie das Individuum begreift und welchen Wert sie ihm beimißt. Entscheidend ist nicht, was das Individuum ist, sondern was es wert ist, und umgekehrt, was es sein soll. Wenn der einzelne mehr oder weniger Rechte hat, wenn er bestimmte Rechte besitzt und bestimmte andere nicht, so nicht, weil er in einer bestimmten Weise beschaffen ist, sondern weil die Gesellschaft ihm einen bestimmten Wert zumißt, weil sie dem, was den einzelnen betrifft, einen mehr oder weniger hohen Wert beilegt. Wenn alles, was das Individuum betrifft, auch die Gesellschaft betrifft, dann wird sie

gegen alles vorgehen, was dem Individuum Abbruch tut. Sie wird es nicht zulassen, daß jemand sich an ihm vergeht; sie wird es darüber hinaus aber auch für ihre Pflicht halten, die Entfaltung des einzelnen zu fördern. Wo dagegen das Individuum nur mäßige Achtung genießt, wird die Gesellschaft selbst über schwerwiegende Angriffe hinwegsehen und sie dulden. Je nach den herrschenden Vorstellungen, das heißt nach den Zeitläuften, erscheinen ernsthafte Vergehen als läßliche Sünden, oder aber man ist der Ansicht, man könne die freie Entfaltung des einzelnen gar nicht genug fördern. Im übrigen braucht man sich die Naturrechtstheoretiker, die ein für allemal Recht und Unrecht unterscheiden zu können glauben, nur einmal näher anzusehen, um die Ungenauigkeit und Meinungsabhängigkeit ihrer Grenzziehung zu erkennen. Es ist notwendig und hinreichend, sagt Spencer, daß die Entlohnung dem Wert der Arbeit entspricht. Doch wie sollte man diese Gleichheit bestimmen? Der Wert hängt ganz von der Wertschätzung ab. Man sagt, die Entscheidung darüber sei Sache der Vertragsparteien, sofern sie nur frei entscheiden. Aber worin besteht diese Freiheit? Nichts hat sich im Laufe der Zeit so sehr verändert wie die Vorstellung, die man sich von der Vertragsfreiheit gemacht hat. Den Römern genügte es, daß die Vertragsformel ausgesprochen worden war, damit der Vertrag seine ganze bindende Kraft erhielt, und nicht die Absichten der Vertragschließenden, sondern der Buchstabe des Vertragstextes bestimmte die vertraglichen Pflichten. Später erlangten auch die Absichten Bedeutung; nun galt es nicht mehr als normgerecht, wenn ein Vertrag durch physischen Zwang zustande gekommen war. Inzwischen beginnt man sogar, gewisse Formen moralischen Zwangs auszuschließen. Wie ist es zu dieser Entwicklung gekommen? Man hat sich ein immer höheres Bild von der menschlichen Person gemacht, so daß selbst der kleinste Angriff auf ihre Freiheit untragbar wurde. Und alles läßt darauf schließen, daß diese Entwicklung noch nicht abgeschlossen ist, daß wir in diesem Punkt noch rigoroser werden. Kant erklärte die menschliche Person für autonom. Doch eine absolute Autonomie kann es nicht geben. Die Person ist Teil der physikalischen und sozialen Umwelt, sie ist engstens darin eingebunden; deshalb kann sie nur eine relative Autonomie besitzen. Und welches Maß an Autonomie steht ihr zu? Es liegt auf der Hand, daß die Antwort vom Zustand der Gesellschaften abhängt, das heißt vom Stand der Meinungen darin. Es gab Zeiten, da galt materielle Knechtschaft durchaus nicht als unmoralisch; und manchmal war sie sogar vertraglich geregelt. Wir haben sie abgeschafft, aber wie viele Formen moralischer Knechtschaft haben überlebt? Kann man von einem Menschen, der nichts zum Leben hat, sagen, er sei autonom, er sei Herr seines Handelns? Welche Abhängigkeiten sind legitim, und welche sind illegitim? Auf diese Fragen läßt sich keine Antwort geben, die für alle Zeiten gültig wäre.

Die Rechte des Individuums sind also in ständiger Entwicklung begriffen; sie entwickeln sich weiter, und es ist unmöglich, ihnen eine Grenze zu setzen, die sie nicht überschreiten dürften. Was gestern noch als Luxus erschien, ist morgen schon ein streng zu beachtendes Recht. Die Aufgabe, die dem Staat damit zufällt, ist folglich unbegrenzt. Er hat nicht einfach nur ein festumrissenes Ideal zu verwirklichen, das irgendwann einmal endgültig erreicht sein wird. Vielmehr ist der Weg, den seine moralische Aktivität einschlagen kann, offen und ohne festgelegtes Ziel. Es gibt keinen Grund, weshalb er sich eines Tages schließen und die Arbeit irgendwann einmal als beendet angesehen werden sollte. Alles deutet darauf hin, daß wir immer sensibler für die Belange der menschlichen Persönlichkeit werden. Dennoch vermögen wir nicht im voraus abzusehen, welche Veränderungen auf diesem Gebiet noch eintreten werden; jedenfalls ist unsere Vorstellungskraft allzu arm, als daß wir solche Veränderungen jemals ausschließen könnten. Im übrigen gibt es eine Reihe von Veränderungen, deren Notwendigkeit wir schon heute einsehen. Darin also finden die Fortschritte des Staates ihre Erklärung und zumindest zu einem gewissen Teil auch ihre Rechtfertigung. Und wir können sicher sein, daß es sich hierbei nicht um eine vorübergehende Anomalie handelt, sondern daß der Staat auch in Zukunft solche Fortschritte machen wird.

Zugleich wird auch besser verständlich, daß es durchaus nicht übertrieben war, wenn wir gesagt haben, unsere moralische Individualität stehe keineswegs im Widerspruch zum Staat, sondern sei ganz im Gegenteil dessen Produkt. Denn erst der Staat setzt sie frei. Und diese fortschreitende Befreiung besteht nicht einfach darin, daß der Staat jene gegenläufigen Kräfte vom Individuum fernhält, die es zu absorbieren versuchen; vielmehr sorgt er für das Milieu, in dem das Individuum sich bewegt, damit es sich darin frei entfalten kann. Die Rolle des Staates hat nichts Negatives. Er versucht, die Individuation so weit zu gewährleisten, wie es der gesellschaftliche Zustand zuläßt. Er ist weit davon entfernt, das Individuum zu tyrannisieren; vielmehr ist er es, der das Individuum von der Gesellschaft freikauft. Aber dieses Ziel ist nicht nur rundherum positiv, es hat zugleich auch nichts Transzendentes gegenüber dem individuellen Bewußtsein. Denn es handelt sich um ein Ziel, das dem Wesen des Menschen entspricht. Es fällt uns auch keineswegs schwer, den Reiz dieses Ziels zu begreifen, denn schließlich sind wir es, um die es dabei geht. Der einzelne kann sich, ohne dabei in Widerspruch zu sich selbst zu geraten, zum Instrument des Staates machen, weil das Handeln des Staates auf die Verwirklichung des Individuums ausgerichtet ist. Dabei machen wir den einzelnen nicht im Gefolge Kants oder Spencers zu einem Absolutum, das sich selbst genügte, zu einem egoistischen Wesen, das nur seine eigenen Interessen kennt. Denn wenn dieses Ziel jeden einzelnen angeht, dann ist es prinzipiell nicht das Ziel eines besonderen Individuums. Nicht ein bestimmtes Individuum versucht der Staat in seiner Entwicklung zu fördern, sondern das Individuum schlechthin, das mit keinem von uns identisch ist, und wenn wir dem Staat die Unterstützung zukommen lassen, ohne die er nichts auszurichten vermag, werden wir nicht zu Handlangern einer Zielsetzung, die uns fremd wäre, überlassen wir uns durchaus keiner unpersönlichen Zielsetzung, die über all unseren privaten Zielen schwebte und sich daran anhängte. Unsere Staatsauffassung hat nichts Mystisches an sich, und trotzdem ist sie zutiefst individualistisch.

Auf diese Weise findet sich die fundamentale Pflicht des Staates dahingehend bestimmt, das Individuum immer stärker ins moralische Dasein zu rufen. Ich sage, dies sei seine fundamentale Pflicht, weil die staatsbürgerliche Moral keinen anderen Dreh- und Angelpunkt haben kann als die moralischen Belange. Da der Kult der menschlichen Person der einzige zu sein scheint, der überleben dürfte, muß dieser Kult einer des Staates wie auch des Individuums sein. Er hat im übrigen alles, was erforderlich ist, damit er dieselbe Rolle zu spielen vermag, die einst die Religionen gespielt haben. Er ist nicht weniger in der Lage, jene Gemeinschaft des Geistes und des Willens herbeizuführen, die die Grundvoraussetzung jeglichen sozialen Lebens darstellt. Auch kann man sich ebenso leicht zusammentun, um für die Größe des Menschen zu arbeiten, wie man sich einst zusammenschloß, um dem Ruhme von Zeus, Jahwe oder Athene zu dienen. Das einzig Besondere an dieser Religion des Individuums ist die Tatsache, daß der Gott, den sie anbetet, den Gläubigen näher steht. Doch wenn er ihnen auch nicht so fern ist, so steht er dennoch über ihnen; und in dieser Hinsicht fällt dem Staat dieselbe Aufgabe zu wie ehedem. Ihm obliegt es sozusagen, den Kult zu organisieren, seine Leitung zu übernehmen, für seine geregelte Ausübung und seine Fortentwicklung zu sorgen.

Soll das nun heißen, daß diese Aufgabe die einzige Pflicht

des Staates darstelle, daß alles staatliche Handeln sich an diesem Ziel auszurichten habe? Das träfe zu, wenn alle Gesellschaften isoliert voneinander lebten, wenn keine irgendwelche Feindseligkeiten zu befürchten hätte. Aber bekanntlich ist die internationale Konkurrenz noch nicht verschwunden; selbst zivilisierte Staaten stehen in ihren wechselseitigen Beziehungen zum Teil noch auf dem Kriegsfuß miteinander. Sie bedrohen sich gegenseitig, und da es die erste Pflicht des Staates gegenüber seinen Bürgern ist, die Gemeinschaft, die sie bilden, zu schützen, muß er sich entsprechend organisieren. Er muß bereit sein, sich zu verteidigen und vielleicht sogar selbst anzugreifen, wenn er sich bedroht fühlt. Nun bedarf aber die dafür erforderliche Organisation einer anderen moralischen Disziplin, als sie für den Kult des Individuums nötig ist, einer Disziplin, die in eine ganz andere Richtung weist. Sie zielt nicht auf das Individuum, sondern auf die nationale Gemeinschaft. Die alte Disziplin überlebt, weil die alten Bedingungen des kollektiven Daseins noch nicht verschwunden sind. Unser moralisches Leben ist deshalb von zwei Strömungen durchzogen, die in unterschiedliche Richtungen gehen. Es hieße die Realität verkennen, wenn wir wollten, daß diese Dualität unverzüglich einer Einheit Platz machte, wenn wir all die Institutionen und all die Praktiken, die uns aus der Vergangenheit überkommen sind, auf der Stelle auslöschen wollten, während doch die Verhältnisse, aus denen sie hervorgegangen sind, immer noch Bestand haben. Ebensowenig, wie wir dafür sorgen können, daß die individuelle Persönlichkeit nicht den Entwicklungsstand erreicht hätte, den sie heute besitzt, ebensowenig können wir verhindern, daß die internationale Konkurrenz nicht immer noch in militärischer Gestalt daherkäme. Daraus erwachsen dem Staat Pflichten, die ganz anderer Art sind. Nichts berechtigt uns zu der Annahme, daß davon nicht auch in aller Zukunft etwas erhalten bliebe. Die Vergangenheit verschwindet niemals vollständig. Stets bleibt etwas erhalten, das auch in die Zukunft hineinreicht. Das heißt allerdings auch, wäre dem rasch hinzuzufügen: Je weiter wir gehen, desto bedeutungsloser und anomaler werden auch aus den oben dargelegten Gründen jene Aufgaben, die einstmals grundlegende Bedeutung hatten, abgesehen natürlich von außergewöhnlichen Umständen und zeitweiligen Rückschritten, die sich durch Zufall einstellen können. Früher war das staatliche Handeln gänzlich nach außen gerichtet; jetzt ist es dazu bestimmt, sich mehr und mehr nach innen zu wenden. Denn einzig und allein durch ihre Organisation vermag die Gesellschaft das Ziel zu verwirklichen, das sie vor allen anderen zu verfolgen hat. Und in dieser Hinsicht braucht man nicht zu befürchten, daß es zu wenig zu tun gäbe. Es bieten sich wahrhaftig genügend Betätigungsfelder für den Staat, wenn es darum geht, das soziale Milieu so zu gestalten, daß die Person sich darin voll verwirklichen kann, die Gemeinschaftsmaschinerie so zu steuern, daß sie den einzelnen möglichst wenig belastet, und zugleich für einen friedlichen Austausch und den Wettbewerb aller wohlgesonnenen Kräfte im Blick auf ein Ideal zu sorgen, dem man friedlich und gemeinschaftlich zustrebt. An inneren Schwierigkeiten mangelt es keinem europäischen Land, und je weiter wir kommen, desto vielfältiger werden diese Schwierigkeiten, denn das immer komplexer werdende gesellschaftliche Leben wird auch in seinem Funktionieren immer stärker gefährdet sein; und wie die höheren Lebewesen in ihrem Gleichgewicht leichter zu stören sind und daher zu ihrer Erhaltung auch größerer Sorgfalt bedürfen, so werden auch die Gesellschaften genötigt sein, ihre Kräfte gewissermaßen zu sammeln und auf sich selbst zu konzentrieren statt sie in gewaltsamen Ausbrüchen jenseits ihrer Grenzen zu verausgaben.

Spencers Thesen sind also insofern fundiert, als er durchaus gesehen hat, daß die Regression des Krieges und der damit verbundenen gesellschaftlichen Formen einen tiefgreifenden

Einfluß auf das Leben der Gesellschaft haben muß. Aber daraus folgt nicht, daß es für das soziale Leben kein anderes Heilmittel gegen eine solche Regression gäbe als die ökonomischen Interessen und daß man deshalb nur zwischen Militarismus und Merkantilismus zu wählen hätte. Wenn die Organe des Plünderns und Beutemachens, um seine Ausdrücke aufzugreifen, im Absterben begriffen sind, so heißt das nicht, daß die Organe des vegetativen Lebens den gesamten Raum einnehmen oder die sozialen Organe sich am Ende auf einen riesigen Verdauungsapparat reduzieren müßten. Es gibt eine interne Aktivität, die nicht ökonomisch oder merkantil ausgerichtet ist, und das ist die moralische Aktivität. Jene Kräfte, die sich nicht länger nach außen richten, sondern nach innen wenden, werden nicht einfach dazu eingesetzt, möglichst viel zu produzieren und den Wohlstand zu mehren, sondern dazu, die Gesellschaft zu organisieren und zu moralisieren, diese moralische Organisation aufrechtzuerhalten und für ihre stetige Fortentwicklung zu sorgen. Es geht nicht um die bloße Vermehrung der Austauschprozesse, sondern darum, daß der Austausch nach gerechteren Regeln erfolgt; es geht nicht darum, daß jeder möglichst viele Dinge zu seiner Verfügung hat, sondern darum, daß jeder so behandelt wird, wie er es verdient; daß er von jeglicher ungerechten und erniedrigenden Abhängigkeit frei sei und daß er sich den anderen und der Gruppe zuwenden kann, ohne seine Persönlichkeit dabei zu verlieren. Und die Instanz, der diese Tätigkeit obliegt, ist der Staat. Der Staat ist also weder dazu bestimmt, zum bloßen Zuschauer des sozialen Lebens zu werden, in dessen Gang er allenfalls negativ eingreift, wie es die Nationalökonomen wollen, noch ist er ein bloßes Rädchen der ökonomischen Maschine, wie es den Sozialisten vorschwebt. Er ist vor allem das Organ der moralischen Disziplin schlechthin. Diese Rolle spielt er heute wie ehedem, auch wenn die Disziplin andere Formen angenommen hat. Hier irren sich die Sozialisten.

Die Staatsauffassung, zu der wir damit gelangt sind, zeigt uns auch, wie einer der schwierigsten moralischen Konflikte unserer Zeit gelöst werden kann, nämlich der Konflikt zwischen zwei auf gleich hohen Ebenen angesiedelten Gefühlsbindungen, der Bindung an das nationale Ideal, an den Staat, der dieses Ideal verkörpert, und der Verpflichtung auf das menschliche Ideal, auf den Menschen schlechthin, kurz den Konflikt zwischen Patriotismus und Kosmopolitismus. Die Antike kannte diesen Konflikt noch nicht, denn damals war nur ein einziger Kult denkbar: der Kult des Staates, dessen symbolische Form die Staatsreligion war. Daher gab es bei den Gläubigen gar keinen Raum für eine Wahl oder für Zweifel. Sie kannten nichts, was über dem Staat, über der Größe und dem Ruhm des Staates, gestanden hätte. Das hat sich verändert. So sehr man auch an seinem Vaterland hängen mag, heutzutage spürt jeder, daß es über den nationalen Kräften noch andere Kräfte gibt, die weniger vergänglich sind und höher stehen, weil sie nicht an die speziellen Bedingungen gebunden sind, unter denen politische Gruppen existieren, und weil sie mit dem Schicksal dieser Gruppen nichts zu tun haben. Es gibt etwas, das universeller und dauerhafter ist als das Vaterland. Nun kann aber kein Zweifel bestehen, daß die allgemeineren und dauerhafteren Zwecke zugleich auch die höheren sind. Je weiter die Entwicklung voranschreitet, desto mehr löst sich das von den Menschen verfolgte Ideal von den lokalen und ethnischen Merkmalen, wie sie einem bestimmten Punkt des Globus oder einer bestimmten Gruppe von Menschen eigen sind, erhebt sich über all diese Besonderheiten und strebt nach Universalität. Man kann sagen, daß die moralischen Kräfte sich nach dem Grad ihrer Allgemeinheit hierarchisch anordnen lassen. So berechtigt denn alles zu der Annahme, daß die nationalen Zwecke nicht an der Spitze dieser Rangordnung rangieren, sondern daß die menschlichen Zwecke dazu ausersehen sind, diese Stellung einzunehmen.

Von diesem Prinzip ausgehend, haben manche gemeint, den Patriotismus als bloßen Atavismus abtun zu können, der bald verschwinden werde. Doch hier begegnen wir einer weiteren Schwierigkeit. Tatsächlich ist der Mensch nur insofern ein moralisches Wesen, als er im Schoße bestehender Gesellschaften lebt. Es gibt keine Moral ohne Disziplin, ohne Autorität; nun ist aber die einzig rationale Autorität jene, welche die Gesellschaft über ihre Mitglieder ausübt. Die Moral erscheint uns nur dann als Verpflichtung, das heißt, sie erscheint uns nur dann als Moral, und wir empfinden nur dann das Gefühl der Pflicht, wenn um uns her und über uns eine Macht existiert, die sie sanktioniert. Nicht daß die materielle Sanktion bereits die ganze Pflicht wäre, aber sie ist deren äußeres Zeichen, an dem man sie erkennt; sie ist der sichtbare Beweis dafür, daß etwas über uns existiert, von dem wir abhängig sind. Natürlich steht es dem Gläubigen frei, sich diese Macht in Gestalt eines übermenschlichen Wesens vorzustellen, zu dem Vernunft und Wissenschaft keinen Zugang haben. Aber für unsere Zwecke ist es nicht erforderlich, die Hypothese näher zu untersuchen und nachzusehen, was an diesem Symbol fundiert ist und was nicht. Wie unerläßlich eine gesellschaftliche Organisation für die Moral ist, zeigt sich darin, daß jede Desorganisation, jede Tendenz zu politischer Anarchie von einem wachsenden Verfall der Moral begleitet ist. Und das nicht nur, weil die Kriminellen unter diesen Umständen größere Chancen haben, ihrer Strafe zu entgehen, sondern auch und vor allem deshalb, weil das Pflichtgefühl nachläßt, weil die Menschen nicht mehr in dem Maße spüren, daß etwas über ihnen steht. Nun ist der Patriotismus jener Komplex von Gedanken und Gefühlen, der den einzelnen mit einem bestimmten Staat verbindet. Nehmen wir einmal an, der Patriotismus läßt nach und verschwindet; wo findet der Mensch dann noch die moralische Autorität, deren Joch für ihn so heilsam ist? Wie soll er ein Gefühl der Pflicht empfinden, wenn es keine festumrissene, ihrer selbst bewußte Gesellschaft gibt, die ihn jederzeit an seine Pflichten erinnert und ihn die Notwendigkeit der Regel spüren läßt. Wenn man allerdings glaubt, die Moral sei von Natur aus und *a priori* in jedem von uns gegeben, man brauche sie nur in uns zu lesen, um zu wissen, worin sie besteht, und mit ein wenig gutem Willen begreife man auf diese Weise auch, daß wir uns ihr unterwerfen müssen, dann erscheint der Staat als etwas, das gänzlich außerhalb der Moral steht, und man hat den Eindruck, daß er seinen Einfluß verlieren könne, ohne daß der Moral dadurch Abbruch getan würde. Wenn man aber weiß, daß die Moral ein Produkt der Gesellschaft ist, daß sie von außen in das Individuum eindringt, daß sie seiner physischen Natur und seiner natürlichen Konstitution in gewisser Weise Gewalt antut, dann begreift man auch, daß die Moral nur das ist, was die Gesellschaft ist, und daß ihre Stärke unmittelbar von der Organisation der Gesellschaft abhängt. Nun sind aber die Staaten heutzutage die am höchsten organisierten Gesellschaften, die es gibt. Manche Formen von Kosmopolitismus grenzen dagegen an einen egoistischen Individualismus. Sie führen eher dazu, daß man das bestehende moralische Gesetz leugnet, als daß sie ein neues und höheres Gesetz schüfen. Und aus genau diesem Grunde wehren sich viele gegen diese Tendenzen, denn sie spüren, welche Logik und welche unvermeidlichen Folgen daran geknüpft wären.

Es gäbe durchaus eine theoretische Lösung für das Problem; man bräuchte sich nur vorzustellen, daß die Menschheit insgesamt als Gesellschaft organisiert wäre. Doch es liegt auf der Hand, daß solch eine Vorstellung, falls sie denn überhaupt realisierbar sein sollte, in eine so ungewisse Zukunft verwiesen werden muß, daß es gar keinen Sinn hat, sie bei unseren Überlegungen zu berücksichtigen. Vergeblich gilt heute als Endpunkt der Entwicklung größerer Gesellschaften, als sie gegenwärtig existieren, zum Beispiel eine Konföderation der europäischen Staaten. Eine solche umfassende-

re Konföderation wäre aber ihrerseits wieder ein Einzelstaat mit eigener Persönlichkeit, eigenen Interessen und einer eigenen Physiognomie. Die Menschheit wäre sie noch nicht.
Dennoch gibt es eine Möglichkeit, die beiden Gefühle miteinander zu versöhnen, und zwar durch eine Verbindung des nationalen Ideals mit dem Menschheitsideal. Die einzelnen Staaten müßten sich dazu selbst, ein jeder nach seiner Kraft, zu Organen machen, durch die sich dieses allgemeine Ideal verwirklicht. Jeder Staat müßte es sich zu seiner zentralen Aufgabe machen, nicht zu wachsen und seine Grenzen auszudehnen, sondern seine Autonomie zu festigen und seine Bürger in größtmöglicher Zahl zu einem immer moralischeren Leben anzuleiten, dann verschwände jeglicher Widerspruch zwischen der nationalen und der allgemeinmenschlichen Moral. Wenn der Staat kein anderes Ziel hat, als seine Bürger zu Menschen im vollsten Sinne des Wortes zu machen, dann werden die staatsbürgerlichen Pflichten nur noch einen Sonderfall der allgemeinmenschlichen Pflichten darstellen. Nun haben wir gesehen, daß die Entwicklung in eben diese Richtung geht. Je stärker die Gesellschaften ihre Kräfte auf ihr inneres Leben konzentrieren, desto mehr wenden sie sich von jenen Konflikten ab, in denen Kosmopolitismus und Patriotismus einander widerstreiten; und sie konzentrieren sich immer stärker auf sich selbst, je größer und komplexer sie werden. In diesem Sinne wird die Entstehung von Gesellschaften, die noch größer sind als die heutigen, einen Fortschritt darstellen.
Die Lösung der Antinomie liegt also darin, daß der Patriotismus zu einem untergeordneten Bestandteil des Kosmopolitismus wird. Der Konflikt schwelt weiter, weil immer noch zu oft ein anderes Verständnis von Patriotismus vorherrscht. Danach hat es den Anschein, als zeigte sich Patriotismus allein in solchen Formen kollektiven Handelns, die nach außen gerichtet sind; als könnte man die eigene Bindung an die nationale Gruppe, der man angehört, nur dann bewei-

sen, wenn diese Gruppe sich im Streit mit einer anderen Gruppe befindet. Gewiß können solche äußeren Krisen fruchtbar sein, wenn Anlaß zu äußerster Hingabe besteht. Doch neben diesem Patriotismus gibt es noch einen anderen, stilleren, in seinem nützlichen Tun kontinuierlicheren Patriotismus, der auf die innere Autonomie der Gesellschaft und nicht auf deren äußere Expansion zielt. Dieser Patriotismus schließt durchaus nicht jeglichen Nationalstolz aus; die kollektive Persönlichkeit kann ebensowenig wie die individuelle Persönlichkeit existieren, ohne ein gewisses Selbstgefühl und ein Gefühl für ihr Tun zu haben, und dieses Gefühl hatte immer etwas Persönliches an sich. Solange es Staaten gibt, wird es auch eine gesellschaftliche Eigenliebe geben, und nichts ist legitimer als das. Aber die Gesellschaften könnten ihre Eigenliebe und ihren Ehrgeiz darauf verwenden, nicht die größten und reichsten zu sein, sondern die gerechtesten, die am besten organisierten, die Gesellschaften mit der besten moralischen Verfassung. Ohne Zweifel ist die Zeit noch nicht gekommen, da solch ein Patriotismus uneingeschränkt herrschte, wenn sie denn überhaupt jemals kommen sollte.

SIEBTE VORLESUNG

Staatsbürgerliche Moral (Fortsetzung)

Formen des Staates. Die Demokratie

Die jeweiligen Pflichten des Staates und der Bürger variieren allerdings mit der Form des betreffenden Staates. Sie sind nicht dieselben in der sogenannten Aristokratie, der Demokratie oder der Monarchie. Wir müssen also wissen, worin diese verschiedenen Formen bestehen und welche Daseinsberechtigung jene Form hat, die in den europäischen Gesellschaften zur allgemeinen Form aufzusteigen im Begriffe ist. Nur unter dieser Voraussetzung vermögen wir zu begreifen, worin die Existenzberechtigung unserer heutigen staatsbürgerlichen Pflichten besteht.

Seit Aristoteles werden die Staaten nach der Zahl derer klassifiziert, die an der Regierung teilhaben. Bei Montesquieu heißt es: »Wenn in einer Republik das ganze Volk die höchste Gewalt innehat, so ist es eine Demokratie. Ist dagegen die oberste Gewalt in den Händen nur eines Teils des Volkes, so nennen wir das eine Aristokratie.« (II,2.)[29] In einem monarchischen Staat hat ein einzelner die Macht inne. Allerdings kann man nach Montesquieu nur dann von einer wirklichen Monarchie sprechen, wenn der König nach eindeutig festgelegten Gesetzen regiert. Wenn dagegen »ein einzelner ohne Recht und Gesetz alles nach seinem Willen und seinen Launen lenkt« (S. 19), dann wird aus der Monarchie eine despotische Herrschaft. Sieht man einmal von dieser Überlegung hinsichtlich des Vorhandenseins oder Nichtvorhandenseins einer Verfassung ab, definiert Montesquieu die Staatsform durch die Anzahl der Regierenden.

29 Montesquieu, *De l'esprit des lois*, Genf 1748; dt.: Vom Geist der Gesetze, 2 Bde., Tübingen 1951, Bd. 1, S. 18.

Wenn Montesquieu im weiteren Verlauf seines Buches die verschiedenen Gefühle untersucht, auf die sich die verschiedenen Regierungsformen stützen – Ehre, Tugend, Furcht –, dann zeigt er ohne Zweifel, daß er ein Gespür für die qualitativen Unterschiede besitzt, durch die sich die verschiedenen Staatsformen voneinander unterscheiden. Doch für ihn sind diese qualitativen Unterschiede lediglich die Folge jener rein quantitativen Unterschiede, von denen oben bereits die Rede war, und er leitet die qualitativen aus den quantitativen Unterschieden ab. Die Anzahl der Regierenden bestimmt letztlich den Charakter jenes Gefühls, das als Motor für die kollektive Tätigkeit und sämtliche Details der Organisation zu dienen hat.

Doch diese Art, die unterschiedlichen politischen Formen zu definieren, ist ebenso verbreitet wie oberflächlich. Zunächst einmal wäre zu fragen, was man denn unter der Anzahl der Regierenden versteht. Wo beginnt und wo endet das regierende Organ, dessen Größenunterschiede die Staatsform bestimmen sollen? Meint man damit die Gesamtheit der Menschen, die mit der allgemeinen Leitung des Landes betraut sind? Doch niemals oder fast niemals sind all diese Machtbefugnisse in der Hand eines einzelnen Menschen konzentriert. So absolut die Stellung eines Fürsten auch sein mag, stets ist er von Räten und Ministern umgeben, die an der Ausübung dieser Leitungsfunktionen teilhaben. In dieser Hinsicht bestehen allenfalls graduelle Unterschiede zwischen Aristokratie und Monarchie. Jeder Souverän ist von zahlreichen Amts- und Würdenträgern umgeben, die oft ebenso mächtig sind wie er und gelegentlich sogar mächtiger. Oder soll nur der herausragendste Teil des Regierungsorgans berücksichtigt werden, in dem die wichtigsten Machtbefugnisse versammelt sind, jene nämlich, die dem Fürsten vorbehalten sind, um es mit den Worten der alten Staatstheoretiker zu sagen? Hat man allein den Staatschef im Auge? In diesem Falle müßte man die Staaten danach unterscheiden, ob sie als Staatschef eine einzelne Person haben oder einen Rat oder aber jedermann. Dann aber wären unter ein und dieselbe Rubrik zu fassen und als Monarchie zu qualifizieren das Frankreich des siebzehnten Jahrhunderts zum Beispiel und eine zentralisierte Republik wie unser heutiges Frankreich oder die amerikanische Republik. In allen Fällen steht an der Spitze der Monarchie von Amtsträgern eine einzelne Person, die in den verschiedenen Gesellschaften lediglich unterschiedliche Bezeichnungen führt. Andererseits ist zu fragen, was denn mit dem Ausdruck »regieren« gemeint sein soll. Regieren heißt ohne Zweifel, einen positiven Einfluß auf den Gang der öffentlichen Angelegenheiten auszuüben. In dieser Hinsicht nun besteht unter Umständen gar kein Unterschied zwischen Demokratie und Aristokratie. Denn in der Tat bestimmt sehr oft der Wille der Mehrheit, was Gesetz ist, ohne daß die Gefühle der Minderheit auch nur den geringsten Einfluß hätten. Eine Mehrheit kann ebenso unterdrückend sein wie eine Kaste. Ja, sehr oft kommt es vor, daß die Minderheit nicht einmal in den Parlamenten vertreten ist. Man bedenke nur einmal, daß Frauen, Kinder und Heranwachsende und all jene, die aus irgendeinem Grunde am Wählen gehindert werden, außerhalb der Wählerschaft bleiben. So kommt es, daß die wahlberechtigten Bürger lediglich die Minderheit eines Landes bilden. Und da die Gewählten lediglich die Mehrheit ihrer Wähler repräsentieren, stehen sie allenfalls für eine Minderheit der Minderheit. In Frankreich gab es 1893 bei 38 Millionen Einwohnern nur 10 Millionen Wahlberechtigte; von diesen 10 Millionen machten 7 Millionen von ihrem Wahlrecht Gebrauch, und die von diesen 7 Millionen gewählten Abgeordneten repräsentierten lediglich 4 592 000 Stimmen. Auf die Gesamtzahl der wahlberechtigten Bürger bezogen, waren 5 930 000 Stimmen nicht repräsentiert, also insgesamt mehr Wahlberechtigte, als den gewählten Abgeordneten zu ihrem Erfolg verholfen hatten. Hält man sich allein an die Zahlen, wird man also sagen müssen, daß es noch niemals eine Demokratie gegeben habe. Ja, mehr noch, um die Aristokratie von der Demokratie zu unterscheiden, könnte man sogar behaupten, in einem aristokratischen Regime sei die regierende Minderheit ein für allemal festgelegt, während in einer Demokratie die Minderheit, die heute den Sieg davonträgt, morgen schon von einer anderen geschlagen und ersetzt werden könne. Der Unterschied jedenfalls ist minimal.

Doch neben diesen recht dialektischen Überlegungen gibt es auch eine historische Tatsache, an der sich die Unzulänglichkeit dieser üblichen Definitionen erweist.

Sie zwingen uns nämlich, Staatsformen miteinander zu vermengen, die gleichsam an den beiden entgegengesetzten Polen der Evolution angesiedelt sind. Wenn wir solche Gesellschaften als Demokratien bezeichnen, in denen jedermann an der Leitung des Gemeinschaftslebens beteiligt ist, dann paßt diese Bezeichnung noch am ehesten auf die am wenigsten entwickelten politischen Gesellschaften, die wir kennen. In diesem Sinne demokratisch sind nämlich die sogenannten Stammesgesellschaften organisiert. Ein Stamm besteht aus einer bestimmten Anzahl von Klanen. Jeder Klan wird von der betreffenden Gruppe selbst verwaltet; wo es einen Klanchef gibt, ist dessen Macht nur schwach ausgeprägt. Und die Vereinigung der Klane wird durch einen Rat von Repräsentanten regiert. In gewisser Hinsicht ist dies dieselbe Herrschaftsform wie die unsrige. Und so liegt es nahe, daß man aus dieser Ähnlichkeit gelegentlich den Schluß gezogen hat, die Demokratie sei eine zutiefst archaische Organisationsform, und wer sie im Rahmen der heutigen Gesellschaften verwirklichen wolle, der werfe die Zivilisation auf ihre Anfänge zurück und kehre den Lauf der Geschichte um. Mit derselben Logik stellen manche einen Zusammenhang zwischen den Vorhaben der Sozialisten und dem wirtschaftlichen Leben des Frühkommunismus her, um deren angebliche Unsinnigkeit zu beweisen. Und man wird zugeben müssen, daß die Schlußfolgerung in beiden Fällen berechtigt wäre, wenn denn die Voraussetzung stimmte, das heißt, wenn die beiden Formen gesellschaftlicher Organisation, die hier gleichgesetzt werden, tatsächlich identisch wären. Nun gibt es allerdings keine Staatsform, die vor solch einer Kritik geschützt wäre, zumindest wenn man sich an die oben genannten Definitionen hält. Die Monarchie ist kaum weniger archaisch als die Demokratie. Sehr oft kommt es vor, daß die Macht über die Klane oder Stammeszusammenschlüsse in die Hand eines absoluten Herrschers gerät. In Athen und Rom ging die Monarchie der Demokratie voraus. All diese Verwirrungen zeigen nichts anderes, als daß die Staatsformen auf andere Weise definiert werden müssen.

Um die richtige Definition zu finden, wollen wir uns an das halten, was wir über das Wesen des Staates im allgemeinen gesagt haben. Der Staat, haben wir gesagt, ist das Organ des gesellschaftlichen Denkens. Das soll nicht heißen, daß jegliches gesellschaftliche Denken vom Staat ausginge. Vielmehr sind hier zwei Arten von Denken zu unterscheiden. Die eine geht von der kollektiven Masse aus und ist darin diffus lokalisiert; sie besteht aus jenen Gefühlen, Wünschen und Glaubensvorstellungen, welche die Gesellschaft kollektiv entwickelt hat und die auf die Köpfe der einzelnen Gesellschaftsmitglieder verstreut sind. Die andere wird in jenem speziellen Organ entwickelt, das man als Staat oder Regierung bezeichnet. Beide Arten von Denken stehen in einem engen Zusammenhang miteinander. Die diffusen Gefühle, die in der Gesamtgesellschaft zirkulieren, beeinflussen die Entscheidungen des Staates, und umgekehrt finden die Entscheidungen des Staates, die Gedanken, die im Parlament dargelegt, die Worte, die dort ausgesprochen werden, die Maßnahmen, welche die Minister vereinbaren, ihren Widerhall in der gesamten Gesellschaft und verändern die dort zerstreuten Ideen. Diese Wechselwirkung ist überaus real, und dennoch haben wir es hier mit zwei sehr verschiedenen Formen kollektiven psychischen Lebens zu tun. Die eine ist diffus, die andere organisiert und zentralisiert. Die eine verbleibt aufgrund ihres diffusen Charakters im Halbdunkel des Unterbewußten. All diese kollektiven Vorurteile, die wir seit unserer Kindheit hegen, und all diese Meinungsströmungen, die hier und da entstehen und uns einmal in diese, einmal in jene Richtung drängen, treten uns kaum ins Bewußtsein. An alledem ist nichts Abwägendes. Dieses ganze Leben hat etwas Spontanes und Automatisches, dem es an Reflexion gebricht. Dagegen sind Abwägung und Reflexion gerade das Kennzeichen all dessen, was innerhalb des Regierungsorgans geschieht. Hier haben wir es mit einem wirklichen Reflexionsorgan zu tun, das zwar noch rudimentären Charakter hat, aber dazu aufgerufen ist, sich immer weiter zu entwickeln. Alles darin ist organisiert, und vor allem organisiert sich alles immer stärker mit dem Ziel, unüberlegtes Handeln zu vermeiden. Die Diskussionen in den Versammlungen – sie bilden die kollektive Form dessen, was Überlegen und Abwägen für den einzelnen sind – dienen gerade dem Ziel, alles ins Bewußtsein zu heben, die Menschen zu zwingen, sich über die Motive klar zu werden, die sie in diese oder jene Richtung drängen, und sich des eigenen Tuns bewußt zu werden. Deshalb haben die Vorwürfe, die man gegen die Einrichtung solcher auf Abwägung und Beratung ausgerichteter Versammlungen erhebt, etwas Kindisches. Sie sind die einzigen Instrumente, die der Gemeinschaft zur Verfügung stehen, wenn es darum geht, unbedachtes, automatisches und blindes Handeln zu vermeiden. So besteht also zwischen dem in der Gesellschaft zerstreuten psychischen Leben und dem vor allem in den Staatsorganen konzentrierten Leben derselbe Gegensatz wie zwischen dem diffusen psychischen Leben des Individuums und seinem klaren Bewußtsein. Jeder von uns hat zu jeder Zeit eine Vielzahl von Gedanken, Wünschen und Gewohnheiten, die auf uns einwirken, ohne daß wir wüßten, wie und warum das geschieht. Wir nehmen sie kaum wahr, und noch weniger unterscheiden wir sie. Sie bleiben im Unterbewußten. Dennoch beeinflussen sie unser Verhalten, ja, es gibt Menschen, die keine anderen Triebkräfte besitzen. Doch beim reflektierten Teil tritt etwas hinzu. Das Ich, das der Mensch darstellt, die bewußte Persönlichkeit, die er bildet, läßt sich nicht solcherart von all den dunklen Strömungen umtreiben, die in der Tiefe unseres Wesens entstehen mögen. Wir wenden uns gegen diese Strömungen, wir wollen in Kenntnis der Gründe handeln; deshalb denken und überlegen wir. Im Zentrum unseres Bewußtseins befindet sich ein innerer Kreis, in den wir Licht zu bringen versuchen. So erkennen wir deutlicher, was dort geschieht, oder zumindest, was in den umliegenden Schichten geschieht. Dieses zentrale und relativ klare Bewußtsein ist für die anonymen und wirren Vorstellungen, die den Unterbau unseres Geistes bilden, dasselbe wie das durch den Staat verkörperte Bewußtsein für das in der Gesellschaft zerstreute Kollektivbewußtsein. Haben wir erst einmal verstanden, welche Merkmale das im Staat verkörperte Bewußtsein aufweist und daß es sich dabei nicht um einen bloßen Reflex des dunklen Kollektivbewußtseins handelt, dann läßt sich auch der Unterschied zwischen den Staatsformen leichter bestimmen.

Wir sehen in der Tat, daß ein staatliches Bewußtsein der beschriebenen Art in diesen engeren Organen konzentriert oder aber in der gesamten Gesellschaft verteilt sein kann. Wo das Regierungsorgan den Blicken der Menge entzogen wird, da bleibt alles, was darin geschieht, im Verborgenen. Die Masse der Gesellschaftsmitglieder ist den Einwirkungen des Staates ausgesetzt, ohne auch nur aus der Ferne an den Beratungen teilzuhaben, die darin stattfinden, und ohne die Motive wahrzunehmen, die die Regierenden zu ihren Maßnahmen veranlaßt haben. In diesem Falle bleibt das »staatliche Bewußtsein« vollständig auf diese stets eng umgrenzten

Bereiche beschränkt. Es kann aber auch sein, daß die undurchdringlichen Trennwände, die dieses Sondermilieu gegen den Rest der Gesellschaft abschotten, etwas durchlässiger sind. Es kann sogar sein, daß ein Großteil der darin angesiedelten Vorgänge in aller Öffentlichkeit abläuft, daß die Gedanken, die man dort austauscht, so zum Ausdruck gebracht werden, daß jedermann sie hören kann. Dann kann jeder sich die Probleme vergegenwärtigen, mit denen man sich dort befaßt; jeder kann die Bedingungen wahrnehmen, unter denen sie sich stellen, und die Gründe erkennen, die für die gewählten Lösungen zumindest verantwortlich scheinen. Auf diese Weise bleiben die Gedanken, Gefühle und Entscheidungen nicht innerhalb der Staatsorgane eingeschlossen; das gesamte psychische Leben, das sich darin abspielt, findet seinen Widerhall im ganzen Lande. Jedermann hat teil an diesem Bewußtsein *sui generis*; jedermann stellt sich die Fragen, die sich die Regierenden stellen, und denkt darüber nach oder hat wenigstens die Möglichkeit, darüber nachzudenken. In einem natürlichen Gegenzug wirken dann all die verstreuten Reflexionen, die sich nun einstellen, auf das staatliche Denken zurück, aus dem sie hervorgegangen sind. Sobald das Volk sich dieselben Fragen stellt wie der Staat, kann der Staat bei deren Lösung nicht mehr davon absehen, was das Volk darüber denkt. Er muß dessen Vorstellungen vielmehr in irgendeiner Weise berücksichtigen. Daher die Notwendigkeit mehr oder weniger häufiger und regelmäßiger Konsultationen. Dabei teilt sich das Leben des Staates der Masse der Bürger nicht deshalb besser mit, weil sich solche Konsultationen eingebürgert haben; vielmehr sind diese Konsultationen erst deshalb unerläßlich geworden, weil zuvor eine bessere Kommunikation von seiten des Staates hergestellt worden ist. Und entstanden ist diese Kommunikation, weil der Staat aufgehört hat, das geheimnisvolle Wesen zu sein, das er so lange gewesen ist, vor dem der einfache Mann nicht einmal die Augen zu heben wagte und das er sich zumeist in Gestalt eines religiösen Symbols vorstellte. Die Repräsentanten des Staates hatten etwas Heiliges und waren dadurch von der gewöhnlichen Welt getrennt. Doch im Zuge der allgemeinen Entwicklung des Denkens verlor der Staat nach und nach diese Transzendenz, die ihn in sich selbst einschloß. Er rückte näher an die Menschen heran, und die Menschen kamen ihm näher. Die Kommunikation wurde enger, und so schloß sich langsam der Kreis, mit dem wir es nun zu tun haben. Die staatliche Macht bleibt nicht länger auf sich selbst bezogen; sie steigt in die tiefsten Schichten der Gesellschaft hinab, erhält dort eine neue Ausformung und kehrt an ihren Ausgangspunkt zurück. Was im sogenannten politischen Milieu geschieht, wird von aller Welt beobachtet und kontrolliert, und das Ergebnis dieser Beobachtung und Kontrolle, die Reflexionen, die sich daraus ergeben, wirken zurück auf das staatliche Milieu. Das ist eines der Merkmale, welche die Demokratie gemeinhin bezeichnen.

Man sollte also nicht sagen, die Demokratie sei die politische Verfaßtheit einer Gesellschaft, die sich selbst regiert und in der die gesamte Nation an der Regierung teilhat. Solch eine Definition wäre ein Widerspruch in sich. Genausogut könnte man sagen, die Demokratie sei eine politische Gesellschaft ohne Staat. In Wirklichkeit ist der Staat entweder ein von der übrigen Gesellschaft unterschiedenes Organ, oder er ist gar nicht. Wenn der Staat überall ist, dann ist er nirgendwo. Er verdankt sich einer Konzentration, die eine bestimmte Gruppe Menschen von der Masse des Kollektivs abhebt, eine Gruppe, in der das gesellschaftliche Denken eine besonders ausgeprägte und eine besonders klare Gestalt annimmt. Wo solch eine Konzentration nicht besteht, wo das gesellschaftliche Denken gänzlich diffus bleibt, da bleibt es auch dunkel, und wir verfügen über kein Unterscheidungsmerkmal für die verschiedenen politischen Gesellschaften. Allenfalls kann die Kommunikation zwischen diesem Spezialorgan und den übrigen Organen der Gesellschaft enger oder lockerer, beständiger oder unbeständiger sein. In dieser Hinsicht können die Unterschiede natürlich nur gradueller Art sein. Kein Staat ist so absolut, daß die Regierung jeden Kontakt mit ihren Untertanen abbräche; doch die graduellen Unterschiede können sehr beträchtlich sein, und sie vergrößern oder verringern sich je nach dem Vorhandensein oder Nichtvorhandensein, nach dem mehr oder weniger rudimentären, mehr oder weniger entwickelten Charakter bestimmter Institutionen, die dazu bestimmt sind, diesen Kontakt herzustellen. Dabei handelt es sich um jene Institutionen, die es der Öffentlichkeit ermöglichen, den Gang der Regierungstätigkeit zu verfolgen (öffentliche Versammlung, offizielle Zeitschriften, eine Erziehung, die den Bürger befähigen soll, eines Tages seine Funktionen wahrzunehmen usw.) oder aber den Regierungsorganen das Ergebnis ihrer Überlegungen mittelbar oder unmittelbar mitzuteilen (Organ des Wahlrechts). Hüten müssen wir uns indessen um jeden Preis vor einer Auffassung, die den Staat zum Verschwinden bringt und dadurch allzuleicht der Kritik anheimfällt. Eine in diesem weiten Sinne verstandene Demokratie beobachten wir tatsächlich in den Anfängen der Gesellschaften. Wenn alle regieren, dann gibt es in Wirklichkeit gar keine Regierung. Die Bevölkerung läßt sich von diffusen, vagen und dunklen Gefühlen leiten. Kein klares Denken steuert das Leben des Volkes. Gesellschaften dieser Art ähneln einem Menschen, dessen Handeln allein von Routine und Vorurteil bestimmt ist. Solche Gesellschaften wird man kaum als fortschrittlich einstufen dürfen; vielmehr bilden sie einen Ausgangspunkt, von dem aus Fortschritte erst noch zu erzielen wären. Wenn man die Bezeichnung »Demokratie« politischen Gesellschaften vorbehalten möchte, dann darf man sie nicht auf amorphe Stämme anwenden, die noch keinen Staat besitzen und noch keine politischen Gesellschaften sind. Der Unterschied ist also beträchtlich, auch

wenn dem Anschein nach Ähnlichkeiten bestehen. Zweifellos nimmt die Bevölkerung in beiden Fällen – und darin liegt die Ähnlichkeit – am öffentlichen Leben teil, aber ihre Teilnahme gestaltet sich auf sehr unterschiedliche Weise. Und der Unterschied liegt darin, daß es im einen Fall einen Staat gibt und im anderen nicht.
Doch dieses erste Kennzeichen reicht noch nicht aus. Es gibt noch ein weiteres, das im übrigen eng mit dem ersten zusammenhängt. In den Gesellschaften, in denen das durch den Staat verkörperte Bewußtsein auf engem Raum lokalisiert ist, bezieht es sich auch auf eine geringe Zahl von Gegenständen. Jener klare Teil des öffentlichen Bewußtseins ist gänzlich auf eine kleine Gruppe von Menschen beschränkt, und zugleich hat er nur eine geringe Ausdehnung. Alle möglichen Bräuche, Traditionen und Regeln funktionieren automatisch, ohne daß der Staat ein Gespür dafür hätte, und dementsprechend entgehen sie auch seinem Einfluß. Die Zahl der Dinge, auf die sich in einer Gesellschaft wie der Monarchie des siebzehnten Jahrhunderts die staatlichen Überlegungen bezogen, war ausgesprochen begrenzt. Die gesamte Religion stand außerhalb ihres Zuständigkeitsbereichs und mit der Religion auch die Vielzahl der kollektiven Vorurteile, an der selbst die absoluteste Macht hätte scheitern müssen, wenn sie den Versuch gemacht hätte, sie zu zerstören. Heute dagegen sind wir der Ansicht, daß es in der öffentlichen Ordnung nichts gibt, was dem Zugriff des Staates prinzipiell entzogen wäre. Wir glauben, daß grundsätzlich alles beständig in Frage gestellt und einer Überprüfung unterzogen werden kann und daß wir hinsichtlich der Entscheidungen, die getroffen werden, nicht durch die Vergangenheit gebunden sind. In Wirklichkeit ist die Einflußsphäre des Staates heute sehr viel größer als früher, weil der Bereich des klaren Bewußtseins heute größer ist. All diese dunklen Gefühle, die von Natur aus diffus sind, und all diese Gewohnheiten widersetzen sich gerade deshalb jeder Verän-

derung, weil sie dunkel sind. Man kann schwerlich verändern, was man nicht sieht. All diese Zustände entziehen sich gerade deshalb unserem Zugriff, weil sie im Dunkeln bleiben. Und umgekehrt gilt: Je mehr Licht in die Tiefen des sozialen Lebens dringt, desto eher lassen sich darin Veränderungen vornehmen. Aus demselben Grunde verändert der kultivierte Mensch, der ein Bewußtsein seiner selbst besitzt, sich leichter und tiefgreifender als ein kulturloser. Hier haben wir ein weiteres Kennzeichen der demokratischen Gesellschaften. Sie sind formbarer und flexibler, und diesen Vorzug verdanken sie der Tatsache, daß das staatliche Bewußtsein sich erweitert hat und nun eine größere Zahl von Gegenständen umfaßt. Dieses Kriterium gestattet eine deutliche Unterscheidung gegenüber den unorganisierten Gesellschaften der ursprünglichen Art, die sich uns als Pseudodemokratien darbieten. Sie stehen noch voll und ganz im Joch der Tradition. – Die Schweiz und auch die skandinavischen Länder sind Beispiele für diesen Unterschied.

Zusammenfassend können wir sagen, daß es im strengen Sinne keinen Wesensunterschied zwischen den verschiedenen Staatsformen gibt; vielmehr bewegen sie sich alle zwischen zwei entgegengesetzten Polen. Im Extremfall ist das staatliche Bewußtsein so isoliert von der übrigen Gesellschaft wie nur möglich, und es ist von minimaler Ausdehnung.

Schwierig zu unterscheiden ist möglicherweise zwischen aristokratisch und monarchisch verfaßten Gesellschaften. Je enger die Kommunikation zwischen dem staatlichen Bewußtsein und dem Rest der Gesellschaft, je umfangreicher dieses Bewußtsein und je zahlreicher die Gegenstände, die es umfaßt, desto stärker der demokratische Charakter der Gesellschaft. Der Begriff der Demokratie findet seine Definition also in der maximalen Ausweitung dieses Bewußtseins und bestimmt damit zugleich über diese Kommunikation.

ACHTE VORLESUNG

Staatsbürgerliche Moral (Fortsetzung)

Formen des Staates. Die Demokratie

Wie wir in der letzten Vorlesung gesehen haben, ist es ganz unmöglich, die Demokratie und die übrigen Staatsformen durch die Anzahl der Regierenden zu definieren. Außer bei kleinen, wenig entwickelten Volksstämmen gibt es keine Gesellschaft, in der die Regierung unmittelbar von jedermann ausgeübt würde; stets liegt sie in den Händen einer Minderheit, die in manchen Fällen durch Geburt, in anderen durch Wahlen bestimmt wird, die von unterschiedlicher Größe sein kann, aber immer nur einen begrenzten Kreis von Menschen umfaßt. In dieser Hinsicht unterscheiden sich die verschiedenen politischen Formen nur durch Nuancen. Das Regieren ist stets die Funktion eines festumrissenen, also begrenzten Organs. Nur die Art und Weise, wie das Regierungsorgan mit dem Rest der Nation kommuniziert, variiert spürbar von Gesellschaft zu Gesellschaft. Manchmal sind die Beziehungen spärlich und unregelmäßig; der Staat entzieht sich dem Blick, führt ein zurückgezogenes Leben und sucht nur selten den Kontakt zur Gesellschaft. Er nimmt die Gesellschaft nicht bewußt wahr und wird auch von ihr nicht wahrgenommen. Worauf, wird man fragen, richtet er unter solchen Umständen seine Aktivität? Zum größten Teil nach außen. Wenn er sich so wenig in das innere Leben der Gesellschaft einmischt, so weil sein eigenes Leben anderswo stattfindet; er ist in erster Linie Repräsentant der äußeren Beziehungen, treibende Kraft für Eroberungen, Organ der Diplomatie. In anderen Gesellschaften dagegen findet eine rege, regelmäßige und organisierte Kommunikation zwischen dem Staat und den übrigen Teilen der Gesellschaft statt. Die Bürger werden über das Tun des Staates auf dem laufenden gehalten, und der Staat informiert sich von Zeit zu Zeit oder sogar laufend über das, was in den Tiefen der Gesellschaft geschieht. Er informiert sich entweder auf administrativem Wege oder durch Wahlen über das, was noch in den entferntesten und dunkelsten Regionen der Gesellschaft vor sich geht, und die Gesellschaft wird ihrerseits über das Geschehen im politischen Milieu informiert. Die Bürger erleben aus der Ferne bestimmte Beratungen mit, die im Bereich des Staates erfolgen, sie wissen über die getroffenen Maßnahmen Bescheid, und ihr Urteil wie auch die Ergebnisse ihrer eigenen Überlegungen kehren auf speziellen Wegen zum Staat zurück. Erst dadurch kommt Demokratie zustande. Da hat es wenig Bedeutung, wie viele Menschen die oberste Führung des Staates bilden; das entscheidende Kennzeichen liegt vielmehr in der Art und Weise, wie diese Führung mit der Gesamtgesellschaft kommuniziert. Zweifellos gibt es selbst nach diesem Kriterium nur graduelle Unterschiede zwischen den verschiedenen Staatsformen, aber diese graduellen Unterschiede sind diesmal sehr real ausgeprägt, und außerdem zeigen sie sich äußerlich im Vorhandensein oder Nichtvorhandensein von Institutionen, die in der Lage sind, diese für die Demokratie charakteristische Kommunikation zu gewährleisten.

Doch dieses erste Kennzeichen ist nicht das einzige. Es gibt noch ein zweites, das im übrigen eng mit dem ersten zusammenhängt. Je stärker das staatliche Bewußtsein in den Grenzen des Organs eingeschlossen ist, desto geringer ist auch die Zahl der Gegenstände, mit denen es sich befaßt. Je weniger Verbindungen es mit den verschiedenen Regionen der Gesellschaft unterhält, desto geringer ist seine Ausdehnung. Und das ist nur selbstverständlich, denn wovon sollte es sich nähren, wenn es nur aus der Ferne und selten Beziehungen zum Rest des Landes unterhält. Das Organ Staat hat nur ein schwaches Bewußtsein dessen, was innerhalb des Organs

Gesellschaft geschieht, und so kann es nicht ausbleiben, daß fast das gesamte kollektive Leben wirr, diffus und unbewußt bleibt. Es besteht nahezu vollständig aus uneingestandenen Traditionen, aus Vorurteilen, aus dunklen Empfindungen, die von keinem Organ aufgenommen und ans Licht gezogen werden. Man vergleiche einmal die geringe Zahl von Gegenständen, die der Staat des siebzehnten Jahrhunderts in seine Überlegungen einbezog, mit der Fülle von Dingen, um die er sich heute kümmert. Der Unterschied ist gewaltig. Früher richtete die öffentliche Aktivität sich fast ausschließlich auf die auswärtigen Angelegenheiten. Das gesamte Recht funktionierte automatisch und unbewußt; es war Gewohnheitsrecht. Dasselbe galt für die Religion, die Erziehung, die Hygiene und zumindest in weiten Teilen für das Wirtschaftsleben; die lokalen und regionalen Interessen blieben sich selbst überlassen und wurden ignoriert. Heute dagegen, in einem Staat wie dem unsrigen und mit graduellen Unterschieden mehr und mehr auch in den großen Staaten Europas, tritt alles, was mit der Verwaltung des Rechts, der Erziehung und des Wirtschaftslebens des Volkes zu tun hat, immer stärker ins Bewußtsein. Jeder Tag bringt neue Überlegungen zu diesen Fragen, die nach unterschiedlichen Reaktionen verlangen. Und dieser Unterschied ist selbst von außen zu erkennen. Was diffus, dunkel und unerkennbar ist, entgeht unserem Handeln. Wenn man nicht weiß oder nur sehr ungenau weiß, wie etwas beschaffen ist, kann man es nicht verändern. Will man eine Idee oder ein Gefühl ändern, muß man sie erst möglichst deutlich erkennen, muß man sich klar machen, wie sie beschaffen sind. Aus diesem Grunde kann man sagen: Je bewußter und reflektierter ein Mensch ist, desto eher ist er veränderbar. Ungebildet ist dagegen ein routineverhafteter, unbeweglicher Mensch, den nichts zu erreichen vermag. Und aus demselben Grunde gilt: Wenn die kollektiven Ideen und die kollektiven Gefühle dunkel und unbewußt sind, wenn sie sich diffus über die ganze Gesellschaft verteilen, dann bleiben sie unbeweglich dieselben. Sie entziehen sich dem Handeln, weil sie dem Bewußtsein entzogen sind. Sie sind ungreifbar, weil sie im Dunkeln bleiben. Der Staat kann ihnen gegenüber nichts ausrichten. So ist es auch ein Irrtum, wenn man meint, die sogenannten absoluten Staaten seien allmächtig. Hier handelt es sich um eine Täuschung, die aus einer oberflächlichen Sicht der Dinge resultiert. Allmächtig sind sie nur gegenüber dem einzelnen, und darauf bezieht sich ihre Charakterisierung als absolut; in diesem Sinne hat sie ihre Berechtigung. Doch gegenüber dem Gesellschaftszustand, gegenüber der Organisation der Gesellschaft, ist auch der absolute Staat relativ machtlos. Ludwig XIV. konnte sehr wohl einsperren lassen, wen er nur wollte; aber er hatte nicht die Macht, das herrschende Recht, die herrschenden Sitten und Gebräuche oder die überkommenen Glaubensvorstellungen zu ändern. Was vermochte er schon gegen die religiöse Organisation und die Privilegien aller Art auszurichten, die mit dieser Organisation verbunden waren, welche eben dadurch dem Zugriff des Staates entzogen war? Die Privilegien der Städte oder Zünfte konnten sich bis zum Ende des Ancien Régime gegen alle Veränderungsversuche behaupten. Bekannt ist auch, wie langsam sich das Recht fortentwickelte. Zum Vergleich betrachte man einmal die Geschwindigkeit, mit der sich heute in diesen verschiedenen Bereichen gesellschaftlichen Handelns bedeutende Veränderungen durchsetzen. Jeden Augenblick werden neue gesetzliche Regelungen erlassen, andere dafür aufgehoben, werden Veränderungen an den religiösen oder administrativen Institutionen, am Bildungswesen usw. vorgenommen. Der Grund liegt darin, daß diese dunklen Dinge immer stärker in den klaren Bereich des gesellschaftlichen Bewußtseins rücken, das heißt in das staatliche Bewußtsein Eingang finden. Als Folge davon wird die Gestaltbarkeit der Gesellschaft immer größer. Je klarer eine Idee oder ein Gefühl sind und je vollständiger sie in die

Abhängigkeit des Denkens geraten, desto stärker sind sie dem Zugriff des Denkens ausgesetzt. Sie können freier kritisiert und diskutiert werden, und diese Diskussionen haben unvermeidlich zur Folge, daß sie einen Teil ihrer Widerstandskraft einbüßen, daß sie für Veränderungen zugänglicher werden oder daß sie sogar eine unmittelbare Veränderung erfahren. Diese Ausweitung des staatlichen Bewußtseins und diese erhöhte Gestaltbarkeit sind ein weiteres Unterscheidungsmerkmal der Demokratie. Da eine größere Zahl von Gegenständen in den Bereich kollektiven Räsonnements fallen, werden auch mehr Dinge hervorgebracht. Der Traditionalismus dagegen ist ein sehr markantes Kennzeichen jener Pseudodemokratien, für die man Beispiele bei den wenig entwickelten Gesellschaften finden kann und die unfähig sind, sich von Traditionen und Bräuchen zu trennen.

Zusammenfassend können wir sagen: wenn wir uns eine etwas genauere Vorstellung von der Demokratie machen wollen, müssen wir uns zunächst von einer Reihe geläufiger Auffassungen trennen, die nur Verwirrung stiften. Wir müssen von der Anzahl der Regierenden absehen und erst recht von den Titeln, die sie tragen mögen. Wir dürfen auch nicht glauben, eine Demokratie sei notwendig eine Gesellschaft, in der die Macht des Staates gering sei. Ein Staat kann durchaus demokratisch sein und zugleich eine starke Organisation aufweisen. Die wirklichen Kennzeichen der Demokratie sind folgende: 1. Die größere Ausdehnung des staatlichen Bewußtseins. 2. Die engere Kommunikation zwischen diesem Bewußtsein und der Vielzahl individueller Bewußtseinshaltungen. Die falschen Vorstellungen, die in dieser Frage herrschen, lassen sich zum Teil dadurch rechtfertigen, daß in Gesellschaften mit einer begrenzten und schwachen staatlichen Macht die Kommunikation zwischen dem Staat und der übrigen Gesellschaft gleichfalls sehr begrenzt ist, weil der Staat sich nur wenig von der Gesellschaft unterscheidet. Er existiert gleichsam nicht außerhalb der Masse der Nation und kommuniziert daher notwendig mit ihr. In einem primitiven Volksstamm sind die politischen Führer stets nur provisorische Delegierte, die keine speziellen Funktionen besitzen. Sie leben wie alle anderen, und ihre Entscheidungen bleiben unter der Kontrolle der gesamten Gemeinschaft; sie bilden eben kein klar umrissenes und abgegrenztes Organ. Auch findet sich in diesen Gesellschaften nichts, was dem zweiten der oben genannten Kennzeichen entspräche, nämlich jene Plastizität, die sich der Erweiterung des staatlichen Bewußtseins, also des Bereichs der klaren kollektiven Ideen, verdankt. Solche Gesellschaften sind das Opfer der traditionellen Routine. Das zweite Kennzeichen ist also wahrscheinlich noch aussagekräftiger als das erste. Aber auch das erste läßt sich sinnvoll einsetzen, sofern man dabei mit Augenmaß vorgeht und sich vor der Verwirrung hütet, die daraus resultiert, daß man die mangelhafte Differenzierung des Staates von der Gesellschaft und seiner Konstituierung als eigenständiger Entität mit den Kommunikationsbeziehungen zwischen dem Staat und der von ihm regierten Gesellschaft vermengt.

Aus dieser Perspektive erscheint uns die Demokratie als jene politische Verfassung, in der die Gesellschaft das reinste Bewußtsein ihrer selbst erlangt. Ein Volk ist um so demokratischer, je größer die Rolle des Räsonnements, der Reflexion und des kritischen Geistes in der Regelung seiner öffentlichen Angelegenheiten ausfällt. Und umgekehrt ist es um so weniger demokratisch, je größer das Gewicht des Unbewußten, der uneingestandenen Gewohnheiten, kurz: der jeder Überprüfung entzogenen Vorurteile ist. Das schließt die Behauptung ein, daß die Demokratie keine Entdeckung oder Wiederentdeckung unseres Jahrhunderts ist. Vielmehr stellt sie einen Charakterzug dar, den die Gesellschaften mehr und mehr annehmen. Wenn wir uns von den allgemein üblichen Etikettierungen frei machen können, die uns den Blick nur verstellen, dann werden wir erkennen, daß die Gesellschaft

des siebzehnten Jahrhunderts demokratischer war als die des sechzehnten Jahrhunderts und demokratischer als sämtliche auf feudaler Grundlage basierenden Gesellschaften. Der Feudalismus ist durch die Zerstreuung des gesellschaftlichen Lebens gekennzeichnet; er bedeutet das Maximum jener Unklarheit und Unbewußtheit, welche die großen Gesellschaften unserer Zeit eingeschränkt haben. Die Monarchie zentralisierte die kollektiven Kräfte, verzweigte sich in alle Richtungen, durchdrang aufs engste die gesellschaftliche Masse und bereitete damit der zukünftigen Demokratie den Weg; im Verhältnis zu dem, was vorher existiert hatte, war sie selbst bereits eine demokratische Staatsform. Dabei ist es vollkommen zweitrangig, daß der Staatschef dort die Bezeichnung »König« trug; entscheidend sind die Beziehungen, die er mit dem gesamten Land unterhielt, und das Land war es, in dem die Klarheit der sozialen Ideen sich ausbreitete. So blüht denn die Demokratie durchaus nicht erst seit vierzig oder fünfzig Jahren; vielmehr hat sie sich seit dem Anbeginn der Geschichte kontinuierlich entwickelt.
Was diese Entwicklung bestimmt, ist nicht schwer zu verstehen. Je größer und komplexer die Gesellschaften werden, desto größer wird auch ihr Bedürfnis nach Reflexion zur Selbststeuerung. Blinde Routine und immergleiche Tradition vermögen den Gang eines derartig komplizierten Mechanismus nicht zu regeln. Je komplexer das soziale Milieu wird, desto größer wird auch seine Beweglichkeit; in derselben Weise muß sich auch die gesellschaftliche Organisation verändern, und dazu muß sie, wie wir gesehen haben, ihrer selbst bewußt werden, muß sie reflektiert sein. Wenn die Dinge stets auf dieselbe Weise ablaufen, reicht die Gewohnheit zu ihrer Steuerung aus; wenn sich die Umstände jedoch ständig ändern, darf die Gewohnheit keinesfalls als oberste Richtschnur dienen. Nur die Reflexion macht es möglich, nützliche neue Praktiken zu entdecken, denn nur sie vermag die Zukunft vorwegzunehmen. Das ist auch der Grund, wes-

halb Versammlungen, in denen man miteinander berät, immer allgemeinere Verbreitung finden; sie sind das Organ, durch das die Gesellschaften über sich selbst nachdenken, und damit sind sie das Instrument jener nahezu unaufhörlichen Veränderungen, die aufgrund der gegenwärtigen Bedingungen unseres kollektiven Daseins erforderlich werden. Für das heutige Leben ist es unerläßlich, daß die gesellschaftlichen Organe sich beizeiten verändern; und wenn sie sich rasch und zeitgerecht verändern sollen, muß die gesellschaftliche Reflexion die Veränderungen in den Lebensumständen aufmerksam verfolgen und dann die Mittel bereitstellen, die eine Anpassung daran ermöglichen. Aber die Fortschritte der Demokratie werden nicht nur durch den Zustand des sozialen Milieus erforderlich, sondern auch durch unsere zentralen moralischen Vorstellungen. Die Demokratie, wie wir sie definiert haben, ist in der Tat die Staatsform, die unserer heutigen Auffassung vom Individuum am besten entspricht. Da wir der individuellen Persönlichkeit so großen Wert beimessen, lehnen wir es ab, das Individuum zu einem mechanischen Instrument zu machen, das die gesellschaftliche Autorität von außen steuert. Die individuelle Persönlichkeit ist nur in dem Maße sie selbst, wie sie eine autonome Handlungseinheit darstellt. Ohne Zweifel erhält sie in gewissem Sinne alles von außen: ihre moralischen Kräfte geradeso wie ihre physischen. Und wie wir in unserem materiellen Leben auf die Ressourcen angewiesen sind, die wir der kosmischen Umwelt entnehmen, so zehrt unser geistiges Leben von den Ideen und Empfindungen, die wir der sozialen Umwelt entnehmen. Von nichts kommt nichts, und der einzelne, der sich selbst überlassen wäre, könnte sich gar nicht über sich selbst erheben. Wenn er sich selbst übersteigt und sich in solchem Maße über das Niveau der Tiere erhoben hat, so weil das kollektive Leben ihn durchdringt und seinen Widerhall in ihm findet; erst diese von außen hinzutretenden Elemente verleihen ihm eine andere Natur. Aber die Hilfe äußerer Kräfte kann auf zweierlei Weise wirksam werden. Entweder man empfängt sie passiv und unbewußt, ohne zu wissen warum; dann ist man nur ein Ding. Oder man macht sich klar, was sie sind und weshalb man sich ihnen öffnet und unterwirft, dann ist man kein passives Objekt, sondern handelt mit Willen und Bewußtsein und weiß, was man tut. Handeln ist in diesem Sinne nur ein passiver Zustand, von dem wir wissen und dessen Gründe wir kennen. Die Autonomie des Individuums besteht also nicht darin, sich gegen die Natur zu stellen; ein solcher Widerstand wäre absurd und fruchtlos, ganz gleich, ob er sich gegen die Kräfte der materiellen oder gegen die der sozialen Welt richtete. Autonom sein heißt für den Menschen, die Notwendigkeiten zu erkennen, denen er sich beugen muß, und sie in Kenntnis der Gründe zu akzeptieren. Wir können die Gesetze der Dinge nicht anders machen, als sie sind; aber wir befreien uns von ihnen, indem wir sie denken, das heißt, indem wir sie uns durch das Denken aneignen. Und eben darin liegt die moralische Überlegenheit der Demokratie begründet. Sie ist die Herrschaftsform der Reflexion; sie gestattet es dem Bürger, die Gesetze seines Landes mit mehr Verstand, und das heißt: mit weniger Passivität, zu akzeptieren. Weil zwischen den Bürgern und dem Staat eine beständige Kommunikation stattfindet, ist der Staat für den einzelnen keine äußere Kraft mehr, die in gänzlich mechanischer Weise auf ihn einwirkte. Dank des beständigen Austauschs zwischen den Bürgern und dem Staat verbindet sich sein Leben mit dem ihren und ihr Leben mit dem seinen.

Allerdings gibt es eine Auffassung von Demokratie und von demokratischer Praxis, die wir sorgfältig von der soeben beschriebenen Konzeption unterscheiden müssen.

Es wird oft gesagt, in einem demokratischen Regime seien der Wille und das Denken der Regierenden mit dem Denken und Wollen der Regierten identisch. Nach dieser Auffassung repräsentiert der Staat lediglich die Masse der Individuen, und alle staatliche Organisation hätte nur das eine Ziel, die in der Gemeinschaft verstreuten Gefühle zu übersetzen, und zwar möglichst getreu, das heißt, ohne etwas hinzuzufügen und ohne etwas daran zu verändern. Das Ideal bestünde gewissermaßen darin, diese Gefühle so adäquat wie möglich zum Ausdruck zu bringen. Dieser Auffassung entspricht insbesondere die Anwendung des sogenannten imperativen Mandats und aller seiner Surrogate. Denn auch wenn sie in ihrer reinen Form keinen Eingang in unsere Sitten und Gebräuche gefunden hat, so sind die ihr zugrunde liegenden Ideen und die zugehörige Vorstellung von den Regierenden und ihren Funktionen dennoch weit verbreitet. Nun widerspricht aber in gewisser Hinsicht nichts so sehr dem Begriff der Demokratie wie diese Auffassung. Denn die Demokratie setzt einen Staat, ein Regierungsorgan, voraus, das von der übrigen Gesellschaft unterschieden ist, wenngleich es in enger Beziehung zu ihr steht, und die genannte Sichtweise ist die Negation jeglichen Staates im eigentlichen Sinne des Wortes, weil sie den Staat in der Nation aufgehen läßt. Wenn der Staat lediglich die Gedanken und Wünsche der Individuen aufnimmt, damit er weiß, welche davon die größte Verbreitung haben und daher, wie man sagt, in der Mehrheit sind, dann leistet er keinen wirklich persönlichen Beitrag zum gesellschaftlichen Leben. Vielmehr handelt es sich nur um einen Abklatsch dessen, was in den angrenzenden Gebieten geschieht. Das aber widerspricht eindeutig der Definition des Staates. Denn der Staat hat nicht die Aufgabe, die unreflektierten Gedanken der Menge zusammenzufassen und zum Ausdruck zu bringen; vielmehr soll er diesem unreflektierten Denken ein stärker reflektiertes hinzufügen, das von daher natürlich nur anders sein kann. Der Staat ist und soll ein Hort von neuen und originellen Vorstellungen sein, welche die Gesellschaft in die Lage versetzen, sich mit mehr Verstand aufzuführen, als sie es tut, solange sie nur von den dunklen Gefühlen getrieben wird, die in ihr umgehen. All diese Überlegungen und Diskussionen, diese statistischen Daten und administrativen Informationen, die den staatlichen Organen zur Verfügung gestellt werden und deren Zahl ständig zunimmt, sie alle bilden den Ausgangspunkt für ein neues geistiges Leben. Da werden Materialien zusammengetragen, über die die Menge nicht verfügt, und sie erfahren eine Verarbeitung, zu der die Menge nicht fähig ist, und zwar deshalb, weil sie eben keine Einheit darstellt, weil sie nicht an ein und demselben Ort versammelt ist und ihre Aufmerksamkeit nicht im selben Augenblick auf denselben Gegenstand richten kann. Wie sollte aus alledem nicht etwas Neues hervorgehen? Der Staat hat die Pflicht, sich all dieser Mittel zu bedienen, um herauszufinden, was der Gesellschaft den größten Nutzen bringt, und nicht nur um zu erkennen, was die Gesellschaft denkt. Um zu wissen, was nützlich ist, hat der Staat eine bessere Position als die Menge; daher muß er die Dinge anders sehen als sie. Zweifellos ist es erforderlich, daß er weiß, was die Bürger denken; aber das ist nur eines der Elemente seines Denkens und Reflektierens, und da er dazu gemacht ist, auf besondere Weise zu denken, muß er auf seine Weise denken. Darin liegt seine Daseinsberechtigung. Ebenso unerläßlich ist es, daß die übrige Gesellschaft weiß, was der Staat denkt und tut, daß sie ihn beobachtet und beurteilt. Es ist notwendig, daß zwischen diesen beiden Teilen der gesellschaftlichen Organisation eine möglichst vollkommene Harmonie besteht. Doch solche Harmonie bedeutet nicht, daß die Bürger sich den Staat unterwerfen und ihn auf ein bloßes Echo ihres eigenen Willens reduzieren dürften. Eine derartige Staatsauffassung kommt allzu offenkundig in die Nähe jener anderen, auf der die sogenannten primitiven Demokratien basieren. Der Unterschied liegt darin, daß die äußere Organisation des Staates klüger und komplizierter ist. Man kann einen Rat von Sachems nicht mit der Organisation unserer Regierung vergleichen, selbst wenn die Funktionen etwa dieselben sind. In beiden Fällen wäre sie jeglicher Autonomie beraubt. Was folgt daraus? Daß solch ein Staat seine eigentliche Aufgabe verfehlte; statt die dunklen Gefühle der Menge zu erhellen und sie durch klarere, stärker von der Vernunft geprägte Ideen zu ersetzen, verhülfe er lediglich jenen Gefühlen zur Vorherrschaft, die am weitesten verbreitet zu sein scheinen.

Doch das ist nicht der einzige Mangel einer solchen Staatsauffassung. Wie wir gesehen haben, führt das Fehlen oder die nur rudimentäre Ausbildung eines schwachen Staates in den einfachen Gesellschaften zu einem rigorosen Traditionalismus. Das liegt daran, daß die Gesellschaft über kraftvolle Traditionen verfügt, die sich dem individuellen Bewußtsein tief eingeprägt haben; und diese Traditionen haben eben deshalb solche Macht, weil diese Gesellschaften einfach sind. Das gilt jedoch nicht mehr für die großen Gesellschaften unserer Zeit; dort haben die Traditionen ihre Macht eingebüßt, und da sie unvereinbar sind mit dem Geist des Prüfens und der freien Kritik, dessen Erfordernis wir heute immer stärker verspüren, können und dürfen sie ihre frühere Autorität nicht behalten. Was folgt daraus? Daß es die Individuen sind, die nach dem hier untersuchten Demokratieverständnis den Regierenden die Impulse geben; der Staat ist unfähig, einen mäßigenden Einfluß auf sie auszuüben. Andererseits finden sie in sich selbst nicht mehr genügend viele Ideen und Gefühle, die so fest verankert sind, daß sie nicht dem erstbesten Zweifel und der Diskussion zum Opfer fielen. Es gibt nicht mehr viele dieser despotischen Staaten, die stark genug sind, sich über jede Kritik hinwegzusetzen, und auch nicht mehr viele dieser Überzeugungen und Praktiken, über die man keinerlei Streit zuläßt. Wenn nun aber die Bürger nicht mehr von außen durch den Staat gehalten werden, weil sie ihn ins Schlepptau nehmen, noch auch von innen durch die kollektiven Ideen und Gefühle, die sie in sich tragen, wird alles in der Praxis wie in der Theorie zum Gegenstand von Streit und Auseinandersetzungen, beginnt alles zu schwanken. Die Gesellschaft hat keinen festen Boden mehr unter den Füßen. Es fehlt jeglicher Fixpunkt. Und da der kritische Geist hoch entwickelt ist, da jeder seine eigene Art zu denken hat, vergrößern all diese individuellen Unterschiede nur noch die Verwirrung. Daher das chaotische Bild, das manche Demokratien bieten; daher der beständige Wandel und die Instabilität. Als schlüge beständig der Wind um – eine zusammenhanglose Existenz, kurzatmig und erschöpfend. Wenn solch ein Zustand sich wenigstens für tiefgreifende Veränderungen eignete! Doch die Veränderungen, die solcherart zustande kommen, sind oft nur oberflächlicher Natur. Denn große Veränderungen brauchen Zeit, sie bedürfen der Überlegung und der Beharrlichkeit in den Bemühungen. Allzuoft geschieht es, daß diese ganzen tagtäglich vorgenommenen Veränderungen sich gegenseitig aufheben und daß der Staat letztlich in einem stationären Zustand verharrt. Diese Gesellschaften, die an der Oberfläche so bewegt erscheinen, sind oft doch sehr routineverhaftet.

Es hätte keinen Sinn, sich zu verhehlen, daß diese Beschreibung zu einem Teil auch auf unsere Gesellschaft zutrifft. Die Vorstellung, wonach die Regierung nur den allgemeinen Willen zum Ausdruck bringt, ist auch bei uns weit verbreitet. Sie bildete schon die Grundlage der Rousseauschen Lehre, und mit mehr oder weniger großen Einschränkungen findet sie sich auch am Grunde unserer parlamentarischen Praxis. Es ist daher von allergrößter Bedeutung, daß wir die Gründe dafür erkennen.

Es wäre zweifellos bequem, sich zu sagen, der Grund liege in einem schlichten Irrtum, einem Denkfehler, und zur Korrektur dieses Fehlers sei es lediglich notwendig, darauf hinzuweisen, ihn aufzuzeigen und dies durch einen Beweis zu bekräftigen, die Abkehr von diesem Irrtum durch Erziehung und eine korrekte Darstellung herbeizuführen. Doch kollektive Irrtümer gehen ganz wie die individuellen auf objektive Ursachen zurück, und man kann sie nur beheben, indem man auf die Ursachen einwirkt. Wenn Menschen, die an Farbenblindheit leiden, die Farben nicht korrekt wahrnehmen, so weil die Konstitution ihres Sehorgans diese Fehlwahrnehmung verursacht; da nützt es gar nichts, daß man sie davon in Kenntnis setzt; sie werden die Dinge dennoch weiterhin so sehen, wie sie sie sehen. Und wenn eine Nation sich die Rolle des Staates und das Verhältnis, in dem er zu ihr steht, auf eine bestimmte Weise vorstellt, so weil etwas am Zustand der Gesellschaft diese falsche Vorstellung notwendig macht. Da helfen weder Bitten noch Ermahnungen, sie wird nicht verschwinden, solange man nicht die Ursache behebt und die Beschaffenheit des betreffenden Organs verändert. Zweifellos ist es nicht nutzlos, dem Kranken zu sagen, an welcher Krankheit er leidet und welche nachteiligen Folgen ihm daraus erwachsen; aber wenn er wieder gesund werden soll, muß man ihm die Ursachen aufzeigen, damit er sie ändern kann. Und solche Veränderungen erreicht man nicht mit guten Worten.

So scheint es denn unausweichlich, daß diese Fehlform von Demokratie immer dann an die Stelle der eigentlichen Demokratie tritt, wenn der Staat und die Masse der Individuen in eine direkte Beziehung zueinander treten, ohne daß eine vermittelnde Instanz sich zwischen sie schöbe. Denn diese Nähe führt gleichsam mit mechanischer Notwendigkeit dazu, daß die schwächere Kraft, der Staat, von der stärkeren, der Nation, aufgesaugt wird. Wenn der Staat den Individuen allzu nahe ist, gerät er in deren Abhängigkeit, und zugleich behindert er sie. Seine Nähe behindert sie, weil er trotz allem versucht, sie unmittelbar zu reglementieren, obwohl er dazu, wie wir wissen, gar nicht in der Lage ist. Dieselbe Nähe ist aber auch dafür verantwortlich, daß er von ihnen abhängig wird, denn die Individuen können ihn schon aufgrund ihrer

Zahl ganz nach Belieben verändern. Wenn die Bürger ihre Repräsentanten, das heißt die einflußreichsten Glieder des Organs Staat, in direkter Wahl bestimmen, ist es unvermeidlich, daß diese Repräsentanten sich bemühen, die Gefühle ihrer Mandanten mehr oder weniger ausschließlich und möglichst getreu zum Ausdruck zu bringen, und es ist ebenso unvermeidlich, daß letztere solche Folgsamkeit zur Pflicht erheben. Handelt es sich nicht um ein Mandat, das zwischen diesen beiden Parteien verabredet worden ist? Zweifellos wäre es eine bessere Politik, wenn man sich sagte, die Regierenden müßten einen großen Spielraum für Eigeninitiative besitzen, weil nur dadurch gewährleistet werden kann, daß sie ihre Aufgabe erfüllen. Aber gegen die Macht der Dinge vermögen selbst die besten Argumente nichts auszurichten. Solange die politische Ordnung die Abgeordneten und allgemeiner den Staat auf derart unmittelbare Weise mit der Vielzahl der Bürger in Kontakt bringt, ist es grundsätzlich ausgeschlossen, daß letztere nicht das Gesetz bestimmen. Aus diesem Grunde haben kluge Köpfe vielfach die Forderung erhoben, die Mitglieder der politischen Versammlungen sollten durch zwei- oder mehrstufige Wahlverfahren bestimmt werden. Denn die zwischengeschalteten Vermittler verschaffen der Regierung einen Spielraum. Und man kann diese vermittelnden Instanzen einschalten, ohne daß die Kommunikation zwischen den staatlichen Räten unterbrochen würde; es ist nämlich keineswegs erforderlich, daß diese Räte aus direkten Wahlen hervorgehen. Das Leben muß ohne Unterbrechung zwischen dem Staat und den Individuen sowie zwischen ihnen und dem Staat zirkulieren; aber es gibt keinen Grund, weshalb diese Zirkulation nicht über zwischengeschaltete Organe erfolgen sollte. Die zwischengeschalteten Instanzen sorgen dafür, daß der Staat stärker auf sich selbst gestellt ist; der Unterschied zwischen dem Staat und der übrigen Gesellschaft tritt deutlicher hervor, und aus demselben Grunde ist der Staat auch eher in der Lage, Autonomie zu erlangen.

Unsere politische Malaise hat also dieselben Ursachen wie unsere gesellschaftliche Malaise: das Fehlen sekundärer Instanzen, die zwischen das Individuum und den Staat eingeschaltet sind. Wir haben bereits gesehen, daß solche sekundären Gruppen unerläßlich sind, wenn der Staat das Individuum nicht unterdrücken soll; nun sehen wir, daß sie gleichermaßen notwendig sind, damit der Staat genügend Freiheit gegenüber dem Individuum besitzt. Es liegt auf der Hand, daß sie in der Tat für beide Seiten ihren Nutzen haben, denn auf beiden Seiten besteht ein Interesse, daß diese beiden Kräfte nicht unmittelbar in Kontakt kommen, obwohl sie notwendig miteinander verbunden sind.
Doch welches sind die Gruppen, die den Staat vom Individuum befreien sollen? Es gibt zwei Arten, die diese Aufgabe übernehmen können. Zunächst wären die territorialen Gruppen zu nennen. Man könnte sich in der Tat vorstellen, daß die Vertreter der Kommunen eines Arrondissements oder vielleicht auch eines Departements das Wahlkollegium bilden, das die Mitglieder der politischen Versammlungen bestimmt. Oder man könnte diese Aufgabe den Berufsgruppen übertragen, wenn sie erst einmal zustande gekommen sind. Die mit der Verwaltung der einzelnen Gruppen beauftragten Räte würden dann die im Staat Regierenden bestimmen. In beiden Fällen wäre eine bruchlose Kommunikation zwischen dem Staat und den Bürgern gewährleistet, die jedoch nicht direkter Natur wäre. Dabei scheint eine dieser beiden Organisationsweisen besser zur allgemeinen Ausrichtung unserer gesellschaftlichen Entwicklung zu passen. In der Tat ist es gewiß, daß die territorialen Gebilde nicht mehr dieselbe Bedeutung haben und nicht mehr dieselbe vitale Rolle spielen wie ehedem. Die Bande, welche die Mitglieder ein und derselben Gemeinde oder desselben Departements miteinander verbinden, sind eher äußerlicher Natur. Sie kommen mit extremer Leichtigkeit zustande und lösen sich ebensoleicht wieder auf, seit die Bevölkerung ein so hohes

Maß an Mobilität erlangt hat. Gruppen dieser Art haben daher etwas Äußerliches und Artifizielles an sich. Die Gruppen, die dauerhaften Bestand haben, denen die Menschen ihr ganzes Leben widmen und zu denen die stärkste Bindung besteht, sind die Berufsgruppen. Es scheint daher, daß ihnen in Zukunft die Aufgabe zufallen wird, die Grundlage für unsere politische Repräsentation wie auch für unsere soziale Organisation zu bilden.

NEUNTE VORLESUNG

Staatsbürgerliche Moral (Schluß)

Formen des Staates. Die Demokratie

Bei der Definition der Demokratie haben wir gesehen, daß man sie in einer Weise verstehen und praktizieren könnte, die deren Charakter tiefgreifend veränderte. Ihrem Wesen nach ist die Demokratie eine Staatsform, in der der Staat zwar Distanz zur Masse der Nation hält, zugleich aber in enger Kommunikation mit ihr steht, so daß seine Aktivität ein gewisses Maß an Beweglichkeit besitzt. Wie wir indessen gesehen haben, reicht diese enge Kommunikation in manchen Fällen bis zu einer vollständigen Verschmelzung. Der Staat ist dann kein abgegrenztes Organ mehr, er ist nicht mehr der Ort eines eigenen, originellen Lebens, sondern wird zu einem bloßen Abklatsch des umgebenden Lebens. Er transponiert nur noch in eine andere Schreibweise, was die Individuen denken und fühlen. Seine Rolle besteht nicht mehr darin, neue Ideen und neue Sichtweisen zu entwickeln; seine zentrale Funktion ist es nun, jene Ideen und Gefühle herauszufinden, die die weiteste Verbreitung haben oder die, wie man sagt, in der Mehrheit sind. Ja, er ist selbst das Ergebnis einer solchen Abstimmung. Abgeordnete wählen heißt dann ganz einfach nachzählen, welche Meinung die meisten Anhänger im Lande besitzt. Eine solche Auffassung widerspricht dem Begriff eines demokratischen Staates, weil sie noch den Begriff des Staates nahezu vollkommen zum Verschwinden bringt. Ich sage: nahezu vollkommen, weil die Verschmelzung natürlich niemals vollständig ist. Aufgrund der Macht der Verhältnisse ist es ausgeschlossen, daß der Abgeordnete durch sein Mandat so sehr bestimmt würde, daß er gänzlich gebunden wäre. Es bleibt stets ein Minimum an Initiative erhalten. Aber es ist schon viel, daß es eine Tendenz gibt, diese Initiative auf ein Minimum zu reduzieren. Dadurch gerät solch ein politisches System in die Nähe des Systems, das man bei primitiven Gesellschaften beobachten kann; denn in beiden Fällen ist die Macht des Staates nur gering. Dennoch bleibt der gewaltige Unterschied bestehen, daß im einen Falle noch gar kein Staat existiert oder daß er nur im Keim vorhanden ist, während er im Falle der beschriebenen Abirrung von der demokratischen Normalform oft durchaus entwickelt ist und über eine ausgedehnte, komplexe Organisation verfügt. In diesem zweifachen Widerspruch kommt der anomale Charakter des Phänomens noch am besten zum Ausdruck. Auf der einen Seite ein ausgeklügelter, komplizierter Mechanismus und die vielfältigen Rädchen einer riesigen Verwaltungsmaschinerie, auf der anderen eine Vorstellung von der Rolle des Staates, die einen Rückfall in politische Formen primitivsten Zuschnitts darstellt. Das Ergebnis ist ein seltsames Gemisch aus Trägheit und Aktivität. Der Staat bewegt sich nicht aus sich selbst heraus, vielmehr ist er den dunklen Gefühlen der Menge ausgeliefert; andererseits aber ist er aufgrund seiner machtvollen Handlungsmöglichkeiten in der Lage, eben diese Individuen schlimmstens zu bedrängen, während er zugleich ihr Sklave bleibt.

Wir haben auch gesagt, daß dieses Demokratieverständnis und diese demokratische Praxis immer noch tief in unserem Denken verwurzelt sind. Rousseau, dessen Lehre diese Ideen zu einem System zusammenfaßt, ist heute noch der Theoretiker unserer Demokratie. Nun zeigt in der Tat keine politische Philosophie den oben beschriebenen zweifachen Widerspruch so deutlich wie die seine. Aus der einen Perspektive betrachtet, ist sie überaus individualistisch; das Individuum ist das Prinzip der Gesellschaft, und die Gesellschaft ist nur eine Summe von Individuen. Andererseits wissen wir, welche Autorität sie dem Staat zuspricht. Im übrigen braucht man sich nur das Spektakel unseres politischen Lebens anzusehen, um zu erkennen, wie wirksam diese Ideen immer noch sind. Von außen betrachtet und an der Oberfläche scheint es unbestreitbar von einer geradezu exzessiven Beweglichkeit geprägt zu sein. Mit beispielloser Geschwindigkeit folgt eine Veränderung der anderen; seit langem schon hat unser politisches Leben es nicht vermocht, sich über längere Zeit beharrlich in eine feste Richtung zu bewegen. Wie wir gesehen haben, kann es gar nicht anders sein, wenn die Menge der Individuen dem Staat die Impulse gibt und sein Tun nahezu uneingeschränkt bestimmt. Zugleich aber verbirgt sich unter diesen oberflächlichen Veränderungen ein routineverhafteter Immobilismus. Man bedauert den steten Wechsel im Gang der politischen Ereignisse, beklagt sich aber im selben Atemzug über die Allmacht der Bürokratie und deren eingefleischten Traditionalismus. Sie ist eine Macht, gegen die man nicht ankommt. Weil all diese oberflächlichen Veränderungen in unterschiedliche Richtungen gehen, heben sie sich gegenseitig auf; übrig bleibt nichts als die Ermüdung und Erschöpfung, die für solch unablässigen Wandel typisch sind. Die stark verwurzelten Gewohnheiten und Routinen, die von diesen Veränderungen unberührt bleiben, gewinnen unter solchen Umständen erst recht an Bedeutung, denn sie allein erweisen sich als wirkungsvoll. Ihre Kraft verdanken sie der übermäßigen Unbeständigkeit alles übrigen. Und man weiß in der Tat nicht, ob man das beklagen oder begrüßen soll; denn dadurch bleibt stets ein Rest von Organisation, von Stabilität und Entschiedenheit erhalten, die wir zum Leben brauchen. Trotz all dieser Mängel ist es durchaus möglich, daß die Verwaltungsmaschinerie uns in dieser Situation überaus wertvolle Dienste leistet.

Da das Übel erkannt ist, fragt sich, woher es kommt. Es handelt sich um eine falsche Vorstellung, aber falsche Vorstellungen haben objektive Ursachen. In unserer politischen

Verfassung muß es irgend etwas geben, das diesen Irrtum erklärt.
Hervorgerufen hat ihn anscheinend eine Eigenheit unserer heutigen Organisation, wonach der Staat und die Masse der Individuen in unmittelbarer Beziehung und Kommunikation stehen, ohne daß eine vermittelnde Instanz dazwischen geschaltet wäre. Die Wahlkollegien umfassen die gesamte politische Bevölkerung des Landes, und aus diesen Kollegien geht der Staat unmittelbar hervor, oder zumindest gilt das für das zentrale Organ des Staates, das Parlament. Der so zustandegekommene Staat stellt ganz unvermeidlich einen mehr oder weniger einfachen Reflex der gesellschaftlichen Masse dar und nichts, was darüber hinaus ginge. Wir haben es hier mit zwei kollektiven Kräften zu tun; die eine ist von gewaltiger Stärke, weil sie aus der Vereinigung sämtlicher Bürger besteht; die andere ist weitaus schwächer, denn sie umfaßt lediglich die Repräsentanten. Es ist daher von mechanischer Notwendigkeit, daß erstere die letztere ins Schlepptau nimmt. Sobald nämlich die einzelnen Bürger direkt ihre Repräsentanten wählen, werden diese Repräsentanten sich selbstverständlich allein darum bemühen, die Wünsche ihrer Mandanten getreu umzusetzen, und umgekehrt werden die Wähler solche Folgsamkeit als Verpflichtung verstehen. Ohne Zweifel wäre es eine bessere Politik, wenn man sich sagte, daß die Regierenden einen größeren Spielraum für Eigeninitiative benötigen, daß sie ihre Aufgabe nur unter dieser Voraussetzung erfüllen können, daß es im allgemeinen Interesse liegt, wenn sie die Dinge anders sehen und unter einem anderen Blickwinkel betrachten als der einzelne, als der Mensch, der seinen sonstigen sozialen Funktionen nachgeht, und daß es daher erforderlich ist, den Staat seinem Wesen gemäß handeln zu lassen. Doch gegen die Macht der Dinge vermögen selbst die besten Argumente nichts auszurichten. Solange die politische Ordnung die Abgeordneten in direkten Kontakt zur unorganisierten Masse

der einzelnen Bürger bringt, ist es unvermeidlich, daß diese ihnen das Gesetz ihres Handelns vorschreiben. Solch ein unmittelbarer Kontakt erlaubt es dem Staat nicht, er selbst zu sein.

Aus diesem Grunde verlangen manche, daß die Mitglieder der politischen Versammlungen durch ein zwei- oder mehrstufiges Wahlverfahren bestimmt werden. In der Tat gibt es nur ein einziges Mittel, das dem Staat diesen Freiraum verschafft: die Erfindung von Instanzen, die zwischen ihm und dem Rest der Gesellschaft vermitteln. Ohne Zweifel muß eine beständige Kommunikation zwischen ihm und den übrigen gesellschaftlichen Organen stattfinden; aber diese Kommunikation darf nicht so weit gehen, daß der Staat seine Individualität verliert. Er muß mit der Nation in Kontakt stehen, ohne daß er darin aufginge. Und deshalb dürfen beide sich nicht direkt berühren. Will man verhindern, daß eine geringere Kraft in den Bannkreis einer stärkeren Kraft gerät, so gibt es nur eine Möglichkeit: Man muß etwas dazwischen schieben, das die Wirkung der stärkeren Kraft aufhebt. Wenn der Staat nicht unmittelbar aus der Menge hervorgeht, steht er auch nicht mehr so unmittelbar unter ihrem Einfluß und gewinnt Eigenständigkeit. Die dunklen Neigungen, die ihre ziellose Wirkung im Lande entfalten, lasten nicht mehr so schwer auf seinem Tun und bestimmen seine Beschlüsse nicht mehr so nachhaltig. Dieses Ziel läßt sich jedoch nur dann voll verwirklichen, wenn es sich bei den Gruppierungen, die zwischen den Staat und die Bürger geschoben werden, um natürliche und dauerhafte Gruppierungen handelt. Es genügt durchaus nicht, wie man vielfach geglaubt hat, lediglich künstliche Instanzen dazwischenzuschalten, die einzig und allein zu diesem Zweck geschaffen werden. Wenn man sich zum Beispiel damit begnügte, durch die Gesamtheit der wahlberechtigten Bürger ein Wahlkollegium geringeren Umfangs bestimmen zu lassen, das dann seinerseits entweder unmittelbar oder über ein weiteres

Wahlkollegium noch geringerer Größe die Regierenden bestimmte und das sich, nachdem es seine Aufgabe erfüllt hat, wieder auflöste, dann genösse der so geschaffene Staat zwar eine gewisse Unabhängigkeit, aber er erfüllte nur noch unzureichend die zweite Bedingung, die für die Demokratie charakteristisch ist. Er stünde nämlich nicht mehr in enger Kommunikation mit dem gesamten Land. Denn wenn der Staat geboren ist, verschwinden die vermittelnden Instanzen, die ihn hervorgebracht haben, und es entsteht eine Lükke zwischen ihm und der Vielzahl der Bürger. Der unerläßliche und beständige Austausch zwischen beiden fände nicht mehr statt. Wenn es wichtig ist, daß der Staat nicht in die Abhängigkeit der einzelnen Bürger gerät, so ist es gleichfalls wesentlich, daß er niemals den Kontakt zu ihnen verliert. Die unzureichende Kommunikation mit der Gesamtbevölkerung macht die Schwäche jedes Parlaments aus, das auf diese Weise zustande kommt. Es ist allzuweit entfernt von den Bedürfnissen und Gefühlen des Volkes, die nicht mehr kontinuierlich genug zu ihm gelangen. Das hat zur Folge, daß ihm eines der wesentlichen Elemente für seine Beratungen fehlt.

Wenn der Kontakt niemals abbrechen soll, dürfen die solcherart dazwischengeschalteten vermittelnden Instanzen nicht bloß für den Augenblick geschaffen werden, sondern müssen auch ansonsten beständig funktionieren. Mit anderen Worten, es muß sich um natürliche und normale Organe des Gesellschaftskörpers handeln. Dabei gibt es zwei Arten, die diese Rolle übernehmen können. Zunächst sind die sekundären Räte zu nennen, denen die Verwaltung der territorialen Bezirke obliegt. Zum Beispiel könnte man sich vorstellen, daß die Departements- oder Provinzialräte, die ihrerseits direkt oder indirekt gewählt sein mögen, diese Funktion übernehmen. Dann bestimmten sie die Mitglieder der regierenden Räte, der eigentlichen politischen Versammlungen. Diese Idee hat im großen und ganzen als Grundlage für die Organisation unseres gegenwärtigen Senats gedient. Doch man darf zweifeln, daß solch ein Arrangement der Verfassung der großen europäischen Staaten am besten gerecht würde, und zwar deshalb, weil die territoriale Gliederung des Landes immer mehr an Bedeutung verliert. Solange jeder Bezirk, jede Gemeinde, jeder Kreis und jede Provinz ihr eigenes Gesicht, ihre Sitten und Bräuche und ihre eigenen Interessen hatte, waren die mit ihrer Verwaltung betrauten Räte die entscheidenden Räder im Getriebe des politischen Lebens. Dort konzentrierten sich unmittelbar die Ideen und Wünsche der jeweiligen Bevölkerung. Doch heute ist das Band, das jeden von uns mit einem bestimmten Ort verbindet, unendlich dünn geworden und zerreißt mit größter Leichtigkeit. Wir sind heute hier und morgen dort; wir fühlen uns in der einen Provinz ebenso zu Hause wie in der anderen, oder zumindest sind die besonderen Affinitäten territorialen Ursprungs nur noch von zweitrangiger Bedeutung und haben keinen großen Einfluß mehr auf unser Leben. Und selbst wenn wir an ein und demselben Orte bleiben, reicht unsere Tätigkeit weit über den Verwaltungsbezirk hinaus, in dem wir wohnen. Das Leben, das sich in unserer unmittelbaren Umgebung abspielt, ist nicht einmal mehr dasjenige, welches uns am meisten interessiert. Ob ich nun Professor oder Unternehmer oder Ingenieur oder Künstler bin, in jedem Falle sind es nicht die Ereignisse in meiner Gemeinde oder meinem Departement, die mich am unmittelbarsten betreffen und meine Leidenschaften wecken; ja, ich kann mein Leben sogar ganz normal führen und sie dennoch vollständig ignorieren. Was uns am stärksten anzieht, das ist je nach dem Beruf, den wir ausüben, das, was in den wissenschaftlichen Vereinigungen geschieht, was veröffentlicht wird, was man in den großen Produktionszentren sagt; die künstlerischen Neuigkeiten aus den großen Städten Frankreichs oder des Auslands haben für den Maler oder Bildhauer ein ganz anderes Gewicht als die Politik der eigenen Gemeinde; und dasselbe gilt für den Unternehmer, der schon aufgrund seiner Tätigkeit in vielfältigen Beziehungen zu anderen Unternehmen im ganzen Land und auf der ganzen Erde steht. Die schwindende Bedeutung aller Gruppierungen rein territorialer Art ist eine Tatsache, um die man nicht umhin kann. Doch dann sind auch die Räte, denen die Verwaltung dieser Gruppen obliegt, nicht in der Lage, das allgemeine Leben des Landes in sich zu konzentrieren und zum Ausdruck zu bringen; denn die Art und Weise, wie dieses Leben sich verteilt und organisiert ist, spiegelt zumindest in der Regel nicht die territoriale Gliederung des Landes wider. Deshalb verlieren diese Räte an Ansehen, strebt man nicht mehr so sehr nach der Ehre, ihnen anzugehören, suchen unternehmungslustige und wertvolle Persönlichkeiten sich eine andere Bühne für ihre Aktivitäten: weil es sich hier um Organe handelt, die zum Teil im Niedergang begriffen sind. Eine politische Versammlung, die sich auf solch eine Grundlage stützte, vermöchte die Organisation der Gesellschaft, das wirkliche Verhältnis zwischen den verschiedenen sozialen Kräften und Funktionen, nur sehr unzureichend zum Ausdruck zu bringen.

Das berufliche Leben dagegen erlangt im Zuge der wachsenden Arbeitsteilung immer größere Bedeutung; deshalb dürfen wir davon ausgehen, daß dieses Berufsleben dazu aufgerufen ist, als Grundlage unserer politischen Organisation zu dienen. Schon findet der Gedanke zunehmend Anklang, das Berufskollegium müsse das eigentliche Wahlkollegium bilden, und weil unsere wechselseitigen Bindungen sehr viel eher aus unserem Beruf resultieren als aus unseren geographischen Beziehungen, wäre es ganz natürlich, wenn die politische Struktur diese spontane Gruppierungsweise reproduzierte. Nehmen wir einmal an, die Berufsorganisationen wären nach dem oben beschriebenen Muster geschaffen worden oder wiedererstanden. An der Spitze jeder Korporation stünde ein Rat, der sie leitete und ihr inneres Leben verwaltete. Wären diese Räte nicht bestens geeignet, die Rolle der vermittelnden Wahlkollegien zu übernehmen, welche die territorialen Gruppen nur unzureichend erfüllen können? Das berufliche Leben kennt keine Pause; es steht niemals still. Die Korporation und ihre Organe sind ständig in Aktion, und folglich verlöre die regierende Versammlung, die daraus hervorginge, niemals den Kontakt mit den Räten der Gesellschaft; es bestünde keine Gefahr, daß sie in die Isolation geriete und die Veränderungen, die sich in den tiefen Schichten der Bevölkerung abzeichnen, nicht rechtzeitig auf das lebhafteste wahrnähme. Die Unabhängigkeit des Staates wäre gewährleistet, ohne daß die Kommunikation darunter litte.

Solch eine Kombination hätte noch weitere Vorzüge, die es verdienen, genannt zu werden. Man hat dem allgemeinen Wahlrecht, wie es heute praktiziert wird, häufig seine radikale Inkompetenz vorgeworfen. Es wird nicht ohne Grund darauf hingewiesen, daß ein Abgeordneter gar nicht in der Lage ist, die zahllosen Fragen, die man ihm vorlegt, ohne Kenntnis der Zusammenhänge zu beantworten. Aber diese Inkompetenz des Abgeordneten ist nur ein Reflex der Inkompetenz des Wählers, und letztere wiegt eindeutig schwerer. Denn da der Abgeordnete ein Mandatsträger ist, da er vor allem die Aufgabe hat, das Denken derer, die er vertritt, zum Ausdruck zu bringen, müssen diese sich mit denselben Problemen auseinandersetzen und folglich dieselbe universelle Kompetenz für sich in Anspruch nehmen. In der Tat nimmt der Wähler bei jeder Wahl Stellung zu all den vitalen Fragen, die sich den Parlamenten stellen mögen, und die Wahl ist nichts anderes als eine quantitative Gewichtung der individuellen Meinungen, die zu diesen Fragen geäußert werden. Ist es nötig, darauf hinzuweisen, daß es sich dabei niemals um aufgeklärte Meinungen handeln kann? Das wäre freilich anders, wenn die Wahl auf der Grundlage der Berufsorganisationen durchgeführt würde. Was die Interessen jedes einzelnen Berufsstandes angeht, so sind die darin Arbeitenden kompetent; sie sind daher in der Lage, jene Personen zu wählen, die am ehesten geeignet sind, die gemeinsamen Angelegenheiten ihres Standes zu verwalten. Andererseits brächten die Abgeordneten, die von letzteren in die politischen Versammlungen geschickt würden, dort ihre je spezifischen Kompetenzen ein, und da diese Versammlungen in erster Linie die Beziehungen zwischen den verschiedenen Berufsständen zu regeln hätten, wären sie auf die bestmögliche Weise zusammengesetzt, um solche Probleme zu lösen. Die Parlamente wären dann in der Tat, was das Gehirn innerhalb des Organismus darstellt: eine Reproduktion des Gesellschaftskörpers. Alle Lebenskräfte und alle lebenswichtigen Organe wären darin je nach ihrer jeweiligen Bedeutung vertreten. Und in der solcherart zustande gekommenen Gruppe fände die Gesellschaft tatsächlich zu einem Bewußtsein ihrer selbst und zu ihrer Einheit; diese Einheit ergäbe sich ganz automatisch aus Beziehungen, die sich zwischen den hier in engen Kontakt zueinander gebrachten Vertretern der verschiedenen Berufsgruppen herausbildeten.

Eine zweite Schwierigkeit, die der Verfassung jedes demokratischen Staates innewohnt, liegt in folgendem: Da die Individuen die einzige aktive Größe innerhalb der Gesellschaft darstellen, kann der Staat in gewissem Sinne nur das Werk der Individuen sein, und dennoch muß er etwas anderes zum Ausdruck bringen als die individuellen Gefühle. Er muß seinen Ausgang bei den Individuen nehmen und dennoch über sie hinaus gehen. Wie läßt sich dieser Widerspruch auflösen, mit dem Rousseau sich bereits abgemüht hat? Die einzige Möglichkeit, etwas anderes mit den Individuen zu machen als sie selbst, besteht darin, sie auf dauerhafte Weise in Beziehung zueinander zu setzen und zu gruppieren. Die einzigen Gefühle, die über den individuellen Gefühlen stehen, sind jene, die aus der Wechselwirkung zwischen den assoziierten Individuen resultieren. Wenden wir diesen Gedanken auf die politische Organisation an. Wenn jeder einzelne mit seinem Wahlrecht dazu beiträgt, den Staat oder die Organe zu konstituieren, die dann in einem zweiten Schritt den Staat konstituieren sollen, wenn jeder von ihnen seine Wahl gesondert trifft, dann ist es nahezu ausgeschlossen, daß diese Wahlakte von etwas anderem bestimmt sind als von persönlichen, egoistischen Vorlieben. Zumindest haben diese Vorlieben das Übergewicht, und damit gründet die gesamte Organisation letztlich in einem individualistischen Partikularismus. Aber nehmen wir einmal an, die Wahl fände nach einer kollektiven Aufarbeitung statt; dann stünden die Dinge ganz anders. Denn wenn die Menschen gemeinsam denken, ist ihr Denken zum Teil das Werk der Gemeinschaft. Die Gemeinschaft wirkt auf sie ein, lastet mit ihrer ganzen Autorität auf ihnen, hält ihre egoistischen Anwandlungen im Zaum und verleiht dem Denken eine gemeinsame Richtung. Wenn also die Wahlen etwas anderes als die Individuen zum Ausdruck bringen, wenn sie ganz und gar von einem gemeinschaftlichen Geist durchdrungen sein sollen, dann darf das elementare Wahlkollegium nicht aus Personen bestehen, die nur zu diesem außergewöhnlichen Anlaß zusammenkommen, die sich nicht kennen, die nicht zu einer gemeinschaftlichen Meinungsbildung beigetragen haben und nun einer nach dem anderen an die Wahlurne treten. Vielmehr muß es sich um eine kohärente und dauerhaft konstituierte Gruppe handeln, die nicht erst am Tage der Wahl zusammenkommt. Dann nämlich hat jede individuelle Meinung etwas Kollektives an sich, denn sie hat sich im Schoße der Gemeinschaft herausgebildet. Es liegt auf der Hand, daß die Berufsorganisation dieser Anforderung entspricht. Da ihre Mitglieder ständig in engem Kontakt miteinander stehen, bilden ihre Gefühle sich in der Gemeinschaft und sind Ausdruck dieser Gemeinschaft.

So hat also die politische Malaise dieselbe Ursache wie die gesellschaftliche Malaise, unter der wir leiden: das Fehlen von sekundären Organen, die zwischen den Staat und die übrige Gesellschaft eingeschaltet wären. Wir haben bereits gesehen, daß solche Organe notwendig sind, um den Staat daran zu hindern, die Individuen zu tyrannisieren; jetzt sehen wir, daß sie gleichermaßen unerläßlich sind, um die Individuen daran zu hindern, den Staat zu vereinnahmen. Sie verschaffen den beiden vorhandenen Kräften einen Freiraum, und zugleich verbinden sie sie miteinander. Wir sehen, welche schwerwiegenden Folgen jenes Fehlen einer inneren Organisation hat, auf das wir schon so oft hingewiesen haben. Denn in der Tat führt dies zu einer tiefgreifenden Erschütterung und gewissermaßen zu einer Aufweichung aller unserer politischen und sozialen Strukturen. Die gesellschaftlichen Formen, die einst den einzelnen umgaben und gleichsam als Stützskelett für die Gesellschaft dienten, sind entweder verschwunden, oder sie sind im Begriffe, sich aufzulösen, ohne daß neue Formen an ihre Stelle träten. Geblieben ist nur die unstete Masse der Individuen. Denn auch der Staat ist von ihnen aufgesaugt worden. Nur der Verwaltungsapparat hat seine Festigkeit bewahrt und funktioniert weiterhin mit der Regelmäßigkeit eines Automaten. Diese Situation ist keineswegs ohne Beispiel in der Geschichte. Immer wenn eine Gesellschaft sich herausbildet oder sich erneuert, durchläuft sie solch eine Phase. Letztlich kommt das System der gesellschaftlichen und politischen Organisation durch nichts anderes als die unmittelbaren Wechselwirkungen zwischen den Individuen zustande. Wenn ein System von der Zeit überholt wird, ohne daß im Maße, wie es verfällt, ein anderes an seine Stelle tritt, dann muß das soziale Leben gleichsam an seinen Ursprung zurückkehren, von dem es seinen Ausgang genommen hat, das heißt zu den Individuen, und sich von dort aus erneuern. Da nur die Individuen übrig bleiben, muß die Gesellschaft unmittelbar durch die Individuen funktionieren. Sie sind es, die nun auf diffuse Weise jene Funktionen übernehmen, die eigentlich von den verschwundenen oder noch fehlenden Organen wahrgenommen werden müßten. Sie setzen sich selbst an die Stelle der fehlenden Organisation. Das ist unsere Situation, und auch wenn sie keineswegs unheilbar ist, ja, wenn man darin sogar eine notwendige Phase unserer Entwicklung erblicken mag, so kann man dennoch nicht übersehen, daß sie kritisch ist. Eine Gesellschaft, die aus so instabilem Stoff gebaut ist, läuft Gefahr, sich bei der kleinsten Erschütterung aufzulösen. Nichts schützt sie mehr vor den Dingen in ihr wie außerhalb ihrer.

Diese Überlegungen waren notwendig, um zu erklären, in welchem Geiste die verschiedenen staatsbürgerlichen Pflichten verstanden, praktiziert und gelehrt werden müssen; dazu gehören unter anderem die Pflicht, die uns gebietet, das Gesetz zu achten, und die Pflicht, die uns vorschreibt, uns an der Ausarbeitung der Gesetze durch die Ausübung unseres Wahlrechts zu beteiligen oder allgemeiner: uns am öffentlichen Leben zu beteiligen.

Es wird gelegentlich behauptet, in einer Demokratie rühre die Achtung vor den Gesetzen aus der Tatsache, daß sie Ausdruck des Willens der Bürger seien. Wir müssen uns ihnen unterwerfen, weil wir sie gewollt haben. Aber wie sollte dies für die Minderheit gelten? Immerhin hat sie es am nötigsten, dieser Pflicht zu gehorchen. Außerdem haben wir gesehen, daß die Zahl derer, die ein bestimmtes Gesetz unmittelbar oder mittelbar gewollt haben, in Wirklichkeit nur einen sehr kleinen Teil der Bevölkerung ausmacht. Aber selbst wenn wir einmal von den Zahlen absehen, so ist diese Begründung für unsere Achtung vor dem Gesetz keineswegs geeignet, für dessen Durchsetzung zu sorgen. Denn schon für mich selbst kann ich fragen, wieso denn die Tatsache, daß ich ein Gesetz gewollt habe, mich zwingen sollte, es zu achten. Was ich durch meinen Willen geschaffen habe, das kann ich auch durch meinen Willen wieder auflösen. Da der Wille seinem Wesen nach schwankend ist, kann er unmöglich als Grundlage für irgend etwas Stabiles dienen. Gelegentlich wird erstaunt gefragt, warum der Kult der Legalität in unserem Bewußtsein so wenig verwurzelt ist, daß wir stets bereit sind, uns von ihm abzuwenden. Aber wie sollte man einen Kult für eine Rechtsordnung pflegen, die man von heute auf morgen allein aufgrund des Beschlusses einer bestimmten Zahl individueller Willen durch eine andere ersetzen kann? Wie sollte man ein Recht achten, das aufhört, Recht zu sein, sobald es als solches nicht mehr gewollt wird?

In Wirklichkeit ist die Achtung vor dem Gesetz darin begründet, daß in ihm die natürliche Beziehung zwischen den Dingen zum Ausdruck kommt; vor allem in einer Demokratie bringt der einzelne dem Gesetz nur insofern Achtung entgegen, als er ihm diesen Charakter zuerkennt. Wir unterwerfen uns den Gesetzen nicht deshalb, weil wir sie gemacht haben oder weil eine bestimmte Zahl von Stimmen sie gewollt hat, sondern weil sie gut sind, weil sie der Natur der Dinge entsprechen, weil sie so sind, wie sie sein sollen, und weil wir Vertrauen in sie haben. Und dieses Vertrauen hängt auch von dem Vertrauen ab, das wir in die Organe haben, denen seine Ausarbeitung obliegt. Worauf es ankommt, ist also die Art und Weise, wie die Gesetze gemacht sind, ist die Kompetenz derer, die zu ihrer Ausarbeitung berufen sind, ist der Charakter jener speziellen Organisation, welche die Wahrnehmung dieser Funktion ermöglichen soll. Die Achtung vor dem Gesetz hängt davon ab, was der Gesetzgeber und was das politische System wert sind. Die Demokratie zeigt in dieser Hinsicht lediglich die Besonderheit, daß die Bürger aufgrund der Kommunikation, die zwischen ihnen und den Regierenden besteht, in die Lage versetzt werden, darüber zu urteilen, wie die Regierenden ihre Aufgabe erfüllen, wodurch sie ihr Vertrauen mit einer größeren Sachkenntnis vergeben oder entziehen können. Aber nichts ist abwegiger als die Vorstellung, wonach die Demokratie nur in dem Maße Anspruch auf unsere Achtung hätte, wie sie ausdrücklich mit der Abfassung der Gesetze beschäftigt sei.

Bleibt noch die Wahlpflicht. Ich habe hier nicht zu untersuchen, was in einer unbestimmten Zukunft und in Gesellschaften, die besser organisiert sind als die unsrige, geschehen mag. Es ist sehr wohl möglich, daß sie dort ihre Bedeutung verliert. Es ist durchaus denkbar, daß die zur Kontrolle der politischen Organe erforderlichen Entscheidungen sich eines Tages gleichsam von selbst, unter dem Druck der öffentlichen Meinung, vollziehen, ohne daß es dazu der Abhaltung von Wahlen im eigentlichen Sinne bedürfte.

Heute jedoch ist die Situation ganz anders beschaffen. Wir haben gesehen, was daran anomal ist; und deshalb schafft sie Pflichten gänzlich eigener Art. Das gesamte Gewicht der Gesellschaft lastet auf der Masse der Individuen; eine andere Stütze hat sie nicht.

Es ist daher berechtigt, wenn jeder Bürger sich gewissermaßen in einen Staatsmann verwandelt. Wir können uns nicht auf unsere berufliche Tätigkeit beschränken, denn im Augenblick hat das öffentliche Leben keine anderen Träger als die Vielzahl der individuellen Kräfte. Dieselben Gründe, die diese Aufgabe notwendig machen, bestimmen sie auch. Sie beruht auf einem anomischen Zustand, den es nicht zu ertragen, sondern zu überwinden gilt. Statt solch einen Mangel an Organisation zum Ideal zu erheben und fälschlich als Demokratie auszugeben, müssen wir ihm ein Ende setzen. Statt eifersüchtig über diese Rechte und Privilegien zu wachen, müssen wir das Übel bekämpfen, das sie vorübergehend notwendig macht. Anders gesagt, die wichtigste Pflicht besteht darin, uns mehr und mehr von einer Aufgabe zu befreien, für die das Individuum nicht geschaffen ist. Dazu müssen wir unser politisches Handeln auf die Schaffung jener sekundären Organe richten, die, wenn sie sich einmal herausgebildet haben, sowohl das Individuum vom Staat als auch den Staat vom Individuum befreien werden, womit letzteres dann auch von einer Aufgabe befreit würde, für die es nicht geschaffen ist.

ZEHNTE VORLESUNG

Allgemeine, von jeder sozialen Gruppierung unabhängige Pflichten

Mord

Wir wenden uns nun einem neuen Bereich der Moralität zu. In den vorangegangenen Abschnitten haben wir die Pflichten untersucht, welche die Menschen untereinander haben, weil sie Teil derselben Familie, derselben Berufsorganisation oder desselben Staates sind. Es gibt indessen andere Pflichten, die unabhängig von jeder besonderen Gruppierung sind. Ich muß das Leben, das Eigentum und die Ehre meiner Mitmenschen achten, auch wenn sie nicht meine Verwandten oder Landsleute sind. Hier handelt es sich um den allgemeinsten Bereich jeder Ethik, denn er ist unabhängig von jeder lokalen oder ethnischen Bedingung. Zugleich handelt es sich um den höchsten Bereich. Die Pflichten, mit denen wir uns im folgenden befassen werden, gelten bei allen zivilisierten Völkern als die höchsten und dringendsten von allen. Die unmoralischen Handlungen *par excellence* sind Mord und Diebstahl, und sie verlieren nichts von ihrem unmoralischen Charakter, wenn sie an Fremden begangen werden. Die häusliche Moral, die Berufsmoral und die staatsbürgerliche Moral sind da zweifellos von geringerem Gewicht. Wer gegen eine dieser Pflichten verstößt, erscheint uns in der Regel als weniger tadelnswert denn jemand, der sich eines Verbrechens der oben genannten Art schuldig macht. Diese Vorstellung ist so weit verbreitet und so tief in unserem Bewußtsein verankert, daß wir das Verbrechen nach allgemeinem Verständnis im wesentlichen oder nahezu ausschließlich mit Töten, Verletzen oder Stehlen gleichsetzen. Wenn wir uns einen Verbrecher vorstellen, so stets jeman-

den, der das Eigentum oder die Person eines anderen verletzt. Sämtliche Arbeiten der italienischen Schule der Kriminologie basieren auf diesem als Axiom unterstellten Postulat, wonach damit der ganze Bereich des Verbrechens umschrieben ist. Wenn sie zum Beispiel Typen von Straftätern konstruiert, dann konstruiert sie den Typus des Mörders oder des Diebes mit ihren verschiedenen Abwandlungen.
In dieser Hinsicht bildet die moderne Moral einen Gegensatz zur alten Moral, wie er absoluter nicht sein kann. Vor allem mit dem Christentum ist es zu einer völligen Umkehrung in der Hierarchie der Pflichten gekommen. In den gänzlich unentwickelten Gesellschaften und selbst noch in den Stadtstaaten bildeten die Pflichten, von denen hier die Rede ist, nicht den Gipfel der Moral, sondern befanden sich allenfalls an der Schwelle der Ethik. Sie standen nicht über allen anderen Pflichten, sondern hatten sämtlich oder wenigstens zum Teil bloß fakultativen Charakter. Die geringere moralische Würde, die man ihnen beimaß, zeigt sich am deutlichsten in den leichten Strafen, mit denen ihre Verletzung geahndet wurde. Sehr oft sogar waren überhaupt keine Strafen daran geknüpft. In Griechenland wurde Mord nur dann bestraft, wenn die Familie des Opfers es verlangte, und oft begnügte sie sich mit einer Abfindung in Form einer Geldzahlung. In Rom und in Judäa war solch ein Vergleich bei Mord untersagt, denn Mord galt als öffentliches Verbrechen, nicht jedoch bei Körperverletzung und Diebstahl. Da blieb es den Opfern überlassen, sich um eine Wiedergutmachung zu kümmern, und wenn sie wollten, konnten sie dem Täter erlauben, sich durch die Zahlung einer Geldsumme freizukaufen. Handlungen dieser Art wurden also insgesamt mit Sanktionen belegt, die allenfalls halböffentlichen Charakter hatten; oftmals gaben sie lediglich Anlaß zu einer Art Schadensersatzzahlung; und auch wenn sie mit einer Art Strafe belegt wurden, das heißt, selbst wenn der Täter eine Körperstrafe hinnehmen mußte, schien sie dennoch nicht

schwerwiegend genug zu sein, als daß der Staat selbst die Verfolgung übernommen hätte. Es blieb dem einzelnen überlassen, die Initiative zu ergreifen. Die Gesellschaft fühlte sich nicht unmittelbar betroffen und bedroht von solchen Übergriffen, die uns in Empörung versetzen. Es kam sogar vor, daß die Gesellschaft selbst dieses Minimum an Schutz nur ihren Mitgliedern gewährte, während sie ihn verweigerte, wenn es sich bei dem Opfer um einen Fremden handelte. Die wirklichen Verbrechen waren danach jene, die sich gegen die familiale, religiöse oder politische Ordnung richteten. Alles, was die politische Organisation der Gesellschaft bedrohte, jede Verfehlung gegen die öffentlichen Gottheiten, die ja nur symbolischer Ausdruck des Staates waren, und jede Verletzung der häuslichen Pflichten wurden dagegen mit Strafen belegt, die manchmal schrecklich sein konnten.

Die Entwicklung, die dazu geführt hat, daß nun in den obersten Regionen der Moral angesiedelt ist, was einst nur deren untersten Teil bildete, ist die Folge einer entsprechenden Entwicklung im Bereich des kollektiven Empfindens, auf die wir schon des öfteren hingewiesen haben. Ursprünglich sind jene kollektiven Gefühle die stärksten und dulden noch am wenigsten Widerspruch, welche die Gruppe selbst zum Gegenstand haben, sei es die politische Gruppe insgesamt, sei es die familiale Gruppe. Daher rührt sowohl die außergewöhnliche Autorität der religiösen Gefühle als auch die Schwere der Strafen, die ihnen Achtung verschaffen, denn die als heilig geltenden Dinge sind lediglich Embleme des kollektiven Wesens. Dieses Wesen personifiziert sich in der Gestalt Gottes oder religiöser Wesen aller Art, und es ist dieses Kollektivwesen, das den Gegenstand der Achtung und Anbetung bildet, die scheinbar den fiktiven Wesen der religiösen Welt gelten. Alles, was das Individuum betrifft, berührt das soziale Empfinden dagegen nur wenig. Der Schmerz des einzelnen zählt wenig, denn sein Wohlergehen ist von geringem Interesse. Heute dagegen gilt das individuelle Leid als hassenswert. Der Gedanke, daß ein Mensch unverdient leidet, ist uns unerträglich; aber wie wir noch sehen werden, empfinden wir selbst verdientes Leid als bedrückend; es macht uns Angst, und wir bemühen uns, es zu lindern. Das kommt daher, daß die Gefühle, die den Menschen, die menschliche Person, zum Gegenstand haben, sehr stark werden, während die Gefühle, die uns an die Gruppe binden, in den Hintergrund rücken. Die Gruppe scheint uns nicht mehr durch sich selbst und für sich selbst einen Wert zu haben. Sie ist lediglich ein Mittel zu jener Entfaltung und Verwirklichung der menschlichen Natur, die das Ideal unserer Zeit darstellt. Dies ist das zentrale Ziel, hinter das alle übrigen zurückzutreten haben. Und deshalb hat die allgemeinmenschliche Moral sich über alle übrigen Bereiche der Moral erhoben. Was die Gründe angeht, die zum Niedergang bestimmter kollektiver Empfindungen und zum Aufstieg bestimmter anderer geführt haben, so haben wir sie schon zu oft genannt, als daß wir sie hier noch einmal aufzählen müßten. Sie liegen in dem Komplex jener Ursachen begründet, die zu einer immer stärkeren Differenzierung der Gesellschaftsmitglieder geführt haben, so daß diesen schließlich nur noch eine einzige gemeinsame Wesensbestimmung geblieben ist: ihr Menschsein. Da ist es nur natürlich, wenn dieses Menschsein zum überragenden Gegenstand des kollektiven Empfindens geworden ist.

Nachdem wir den allgemeinen Charakter jenes Teils der Ethik beschrieben haben, der uns nun beschäftigen soll, wollen wir ins Detail gehen und die wichtigsten Regeln untersuchen, aus denen sie besteht, das heißt die wichtigsten Pflichten, die sie uns auferlegt.

Die erste und gebieterischste ist jene, die es untersagt, sich am Leben eines Menschen zu vergreifen, die die Tötung von Menschen verbietet, mit Ausnahme gewisser Fälle, in denen das Gesetz sie zuläßt (Krieg, Todesstrafe, Notwehr). Der

Frage, weshalb der Mord verboten wurde und weshalb dieses Verbot immer strenger geworden ist, brauchen wir nach dem bisher Gesagten nicht weiter nachzugehen. Sobald das Individuum als Zweck zum moralischen Gut erhoben ist und Gutes tun anderen Gutes tun heißt, liegt es auf der Hand, das eine Tat, die darin besteht, einem anderen Menschen das Leben, das heißt die Voraussetzung jeden anderen Gutes, zu nehmen, als das schlimmste aller Verbrechen angesehen werden muß. Wir werden uns deshalb nicht damit aufhalten, die Entstehung der Regel, die den Mord verbietet, nachzuzeichnen. Nützlicher und aufschlußreicher ist es, wenn wir danach fragen, wie denn die Regel in unseren heutigen Gesellschaften funktioniert und von welchen Faktoren es abhängt, ob sie unser Bewußtsein nachhaltig oder weniger nachhaltig beherrscht, ob wir ihr große oder nur geringe Achtung entgegenbringen. Um diese Frage zu beantworten, müssen wir uns an die Statistik wenden, denn die Statistik klärt uns über die Bedingungen auf, nach denen die gesellschaftliche Rate der Mordfälle variiert, und diese Quote ist ein Maß für den Grad an Autorität, den das Verbot des Mordes jeweils besitzt. Durch diese Untersuchung werden wir das Wesen dieses Verbrechens besser verstehen lernen, und damit wird sie auch einiges Licht auf die Besonderheiten unserer Moralität werfen.

Eigentlich könnte man nach allem, was bisher gesagt worden ist, den Eindruck haben, daß die Ursachen, von denen die Bereitschaft zum Mord abhängt, auf der Hand liegen und nicht erst noch auf andere Weise bestimmt werden müßten. Mord ist heute bei Androhung der schwersten Strafen, die unser Strafgesetzbuch kennt, verboten, weil die menschliche Person Objekt einer religiösen Hochachtung ist, die einstmals ganz anderen Dingen vorbehalten war. Müssen wir daraus nicht den Schluß ziehen, ein Volk zeige deshalb eine größere oder geringere Bereitschaft zum Mord, weil man dort dem Individuum einen größeren oder geringeren Wert beimißt? Und es gibt in der Tat ein Faktum, das diese Interpretation bestätigt: Seit man die Entwicklung der Morde mit den Mitteln der Statistik verfolgt, nimmt deren Zahl immer weiter ab. In Frankreich zählte man in der Zeit von 1826 bis 1830 insgesamt 279 Morde; danach ging die Zahl ständig zurück, und zwar in folgender Weise: 282 (1831-1835); 189 (1836-1840); 196 (1841-1845); 240 (1846-1850); 171 (1851-1855); 119 (1856-1860); 121 (1861-1865); 136 (1866-1870); 190 (1871-1875); 160 (1876-1880). Insgesamt bedeutet dies einen Rückgang um 62 % in 55 Jahren. Dieser Rückgang ist um so bemerkenswerter, als die Bevölkerung im selben Zeitraum um mehr als ein Fünftel zunahm. Bei allen zivilisierten Völkern findet sich derselbe Rückgang, wenngleich er in den verschiedenen Ländern unterschiedlich stark ausfällt. Es hat daher den Anschein, daß die Zahl der Morde mit dem Fortgang der Zivilisation abnimmt. Dafür spricht auch eine weitere Tatsache, wonach sie um so höher liegt, je weniger zivilisiert ein Land ist und umgekehrt. An der Spitze liegen Italien, Ungarn und Spanien, gefolgt von Österreich. Nun gehören die ersten drei Länder gewiß zu den weniger entwickelten; sie bilden die Schlußlichter in Europa. Ihnen gegenüber stehen die Länder mit hoher Kultur, Deutschland, England, Frankreich und Belgien, bei denen die Mordrate zwischen 10 und 20 Fällen auf eine Million Einwohner liegt, während sie in Ungarn und Italien 100 erreicht, also das Fünf- bis Zehnfache. Im Inneren jedes Landes findet man überdies dieselbe Verteilung. Der Mord ist deutlich eine ländliche Erscheinung; von allen Berufszweigen liefern die Bauern das größte Kontingent. Es kann also keinen Zweifel geben, daß die Achtung vor der Person und der ihr beigemessene Wert mit der Zivilisation zunehmen. Läßt sich daraus nicht der Schluß ziehen, daß die Anzahl der Morde mit der mehr oder minder hohen Stellung variiert, die das Individuum in der Hierarchie der moralischen Zwecke einnimmt?

Gewiß ist diese Erklärung nicht ganz unbegründet. Dennoch ist sie viel zu allgemein. Zweifellos besteht ein Zusammenhang zwischen der Entwicklung des Individualismus und dem Rückgang der Morde, aber ersteres hat letzteres nicht unmittelbar herbeigeführt. Denn wenn solch ein ursächlicher Zusammenhang bestünde, dann müßte er sich auch bei den übrigen Angriffen auf das Individuum bemerkbar machen. Diebstahl, Betrug und Unterschlagung fügen dem, der ihnen zum Opfer fällt, zuweilen ebenso schlimme Schmerzen zu wie eine direkte Körperverletzung im eigentlichen Sinne. Ein großangelegter Betrug kann durch die Übel, die er zufügt, mehr Leid auslösen als ein einzelner Mord. Nun nehmen aber all diese Vergehen mit fortschreitender Zivilisation nicht ab, sondern zu. Die Zahl der Diebstähle zum Beispiel lag 1829 bei 10 000; 1844 waren es bereits 21 000, im Jahre 1853 waren es 30 000 und 1876 bis 1880 dann schon 41 522; das entspricht einer Steigerung von 400 %. Bei den Bankrotten erhöhte sich die Zahl von 129 auf 971. Auch bei den direkten Angriffen auf die menschliche Person zeigt sich ein ähnlicher Anstieg; das gilt zunächst für die Unzucht mit Kindern, aber auch für Körperverletzungen, deren Zahl von 7 000 - 8 000 im Zeitraum von 1829 bis 1833 auf 15 000 - 17 000 in der Zeit von 1863 bis 1869 zunahm. Dabei sollte die Achtung vor der Person die Menschen eigentlich geradeso vor Körperverletzungen schützen wie vor Angriffen mit tödlichem Ausgang. Wenn sich bei den Körperverletzungen dennoch ein solcher Anstieg zeigt, so kann die Achtung vor dem Menschen allenfalls einen recht schwachen hemmenden Einfluß ausgeübt haben. Deshalb kann dieses Gefühl auch nicht die eigentliche Erklärung für den Widerstand liefern, auf den die Bereitschaft zum Mord zu einem bestimmten Zeitpunkt trifft. Es muß unter den Umständen, welche den Fortschritt des Individualismus begleiten, einige geben, die sich insbesondere gegen den Mord wenden, ohne denselben Widerstand auch gegen die übrigen Angriffe auf die menschliche Person zu richten. Welches sind diese Umstände?

Wie wir gesehen haben, kam es parallel zu den Fortschritten jener kollektiven Gefühle, die den Menschen schlechthin, das menschliche Ideal, das materielle und geistige Wohl des einzelnen zum Gegenstand haben, zu einer Abschwächung jener kollektiven Gefühle, die der Gruppe, der Familie oder dem Staat auch unabhängig von dem Nutzen gelten, welche der einzelne aus ihnen ziehen mag. Diese beiden Entwicklungen verlaufen nicht nur parallel, sie hängen auch engstens miteinander zusammen. Wenn die Gefühle, die wir an das Individuum als solches knüpfen, eine Stärkung erfahren, so weil die anderen Gefühle schwächer werden, weil die Gruppen keine anderen Ziele mehr haben können als die Interessen der menschlichen Person. Wenn nun die Zahl der Morde abnimmt, so liegt der Grund sehr viel eher darin, daß der mystische Kult des Staates an Boden verliert, als darin, daß der Kult des Menschen in seiner Bedeutung zunähme. Denn die Gefühle, die dem Kult des Staates zugrunde liegen, treiben ihrem Wesen nach zum Mord. Außerdem sind sie wie alle kollektiven Gefühle überaus stark; werden sie verletzt, so reagieren sie mit einer Heftigkeit, die der Stärke dieser Gefühle entspricht. Ist die Verletzung schwerwiegend, kann sie den Menschen, der die Verletzung als solche empfindet, dazu treiben, den Gegner zu töten. Zu diesem Ergebnis kommt es um so leichter, als diese Art von Gefühlen ihrem Wesen nach besonders dazu geeignet sind, jegliches Mitleid und jegliche Sympathie zum Schweigen zu bringen, die dem Mörder unter anderen Umständen in den Arm fallen würden. Denn wenn die erstgenannten Gefühle stark sind, dann sind die letztgenannten schwach. Wenn Ruhm und Größe des Staates als das höchste Gut erscheinen, wenn die Gesellschaft etwas Heiliges und Göttliches darstellt, dem alles andere unterzuordnen ist, dann steht sie so hoch über dem einzelnen, daß die Sympathie und das Mitleid, das der

einzelne einflößen mag, nichts gegen die gebieterischen Forderungen der verletzten Gefühle ausrichten können. Wenn es darum geht, einen Stammvater zu verteidigen oder einen Gott zu rächen, was zählt da schon das Leben eines Menschen? Das Leben des einzelnen hat nur wenig Gewicht, wenn sich auf der anderen Waagschale Dinge befinden, die von so unvergleichlich höherem Wert und Gewicht sind. Und so kommt es, daß politische Überzeugungen, das Gefühl für die Ehre der Familie oder der Kaste und der religiöse Glaube Menschen so oft zu Mördern machen. Die hohe Zahl der Morde auf Korsika geht auf die immer noch praktizierte *vendetta* zurück; aber die Blutrache selbst rührt aus der Tatsache, daß der Sinn für die Familienehre dort noch so lebendig ist, das heißt, daß die Gefühle, die den Korsen mit seinem Klan verbinden, noch so stark sind. Die Ehre des Namens steht dort noch immer über allem anderen.
Die genannten Gefühle können nicht nur unmittelbar zum Mord führen, sie schaffen vielmehr dort, wo sie stark sind, eine chronische moralische Disposition, die generell und aus sich heraus zum Mord neigt. Wenn man unter dem Einfluß all dieser moralischen Zustände dazu gedrängt wird, dem individuellen Leben so wenig Wert beizumessen, dann ist man auch für die Vorstellung offen, das Leben des einzelnen müsse und könne für alle möglichen Dinge geopfert werden. Dann führt schon ein relativ kleiner Anstoß zum Mord. Alle diese Neigungen haben etwas Gewalttätiges und Destruktives an sich; sie vermitteln dem einzelnen eine grundsätzliche Bereitschaft zur Zerstörung und erzeugen bei ihm eine Disposition für gewalttätige Äußerungen und Bluttaten. Daher rührt das rüde, heftige Temperament, das für primitive Gesellschaften so typisch ist. Man hat oft geglaubt, diese Rohheit sei noch ein Rest von Bestialität, ein Überbleibsel blutiger tierischer Instinkte. In Wirklichkeit ist sie das Produkt einer bestimmten moralischen Kultur. Tiere sind nicht von Natur aus grundsätzlich gewalttätig; vielmehr werden sie

nur dann gewalttätig, wenn ihre Lebensumstände es erfordern. Warum sollte es beim Menschen anders sein? Wenn der Mensch so lange Härte gegen seinesgleichen gezeigt hat, so nicht, weil er dem Tier noch näher gestanden hätte, sondern weil das soziale Leben, das er führte, ihn entsprechend formte. Erst die Gewohnheit, moralische Zwecke zu verfolgen, die den menschlichen Interessen fremd sind, hat ihn relativ unempfindlich für menschliches Leid werden lassen. All die Gefühle, von denen oben die Rede war, können gar nicht befriedigt werden, ohne daß dem einzelnen Leid auferlegt würde. Die Götter, die man anbetet, leben allein von dem, was die Sterblichen sich an Opfern und Entbehrungen auferlegen; gelegentlich werden sogar Menschenopfer verlangt, eine Forderung, die lediglich die Anforderungen der Gesellschaft an ihre Mitglieder in eine mystische Form übersetzt. Es ist begreiflich, daß solch eine Erziehung im einzelnen Menschen die Bereitschaft erzeugt, Leid zuzufügen. Außerdem sind all diese Gefühle äußerst heftige Leidenschaften, denn sie dulden keinen Widerspruch und halten sich für unantastbar. Menschen, die solcherart geprägt sind, haben einen leidenschaftlichen und impulsiven Charakter. Leidenschaft aber führt zu Gewalt. Sie neigt dazu, alles zu vernichten, was sie behindert oder hemmt.

So rührt denn der gegenwärtig zu verzeichnende Rückgang der Morde nicht daher, daß die Achtung vor der menschlichen Person den Beweggründen und Anreizen für Tötung und Mord Zügel anlegte, sondern aus der Tatsache, daß diese Beweggründe und Anreize heute geringer an Zahl sind und an Stärke verloren haben. Und diese Anreize sind die kollektiven Gefühle, die uns an Gegenstände binden, die der Menschheit und dem Individuum fremd sind, das heißt, die uns an Gruppen oder an Dinge binden, die symbolisch für diese Gruppen stehen. Damit möchte ich übrigens nicht sagen, daß diese Gefühle, die einstmals die Grundlage des moralischen Bewußtseins gebildet haben, zum Verschwinden verurteilt seien; es wird sie weiterhin geben und es muß sie weiterhin geben, allerdings in geringerer Zahl und in weitaus geringerer Intensität als früher. Das also sind die Gründe, weshalb die Rate der Tötungsdelikte in den zivilisierten Ländern im Rückgang begriffen ist.

Diese Deutung läßt sich im übrigen leicht verifizieren. Wenn sie zutrifft, müssen alle Ursachen, die diese Art von Gefühlen verstärkt, auch die Mordrate in die Höhe treiben. Nun ist offensichtlich eine dieser Ursachen der Krieg. Er läßt sämtliche Gesellschaften und selbst die mit der höchstentwickelten Kultur in einen moralischen Zustand zurückfallen, der dem der primitiven Gesellschaften entspricht. Das Individuum verschwindet; es zählt nicht mehr; die Masse wird zum einzig entscheidenden gesellschaftlichen Faktor; dem Willen des einzelnen wird eine strenge und autoritäre Disziplin auferlegt. Die Liebe zum Vaterland und die Bindung an die Gruppe drängen die Sympathie für das Individuum in den Hintergrund. Was geschieht nun? Während Diebstähle, Betrug und Unterschlagung einen deutlichen Rückgang zeigen, nimmt die Zahl der Morde zu oder bleibt zumindest auf gleichem Niveau. In Frankreich gingen die Diebstähle 1870 um 33 % zurück, nämlich von 31 000 auf 20 000, die schweren Diebstähle von 1 059 auf 871. Die Zahl der Morde nahm gleichfalls ab, von 339 auf 307. Und dennoch ist dieser Rückgang nur ein scheinbarer und verbirgt eine wahrscheinlich beträchtliche Zunahme. Der allgemeine Rückgang der Kriminalität in Kriegszeiten verdankt sich zu einem Teil, den man nicht übertreiben, aber auch nicht übersehen sollte, einem Umstand, der notwendig auch Auswirkungen auf den Mord hat, nämlich den Störungen innerhalb der Justizverwaltung. Die Verfolgung von Verbrechen wird schwerer, wenn ein Land zum Opfer einer Invasion wird und alles in Unordnung gerät. Doch das ist noch nicht alles. Das Alter, in dem Männer die meisten Morde begehen, liegt zwischen 20 und 30 Jahren. Auf eine Million Männer dieser Altersgruppe entfallen pro Jahr 40 Morde. Nun sind aber sämtliche Männer dieser Altersgruppe zur Armee eingezogen; die Verbrechen, die sie in Friedenszeiten begangen haben oder begangen hätten, finden keinen Eingang in die Statistik. Wenn die Zahl der Morde trotz dieser beiden Ursachen nur geringfügig abnahm, so darf man sicher sein, daß sie eigentlich kräftig gestiegen wäre. Der Beweis liegt in der Tatsache, daß man 1871, als die Armeen aufgelöst wurden und die Gerichte ihren Aufgaben wieder mit größerer Regelmäßigkeit nachkommen konnten, ohne daß der moralische Zustand des Landes sich jedoch sonderlich verändert hätte, eine beträchtliche Steigerung verzeichnete. Von 339 im Jahre 1869 und 307 im Jahre 1870 stieg die Zahl der Morde auf 447, was einer Erhöhung um 45 % entspricht. Seit 1851, einem Ausnahmejahr, wie wir noch sehen werden, war sie nicht mehr so hoch gewesen.

Politische Krisen haben dieselbe Wirkung. Im Jahre 1876 fanden in Frankreich Wahlen für den Senat und die Abgeordnetenkammer statt; die Zahl der Morde stieg von 409 auf 422. Aber 1877 verschärfte sich die politische Agitation; es kam zu den Ereignissen des sechzehnten Mai, und die Mordzahlen schossen in die Höhe. Sie erreichten mit einem Male die Höhe von 503 Morden, eine Zahl, die es seit 1839 nicht mehr gegeben hatte. In den politisch bewegten Zeiten zwischen 1849 und dem Augenblick, als das Zweite Kaiserreich sich endgültig konsolidiert hatte, zeigte sich dieselbe Erscheinung. Im Jahre 1848 zählte man 432 Morde, 1849 waren es 496, im darauffolgenden Jahr 485 und 1851 schließlich 496; mit dem Jahr 1852 beginnt die Zahl dann zu sinken, auch wenn sie bis 1854 immer noch sehr hoch bleibt. In den ersten Jahren der Herrschaft Louis-Philippes fanden heftige politische Auseinandersetzungen zwischen den Parteien statt. Entsprechend begann die Kurve der Morde von 462 im Jahre 1831 auf 486 im Jahre

1832 anzusteigen. Ihren Höhepunkt in diesem Jahrhundert erreichte sie 1839 mit 569 Morden.

Bekanntlich ist der Protestantismus eine weitaus individualistischere Religion als der Katholizismus. Der einzelne Gläubige ist in seinem Glauben freier; er ist stärker auf sich selbst und seine persönliche Reflexion angewiesen. Das hat zur Folge, daß die allen Mitgliedern der protestantischen Kirche gemeinsamen kollektiven Gefühle weniger zahlreich und weniger stark sind, oder zumindest, daß sie unvermeidlich das Individuum zum Gegenstand haben. Nun ist auch die Bereitschaft zum Mord in den katholischen Ländern ungleich stärker ausgeprägt als in den protestantischen. Im Durchschnitt kommen in den katholischen Ländern auf eine Million Einwohner 32 Morde, in den protestantischen dagegen nicht einmal vier. Die drei Länder, die in dieser Hinsicht in Europa die Spitze halten, sind nicht bloß katholisch, sondern zutiefst katholisch, nämlich Italien, Spanien und Ungarn.

Den günstigsten Nährboden für Morde bildet also eindeutig ein von Leidenschaften geprägtes öffentliches Bewußtsein, das sich ganz natürlich auch im Bewußtsein des einzelnen niederschlägt. Mord ist ein Verbrechen, das ohne großes Nachdenken, aus spontaner Angst und aus spontanen Impulsen heraus begangen wird. In gewissem Sinne führen alle Leidenschaften zu Gewalt, und alle Gewalt führt zur Entfesselung mörderischer Kräfte, wenngleich letztere vor allem dann auftreten, wenn es um überindividuelle Ziele geht. Die Entwicklung der Mordzahlen zeigt deshalb in erster Linie an, daß unsere Unmoralität auf dem Wege ist, weniger passiv und statt dessen überlegter und berechnender zu werden. Und in der Tat sind unsere moralischen Verfehlungen heutzutage eher durch Hinterlist gekennzeichnet als durch Gewalt. Das gilt im übrigen nicht nur für unsere Unmoral, sondern auch für unsere Moral. Auch sie wird immer kühler, überlegter, rationaler, und

Gefühle spielen darin eine immer geringere Rolle, wie es schon Kant zum Ausdruck brachte, als er die Leidenschaft außerhalb der Moral stellte. Moralisches Handeln erscheint uns heute als ein Akt der Vernunft. Diese Symmetrie zwischen den Eigenschaften der Moral und denen der Unmoral ist übrigens keineswegs erstaunlich, handelt es sich doch um Tatsachen derselben Art, die sich wechselseitig erhellen. Die Unmoral ist nicht das Gegenteil der Moralität, sowenig wie Krankheit das Gegenteil von Gesundheit ist; vielmehr sind beide nur verschiedene Formen desselben Zustandes: die beiden Formen des moralischen Lebens, die beiden Formen des physischen Lebens.

So erhöht denn alles, was das Niveau der Leidenschaften im öffentlichen Leben erhöht, auch die Zahl der Morde. Feste haben die natürliche Wirkung, daß sie das kollektive Leben intensivieren und die Gefühle anheizen. Von 40 Morden, die Marro untersucht hat, waren 19 an Sonn- und Feiertagen geschehen, 14 an gewöhnlichen Tagen, und bei sieben ließ sich die Frage nicht entscheiden. Die Zahl der Fälle ist sehr klein. Aber das Übergewicht der Feiertage ist so deutlich, daß ein Zufall ausgeschlossen erscheint. Denn es gibt im Jahr nur um die sechzig Sonn- und Feiertage. Sie müßten daher eigentlich sechsmal weniger Fälle liefern als die übrigen Tage der Woche. Wenn bei dieser zufälligen Stichprobe der Anteil der Feiertage deutlich über dem der sonstigen Wochentage liegt, dann dürfte er auch ansonsten recht hoch sein. Allein schon die Verteilung der Morde gibt Anlaß zu einer ähnlichen Feststellung. Man ist indessen erstaunt, daß der Mord offenbar mit einem gewissen Aktivitätsniveau korreliert, obgleich ein so hohes Aktivitätsniveau durchaus als normal gelten kann. Aber genau das resultiert aus der Tatsache, daß das Verbrechen eben nicht außerhalb der normalen Bedingungen des Lebens steht. Eben weil ein gewisses Maß an leidenschaftlicher Aktivität stets notwendig ist, gibt es auch stets Verbrechen. Wesentlich ist, daß deren Zahl mit dem Zustand zusammenhängt, in dem die Gesellschaft sich befindet. Eine Gesellschaft ohne Mörder ist nicht reiner als eine Gesellschaft ohne Leidenschaften.[30]

30 Das Kapitel endet mit vier Zeilen abgekürzter und größtenteils unleserlicher Wörter; der Sinn des Kapitels scheint darunter nicht zu leiden.

ELFTE VORLESUNG

Das Verbot von Angriffen auf fremdes Eigentum

Wir wenden uns nun der zweiten Regel der menschlichen Moral zu, jener nämlich, die nicht das Leben, sondern das Eigentum des Menschen vor unrechtmäßigen Übergriffen schützen soll, und zwar unabhängig davon, welcher sozialen Gruppe er angehören mag. Die erste Frage, die wir uns stellen müssen, ist die nach den Ursachen, die zur Aufstellung dieser Regel geführt haben. Woher kommt die Achtung, die uns das Eigentum anderer einflößt und die das Gesetz durch Strafsanktionen heiligt? Woher kommt es, daß Sachen so eng mit Personen verknüpft werden, daß sie an deren Unverletzlichkeit teilhaben? Wenn man diese Frage, die letztlich die nach der Entstehung des Eigentumsrechts ist, mit der wünschenswerten Methodik untersuchen wollte, so bedürfte dies umfangreicher Forschungen. Aber wir können immerhin einige wesentliche Punkte aufzeigen.

Beginnen wir mit der Untersuchung der gebräuchlichsten Antworten. Es fragt sich, welcher Art das Band ist, das Objekte, die außerhalb der Person stehen und von Natur aus nicht zu ihr gehören, mit der Person verbindet. Woher kommt es, daß der Mensch über bestimmte Dinge in derselben Weise verfügen kann, wie er über seinen Körper verfügt, das heißt unter Ausschluß jedes anderen Menschen, denn erst die Legitimität dieses Ausschlusses begründet den illegitimen Charakter fremder Übergriffe. Die radikalste und einfachste Lösung für dieses Problem wäre die, daß dieses Band analytischen Charakters wäre, das heißt, daß es in der Natur des Menschen ein Element, eine konstitutionelle Besonderheit, gäbe, aus der die Zuordnung oder Aneignung bestimmter Dinge logisch folgte. Das Eigentum könnte dann aus dem Begriff menschlicher Aktivität abgeleitet werden. Man bräuchte letzteren nur zu analysieren, um herauszufinden, warum der Mensch Eigentümer sein muß. Viele Theoretiker waren der Ansicht, daß die Idee der Arbeit diese Voraussetzung erfülle. In der Tat ist die Arbeit die Arbeit des Menschen; sie ist eine Manifestation der Fähigkeiten des Individuums; sie ist nichts anderes als die menschliche Person in *actu*. Deshalb hat sie ein Recht darauf, mit denselben Gefühlen bedacht zu werden wie die Person. Andererseits aber tendiert sie ihrem Wesen nach dahin, sich zu exteriorisieren, sich nach außen zu projizieren, sich in äußeren Objekten zu verkörpern, deren ganzen Wert sie festlegt. Das ist der Grund, weshalb es Dinge gibt, die lediglich kristallisierte menschliche Aktivität sind. Da ist es dann keine Frage, woher es kommt, daß diese Dinge mit dem Subjekt verknüpft werden, das sie setzt, denn sie kommen von ihm, sie sind Teil des Subjekts. Es besitzt sie, wie es sich selbst besitzt. Wir haben es hier nicht mit zwei verschiedenen, heterogenen Begriffen zu tun, zwischen denen ein dritter, noch zu entdeckender stünde, der die Verbindung zwischen beiden herstellte. Vielmehr besteht ein bruchloser Zusammenhang zwischen beiden; der eine ist lediglich ein besonderer Aspekt des anderen. »Im Begriff des Eigentums«, sagt Stuart Mill, »liegt nichts weiter als das Recht eines jeden auf seine eigenen Fähigkeiten, auf das, was er durch diese hervorbringen und im rechtlichen Verkehr erhalten kann.«[31]

Das Postulat, auf dem diese Theorie basiert, scheint von solcher Evidenz zu sein, daß es den unterschiedlichsten Systemen als Grundlage dient; die Sozialisten beziehen sich geradeso darauf wie die Ökonomisten. Indessen kann es sich kaum um einen Gemeinplatz handeln. Betrachten wir den Satz einmal, wie er ist, das heißt, ohne auf die Schlußfolgerungen, die man daraus zieht, und ohne auf seine Anwen-

31 John Stuart Mill, *Principles of Political Economy*, London 1848; dt.: *Grundsätze der politischen Ökonomie*, Leipzig 1869, 2. Buch, 2. Kapitel, 3, S. 230.

dung zu achten. Man sagt, wir müßten frei über die Produkte unserer Arbeit verfügen können, weil wir die freie Verfügung über die Talente und Energien besitzen, die in unsere Arbeit Eingang finden. Aber können wir wirklich so frei über unsere Fähigkeiten verfügen? Das ist doch sehr zweifelhaft. Wir gehören uns nicht ganz; wir sind den anderen, den verschiedenen Gruppen, denen wir angehören, etwas schuldig. Wir geben ihnen unser Bestes, und wir sind dazu verpflichtet, ihnen unser Bestes zu geben. Warum sollten wir nicht gleichfalls oder sogar noch eher verpflichtet sein, ihnen die materiellen Produkte unserer Tätigkeit zu geben? Die Gesellschaft nimmt uns Jahre unseres Lebens weg, und manchmal fordert sie sogar unser Leben. Warum sollte sie nicht auch das Recht haben, diese Entäußerungen unserer Person von uns zu verlangen? Der Kult der menschlichen Person schließt die Möglichkeit einer solchen Verpflichtung keineswegs aus. Denn die menschliche Person, der dieser Kult gilt, ist die menschliche Person schlechthin; und wenn es zur Verwirklichung dieses Ideals erforderlich wäre, daß der einzelne ganz oder teilweise auf die von ihm erarbeiteten Werke verzichtet, so wäre solch ein Verzicht eine unabweisbare Pflicht. Um das Eigentum zu rechtfertigen, genügt es also nicht, auf die Rechte hinzuweisen, die der Mensch auf sich selbst hat; denn diese Rechte sind keineswegs absoluter Natur; vielmehr finden sie ihre Grenzen im Interesse jenes moralischen Zweckes, an dessen Verwirklichung der Mensch mitzuarbeiten hat. Man müßte daher unmittelbar zeigen, dieses Interesse verlange es, daß der einzelne frei über die Dinge verfügen kann, die er produziert hat. Indessen gibt es zahlreiche Umstände, unter denen dieses Recht auf freie Verfügung dem Menschen vorenthalten wird, nämlich dann, wenn er keinen nützlichen Gebrauch davon zu machen weiß, wenn er noch ein Kind ist oder geisteskrank oder von krankhafter Verschwendungssucht usw. Die freie Verfügung ist also an Bedingungen geknüpft und durchaus keine Selbstverständlichkeit.

Aber wir wollen noch weiter gehen. Wir wollen einmal unterstellen, das Postulat sei zutreffend. Wenn es das Eigentum rechtfertigen soll, müßte es aber zunächst einmal ganz anders beschaffen sein als jetzt. Tatsächlich wird Eigentum keineswegs ausschließlich durch Arbeit erworben, sondern auch auf anderen Wegen, nämlich:

1. durch Tausch;
2. durch Geschenke zwischen Lebenden oder durch testamentarisch verfügte Schenkungen;
3. durch Erbschaft.

Austausch ist nicht Arbeit. Es ist zutreffend, daß der Tausch keine Bereicherung darstellt, sofern er vollkommen gleich ist, weil dann unterstellt wird, daß die ausgetauschten Werte gleich sind. Wenn diese Werte ausschließlich durch Arbeit geschaffen worden sind, dann fügt der Tausch dem Eigentum der Tauschenden nichts hinzu. Auf beiden Seiten ist alles, was sie besitzen, entweder direkt oder indirekt das Ergebnis von Arbeit. Das gilt jedoch nur, wenn der Tausch wirklich vollkommen gleich war, wenn die ausgetauschten Dinge einander vollkommen das Gleichgewicht halten. Dazu müßten allerdings Bedingungen erfüllt sein, die in unseren gegenwärtigen Gesellschaften nicht erfüllt sind. Es ist sogar zweifelhaft, ob sie jemals vollständig erfüllt werden könnten. In jedem Falle aber wird deutlich, daß die Arbeit nicht die einzige Bedingung des Eigentums ist; vielmehr kommt als weitere Voraussetzung die Gleichheit der Verträge hinzu. Diese einfache Erklärung ist allerdings für sich allein noch nicht hinreichend. Selbst wenn zweitens das Vertragswesen so umgestaltet würde, daß es der Forderung nach vollkommener Gerechtigkeit entspräche, bliebe immer noch die Tatsache bestehen, daß Eigentum auch auf anderen Wegen erworben werden kann, die sich absolut nicht auf Arbeit zurückführen lassen. Das gilt vor allem für die Erbschaft. Dem Erben fallen Güter zu, die er nicht selbst hergestellt hat und die er nicht einmal einem Akt jenes Menschen verdankt, der sie geschaffen hat. Unter bestimmten Voraussetzungen ist es allein die Verwandtschaft, die für die Übertragung des Eigentums sorgt. Sollen wir sagen, das Erbrecht, wie immer es im einzelnen beschaffen sein mag, sei ein Überbleibsel aus der Vergangenheit, das aus unseren Gesetzbüchern verschwinden müsse? Dann blieben immer noch die testamentarisch oder anderweitig verfügten Schenkungen. Stuart Mill, der einräumt, das Erbrecht widerspreche dem moralischen Begriff des Eigentums, ist dagegen der Auffassung, das Recht, testamentarisch über das Eigentum verfügen oder es verschenken zu dürfen, sei eine logische Folge des Eigentumsbegriffs. Das Eigentumsrecht, sagt Mill, sei verbunden mit dem Recht, sein Eigentum »nach seinem Belieben einer anderen Person zu geben, und dem Rechte dieser anderen Person, es zu behalten und zu genießen« (S. 230). Aber wenn Eigentum nur dann achtenswert und normgerecht ist, wenn es auf Arbeit beruht, wie könnte es dann legitim sein, wenn es auf eine Schenkung zurückgeht? Und wenn es unmoralisch ist, etwas durch Schenkung zu erlangen, ist dann die Praxis des Schenkens nicht ihrerseits unmoralisch? Aber, wird man einwenden, umfaßt das Recht, etwas zu besitzen, nicht logisch auch das Recht, seinen Besitz wegzugeben? Dieser Schluß ist keineswegs zwingend. Das Recht auf die Nutzung seines Eigentums ist niemals absolut gewesen; vielmehr ist es stets von Einschränkungen umgeben. Warum sollte sich eine dieser Einschränkungen nicht auch auf das Recht, es wegzuschenken, beziehen. Tatsächlich ist das Schenkungsrecht bis heute begrenzt. So ist es niemandem gestattet, über seine Güter in der Weise zu verfügen, daß er festlegte, wem sie nach dem Tode des derzeitigen Schenkungsnehmers zufallen sollen. Das Recht zur Schenkung kann also nur zugunsten einer Generation ausgeübt werden. Das heißt, daß es durchaus nicht unantastbar ist. Dann aber kann es auch nicht in sich unsinnig sein, wenn man es noch weiter einschränkte. Und im übrigen räumt auch Mill ein, daß eine Beschränkung schon deshalb notwendig sei, weil es weder moralisch noch gesellschaftlich nützlich ist, wenn jemand sich solcherart bereichert, ohne etwas dafür zu tun. Er schlägt vor, einen Höchstsatz dessen festzulegen, was jemand durch letztwillige Verfügung erhalten darf: »Ich sehe jedoch nichts Verwerfliches darin, daß man eine Grenze feststellt, bis zu der jemand lediglich durch die Gunst anderer ohne irgendwelche Anstrengung seiner eigenen Fähigkeiten soll erwerben dürfen« (S. 238). Damit gesteht er ein, daß Schenkungen dem Grundsatz widersprechen, wonach Eigentum aus Arbeit resultiert.

Wenn man diesen Grundsatz für richtig hält, muß man auch zugeben, daß das Eigentum, wie es heute besteht und wie es bestanden hat, seit es Gesellschaften gibt, zu einem Gutteil nicht zu rechtfertigen ist. Gewiß wird das Eigentum in der Zukunft mit allergrößter Wahrscheinlichkeit nicht dasselbe sein wie heute; aber wenn man berechtigt sein soll, zu sagen, diese oder jene seiner Formen sei zum Verschwinden verurteilt, dann genügt es nicht, lediglich aufzuzeigen, daß diese Formen im Widerspruch zu einem vorgängig aufgestellten Prinzip stehen; man muß darüber hinaus auch zeigen, wie und aufgrund welcher Ursachen sie entstanden sind, und man muß beweisen, daß diese Ursachen heute nicht mehr vorhanden und wirksam sind. Dagegen kann man nicht im Namen eines *a priori* gesetzten Axioms die Unterdrückung gängiger Praktiken verlangen. Und ist es überhaupt möglich, daß ein Vertrag vollkommen gerecht wäre oder daß eine Gesellschaft existieren könnte, in der jegliche Schenkung verboten wäre? Hier haben wir schwierige Probleme vor uns, deren Lösung nicht so einfach vorwegzunehmen ist. Bevor wir wissen können, was das Eigentum sein soll und was einmal daraus werden sollte, müssen wir jedenfalls zunächst einmal in Erfahrung bringen, wie es zu dem geworden ist, was es ist, und welche Ursachen die Form bestimmt haben, die es in den heutigen Gesellschaften besitzt. Und auf diese Frage gibt die Theorie der Arbeit keine Antwort.

Aber wir wollen noch einen Schritt weiter gehen: Ich behaupte, daß die Arbeit niemals die einzige erzeugende Ursache des Eigentums werden kann. Zu allen Zeiten hat man darauf hingewiesen, daß die Arbeit nicht den Stoff hervorbringt, an dem sie sich betätigt; sie ist stets auf Instrumente oder zumindest auf stoffliche Faktoren angewiesen, die sie nicht selbst geschaffen hat. Auf diesen Einwand wird gelegentlich geantwortet, diese stofflichen Faktoren hätten an sich keinen Wert; dazu bedürften sie zunächst einer Bearbeitung durch den Menschen. Immerhin wird man anerkennen müssen, daß diese Faktoren, betrachtet man ihre vorliegende Form, eines unterschiedlichen Maßes an Bearbeitung bedürfen bzw. mehr oder weniger intensive Arbeit benötigen, damit sie ihren Wert erhalten. Um aus einem Stück Land den ganzen Nutzen zu ziehen, der daraus gezogen werden kann, bedarf es nur geringer Mühe, wenn der Boden fruchtbar ist, und großer Mühe, wenn er es nicht ist. So können denn recht unterschiedliche Mengen Arbeit zu einem Besitz desselben Wertes führen. Das heißt aber, daß in einem der beiden Fälle Arbeit durch etwas anderes ersetzt worden ist. – Aber auch wenn die natürlichen Faktoren an sich ohne Wert sind, so ist die Arbeit, losgelöst von diesen Faktoren, notwendig steril. Sie bedarf einer außerhalb ihrer selbst liegenden Sache, eines Punktes, an dem sie ansetzen kann, dieses virtuellen Werts, den sie an den Akt weitergibt. Und dieser virtuelle Wert ist kein Nichts. Aber der Einwand läßt sich verallgemeinern. Wenn man das Eigentum auf die Arbeit zurückführt, dann sagt man damit, daß der Wert einer Sache von unpersönlichen, objektiven Faktoren abhänge, die jeder wertenden Beurteilung entzogen seien. Dem ist aber keineswegs so. Der Wert hängt von der Meinung ab; er ist Auffassungssache. Wenn ich ein Haus an einem Ort baue, der plötzlich wegen seiner Annehmlichkeiten oder aus anderen

Gründen sehr begehrt ist, dann erhält das Haus einen großen Wert. Wenn die Menschen sich dagegen von dem Ort abwenden, kann es geschehen, daß das Haus überhaupt nichts mehr wert ist. Eine bloße Laune der Mode kann dafür sorgen, daß irgendein Gegenstand, ein Tuch zum Beispiel, und mit ihm die natürlichen Faktoren, die bei seiner Herstellung eingesetzt worden sind, eine Wertsteigerung erfahren. Mein Besitz könnte sich verdoppeln, ohne daß ich irgend etwas dazu getan hätte. Umgekehrt verloren die Jacquard-Webstühle in dem Augenblick ihren gesamten Wert, als neue und bessere Maschinen entwickelt wurden. Wer solche Jacquard-Webstühle besaß, der fand sich nun in derselben Situation wie jemand, der gar nichts besitzt, und dies selbst dann, wenn er sie ausdrücklich mit dem Produkt seiner eigenen Arbeit hatte herstellen lassen. So gehen also in jedes Eigentum noch ganz andere Dinge ein als die Arbeit des Eigentümers, selbst wenn er den betreffenden Gegenstand selbst hergestellt hat; es geht neben einer stofflichen Grundlage auch ein Element darin ein, das aus der Gesellschaft stammt. Je nachdem, ob der Geschmack oder die sozialen Bedürfnisse sich nach der einen oder der anderen Seite neigen, nimmt unser Besitz in unseren Händen zu oder ab, ohne daß wir etwas dazu täten. Sollte man sagen, dieser Tatbestand sei nützlich oder sogar unerläßlich; diese positiven und negativen Veränderungen seien notwendig, damit es der Gesellschaft gut gehe; es sei nötig, individuelle Initiative und die Bereitschaft zu Neuerungen zu belohnen und zugleich routineverhaftetes Denken und Trägheit zu bestrafen? Ohne Zweifel wird der Wert der Dinge immer von der öffentlichen Meinung abhängen, ganz gleich wie das Wirtschaftsleben organisiert ist, und das ist gut so. Und so gibt es auch stets Werte und damit auch Eigentumselemente, die nicht der Arbeit entstammen. Zuweilen mögen diese Elemente sogar die Belohnung für eine nützliche Voraussicht darstellen und könnten deshalb als Ausdruck einer natürlichen Fähigkeit angesehen werden. Aber wie oft geschieht es, daß sie durch schlichte Koinzidenz, durch bloßen Zufall also, zu den Dingen, die wir besitzen, hinzutreten oder von ihnen abgehen. Ohne daß ich es jemals hätte voraussehen können, wird eine große Straße an meinem Grundstück vorbei gelegt, und der Wert des Grundstücks steigt ganz von allein. Umgekehrt kann eine Revolution des Maschinenparks das Eigentum eines Unternehmers vollkommen wertlos machen.

Es hat daher keinen Sinn, die Sache aus der Person ableiten zu wollen. Beide Ausdrücke sind heterogen. Das Gesetz, das sie verbindet, ist synthetischer Art. Es gibt eine Ursache, die ihnen äußerlich ist und die für die Verbindung sorgt.

Das hatte schon Kant gesehen. Wenn man im Eigentum nur den empirischen Besitz sieht, sagt er, dann haben wir es mit einem analytischen Rechtssatz zu tun. Wenn ich Inhaber einer Sache bin, wenn ich sie zum Beispiel in Händen halte, dann schmälert derjenige, der sich ihrer ohne meine Zustimmung bemächtigt, meine innere Freiheit. »Der Satz von einem empirisch rechtmäßigen Besitz geht also nicht über das Recht einer Person in Ansehung ihrer selbst hinaus.«[32] Aber wie kommt es, daß ich eine Sache zu der meinen erklären kann, obwohl ich sie nicht physisch besitze? Im erstgenannten Falle war die Sache eins mit mir; jetzt ist sie von mir unterschieden. Sie kann demnach nur durch ein synthetisches Band mit mir in Verbindung kommen. Worin liegt nun dieses Band begründet?

Solch ein Band kann definitionsgemäß nur einem reinen Verstandesbegriff entspringen, weil es völlig unabhängig von Raum und Zeit ist. Da die Sache unabhängig von meiner Person und dem Ort ist, an dem ich mich befinde, muß diese Abhängigkeit ihren Ursprung in einem geistigen Zu-

32 Immanuel Kant, *Die Metaphysik der Sitten*, Königsberg 1797, Erster Teil, erstes Hauptstück; zitiert nach: Werke, Wiesbaden: Insel, 1965, Band IV, S. 358.

stand haben, der seinerseits gewissermaßen außerhalb des Raumes steht. Wenn ich sage, ich besitze einen Acker, obwohl er sich an einem ganz anderen Ort befindet als ich, so ist »hier nur von einem intellektuellen Verhältnis zum Gegenstande« die Rede (§ 7, S. 362). Begründet wird dieses Verhältnis durch einen Akt des Willens. In der Tat ist nur mein Wille frei von jeglicher räumlichen Bedingung; die Gesetze, die er erläßt, haben zwingende Geltung für die Menschen, ganz gleich, wo sie sich befinden. Denn er ist universell. Er steht außerhalb der sinnlichen Welt, und deshalb können die Regeln, die er setzt, in ihrer Anwendung nicht durch sinnliche Bedingungen eingeschränkt werden. Diese Aussage gewinnt noch an Evidenz, wenn man die Prinzipien der Kantischen Vernunftkritik akzeptiert. Nach Kant ist zwar der Verstand, das Denken, den Gesetzen von Zeit und Raum unterworfen, nicht aber der Wille. Das Denken bezieht sich auf Erscheinungen; es bewegt sich in der phänomenalen Welt, und die Phänomene können im Verstand nicht anders als in Zeit und Raum vorgestellt werden. Aber der Wille ist eine noumenale Fähigkeit, ein Vermögen des Seins an sich. Er steht daher jenseits der phänomenalen Erscheinungen und kann ihnen in seinen Äußerungen folglich auch nicht untergeordnet sein. Wenn ich daher berechtigt bin, einen äußeren Gegenstand als den meinen zu wollen, dann reicht dieser Willensakt über den Ort hinaus, an dem ich mich befinde, denn der Wille kennt keinen Raum. Und da mein Wille andererseits immer dann Anspruch darauf hat, geachtet zu werden, wenn er sich rechtmäßig betätigt, genügt es, daß mein Wille sich rechtmäßig entschließt, diesen Gegenstand zu dem seinen zu erklären, damit diese Aneignung aus sich heraus nicht nur *de facto,* sondern *de jure* Geltung besitzt. So könnte denn allein diese Besonderheit, aufgrund derer mein Wille immer dann für andere heilig und von ihnen zu achten ist, wenn er sich betätigt, ohne die Regeln des Rechts zu verletzen, ein intellektuelles Verhältnis zwischen diesen Dingen und meiner Person herstellen. Es sei übrigens darauf hingewiesen, daß diese Erklärung sich von den Voraussetzungen und Hypothesen der Kantischen Vernunftkritik loslösen und in andere Systeme übertragen läßt. Dann ganz allgemein wird anerkannt, daß Willensentscheidungen nicht denselben Gesetzen unterworfen sind wie die Bewegungen meines Körpers. In meinem Willen kann ich mich vom Raum befreien. Ich kann wollen, daß eine Sache ganz unabhängig von ihrer räumlichen Lage mir gehöre. Das Entscheidende an dieser Lehre ist daher nicht der philosophische Gedanke einer Relativität von Zeit und Raum, sondern die Idee, daß mein Wille respektiert werden muß, sofern er sich nur in Übereinstimmung mit seinem Recht äußert, das heißt die Vorstellung von der Heiligkeit des Willens, insofern er sich an das Sittengesetz hält.

Doch wie wir sehen, ist die Erklärung noch nicht vollständig. Es bleibt noch aufzuzeigen, daß ich eine Sache als die meine wollen kann, ohne gegen das Recht zu verstoßen, daß dieser Gebrauch meines Willens also rechtmäßig ist. Um das zu beweisen, stützt Kant sich auf ein weiteres Prinzip.

Zunächst jedoch wollen wir den Umfang dieses Rechtes bestimmen, das ich mir solcherart anmaße. »Wenn ich (wörtlich oder durch die Tat) erkläre, ich will, daß etwas Äußeres das Meine sein solle, so erkläre ich jeden anderen für verbindlich, sich des Gegenstandes meiner Willkür zu enthalten: eine Verbindlichkeit, die niemand ohne diesen meinen rechtlichen Akt haben würde. In dieser Anmaßung aber liegt zugleich das Bekenntnis: jedem anderen in Ansehung des äußeren Seinen wechselseitig in einer gleichmäßigen Enthaltung verbunden zu sein; denn die Verbindlichkeit geht hier aus einer allgemeinen Regel des äußeren rechtlichen Verhältnisses hervor. Ich bin also nicht verbunden, das äußere Seine des anderen unangetastet zu lassen, wenn mich nicht jeder andere dagegen auch sicherstellt, er werde in Ansehung des Meinigen sich nach ebendemselben Prinzip verhalten.« (§ 8, S. 365.)

Da nun mein individueller Wille nur der Wille eines einzelnen ist, kann er nicht zum Gesetz für die anderen dienen. Ein solches Zwangsgesetz könnte nur ein kollektiver Wille erlassen, der jedem Einzelwillen übergeordnet wäre. »Durch einseitige Willkür kann ich keinen anderen verbinden, sich des Gebrauchs einer Sache zu enthalten, wozu er sonst keine Verbindlichkeit haben würde: also nur durch vereinigte Willkür aller in einem Gesamtbesitz.« (§ 11, S. 371.) Es muß jeder durch jeden verpflichtet sein, und die Gemeinschaft kann ihre Mitglieder hinsichtlich einer bestimmten Sache nur insofern verpflichten, als sie ein Recht auf diese Sache hat, das heißt, als sie es gemeinschaftlich besitzt. Wir gelangen also zu folgendem Schluß: Wenn die Menschen berechtigt sein sollen, sich Dinge individuell anzueignen, dann müssen die Dinge ursprünglich im Besitz der Gemeinschaft gewesen sein. Und da die einzige natürliche Gemeinschaft jene ist, die von der ganzen Menschheit gebildet wird, da alle übrigen Gemeinschaften nur partiellen Charakter haben, setzt das ins Auge gefaßte Recht auf Aneignung eine ursprüngliche Gemeinschaft der Dinge voraus und leitet sich daraus her. Verwirft man die Idee einer solchen Gemeinschaft, ist der zwingende und wechselseitige Charakter individuellen Eigentums nicht mehr einsichtig. In welchem Maße und in welchem Sinne ist nun diese ursprüngliche Gemeinschaft logisch fundiert?

Nehmen wir einmal an, die Erde besäße eine unendlich große Oberfläche, und die Menschen könnten sich darauf so weit zerstreuen, daß keinerlei Gemeinschaft mehr zwischen ihnen bestünde; unter diesen Umständen gäbe es auch keinen gemeinschaftlichen Besitz mehr unter ihnen. Nun ist aber die Erde eine Kugel und mithin begrenzt. Die Beschränktheit des Lebensraums zwingt die Menschen, Beziehungen miteinander zu unterhalten; dadurch bilden sie ein Ganzes, und dieses Ganze ist der natürliche Eigentümer des gesamten Lebensraumes, den es einnimmt, das heißt der Erde. »Alle Menschen sind ursprünglich ... im rechtmäßigen Besitz des Bodens ... Dieser Besitz ... ist ein *gemeinsamer* Besitz, wegen der Einheit aller Plätze auf der Erdfläche, als Kugelfläche ...« (§ 13, S. 373.) Ursprünglich ist also der einzig rechtmäßige Eigentümer die Menschheit. Wie ist es nun logisch möglich, daß die Menschheit dieses Recht ausübt? Man kann dieses Recht auf zweierlei Weise und nur auf zweierlei Weise verstehen. Entweder erklärt die Menschheit, daß niemandem etwas gehöre, weil alles ihr gehöre. Das wäre absurd, denn wenn nicht die Individuen das kollektive Eigentumsrecht ausübten, dann wäre es so, als gäbe es dieses Recht gar nicht. Diese Art, es auszuüben, liefe also darauf hinaus, es zu bestreiten. Oder aber die Menschheit erkennt jedermann das Recht zu, sich alles anzueignen, was er sich aneignen kann, ohne dabei die konkurrierenden Rechte anderer zu verletzen. Unter solchen Bedingungen würde dieses Recht Wirklichkeit und könnte zur Tat schreiten. Das ursprüngliche Gemeineigentum am Boden kann durch eine unter dem genannten Vorbehalt stehende Aneignung zustande kommen, und darin gründet unser Recht, einen äußeren Gegenstand »als den unseren zu wollen«.

Doch es bleibt noch eine letzte Voraussetzung zu bestimmen. Ich kann mir aufgrund des Rechtes, das mir aus meinem Menschsein zuwächst, eine Sache nur unter der Bedingung aneignen, daß ich dabei nicht das gleiche Recht, das andere darauf haben, verletze. Wie läßt sich diese Bedingung realisieren? Dazu ist es notwendig und hinreichend, wenn meine Aneignung der jedes anderen vorausgeht, wenn sie also zeitliche Priorität hat. »Die *Besitznehmung* ... stimmt unter keiner anderen Bedingung mit dem Gesetz der äußeren Freiheit von jedermann (mithin a priori) zusammen, als unter der der *Priorität* in Ansehung der Zeit, d. i. nur als erste Besitznehmung ...« (§ 14, S. 373.) Sobald mein Wille sich erklärt hat, kann kein anderer mehr das Gegenteil erklären; und umgekehrt, wenn noch kein anderer Wille sich erklärt hat, kann der meine sich in voller Freiheit betätigen. Und da es die Inbesitznahme ist, durch die der Aneignungswille sich betätigt, liegt die Voraussetzung für die Rechtmäßigkeit meiner Aneignung darin, daß ich der erste Besitzer bin. Unter dieser Voraussetzung sind meinem Recht keinerlei Grenzen gesetzt. Ich kann meinen Besitz soweit ausdehnen, wie es meinen Möglichkeiten entspricht. »Es ist die Frage: wie weit erstreckt sich die Befugnis der Besitznehmung eines Bodens? So weit, als das Vermögen, ihn in seiner Gewalt zu haben, d. i. als der, so ihn sich zueignen will, ihn verteidigen kann; gleich als ob der Boden spräche: wenn ihr mich nicht beschützen könnt, so könnt ihr mir auch nicht gebieten.« (§ 15, S. 375.)

Fassen wir zusammen. Das Menschengeschlecht ist der ideelle Eigentümer der Erde. Dieses Eigentumsrecht kann nur durch die Individuen Realität erlangen. Einerseits hat jeder einzelne das Recht, sich soviel er kann aus dem Gemeineigentum anzueignen, sofern er dabei nicht die Rechte anderer verletzt, eine Bedingung, die allein schon dadurch erfüllt wird, daß der Boden zuvor noch von niemandem in Besitz genommen worden ist. Andererseits ist der Akt, durch den diese Aneignung erfolgt, unabhängig von jeder räumlichen Beziehung, weil er einen Willensakt darstellt. Er hat denselben moralischen Wert, ganz gleich an welchem Ort sich das Objekt und das Subjekt der Aneignung befinden mögen. Auf diese Weise rechtfertigt sich der Besitz einer Sache, die ich nicht unmittelbar in Händen halte. Im übrigen greift diese Rechtfertigung nicht nur *de jure* und dem Gedanken nach, sondern auch *de facto*. Darin liegt der Beweis, daß die Menschheit aus logischen Gründen wollen muß, daß die Individuen sich die Dinge in dieser Weise aneignen. Doch dieses ganz und gar logische und gedankliche Recht führt nur zu Verpflichtungen derselben Art. Es berechtigt den einzelnen, jeden unrechtmäßigen Übergriff abzuwehren, aber es stellt ihm keinerlei faktische Macht zur Verfügung, die diesem Recht Achtung verschaffte. Denn die Menschheit ist nur der Idee nach eine Gruppe, wie sie auch nur der Idee nach Eigentümer ist. Wenn es anders sein soll, müssen sich reale Gruppen, tatsächliche Gruppen herausbilden, die die Rechte jedes einzelnen schützen. Mit anderen Worten, eine »peremtorische Erwerbung«, um es mit Kant zu sagen, kann es nur im bürgerlichen Zustand geben (siehe § 15, S. 375). Das heißt indessen nicht, daß der bürgerliche Zustand das Recht auf Eigentum begründete; vielmehr sorgt er nur für dessen Anerkennung und garantiert es. Das Recht selbst gründet in der Natur der Dinge, nämlich 1. im Wesen des Willens und 2. im Wesen der Menschheit und ihres Verhältnisses zum Erdball.

Interessant an dieser Theorie ist die Tatsache, daß sie die systematischste Rechtfertigung des ersten Besitznehmers darstellt, die jemals unternommen worden ist, und dies im Namen der Prinzipien einer ihrem Wesen nach spiritualistischen Moral. »Die Bearbeitung ist ... nichts weiter als ein äußeres Zeichen der Besitznehmung ...« (§ 15, S. 376.) Entkleidet man diese Theorie ihres dialektischen Apparats, läßt sie sich letztlich auf folgende höchst einfache Aussagen reduzieren. Es wäre absurd und widerspräche dem Wesen der Menschheit, wenn die Dinge nicht angeeignet würden; jede Aneignung ist berechtigt, die sich auf einen solcherart angeeigneten Boden bezieht; und der Wille, der sich in dieser Aneignung äußert, hat ein Recht darauf, respektiert zu werden, sobald er sich erklärt hat, und zwar selbst dann, wenn das Subjekt der Aneignung und die angeeignete Sache nicht in unmittelbarem Kontakt zueinander stehen. Wir finden hier somit, wie übrigens in der gesamten Kantischen Moral, jene zwei scheinbar im Widerspruch zueinander stehenden Prinzipien miteinander verbunden und kombiniert, nämlich das Prinzip der Unantastbarkeit des individuellen Willens und das Prinzip, wonach der individuelle Wille von einem Gesetz beherrscht wird, das ihm übergeordnet ist. Letztlich ist es dieses übergeordnete Gesetz, das die beiden heterogenen Wesenheiten miteinander verschweißt, die miteinander vereinigt werden müssen, um den Begriff des Eigentums zu konstituieren. Und deshalb scheint uns diese Theorie der Theorie der Arbeit überlegen zu sein. Sie vermittelt einen besseren Eindruck von der Schwierigkeit des Problems, hält deutlich an der Dualität der beiden Begriffe fest und zeigt im übrigen, wo der dritte Begriff zu lokalisieren ist, der als Bindeglied zwischen den beiden fungiert, nämlich von welchem kollektiven Willen die je einzelnen Willen abhängen. Die Schwäche dieser Theorie liegt indessen darin, daß sie die These aufstellt, die Priorität der Inbesitznahme genüge schon, um diese Inbesitznahme rechtlich und moralisch zu begründen; die verschiedenen Willen negierten und verletzten sich deshalb nicht gegenseitig, weil sie nicht materiell im selben Gegenstand zusammenträfen. Es widerspricht dem Prinzip des Systems, sich mit einem so äußerlichen und physikalischen Zusammenhang zu begnügen. Der Wille ist alles, was er sein kann, unabhängig von jeglichen räumlichen Manifestationen. Wenn ich mir daher einen Gegenstand aneigne, der noch nicht faktisch angeeignet, aber von anderen bereits gewollt worden ist, und dieser Wille auch bereits zum Ausdruck gebracht wurde, dann negiere ich diesen Willen moralisch ebensowohl, als hätte ich ihn materiell verletzt.

ZWÖLFTE VORLESUNG
Das Eigentumsrecht (Fortsetzung)

Kants Theorie läßt sich folgendermaßen zusammenfassen: Der Erdball ist das Eigentum des Menschengeschlechts. Nun wäre aber ein Eigentum, das sich niemand aneignete, gar kein Eigentum. Es wäre absurd und ein Widerspruch in sich selbst, wenn die Menschheit die Aneignung des Bodens verböte. Damit negierte sie ihr Recht. Doch solch eine Aneignung durch die Menschen kann nur individuell oder durch kleine Gruppen erfolgen. So impliziert das Eigentumsrecht der Menschheit an der Erde das Recht des einzelnen, sich einen begrenzten Teil der Erdoberfläche anzueignen. Andererseits hat der Wille, sofern seine Beschlüsse rechtmäßig sind, Anspruch, respektiert zu werden, und daher ist jede erste Besitzergreifung zu respektieren, und die Menschheit muß deren Rechtmäßigkeit anerkennen. Wenn mein Wille sich in dieser Weise betätigt, dann macht er nur von seinem Recht Gebrauch, ohne die Rechte anderer zu beeinträchtigen, denn nach der Ausgangshypothese hatte sich noch kein anderer Mensch desselben Objekts bemächtigt. Das Recht, das mir aus der Menschheit zufließt, das heißt letztlich aus meinem Menschsein, kann nur durch das gleichartige Recht anderer Menschen eingeschränkt werden. Wenn daher noch kein anderer Mensch Rechte auf die von mir angeeignete Sache geltend gemacht hat, so ist mein Recht darauf absolut. Daraus folgt, daß ich mir unter den Dingen, die vorher noch nicht zum Objekt von Aneignung geworden sind, alles aneignen darf, was ich nur kann. In diesen Grenzen reicht mein Recht so weit wie meine Macht. Und da die Beschlüsse meines Willens ihren Wert aus ebendiesem Willen beziehen, da der Wille außerhalb des Raumes steht, macht mich der Akt, durch den ich mich zum Eigentümer einer Sache erkläre, selbst dann zu deren Eigentümer, wenn ich sie nicht materiell besitze.

Interessant an dieser Lehre ist die Tatsache, daß wir darin eine moralische Theorie des Rechts des ersten Besitznehmers finden. Kant weicht keineswegs vor dieser Konsequenz seines Systems zurück. Er scheut sich nicht, die bekannte Formel: *Beati possidentes,* »Wohl dem, der im Besitz ist«, aufzugreifen. Aber er unternimmt es, dieses Privileg rechtlich zu begründen, während es ansonsten meist als gesellschaftliche Notwendigkeit oder als Konvention und Fiktion dargestellt wird. »Dieses Prärogativ des Rechts aus dem empirischen Besitzstande nach der Formel: *wohl dem, der im Besitz ist* (beati possedentes), besteht nicht darin: daß, weil er die Präsumption eines *rechtlichen Mannes* hat, er nicht nötig habe, den Beweis zu führen, er besitze etwas rechtmäßig ..., sondern weil, nach dem Postulat der praktischen Vernunft, jedermann das Vermögen zukommt, einen äußeren Gegenstand seiner Willkür als das Seine zu haben ...« (§ 9, S. 367). Hier wird ein Element der Idee des Eigentums ins Feld geführt, das etwas ganz anderes ist als die Arbeit, und deshalb ist es wichtig, diese Theorie zu kennen, die schon für sich allein deutlich macht, daß die auf Arbeit basierende Eigentumstheorie etwas Einseitiges hat. Es kann gar kein Zweifel bestehen, daß eine Besitznahme, die keinem vorgängigen Recht zuwiderläuft, einen Akt darstellt, der gewisse Rechte schafft. Zu allen Zeiten hat die Menschheit der ersten Besitznahme eine rechtliche Prärogative eingeräumt. Die Willenserklärung, durch die wir unsere Absicht bekunden, uns einen Gegenstand anzueignen, der gegenwärtig noch keinen Besitzer hat, ist nicht ohne moralischen Wert und hat Anspruch auf eine gewisse Achtung.

Andererseits aber zeigt sich die Unmöglichkeit, das Eigentum einzig und allein auf dieses Element zurückzuführen, mit besonderer Deutlichkeit in einem System, das die Prärogativen des ersten Besitzers durch ein moralisches Prinzip

und nicht allein durch Nützlichkeitserwägungen zu begründen versucht. Kant ist hier gezwungen, seiner eigenen Argumentation zu widersprechen. Wenn die verschiedenen Willen unabhängig von ihren räumlichen Manifestationen alles sind, was sie sein können, dann können sie auch in Konflikt miteinander geraten, ohne daß sie sich materiell im Widerspruch zueinander befänden. Sie können einander selbst dann negieren, widersprechen und zurückweisen, wenn die Gegenstände, auf die sie sich beziehen, nicht an einem bestimmten Punkt des Raumes aneinanderstoßen. Wenn ich mir eine Sache aneigne, die sich zwar noch niemand vor mir *de facto* angeeignet hat, die aber schon von jemandem gewollt worden ist, ohne daß dieser Wille einen physischen Ausdruck gefunden hätte, haben wir es dann nicht mit einer wechselseitigen Beeinträchtigung zu tun? Nun gibt es keine Sache, die nicht auch von jemand anderem gewollt werden könnte als von dem, der sie tatsächlich in Besitz nimmt. Materielle Hindernisse oder physische Unmöglichkeit mögen diesen anderen gehindert haben, sich beizeiten zu äußern und mir zuvorzukommen. Man kann aber unmöglich bloßen Zufällen oder einer rein physischen Überlegenheit moralischen Wert zusprechen. Es ist sogar ein logisches Skandalon, wenn gerade der physischen Gewalt eine derart bedeutsame Stellung in einem spiritualistischen System eingeräumt wird. Der Kreis der Dinge, die ich das Recht habe mir anzueignen, ist ausschließlich durch den Umfang meiner Macht bestimmt. »...z. B., innerhalb der Weite, wohin die Kanonen reichen, darf niemand an der Küste eines Landes, das schon einem gewissen Staat zugehört, fischen, Bernstein aus dem Grunde der See holen, u. dergl.« (§ 15, S. 375f.) Womit also die Rechtmäßigkeit der Aneignung von der Reichweite der Kanonen abhinge. Man baue nur Kanonen mit größerer Reichweite, und *ipso facto* findet sich der legitime rechtliche Herrschaftsbereich des Staates erweitert.
Gerade weil der Willensakt ein geistiger Akt ist, muß auch

das Gleichgewicht zwischen den individuellen Willen geistiger, das heißt moralischer Natur sein. Seine Rechtfertigung kann nicht allein darin liegen, daß die materiellen Bewegungen, in denen diese Willen ihren Ausdruck finden, geographisch voneinander getrennt sind und nicht in ein und demselben Punkt des Raumes zusammentreffen. Sie dürfen einander auch und vor allem nicht geistig widersprechen und ausschließen. Wenn eine Besitzergreifung zumindest nach unserem heutigen moralischen Bewußtsein als rechtmäßig angesehen werden soll, dann muß sie auch noch andere Voraussetzungen erfüllen als die rein zeitliche Priorität. Wir erkennen dem einzelnen nicht das Recht zu, alles in Besitz zu nehmen, wessen er sich physisch zu bemächtigen vermag. Das hat bereits Rousseau so gesehen. Auch Rousseau führte das Eigentumsrecht auf das von der Gesellschaft bestätigte und sanktionierte Recht der ersten Besitznahme zurück. Nur beschränkte er das Recht des Besitznehmers auf dessen normale Bedürfnisse. »Jeder Mensch hat natürlicherweise ein Recht auf alles, was er braucht.« [33] Man beeinträchtigt also schon dadurch die Rechte anderer, daß man sich mehr Dinge aneignet, als man braucht, und zwar selbst dann, wenn diese Dinge noch von niemandem angeeignet worden sind. »Um das Recht eines ersten Besitznehmers auf irgendein Stück Land zu begründen, bedarf es ganz allgemein der folgenden Bedingungen: Erstens, daß dieses Gebiet nicht schon von jemandem bewohnt ist; zweitens, daß man davon nicht mehr in Besitz nimmt, als man zum Unterhalt braucht.« (S. 24.) Rousseau fügt allerdings auch hinzu, daß Arbeit und Kultivierung erforderlich seien, wenn eine wirkliche Besitznahme stattfinden soll. Aber das sagt er nicht, weil die Arbeit ihm analytisch das Recht auf Besitz zu implizieren schiene, wie es der oben als erste diskutierten Theorie entsprä-

33 Jean Jacques Rousseau, *Du contrat social*, Amsterdam 1762, 1. Buch, 9. Kapitel; dt.: *Vom Gesellschaftsvertrag*, Stuttgart: Reclam, 1977, S. 23f.

che. Vielmehr ist die Arbeit in seinen Augen das einzig authentische Zeichen der Besitzergreifung. Sie ist nur ein Symbol, ein Rechtstitel. In diesem Punkte unterscheidet sich seine Theorie also nur unbedeutend von der Kantischen.
Ein weitaus bedeutsamerer Unterschied liegt in der Tatsache, daß er den Umfang rechtmäßiger Besitzergreifung an den Umfang der normalen Bedürfnisse knüpft. Doch wenn das Recht des ersten Besitznehmers in Kants Theorie allzu unbegrenzt war, so liegt hier auf der Hand, daß es zu stark eingeschränkt wird. Man kann möglicherweise sagen, der Mensch habe das Recht, wenigstens so viel zu besitzen, wie er zum Leben braucht, nicht aber, er habe kein Recht, mehr zu besitzen. Rousseau war von der Vorstellung beherrscht, daß es ein natürliches Gleichgewicht gebe, welches einerseits von der Natur des Menschen und andererseits von der Natur der Dinge abhänge; jede Veränderung dieses Gleichgewichts zerstöre den Normalzustand des Menschen und stürze ihn ins Unglück. Daher auch seine Idee einer Gesellschaft, in der vollkommene Gleichheit herrscht, das heißt eine Gleichheit des Mittelmaßes, wobei niemand viel mehr besitzt, als er zum Leben unbedingt braucht. Doch diese Auffassung ist heute nur noch von historischem Interesse. Rousseaus natürliches Gleichgewicht ist eine Hypothese, die in der Wirklichkeit keine Entsprechung findet. Die große Veränderung, die das gesellschaftliche Leben bringt, liegt ja darin, daß es an die Stelle des festen, unveränderlichen Gleichgewichts, dem wir bei den Tieren begegnen, ein variables, in stetiger Veränderung begriffenes Gleichgewicht setzt; daß es die sogenannten natürlichen Bedürfnisse durch andere Bedürfnisse ersetzt hat, deren Befriedigung nicht unbedingt lebensnotwendig, aber dennoch nicht weniger legitim ist.
Diese Diskussion hat vor allem den Vorzug gehabt, daß sie uns die Komplexität des Phänomens vor Augen führen konnte. Ohne Zweifel gehen unterschiedliche Elemente darin ein. Wir wollen nun versuchen, diese Elemente zu analy-

sieren. Doch dazu müssen wir zunächst die Sache definieren, von der die Rede ist. Was ist unter dem Eigentumsrecht zu verstehen? Worin besteht es? Woran kann man es erkennen? Wir werden sehen, daß die Antwort auf diese Ausgangsfrage die Suche nach den Ursachen erleichtern wird.

Die Definition, nach der wir suchen, muß das Eigentumsrecht auf allgemeine Weise zum Ausdruck bringen, das heißt, sie muß von den spezifischen Modalitäten abstrahieren, die es zu verschiedenen Zeiten in den verschiedenen Ländern gekennzeichnet haben mögen. Wir müssen zunächst herauszufinden versuchen, was sein Wesen ausmacht, das heißt, welche Gemeinsamkeiten sich in den unterschiedlichen Auffassungen vom Eigentum auffinden lassen.

Die Idee des Eigentums läßt zunächst an die Idee einer Sache denken. Zwischen beiden Begriffen besteht offenbar ein enger Zusammenhang, in dem Sinne nämlich, daß man nur Sachen besitzen und daß jede Sache besessen werden kann. Zweifellos entspricht es unserer heutigen Denkweise, daß wir die Vorstellung, man könnte auch andere Objekte rechtmäßig besitzen, zurückweisen. Dennoch müssen wir sehen, daß auch die Tiere unter die Sachen subsumiert werden, denn sie werden in derselben Weise besessen wie unbelebte Dinge. Doch diese Einschränkung ist relativ neuen Datums. Solange es Sklaven gab, waren die Sklaven Objekt eines dinglichen Rechtes, das sich vom Eigentumsrecht nicht unterscheiden ließ. Der Sklave gehörte seinem Herrn auf dieselbe Weise wie Felder oder Tiere. Dasselbe galt in gewisser Hinsicht zumindest in Rom auch für den Sohn des Hauses. Abgesehen von seinen Beziehungen zur Öffentlichkeit galt er als Eigentumsobjekt. Im frühen Rom konnte man Ansprüche auf ihn anmelden; doch die *rei vindicatio* (der Anspruch auf Herausgabe) ist nur auf Dinge anwendbar, auf die ein Eigentumsanspruch besteht, das heißt auf körperliche Dinge *in commercio*. Noch in klassischer Zeit konnte der Vater seinen Sohn rechtsgültig verkaufen, und bis in Justinians Zeiten konnte der Sohn Objekt eines *furtum* (eines Raubes) sein. Die Idee des Verkaufs und des furtum setzt aber notwendig eine Sache voraus, die dem Eigentumsrecht unterliegt.

Umgekehrt gibt es Dinge, die nicht Gegenstand eines Eigentumsrechtes sein können. Dazu gehörten einstmals die heiligen Dinge, das, was man in Rom als *res sacrae et religiosae* bezeichnete. Die heiligen Dinge standen in der Tat außerhalb jeglichen Handels; sie waren unveräußerlich und konnten nicht zum Gegenstand eines dinglichen Rechts oder eines Schuldverhältnisses werden. Sie wurden von niemandem besessen. Man kann allerdings sagen – und man sagte auch –, sie seien das Eigentum der Götter. Aber diese Formel besagt ja nichts anderes, als daß sie kein menschliches Eigentum darstellten, und nur mit dem von Menschen ausgeübten Eigentumsrecht befassen wir uns hier. In Wirklichkeit brachte man, wenn man die heiligen Dinge den Göttern zuordnete, lediglich zum Ausdruck, daß sie von keinem Menschen angeeignet werden konnten. Doch dies sind nicht die einzigen Dinge, auf die eine solche Kennzeichnung zutrifft. Darüber hinaus gibt es auch noch, was man in Rom als *res communes* bezeichnete, das heißt jene Dinge, die niemandem gehören, weil sie allen gehören, die sich ihrer Natur nach jeder privaten Aneignung entziehen: die Luft, die fließenden Gewässer, das Meer. Jedermann kann sie nutzen, aber es ist unmöglich, einen einzelnen Menschen oder eine Gruppe zu benennen, die ihr Eigentümer wäre. Es gibt in der Tat jenen Bereich, den man heute als öffentliches Eigentum bezeichnet, die Wege und Straßen, die mit Schiffen oder Flößen befahrbaren Flüsse, die Uferregionen des Meeres. All diese Güter werden vom Staat verwaltet, aber sie sind nicht eigentlich Eigentum des Staates. Jedermann kann sie frei benutzen, selbst Ausländer. Der Staat, der sie verwaltet, hat nicht das Recht, sie zu verkaufen; zwar hat er im Hinblick auf sie gewisse Pflichten zu erfüllen, aber ein Eigentumsrecht hat er nicht an ihnen.

Daraus ergibt sich, daß der Kreis der aneignungsfähigen Dinge nicht notwendig durch deren natürliche Beschaffenheit bestimmt wird, sondern durch das Recht jedes einzelnen Volkes. Die Meinung jeder Gesellschaft bewirkt, daß bestimmte Gegenstände als aneignungsfähig gelten und andere nicht. Nicht objektive Eigenschaften, wie die Naturwissenschaften sie bestimmen können, sind dafür ausschlaggebend, sondern die Art und Weise, wie sie im Denken der Öffentlichkeit vorgestellt werden. Eine Sache, die gestern nicht angeeignet werden konnte, kann dies heute und umgekehrt. Daraus folgt, daß die Natur des angeeigneten Gegenstandes nicht in unsere Definition eingehen kann. Wir können nicht einmal sagen, es müsse sich um eine körperliche, sinnlich greifbare Sache handeln. Es gibt keinen Grund, warum nicht auch körperlose Dinge Gegenstand von Eigentum sein sollten. *A priori* läßt sich keine Grenze für die Fähigkeit der Gemeinschaft angeben, allem, was es nur gibt, jene Merkmale zu- oder abzusprechen, die für eine Aneignung im rechtlichen Sinne erforderlich sind. Wenn ich mich im folgenden des Ausdrucks »Sache« oder »Ding« bediene, so tue ich dies in einem vollkommen unbestimmten Sinne und ohne damit beweisen zu wollen, daß dieser Sache oder diesem Ding bestimmte Eigenschaften zukämen.

Dasselbe gilt für das Subjekt des Besitzes. Ohne Zweifel handelt es sich im allgemeinen um einen oder mehrere Menschen, die da etwas besitzen. Aber es kann sich auch um eine Gruppe handeln oder um eine gedachte Einheit wie den Staat, die Gemeinde oder die Familie, die als kollektive Eigentümer auftreten. Außerdem genügt es nicht, Mensch zu sein, um auch Eigentümer sein zu können. Lange Zeit konnten nur Mitglieder der betreffenden Gesellschaft dieses Recht ausüben. Der Kreis der Personen, die berechtigt sind, Eigentum zu haben, wird ebenso von der Gesetzgebung je-

des Landes bestimmt wie der Kreis der Dinge, die besessen werden können. Daher kann unsere Definition nur eines zum Ausdruck bringen, nämlich das Wesen der Beziehung zwischen der besessenen Sache und dem Subjekt, das sie besitzt, wobei von allen konstituierenden Merkmalen der Sache wie auch des Subjekts abstrahiert werden muß.
Worin besteht nun diese Beziehung? Was ist ihr besonderes Kennzeichen?
Auf den ersten Blick mag es scheinen, als bestünde die natürlichste Methode darin, nach diesem besonderen Kennzeichen in den Eigenheiten jener Machtbefugnisse zu suchen, über die das Subjekt gegenüber der besessenen Sache verfügt.
Die Rechtswissenschaft hat diese Machtbefugnisse schon seit langem auf insgesamt drei reduziert: das *jus utendi,* das *jus fruendi* und das *jus abutendi.* Beim ersten handelt es sich um das Recht, die Sache so, wie sie ist, zu benutzen, in einem Haus zu wohnen, auf einem Pferd zu reiten, in einem Wald spazierenzugehen usw. Das *jus fruendi* ist das Recht an den Früchten der Sache, an den Früchten der Bäume und des Bodens, an den Zinserträgen aus einer Geldsumme, an den Mieteinnahmen eines Hauses usw. Wie man sieht, sind *jus utendi* und *jus fruendi* allenfalls durch eine Nuance unterschieden; beide umfassen das Recht, die Sache zu benutzen, ohne sie materiell oder rechtlich zu denaturieren, das heißt ohne ihre körperliche Beschaffenheit oder ihre rechtliche Verfassung zu verändern. Die letztgenannte Machtbefugnis ist im *jus abutendi* enthalten. Darunter versteht man das Recht, die Sache zu verändern oder sogar zu vernichten, entweder indem man sie zum Beispiel verbraucht oder aber indem man sie veräußert, also ihren rechtlichen Status verändert.
Aber ist nun die Aufzählung dieser verschiedenen Machtbefugnisse tatsächlich ein charakteristisches Merkmal des Eigentumsrechts?

Zunächst einmal ist das Recht auf die Nutzung einer Sache und ihrer Früchte gänzlich uncharakteristisch, denn man darf dieses Recht auch an Sachen ausüben, die gar nicht angeeignet werden können. Ich nutze Luft und Wasser und all die gemeinschaftlichen Dinge und kann sie dennoch nicht besitzen. Auch Wege, Straßen und Flüsse benutze ich, ohne daß ich deren Eigentümer wäre. Ich darf die Früchte jener Bäume aufsammeln, deren Äste über einen Weg ragen oder die in einem öffentlichen Wald wachsen, obwohl ich nicht ihr Eigentümer bin. Mit anderen Worten, eine Sache oder ihre Früchte zu nutzen, hat lediglich zur Voraussetzung, daß die betreffende Sache nicht zuvor von jemand anderem angeeignet worden ist, keineswegs aber, daß ich sie mir zuvor angeeignet hätte. Außerdem ist zu fragen, um was für ein Nutzungsrecht es sich denn handelt. Ist es ein unbeschränktes Recht? Will man sagen, der Eigentümer könne sich der Sache ganz nach Belieben und ohne jede Einschränkung bedienen? Es gibt kein Land, in dem das Gesetz einen so schrankenlosen Gebrauch zuließe. Das Nutzungsrecht ist stets in irgendeiner Weise eingeschränkt. Es gibt Vorschriften für Sachen, für Ernten, an die der Eigentümer sich zu halten hat. Früher war es strengstens untersagt, die Getreideernte oder die Weinlese vor dem festgelegten Tag zu beginnen, und selbst die Art und Weise, wie man dabei vorgehen mußte, war vorgeschrieben. Das Recht, sein Eigentum und dessen Früchte zu nutzen, ist in hohem Maße beschränkt, und dennoch ist es das Recht des Eigentümers.[34] Und dasselbe gilt für die verheiratete Frau, die bezüglich ihrer Mitgift und deren Erträge nur beschränkte Eigentumsrechte ausüben darf.

Ähnliches läßt sich auch über das *jus abutendi* sagen, das heißt über das Recht, durch ... oder auf andere Weise ... zu verfügen. Es kann auch von anderen als dem Eigentümer

34 Text nach Plausibilitätserwägungen rekonstruiert.

ausgeübt werden. Jede Verwaltungsbefugnis setzt auch ein Verfügungsrecht voraus. Der Familienrat oder der Vormundschaftsrat können die Güter des Minderjährigen oder des Entmündigten verändern. Dennoch sind sie nicht Eigentümer dieser Güter, und dasselbe gilt für die Machtbefugnisse des Ehemannes hinsichtlich der Güter seiner Frau.[35] Sehr häufig umfaßt das Eigentumsrecht keineswegs auch das Recht zur Veräußerung. Jahrhundertelang war der Familienbesitz unveräußerlich. Solange keine Testierfreiheit zugestanden wurde, war das Recht des Vaters, seinen Besitz zu veräußern, eingeschränkt; er konnte nicht frei im Wege des Testaments darüber verfügen. Noch heute sind in den meisten Ländern seine Rechte in dieser Hinsicht eingeschränkt. Selbst Geschenke unter Lebenden, die er hat machen können, werden in mehreren Rechtssystemen rückgängig gemacht, falls es noch lebende eheliche Kinder gibt. Gehören Immobilien zur Mitgift der Frau, so dürfen diese nur in ganz bestimmten gesetzlich festgelegten Fällen vom Ehemann oder von der Ehefrau veräußert oder mit Hypotheken belegt werden, obwohl die Frau doch die Eigentümerin der Immobilien ist; diese Unveräußerlichkeit dient dem Schutz der Frau und ermöglicht es ihr, bestimmte Akte zu widerrufen, falls die Ehe geschieden wird.[36] Die Rechte des Vormundes sind in derselben Weise beschränkt. Dabei tritt hier die enge Begrenzung sämtlicher dem Eigentümer einer Sache zugestandenen Rechte besonders deutlich zutage. Wie wenig diese Rechte ins Belieben des Eigentümers gestellt sind, zeigt sich gerade darin, daß dieser sie nur dann im vollen Sinne besitzt, wenn er sie in einer bestimmten Weise ausübt. Wer sein Vermögen auf unbedachte Weise verwaltet, wer es verschwendet oder verkommen läßt, dem wird die Verwaltung oder sogar die Nutzung seines Eigentums entzogen. Das ist der beste Beweis dafür, daß Eigentum nichts Absolutes ist.

35 Wahrscheinliche Deutung.
36 Rekonstruktion der Bedeutung, möglicherweise auch des Textes.

So findet sich die Befugnis zur Nutzung und zum Nießbrauch auch in Fällen, in denen kein Eigentumsrecht besteht. Die Verfügungsgewalt kann nahezu vollständig ausgebildet sein und jederzeit auch von einem Nichteigentümer ausgeübt werden, ohne daß das Eigentumsrecht verschwände. Deshalb kann die Liste dieser Rechte keineswegs als Charakteristikum des Eigentumsrechts angesehen werden. Die einen Rechte können fehlen, die anderen anderswo liegen, und beide können beträchtlich variieren, ohne daß das Eigentumsrecht im selben Maße variierte. Alles, was man sagen kann, ist, daß überall, wo dieses Recht existiert, ein Subjekt vorhanden ist, dem die Fähigkeit zukommt, rechtmäßig bestimmte Machtbefugnisse über das Objekt des Besitzes auszuüben, ohne daß man allerdings präzise und allgemein angeben könnte, worin denn diese Befugnisse bestehen. Es muß immer solche Befugnisse geben, aber man kann nicht genau sagen, welche es sind. Im einen Falle finden wir das Recht zur Veräußerung, im anderen fehlt es; im einen Falle finden wir das Recht zur Zerstörung der besessenen Sache, im anderen wiederum wird es nicht eingeräumt. Im einen Falle ist es hoch entwickelt, im anderen dagegen weniger usw. Daher können diese Rechte auch nicht zur Charakterisierung des Eigentumsrechts dienen. Denn es gibt Dinge, über die uns durchaus Machtbefugnisse zustehen und die wir dennoch nicht besitzen. Die Hypothek verleiht uns Rechte an einem Grundstück oder einem Haus, auf denen die Hypothek liegt; aber wir sind nicht deren Eigentümer. Jedes Recht zur Verwaltung von Vermögen setzt einen gewissen Einfluß auf die betreffenden Sachen voraus, und dennoch ist Verwalten nicht dasselbe wie Besitzen.

Das Eigentum läßt sich also nicht durch die positive Bestimmung der im Eigentum vorausgesetzten Machtbefugnisse definieren. Diese Machtbefugnisse sind zu präzise, zu spezifisch oder zu allgemein. Entweder sind sie allzusehr auf bestimmte Eigentumsformen und auf bestimmte Umstände beschränkt, oder sie existieren unabhängig von jeder Eigentumsform. Doch hier nun ein Merkmal, das charakteristisch ist: Man kann Dinge, die man nicht besitzt, dennoch rechtmäßig benutzen; aber falls Eigentum besteht, darf nur der Eigentümer sie benutzen, gleich ob es sich dabei nun um eine reale oder eine juristische Person, einen einzelnen oder ein Kollektiv handelt. Die Nutzungsrechte mögen weit oder eng gefaßt sein, in jedem Falle darf nur er sie ausüben. Eine Sache, an der ich ein Eigentumsrecht habe, ist eine Sache, die nur ich benutzen darf. Sie ist dem allgemeinen Gebrauch entzogen und einem einzelnen vorbehalten. Ich darf sie zwar nicht nach Belieben gebrauchen, aber niemand anderes als ich darf sie überhaupt gebrauchen. Man kann einen Vormund bestellen, der darüber wacht und dafür sorgt, daß ich sie in einer bestimmten Weise gebrauche, doch man kann niemanden an meine Stelle setzen, der sie statt meiner gebrauchte. Wenn wir deren zehn sind, die von ihr Gebrauch machen, so weil wir zehn Eigentümer sind. An dieser Stelle mag man auf die Institution des Nießbrauch hinweisen. Der Nutzungsberechtigte macht in der Tat von der Sache Gebrauch und ist dennoch nicht deren Eigentümer. Aber was macht den Eigentümer der Sache zu ihrem Eigentümer oder zum Eigentümer überhaupt wenn nicht die Tatsache, daß er dazu bestimmt ist, sie eines Tages zu nutzen? Sieht man von diesem späteren Nutzungsrecht ab, so bleibt nichts übrig. Man sagt, er besitze das betreffende Vermögen; das heißt, er besitzt die Fähigkeit, das Vermögen von einem bestimmten Zeitpunkt an zu nutzen. Das Vermögen verkaufen hieße diese Fähigkeit verkaufen, die solange latent bleibt, wie der Nießbrauch ausgeübt wird, aber eines Tages in Aktion treten soll. Wir haben es in Wirklichkeit also mit zwei Eigentümern zu tun; der eine nutzt es gegenwärtig, der andere wird es später einmal nutzen, wobei der Unterschied darin liegt, daß ersterer seine Rechte so auszuüben hat, daß die Rechte des zweiten gewahrt bleiben. Deshalb darf er den Vermögensfond nicht schmälern, denn dieser Fond bildet die Existenzgrundlage für das Recht des zweiten. Man sagt übrigens häufig, das Recht auf Nießbrauch sei das Ergebnis einer Zerlegung des Eigentumsrechts; präziser wäre es vielleicht, wenn man sagte, es sei das Ergebnis einer zeitlichen Aufteilung dieses Rechts.

Wir dürfen indessen nicht aus dem Blick verlieren, daß die Nutzung an sich noch nicht das Kennzeichen des Eigentums ist, sondern die ausschließliche Nutzung, die Tatsache also, daß es allen anderen untersagt ist, das betreffende Objekt zu nutzen. Das Eigentumsrecht besteht seinem Wesen nach in dem Recht, eine Sache der gemeinschaftlichen Nutzung zu entziehen. Ob der Eigentümer sie nun tatsächlich nutzt oder nicht, ist sekundär. Aber er hat das Recht, andere an der Nutzung zu hindern, ja fast, sie überhaupt zu berühren. Das Eigentumsrecht findet seine Definition somit viel eher durch eine negative Bestimmung als durch einen positiven Inhalt, eher durch die Ausschließung, die darin enthalten ist, als durch die Zuordnung, die es vornimmt.

Allerdings ist hier eine Einschränkung zu machen. Es gibt eine Entität, die berechtigt ist, auch Dinge zu nutzen, die von einzelnen angeeignet worden sind, und das ist die kollektive Entität, die im Staat verkörpert ist. Der Staat kann den einzelnen Bürger tatsächlich im Wege der Beschlagnahme dazu verpflichten, sein Eigentum zur Verfügung zu stellen; ja, er kann ihn im Wege der Enteignung sogar dazu verpflichten, sein Eigentum zugunsten einer öffentlichen Nutzung ganz aufzugeben, und die nachgeordneten Organe des Staates, die Kommunen, haben dasselbe Recht. So gilt also das Ausschließungsrecht, in dem wir das definierende Merkmal des Eigentumsrechts erblicken, nur bezüglich einzelner Privatleute und Gruppen von Privatleuten. Wir sagen daher abschließend: Das Eigentumsrecht ist das Recht eines bestimmten Subjekts, andere Subjekte vom Gebrauch einer bestimmten Sache auszuschließen, und zwar andere individuelle und kollektive Subjekte mit Ausnahme des Staates und seiner nachgeordneten Organe, die ihr Nutzungsrecht im übrigen nur unter besonderen, vom Gesetz vorgesehenen Bedingungen ausüben dürfen.

Diese Definition zeigt uns nun, wo wir suchen müssen, wenn wir herausfinden wollen, auf welche Weise das Eigentumsrecht zustande gekommen ist.

Es folgt in der Tat daraus, daß die angeeignete Sache eine dem gemeinschaftlichen Bereich entzogene Sache ist. Nun trifft diese Kennzeichnung auch auf alle religiösen oder heiligen Dinge zu. Überall, wo es Religionen gibt, zeichnen sich die heiligen Dinge dadurch aus, daß sie dem gemeinschaftlichen Verkehr entzogen und abgesondert worden sind. Dem gewöhnlichen Menschen ist ihre Nutzung verwehrt. Er darf sie nicht einmal berühren. Nur solche Menschen dürfen sich ihrer bedienen, die eine gewisse Verwandtschaft mit diesen Dingen haben, das heißt, die gleichfalls heilig sind: die Priester, die Großen, die Beamten, falls letzteren ein religiöser Charakter zukommt. Diese Verbote bilden letztlich die Grundlage jener Institution, die man als Tabu bezeichnet und die vor allem in Polynesien verbreitet ist. Das Tabu ist die Absonderung eines Objektes als heilig, das heißt als dem göttlichen Bereich zugehörig. Aufgrund dieser Absonderung ist es verboten und gilt als Sakrileg, sich des unter das Tabu fallenden Objekts zu bemächtigen oder es auch nur zu berühren. Nur solche Menschen dürfen es berühren, die selbst tabu sind oder auf einer Stufe mit dem betreffenden Objekt stehen. Daraus folgt, daß es Dinge gibt, die für die einen tabu und verboten sind, während andere sich ihrer frei bedienen dürfen. Das von einem Priester oder Häuptling bewohnte Gebiet war für gemeine Sterbliche tabu und durfte von gewöhnlichen Menschen nicht genutzt werden, aber gerade aus dieser Absonderung ergab sich das volle Eigentum des Herrn. Zwar ist die Institution des Tabu in Polynesien besonders stark ausgeprägt und wird dort strenger befolgt als anderswo; in Wirklichkeit aber handelt es sich um eine äußerst allgemeine Erscheinung. Zwischen dem Tabu der Polynesier und dem sacer der Römer besteht allenfalls ein gradueller Unterschied. Wir sehen, wie eng die Beziehung zwischen diesem Begriff und dem des Eigentums ist. Wie um das heilige Objekt, so bildet sich auch um die angeeignete Sache ein leerer Raum. In gewissem Sinne muß jedermann sich davon entfernt halten, es sei denn, der Betreffende oder die Betreffenden besitzen jene Qualität, die erforderlich ist, um es berühren und von ihm Gebrauch machen zu dürfen. In beiden Fällen gibt es Objekte, die zu nutzen oder denen sich zu nähern allen verboten ist, sofern sie nicht bestimmte Voraussetzungen erfüllen. Und da die Voraussetzungen im einen Fall religiöser Natur sind, spricht alles dafür, daß sie auch im anderen Fall religiöser Art sind. Daher dürfen wir annehmen, daß der Ursprung des Eigentums in der Natur bestimmter religiöser Glaubensvorstellungen zu finden sein muß. Denn da die Wirkungen dieselben sind, werden sie aller Wahrscheinlichkeit nach auch auf Ursachen derselben Art zurückgehen.

Übrigens können wir die Verwandtschaft zwischen dem Begriff des Tabu oder des Heiligen und dem Begriff des Eigentums in manchen Fällen unmittelbar erkennen. Ersterer bringt letzteren hervor. In Tahiti sind die Könige, die Fürsten und die Großen heilige Wesen. Diese Heiligkeit ist ansteckend, das heißt, sie teilt sich allen mit, die das damit behaftete Objekt berühren. Ein Häuptling kann daher mit keiner Sache in Berührung kommen, ohne daß diese Sache dadurch im selben Maße und in derselben Weise tabu würde wie er selbst. Daraus folgt nun wiederum ipso facto, daß diese Sache zu seinem Eigentum wird. Auch werden in Tahiti Menschen dieser Art, wenn sie ihre Wohnstatt verlassen, stets auf Schultern getragen, weil sie sonst den Boden, den sie berührten, mit ihrem Tabu belegten und zu ihrem Eigentum machten. Die Verwandtschaft beider Ideen ist so eng, daß sie sehr oft im gleichen Sinne verwendet werden. Eine Sache für tabu erklären oder sie sich aneignen sind synonym. Als man in der Nähe von Honolulu eine Diamantenmine entdeckte, erklärte die Königin sie für tabu, um sich das Eigentum daran zu sichern. Überließ man einem Fremden ein Stück Land, so erklärte man es für tabu, um es dem Zugriff durch die Eingeborenen zu entziehen. Während der Ernte oder des Fischfangs erklärte man den Fluß oder das Feld für tabu, um deren Früchte zu schützen. Genauso verfuhr man mit dem Wald, während man jagte. »Selbst der einfache Mann konnte sein Eigentum auf diese Weise schützen. Er verlieh ihm einen heiligen Charakter oder ließ ihm diesen Charakter verleihen.« (Wurtz, VI, S. 344.)[37] Am Ende wurde so aus dem Tabu ein Rechtsanspruch. Daher die enge Beziehung zwischen der Definition des Tabu und der des Eigentums.[38]

37 Wurtz, Text nicht identifiziert.
38 Ende des Satzes unleserlich; Bedeutung trotz des lückenhaften Textes rekonstruiert.

DREIZEHNTE VORLESUNG

Das Eigentumsrecht (Fortsetzung)

Wie wir gesehen haben, läßt sich das Eigentumsrecht nicht durch den Umfang der drei dem Eigentümer zugesprochenen Rechte definieren. Diese Rechte sind von zweierlei Art. Zunächst scheint das Recht, über das Eigentum entweder im Wege der Veräußerung oder im Wege seiner Denaturierung zu verfügen, in besonderem Maße charakteristisch für das Eigentumsrecht zu sein. Nun kann dieses Recht aber auch vollständig fehlen, ohne daß das Eigentumsrecht deshalb verschwände. Minderjährige, Entmündigte und Menschen, denen ein Rechtsbeistand zur Seite gestellt worden ist, können nicht selbst über ihre Güter verfügen und bleiben dennoch deren Eigentümer. Dagegen besitzt der Familienrat diese Verfügungsgewalt bis zu einem gewissen Punkte, ohne daß ihm ein Eigentumsrecht an der betreffenden Sache eingeräumt würde. Bleibt noch das Nutzungsrecht, das sich in gewissen Grenzen überall findet, wo es ein Eigentumsrecht gibt. Der Minderjährige nutzt sein Vermögen oder die Früchte dieses Vermögens nicht, wie er es gerne will; vielmehr zieht er insofern Nutzen aus seinem Vermögen, als daraus die Kosten für seine Erziehung bestritten werden. Aber auch in diesem Punkte besteht zwischen ihm und einem Erwachsenen, der sein Vermögen so verwendet, wie er es gerne möchte, allenfalls ein gradueller Unterschied, denn auch der Erwachsene kann nicht nach Belieben über sein Eigentum verfügen; wenn er sich nämlich als Verschwender erweist, kann es ihm geschehen, daß man ihn entmündigt. Doch auch wenn das Nutzungsrecht sich überall dort findet, wo es Eigentum gibt, kann es dennoch nicht als Charakteristikum des Eigentumsrechts gelten, denn es findet sich auch anderswo. Insbesondere kann jedermann die Dinge des öffentlichen Bereichs wie die *res nullius* oder die *res communes* nutzen und freien Gebrauch von ihnen machen, ohne deshalb deren Eigentümer zu sein.

Indessen nähern wir uns dem wirklichen Spezifikum des Eigentumsrechts, wenn wir die Idee der Nutzung um ein besonderes Merkmal erweitern und dadurch näher bestimmen. Eines der Merkmale, welche das dem Eigentümer zustehende Nutzungsrecht von allen ähnlich gearteten Rechten unterscheidet, liegt darin, daß es jedes konkurrierende Recht ausschließt. Der Eigentümer nutzt die betreffende Sache nicht nur, vielmehr ist er allein berechtigt, sie zu nutzen; in Fällen, in denen es gleichzeitig mehrere Nutzungsberechtigte gibt, existieren entsprechend auch mehrere Eigentümer. Jeder Eigentümer hat das Recht, jedes andere Subjekt von seiner Sache fernzuhalten. Wie er seine Nutzung gestaltet, ist dabei zweitrangig; entscheidend ist, daß niemand anderes die Sache an seiner Stelle nutzen darf. Die Sache ist der gemeinschaftlichen Nutzung entzogen und seinem persönlichen Gebrauch vorbehalten. Hier findet die Idee der Aneignung zum Teil ihre Grundlage. Indessen gibt es in diesem Begriff etwas noch Fundamentaleres, das uns bisher entgangen ist. Eine exklusive Nutzung findet sich in einer Reihe von Fällen, in denen ein Eigentumsrecht im eigentlichen Sinne gar nicht vorliegt. Hier handelt es sich um Fälle, in denen das Nutzungsrecht auf bestimmte Weise zwischen einem bestimmten Objekt und einem oder mehreren Subjekten unter Ausschluß aller übrigen Subjekte hergestellt wird. Das Recht auf Nießbrauch ist der Prototyp dieses Rechtes. Daß auch dieses erste Kennzeichen im Eigentumsrecht bereits enthalten ist, zeigt sich indessen daran, daß der Nießbrauch selbst ein Element dieses Rechtes bildet; gewöhnlich sieht man darin das Produkt einer Zerlegung des Eigentumsrechts. Wir befinden uns also bereits im Umkreis der Dinge, die wir definieren wollen; aber wir sind noch nicht bis in deren Zentrum vorgestoßen. Da ist noch etwas, das uns entgangen ist. Da Eigentümer und Nießbraucher nebeneinander zu existieren vermögen, kann das Nutzungsrecht nicht das ganze Eigentumsrecht ausmachen. Worin besteht die Beziehung des Nur-Eigentümers zu der von ihm besessenen Sache? Es handelt sich um ein moralisches und rechtliches Band, welches bewirkt, daß die Sache vom Schicksal der Person abhängt. Stirbt die Person, so geht die Sache an die Erben über. Allgemein formuliert, gibt es eine Art moralischer Gemeinschaft zwischen der Sache und der Person, aufgrund deren die eine am sozialen Leben und der sozialen Stellung der anderen partizipiert. Die Person gibt der Sache ihren Namen oder umgekehrt: die Sache gibt der Person ihren Namen. Die Person adelt die Sache, oder die Sache, der Besitz, überträgt seine Privilegien, sofern Privilegien daran geknüpft sind, an die Person. Ein Majoratsgut verleiht dem, der es erbt, spezielle Rechte und einen Titel. Selbst wenn das familienbezogene Erbrecht morgen abgeschafft würde, bliebe dieses das Eigentumsrecht kennzeichnende Band dennoch erhalten, denn eine andere Form der Vererbung träte an dessen Stelle; dann würde das Erbe zum Beispiel an die Gesellschaft fallen, und damit würde der Tod des gegenwärtigen Besitzers auch weiterhin die soziale Stellung der in seinem Besitz befindlichen Dinge berühren.

Dies sind die beiden konstitutiven Elemente der *angeeigneten Sache*. Wir haben nun gesehen, welche Übereinstimmungen sich hier mit der *religiösen Sache* ergaben. Die religiöse Sache steht zur heiligen Person in einer engen verwandtschaftlichen Beziehung; sie ist auf dieselbe Weise und im selben Maße heilig wie diese Person. Dinge, die heilig sind, weil sie in einer Beziehung zum religiösen Oberhaupt oder zum Staatsoberhaupt stehen, sind dies in höherem Maße und mit ganz anderem Recht als Dinge, die in einer Beziehung zu heiligen Personen von geringerer Bedeutung stehen. Das Tabu, das auf den Dingen liegt, ist eine Parallele zu dem Tabu, das den Personen anhaftet. Und alles, was den religiösen Status der Person verändert, berührt auch den religiösen Status der Sache und umgekehrt. Andererseits ist die religiöse Sache abgesondert und dem gemeinschaftlichen Gebrauch entzogen; niemand darf sich ihr nähern, der nicht die dazu erforderlichen Eigenschaften besitzt. So scheint es denn, daß die angeeignete Sache lediglich eine Abart der religiösen Sache darstellt.

Zwischen diesen beiden Arten von Dingen gibt es noch eine weitere Übereinstimmung, die nicht weniger charakteristisch ist und deren fundamentale Identität belegt. Es handelt sich übrigens lediglich um einen anderen Aspekt der bereits aufgezeigten Analogien. Der religiöse Charakter ist überall dort, wo er vorkommt, überaus ansteckend; er teilt sich jeder Person mit, die mit ihm in Berührung kommt. Manchmal ist dieser religiöse Charakter so stark ausgeprägt, daß schon eine kurze, oberflächliche Annäherung zu diesem Ergebnis führt; ist er dagegen nur mittelmäßig ausgeprägt, bedarf es eines längeren und intensiveren Kontaktes. Aber im Prinzip wird alles, was mit einer heiligen Person oder einer heiligen Sache in Berührung kommt, seinerseits heilig, und zwar in derselben Weise wie diese Person oder Sache. Der Volksglaube stellt sich das Prinzip, das der religiösen Wesenheit innewohnt und ihren religiösen Charakter ausmacht, gleichsam in der Weise vor, daß es stets bereit sei, sich in jeden Raum hinein auszubreiten, der ihm offensteht.

Von daher kommt auch ein Teil der rituellen Verbote, die das Heilige vom Profanen trennen; es geht darum, dieses Prinzip zu isolieren und es daran zu hindern, sich zu verlieren oder zu verflüchtigen. Darum habe ich gesagt, daß dieser ansteckende Charakter lediglich einen anderen Aspekt der für religiöse Dinge typischen Isolierung darstellt. Wenn der heilige Charakter die Dinge, denen er sich mitteilt, solcherart in den Kreis der heiligen Dinge hereinholt, dann kann man auch verallgemeinernd sagen, das Heilige ziehe das

Profane, mit dem es in Berührung kommt, gewissermaßen an sich. Woher diese einzigartige Erscheinung kommt, braucht hier nicht weiter erklärt zu werden, zumal wir über keine sonderlich befriedigende Erklärung verfügen. Aber die Realität dieser Tatsache steht außer Zweifel; um uns davon zu überzeugen, brauchen wir lediglich auf die Beispiele zu verweisen, die wir beim letzten Mal für die Ansteckungsfähigkeit des Tabu gegeben haben.

Nun zeigt die Qualität, die bewirkt, daß eine Sache Eigentum eines bestimmten Subjekts ist, denselben ansteckenden Charakter. Sie neigt stets dazu, von den Objekten, denen sie anhaftet, auf alles, was mit ihnen in Berührung kommt, überzugehen. Eigentum ist ansteckend. Wie die religiöse Sache, so zieht auch die angeeignete Sache alle Dinge, die mit ihr in Berührung kommen, an sich und eignet sie sich an. Die Existenz dieser außergewöhnlichen Fähigkeit findet sich in einem Komplex rechtlicher Regeln bezeugt, die schon so manchen Rechtsgelehrten in Verwirrung gebracht haben; die Rede ist vom sogenannten Eigentumserwerb durch Verbindung von Sachen. Der Grundsatz läßt sich folgendermaßen formulieren: Wird eine Sache mit einer anderen Sache von geringerer Bedeutung verbunden, so überträgt sich ihr rechtlicher Status auch auf diese zweite Sache. Der Eigentumsbereich, dem die erste Sache angehört, dehnt sich *ipso facto* auf die zweite Sache aus und umfaßt nun auch sie. Die zweite Sache geht in den Besitz des Eigentümers über, dem die erste Sache gehört. So gehören die Früchte oder Produkte einer Sache dem Eigentümer dieser Sache, und zwar auch dann, wenn sie von dieser Sache losgelöst sind. Aufgrund dieses Grundsatzes gehören Jungtiere dem Eigentümer des Muttertiers; dieselbe Regel gilt auch für Sklaven. Der Grund liegt darin, daß zwischen der Mutter und dem Kind ein unmittelbarer Kontakt besteht und nicht zwischen dem Kind und dem Vater. Außerdem fällt alles, was ein Sklave erwirtschaftet, dem Vermögen zu, dem er selbst angehört, also dem Herren, der Eigentümer dieses Vermögens ist. Der Sohn des Hauses ist, wie wir gesehen haben, Eigentum des *pater familias.* Die Rechte des *pater familias* dehnen sich vermöge der Ansteckung durch den Sohn auf alles aus, was der Sohn erwirtschaftet. Wenn ich ein Haus aus meinem eigenen Baumaterial, aber auf dem Grundstück eines anderen errichte, dann ist das Haus Eigentum des Grundstücksbesitzers. Zwar kann es sein, daß dieser gehalten ist, mir eine Abfindung zu zahlen, aber das Eigentumsrecht liegt bei ihm. Das Haus gehört ihm, und wenn er stirbt, fällt es an seine Erben. Alles, was sich an den Rändern meines Vermögens gleichsam anlagert, tritt zu meinem Vermögen hinzu, und mein Eigentumsrecht erstreckt sich nun auch auf die so hinzugefügten Dinge. Daß es sich hier tatsächlich um eine durch Kontakt herbeigeführte Ansteckung handelt, zeigt sich in der Tatsache, daß der Grundsatz des Eigentumserwerbs durch Verbindung von Sachen nicht mehr greift, falls eine Absonderung erfolgt, falls der Bereich abgegrenzt, also psychologisch und rechtlich von der Umgebung isoliert wird. Auch wenn die Bäume meines Nachbarn ihre Wurzeln in meinen Boden vortreiben, kommt es zu einer Verbindung, und mein Eigentumsrecht erstreckt sich nun auch auf diese Bäume. Wenn in all diesen Fällen die wichtigere Sache die weniger wichtige an sich zieht, so natürlich deshalb, weil das Eigentumsrecht mit der stärkeren Kraft auch die größere Anziehungskraft ausübt, falls es zum Konflikt mit einem anderen Eigentumsrecht kommt. Das Eigentumsrecht breitet sich aber nicht nur aus, es behält dabei auch seine spezifischen Merkmale. So ist der Familienbesitz an Grund und Boden in vielen Gesellschaften unveräußerlich. Diese Unveräußerlichkeit breitet sich von dem Grundvermögen auch auf die Dinge aus, die im beständigsten Kontakt damit stehen, nämlich die Zug- und Lasttiere. Daß die letztgenannte Unveräußerlichkeit einen Ausfluß der erstgenannten darstellt, geht aus der Tatsache hervor, daß sie auch früher und leichter wieder verschwindet. Es gibt zahlreiche Rechte, in denen noch Spuren dieser Unveräußerlichkeit von Grund und Boden zu finden sind, während von der Unveräußerlichkeit der landwirtschaftlichen Instrumente nichts mehr zu spüren ist.

So stoßen wir allenthalben auf frappierende Analogien zwischen dem Begriff der heiligen Sache und dem des Eigentums. Beide besitzen dieselben Merkmale. Wie wir außerdem gesehen haben, führt es vielfach zu einer Aneignung, wenn einer Sache der Charakter des Heiligen zugesprochen wird. Die Heiligung ist eine Form der Aneignung. Denn was heißt eine Sache zu heiligen anderes, als sie in das Eigentum eines Gottes oder einer heiligen Person zu überführen, sie zu der ihrigen zu machen? Man stelle sich eine Konvention vor, die zwar von geringerer Würde und von geringerer Wirksamkeit wäre, aber jedermann und auch dem gewöhnlichen Menschen zur Verfügung stünde; dann liegt auf der Hand, daß sie von der Aneignung nicht zu unterscheiden wäre. Das alles dürfte uns zwar veranlassen, die Möglichkeit einer solchen Heiligung für gegeben zu halten; es bleibt jedoch noch zu zeigen, daß sie auch Wirklichkeit ist.

Dazu müssen wir die älteste Form von Eigentum betrachten, die wir finden können, das heißt das Grundeigentum. Erst seit der Entstehung der Landwirtschaft können wir ein Eigentum dieser Art wirklich beobachten. Bis dahin gab es nur ein vages Recht der Mitglieder eines Klans auf das gesamte besetzte Territorium. Ein definiertes Eigentum entsteht erst im Schoße des Klans; begrenzte familiale Gruppen lassen sich fest auf bestimmten Teilen des Bodens nieder, markieren ihren Bereich und bleiben dort auf Dauer. Es liegt auf der Hand, daß diese alte Form familialen Grundbesitzes noch durch und durch religiös geprägt war und daß die Rechte und Privilegien, die darauf ruhten, religiöser Natur waren. Schon die Tatsache, daß er unveräußerlich war, ist ein Beleg dafür. Denn die *Unveräußerlichkeit* hat den spezifischen Charakter der *res sacrae* und der *res religiosae*. Was ist denn Unveräußerlichkeit anderes als eine Abtrennung, die vollständiger und radikaler ist als die mit dem exklusiven Nutzungsrecht gegebene? Eine unveräußerliche Sache ist eine Sache, die für immer derselben Familie gehören soll; sie ist also nicht nur jetzt, sondern in alle Zukunft dem gemeinschaftlichen Gebrauch entzogen. Alle Menschen, die außerhalb stehen, sind nicht nur gegenwärtig von ihrer Nutzung ausgeschlossen; sie werden sie vielmehr niemals nutzen können. Die Grenze, die sie von der Sache trennt, ist für alle Zeiten unüberschreitbar. Wie wir sehen, ist das Recht zur Veräußerung oder zum Verkauf weit davon entfernt, den Gipfel des Eigentumsrechts zu bilden; diese Stellung gebührt eher der Unveräußerlichkeit. Denn nirgendwo sonst ist die Aneignung so vollständig und endgültig. Hier erreicht das Band zwischen der Sache und dem besitzenden Subjekt seine höchste Festigkeit und der Ausschluß der übrigen Gesellschaft seine strengste Ausprägung.

Doch der religiöse Charakter des Grundbesitzes zeigt sich bereits in dessen Struktur. Die Bräuche, von denen gleich die Rede sein wird, sind in erster Linie bei den Römern, den Griechen und in Indien beobachtet worden. Es besteht jedoch kein Zweifel, daß sie ein hohes Maß an Allgemeinheit beanspruchen dürfen.

Jedes Feld war von einer Einfriedung umgeben, der es eindeutig von den anderen privaten oder öffentlichen Parzellen trennte. Dabei handelte es sich um einen Streifen Land von einigen Fuß Breite, der unbebaut bleiben mußte und den niemals ein Pflug berühren durfte. (Fustel de Coulanges)[39] Dieser Raum nun war geheiligt, er war *res sancta*. So nannte man Dinge, die zwar nicht im strengen Sinne *divinis juris*, das heißt Eigentum der Götter, waren, wohl aber annähernd, *quoddam modo*, wie Justinian es ausdrückt. Wer diese

39 Numa Denis Fustel de Coulanges, *La cité antique; étude sur le culte, le droit, les institutions de la Grèce et de Rome*, Paris 1864.

geheiligte Umfriedung verletzte, bebaute oder entweihte, beging ein Sakrileg. Wer sich dieses Verbrechens schuldig machte, war verflucht; er wurde mitsamt seinen Ochsen für sacer erklärt, und jedermann konnte ihn ungestraft töten. »Er war zur Unfruchtbarkeit und sein Geschlecht zum Tode verurteilt; denn die Auslöschung einer Familie war in den Augen der Alten die schlimmste Strafe der Götter.«

Wir wissen im übrigen, durch welche religiösen Praktiken der religiöse Charakter dieses Raumes in regelmäßigen Abständen bestätigt wurde. »An bestimmten durch Monat und Jahr markierten Tagen schritt der *pater familias* auf dieser Linie um sein Feld herum; er trieb Opfertiere vor sich her, sang Hymnen und brachte Opfer dar.« (Fustel de Coulanges.) Der von den Opfertieren genommene und mit ihrem Blut besprengte Weg bildete die unverletzliche Grenze des Grundbesitzes. Die Opferung wurde auf großen Steinen oder Baumstümpfen vorgenommen, die man in gewissen Abständen aufstellte und als *termini* bezeichnete. Siculus Flaccus[40] beschreibt die Zeremonie folgendermaßen: »So gingen unsere Ahnen vor: Zunächst zogen sie einen kleinen Graben; an dessen Rand stellten sie den Grenzstein auf und schmückten ihn mit Girlanden aus Kräutern und Blumen. Dann brachten sie ein Opfer dar; nachdem das Opfertier getötet war, ließen sie das Blut in den Graben fließen, warfen glühende Holzkohle hinein und gaben Getreide, Kuchen, Früchte sowie ein wenig Wein und Honig darauf. Wenn all das im Graben verbrannt war, stellte man in die noch heiße Asche den Stein oder Holzkloben.« Diese heilige Handlung wurde jedes Jahr wiederholt. Der Grenzstein oder die Grenze erhielt auf diese Weise eine eminent religiöse Bedeutung. Mit der Zeit erfuhr dieser religiöse Charakter eine Personifizierung und Hypostasierung in Gestalt einer bestimmten Gottheit, des Gottes der Grenze, als dessen Altäre gleichsam

40 Siculus Flaccus, *De conditionibus agrorum*, in: Karl Thulin (Hg.), *Corpus agrimensorum romanorum*, Bd. 1, 1913.

die um das Feld herum aufgestellten *termini* angesehen wurden. War ein Grenzstein erst einmal gesetzt, durfte keine Macht der Welt ihn mehr versetzen. »Er mußte für alle Ewigkeit am selben Platz bleiben. Diesem religiösen Grundsatz verliehen die Römer in einer Legende Ausdruck: Jupiter wollte sich einmal für einen Tempel einen Platz auf dem kapitolinischen Hügel verschaffen, aber er konnte den Gott der Grenze nicht enteignen. Diese alte Überlieferung zeigt deutlich, wie heilig das Eigentum war, denn die Unverrückbarkeit des Grenzsteins bedeutet nichts anderes als die Unverletzlichkeit des Eigentums.« Vorstellungen und Praktiken dieser Art waren im übrigen keine römische Besonderheit. Auch den Griechen galten die Grenzen als heilig, sie waren *Theoj oroj*. Dieselben grenzbezogenen Zeremonien finden sich auch in Indien (Manou, VIII, S. 245).[41]

Dasselbe galt für Tore und Mauern. »Muros sanctos dicimus quia poena capitis constituta sit in eos qui aliquod in muros deliquerunt.« Man hat geglaubt, der Satz beziehe sich allein auf Stadttore und Stadtmauern. Doch diese Einschränkung ist willkürlich. Die Einfriedung jedes Hauses ist heilig; *erkos jeron* sagten die Griechen. In sehr vielen Ländern ist die Türschwelle der Ort, an dem diese Religion ihre stärkste Ausprägung erreicht. Daher der Brauch, die Braut über die Schwelle zu tragen, wenn sie das Haus betritt, oder ein Sühneopfer auf der Schwelle darzubringen. Denn die Braut gehört nicht zum Haus. Sie begeht daher eine Art Sakrileg, wenn sie geheiligten Boden verletzt, ein Sakrileg, das gesühnt werden muß, wenn es nicht verhindert werden kann. Außerdem war es allgemeine Übung, beim Bau eines Hauses ein ähnliches Opfer darzubringen wie bei der Einhegung eines Feldes. Und dieses Opfer diente dem Ziel, die Mauern oder die Schwelle oder das ganze Bauwerk zu heiligen. Opfertiere wurden in den Wänden oder den Fundamen-

41 *Les lois de Manou*, zahlreiche Ausgaben.

ten eingemauert und unter der Türschwelle begraben. Daher ihr heiliger Charakter. Die dabei vorgenommene Handlung ähnelte jener, die man vornahm, wenn man die Grenzen einer Stadt absteckte. Die Feierlichkeiten, die aus diesem Anlaß stattfanden, sind wohlbekannt: Die Legende von Romulus und Remus hält die Erinnerung daran wach. Sie fanden jedoch beim Bau von Privathäusern ebenso statt wie bei öffentlichen Bauten.

So sind es religiöse Gründe, die bewirken, daß das Eigentum zum Eigentum wird. Es besteht nach allem, was wir gesagt haben, in einer Art Isolierung der Sache, die sie dem öffentlichen Raum entzieht. Und diese Isolierung hat religiöse Ursachen. Durch rituelle Handlungen wird um Feld und Haus ein Gürtel gelegt, der beidem einen heiligen Charakter verleiht, das heißt, der sie unverletzlich macht, außer für jene, die die entsprechenden Riten vollzogen haben, die Eigentümer und alle, die von ihnen abhängen, ihre Sklaven und ihr Vieh. Ein magischer Kreis wird um das Feld gezogen und schützt es vor Übergriffen und widerrechtlicher Aneignung, denn solche Übergriffe und Usurpationen wären ein Sakrileg. Wir verstehen nun zwar, wie die Aneignung der solcherart isolierten Sache aus diesen Praktiken hervorgegangen ist, aber wir sehen noch nicht, wie diese Praktiken selbst haben entstehen können. Welche Vorstellungen haben die Menschen dazu veranlaßt, diese Rituale auszuführen, den Göttern die Peripherie ihres Grundbesitzes zu überlassen und den Grund auf diese Weise zu einer heiligen Stätte zu machen? Darauf gäbe es in der Tat nun eine einfache Antwort. Man könnte sagen, diese Praktiken seien ein künstliches Verfahren, das die Individuen einsetzten, um ihren Gütern Achtung zu verschaffen. Die Eigentümer hätten also den religiösen Glauben dazu benutzt, Eindringlinge auf Distanz zu halten. Aber die Religion fällt erst dann auf den Rang eines bloßen Verfahrens zurück, wenn der Glaube, den sie einflößt, nicht mehr sonderlich lebendig ist. Die Bräuche, von denen oben die Rede war, sind viel zu ursprünglich, als daß es sich dabei um Kunstmittel handeln könnte, die dazu bestimmt waren, profane Interessen zu schützen. Im übrigen waren sie für die Eigentümer ebenso hinderlich wie vorteilhaft, legten sie ihrer Freiheit doch Fesseln an. Denn sie ließen es nicht zu, daß man den Zuschnitt des Feldes veränderte oder es verkaufte, wenn man Lust dazu hatte. War die Einfriedung einmal geweiht, konnte auch der Eigentümer sie nicht mehr verändern. Es handelte sich also eher um eine Verpflichtung, die ihm auferlegt wurde, als um ein Mittel, das er selbst im eigenen Interesse erfunden hätte. Wenn er in der beschriebenen Weise verfuhr, so nicht, weil das nützlich für ihn gewesen wäre, sondern weil er so verfahren mußte. (Eine schreckliche Besonderheit mancher dieser Opfer lag darin, daß ein Kind geopfert werden mußte.) Aber welche Gründe hatte diese Verpflichtung?

Fustel de Coulanges hat geglaubt, diese Gründe im Totenkult finden zu können. Jede Familie, sagt er, hat ihre Toten. Diese Toten werden auf dem Feld begraben. Sie sind heilige Wesen, denn der Tod macht sie beinahe zu Göttern, und dieser heilige Charakter teilt sich auch der Erde mit, in der sie ruhen. Allein aufgrund der Tatsache, daß sie dort begraben sind, gehört der Boden ihnen, und eben darum hat der Boden religiösen Charakter. Man stellt sich vor, daß dieser religiöse Charakter sich von dem kleinen Hügel, der als Familiengrab diente, auf das gesamte Feld ausdehnte. So erklärt man sich die Unveräußerlichkeit des Eigentums, das auf diese Weise zustande kommt. Denn die wahren Eigentümer dieses Landes sind diese göttlichen Wesen; und ihr Recht ist unverjährbar. Die Lebenden können nicht frei darüber verfügen, weil dieses Recht gar nicht das ihrige ist.

Es kann kein Zweifel bestehen, daß die Grabstätten in besonderem Maße heilig waren. Man konnte sie nicht verkaufen. Und wenn das römische Recht einer Familie erlaubte, ihren Grund und Boden zu verkaufen (auch wenn dies schwierig war und auf alle möglichen Hindernisse stieß), so mußte sie doch stets Eigentümerin der Grabstätten bleiben. Aber müssen wir deshalb behaupten, das Eigentumsrecht sei lediglich eine Erweiterung dieser an die Grabstätten geknüpften religiösen Vorstellungen? Gegen diese These lassen sich zahlreiche Einwände erheben.

1. Selbst wenn sie das Eigentum am Feld stringent zu erklären vermag, so kann sie nicht das Eigentum am Haus begründen. Denn die Toten waren nicht an beiden Orten zugleich begraben. Nun hat Fustel de Coulanges diesen Widerspruch durchaus nicht gescheut. Bei seiner Erklärung der Heiligkeit des Herdes stellt er sich vor, daß man die Toten unter dem Herdstein begrub; und bei der Erklärung, warum das Feld heilig ist, verweist er auf die Anwesenheit der Toten inmitten des Feldes. Sie können aber nicht an beiden Orten zugleich gewesen sein.

2. Die Funde, auf die er seine Hypothese stützt, wonach die Toten auf dem Feld begraben wurden, sind im übrigen sehr spärlich und wenig verläßlich. Er verfügt über keinen einzigen römischen Fund, und die wenigen Texte, auf die er sich beruft, haben nur sehr geringe Beweiskraft. In jedem Falle aber war solch ein Brauch bei weitem nicht so verbreitet wie die Heiligkeit, Unverletzlichkeit und Unveräußerlichkeit des Grundeigentums.

3. Wichtiger als dies alles ist indessen die Tatsache, daß schon die räumliche Verteilung der mit dem Feld verbundenen Religiosität im Widerspruch zu dieser Erklärung steht. Wäre das Grab ihr Brennpunkt gewesen, dann hätte sie auch dort ihr Maximum haben und nach der Peripherie hin abnehmen müssen. In Wirklichkeit aber erreicht sie ihr Maximum an den Rändern. Dort befindet sich der Streifen Erde, der dem Gott der Grenze vorbehalten ist. Sie schützt also nicht das Familiengrab, sondern das ganze Feld. Wäre es lediglich darum gegangen, die Gräber der Ahnen zu schützen, so hätte man die Trennlinie direkt um diese Gräber

gezogen und nicht an den äußersten Rändern des Grundbesitzes.

Der Irrtum, auf den Fustel de Coulanges hier verfallen ist, resultiert aus der allzu engen Vorstellung, die er sich vom häuslichen Kult gemacht hat. Er reduziert ihn auf den Totenkult, während er in Wirklichkeit weitaus komplexer strukturiert ist. Die familiale Religion umfaßt nicht nur den Ahnenkult; vielmehr ist sie eine Religion all der Dinge, die am Leben der Familie teilhaben, die darin eine Rolle spielen: der Ernte, des Wachstums auf den Feldern usw. Aus dieser umfassenden Perspektive ist es vielleicht möglich, die zuvor beschriebenen Praktiken zu begreifen. Denken wir daran, daß von einem bestimmten Zeitpunkt der Entwicklung an die Natur insgesamt einen religiösen Charakter angenommen hat. *Panta plere Theon,* alles ist voll von Göttern. Das Leben des Universums und all der Dinge, die darin sind, ist an eine unendliche Vielzahl göttlicher Prinzipien gebunden. Die noch unbebaute Flur ist Wohnstatt und Besitz religiöser Wesenheiten, die teils in personaler, teils in unpersönlicher Gestalt gedacht werden; sie sind die Herren der Flur; und wie alles in der Welt hat die Flur heiligen Charakter. Das macht sie unzugänglich. Da ist es gleichgültig, ob es sich bei diesen religiösen Wesen um von Natur aus böse Dämonen oder um eher wohlgesonnene Gottheiten handelt. Der Bauer kann die Feldflur nicht betreten, ohne ihren Besitz zu verletzen; er kann den Boden nicht bearbeiten, ohne diese Wesen in ihrem Besitzstand zu beeinträchtigen. Falls er nicht die erforderlichen Vorkehrungen trifft, setzt er sich daher ihrem Zorn aus, und dieser Zorn ist stets fürchterlich.

So gesehen zeigen die Riten, die wir oben betrachtet haben, eine außerordentliche Ähnlichkeit mit anderen, gut bekannten Riten, die Licht in sie bringen, mit den Erstlingsopfern nämlich. So wie der Boden etwas Göttliches ist, so enthält auch das Getreide, das in diesem Boden keimt, ein Prinzip dieser Art. Im Samenkorn, das in die Erde gelegt wird, gibt es eine göttliche Kraft, die sich in den Halmen des Getreides entfaltet und schließlich im Korn seinen letzten Ausdruck findet. Die Getreidekörner sind ihrerseits heilig, weil sie einen Gott in sich tragen und weil sie dieser Gott in sichtbarer Gestalt sind. Daher dürfen Sterbliche sie nicht berühren, bevor nicht gewisse Praktiken für eine Abschwächung der darin enthaltenen göttlichen Kraft gesorgt haben, so daß das Getreide gefahrlos benutzt werden kann. Und diesem Zweck dienen die Erstlingsopfer. Der herausragendste und daher gefährlichste Teil dieser göttlichen Kraft ist in einer Garbe oder einer gewissen Zahl von Garben konzentriert, die in der Regel die zuerst geernteten Garben darstellen, und diese Garben sind heilig; niemand darf sie anrühren, sie gehören dem Geist oder dem Gott des Getreides; man bringt sie ihm dar, und kein Sterblicher wagt es, sie zu verwenden. Die restliche Ernte enthält zwar immer noch etwas Göttliches, ist nun aber frei von dem, was sie allzu gefährlich machte. Man kann sie weltlichem Gebrauch zuführen, ohne sich der göttlichen Rache auszusetzen, denn der Gott hat seinen Teil erhalten, und zwar allein dadurch, daß man das Übermaß an göttlicher Kraft aus der Ernte entfernt hat. Man hat das heilige Prinzip, das darin wohnte, gehindert, in den weltlichen Bereich einzugehen, denn man hat es von diesem weltlichen Bereich getrennt und durch das Opfer dafür gesorgt, daß es im göttlichen Bereich verbleibt. Die Grenzlinie zwischen den beiden Welten ist geachtet worden, und das ist die religiöse Verpflichtung schlechthin. Was wir vom Getreide gesagt haben, gilt für sämtliche Früchte der Erde. Daher die Regel, die es dem Menschen untersagt, Früchte gleich welcher Art zu berühren, bevor nicht deren Erstlinge den Göttern dargebracht worden sind. Es gibt keine Religion, in der diese Institution nicht zu finden wäre.

Die Ähnlichkeiten mit der religiösen Zeremonie der Grenzziehung sind frappierend. Die Flur ist heilig; sie gehört den Göttern und kann folglich nicht genutzt werden. Um sie weltlichem Gebrauch zugänglich zu machen, greift man nach denselben Verfahren wie bei der Ernte. Man nimmt ihr den Überschuß an göttlicher Kraft, um sie zu verweltlichen oder dafür zu sorgen, daß sie gefahrlos profaniert werden kann. Aber die göttliche Kraft kann nicht vernichtet, sondern allenfalls von einem Ort an einen anderen verschoben werden. Diese gefährliche Kraft, die über die ganze Flur verstreut ist, wird also entfernt und muß dabei an einen anderen Ort geschafft werden. Und so konzentriert man sie an den Rändern. Dazu dienen die Opfer, die wir beschrieben haben. Man zieht die in der Feldflur zerstreuten göttlichen Kräfte in einem Tier zusammen; dann führt man dieses Tier um das Feld herum. Überall auf seinem Wege teilt das Tier dem Boden, den es berührt, die göttliche Kraft mit, die es dem Feld entzogen hat. Dieser Boden wird dadurch heilig. Um die gefährliche Kraft besser an ihrem Ort binden zu können, opfert man das Tier und läßt das Blut des Opfertieres durch einen Graben in ebendiesen Boden fließen, weil die Blutflüssigkeit das beste Vehikel für alle göttlichen Prinzipien darstellt. Das Blut ist das Leben, ist das Tier schlechthin. Von da an ist der Streifen Land, auf dem diese Zeremonie stattgefunden hat, geweihter Boden; dort befindet sich nun, was das Feld zuvor an Göttlichem enthalten hatte. Auch bleibt dieser Streifen fortan ungestört; man rührt nicht daran, bebaut ihn nicht, verändert ihn nicht. Er gehört nicht den Menschen, sondern dem Gott des Feldes. Der gesamte innere Bereich aber steht den Menschen zur Verfügung; sie können ihn nach ihren Bedürfnissen nutzen. Doch dadurch, daß die göttliche Kraft an den Rand des Geländes zurückgedrängt wurde, ist dieses Gelände *ipso facto* von einem heiligen Kreis umgeben, der es gegen Übergriffe und fremde Besetzung schützt. Im übrigen dienten die Opferhandlungen, die man bei diesen Gelegenheiten vornahm, höchstwahrscheinlich mehreren Zwecken zugleich. Da der Bauer trotz allem an das Eigentum der Götter gerührt und einen Frevel begangen hatte, der Gefahren in sich barg, war es nützlich, wenn man diesen Frevel sühnte. Das Opfer war also zugleich auch eine Sühneleistung. Das Opfertier nahm den begangenen Frevel auf sich und sühnte ihn für die eigentlichen Schuldigen. Die zu diesem Zweck ausgeführten Handlungen besänftigten nicht nur die Götter, sondern verwandelten sie darüber hinaus auch in Schutzmächte. Sie bewachten das Feld, verteidigten es und sorgten für seine Fruchtbarkeit. Dieselben Erklärungen lassen sich auch für die Bräuche anführen, die beim Bau eines Hauses praktiziert wurden. Wollte man ein Haus bauen, so störte man damit unweigerlich die Geister des Bodens. Man reizte sie und brachte sie gegen sich auf. Damit ist uns jedes Haus verboten; es ist tabu. Will man es betreten, muß man ein Opfer darbringen. Diese Opfer werden auf der Schwelle oder auf den Steinen des Fundaments dargebracht. Dadurch sühnt man das Sakrileg, das man begangen hat; man verwandelt die Rache, die man solcherart heraufbeschworen hat, in eine wohlgesonnene Einstellung und die erzürnten Dämonen in Schutzgeister.

Doch nur jene können das Feld und das Haus nutzen, die die erforderlichen Riten vollzogen haben, von denen oben die Rede war. Nur sie haben den begangenen Frevel gesühnt; nur sie haben sich das Wohlwollen der göttlichen Prinzipien gesichert, mit denen sie in Kontakt getreten sind. Die Gottheiten hatten ein absolutes Recht auf die Dinge; die Menschen haben sich, was dieses Recht betrifft, zu einem Teil an deren Stelle gesetzt, aber nur jene Menschen, welche diese Substitution vorgenommen haben, können ihren Nutzen daraus ziehen. Folglich können auch nur sie das solcherart erworbene Recht ausüben, ein Recht, das sie gleichsam auf die Götter haben. Das Recht zum Gebrauch und zur Nutzung der Sache kommt ausschließlich ihnen zu. Vor der Ausführung der entsprechenden Handlungen war es allen Menschen verwehrt, sich den Dingen zu nähern; sie waren jeglichem weltlichen Gebrauch entzogen; auch jetzt noch ist je-

dermann zu dieser Zurückhaltung verpflichtet, außer ihnen selbst. Die göttliche Kraft, die das göttliche Eigentum bislang vor jeder Besetzung und Störung schützte, wirkt nun zu ihren Gunsten; sie ist die Grundlage des Eigentumsrechts. Weil diese Menschen die göttliche Kraft in ihren Dienst gestellt haben, ist dieser Grund und Boden ihr Eigentum geworden. Durch das Opfer ist ein moralisches Band zwischen ihnen und den Göttern der Flur entstanden, und da dieses Band bereits zwischen den Göttern und der Flur bestand, sind die Menschen und der Boden nun ihrerseits durch ein heiliges Band miteinander verbunden.
Auf diese Weise also ist das Eigentumsrecht entstanden. Das Eigentumsrecht der Menschen ist lediglich Ausfluß des Eigentumsrechts der Götter. Weil die Dinge von Natur aus heilig, das heißt Eigentum der Götter, sind, konnten sie von Sterblichen angeeignet werden. Auch die Qualität, aufgrund derer das Eigentum respektiert werden muß und unverletzlich ist, wird dem Boden nicht von den Menschen verliehen; das Eigentum ist keine dem Menschen innewohnende Qualität, die von dort auf die Sachen überginge. Vielmehr wohnt es ursprünglich den Sachen inne und geht von dort auf die Menschen über. Die Dinge waren aus sich heraus unverletzlich, und zwar aufgrund religiöser Vorstellungen; erst im zweiten Schritt geht diese Unverletzlichkeit, allerdings abgeschwächt, verändert und kanalisiert, auf den Menschen über. Die Achtung vor dem Eigentum resultiert daher nicht, wie oft behauptet wird, aus einer Ausdehnung der Achtung, die der individuellen oder kollektiven menschlichen Persönlichkeit geschuldet ist, auf die Dinge. Sie hat einen ganz anderen Ursprung, einen, der außerhalb der menschlichen Person liegt. Wenn wir wissen wollen, woher sie kommt, müssen wir in Erfahrung bringen, wie Dinge oder Menschen den Charakter des Heiligen erwerben.

VIERZEHNTE VORLESUNG

Das Eigentumsrecht (Schluß)

Eigentum ist nur dann Eigentum, wenn es respektiert wird, das heißt, wenn es heilig ist. Nun könnte man *a priori* davon ausgehen, daß ihm dieser heilige Charakter vom Menschen verliehen würde; daß der Mensch, der den Boden bearbeitet und ausbeutet, ihm etwas von der Achtung, die ihm selbst entgegengebracht wird, und von der Heiligkeit, die in ihm ist, mitteilt. In diesem Falle hätte das Eigentum keinen anderen moralischen Wert als den, den ihm die menschliche Persönlichkeit gäbe; dann wäre es die menschliche Persönlichkeit, die den Dingen, indem sie mit ihnen in Kontakt träte und sie zu den ihren machte, eine gewisse Würde verliehe. Die Tatsachen scheinen indessen zu zeigen, daß der Begriff des Eigentums auf ganz andere Weise entstanden ist. Jene Form von Religiosität, welche jedes andere Subjekt als den Eigentümer von der angeeigneten Sache fernhält, rührt nicht vom Eigentümer her; vielmehr wohnte sie ursprünglich der Sache selbst inne. Die Dinge waren aus sich heraus heilig; sie waren von mehr oder weniger dunkel vorgestellten Prinzipien bevölkert, die als deren wahre Eigentümer galten und sie für profane Menschen unberührbar machten. Die Menschen konnten nur dadurch göttliches Eigentum an sich bringen, daß sie den Göttern ihren Teil gaben und den Frevel durch Opfer sühnten. Dank solcher Vorkehrungen konnten sie in die Rechte der Götter eintreten und sich an deren Stelle setzen. Doch wenn der religiöse Charakter der Feldflur aufgrund dieser Vorsichtsmaßnahmen auch kein Hindernis mehr für die Absichten des Bauern darstellte, so war er dennoch nicht verschwunden. Er war lediglich vom Zentrum an die Peripherie verlagert worden, und dort entfaltete er weiterhin seine natürlichen Wirkungen gegen jeden, der ihm gegenüber keine solche Immunität erlangt hatte. Die Götter waren nicht vom Feld vertrieben, sondern an dessen Rand versetzt worden; zwischen ihnen und dem menschlichen Eigentümer war gleichsam ein Band entstanden; die Götter waren nun seine Beschützer, und durch periodische Zeremonien versicherte sich der Eigentümer des Fortbestandes ihrer Gunst. Doch für alle, die draußen standen, blieben sie weiterhin gefährliche Mächte. Wehe dem Nachbarn, der auch nur mit dem Pflug einen Grenzgott verletzt hatte. Sie waren nur gegen jene sanft gestimmt, die ihre Schuld bezahlt hatten und sich ihnen gegenüber in der gebührlichen Weise betrugen. Das Feld war solcherart gegen jedes fremde Eindringen und jegliche widerrechtliche Aneignung geschützt; zugunsten bestimmter Menschen war ein Eigentumsrecht begründet worden. Dieses Recht ist also religiösen oder göttlichen Ursprungs und kommt den Menschen insofern zu, als sie bestimmte rituelle Handlungen vornehmen.

Vielleicht verwundert es manchen, daß eine so fundamentale und allgemein verbreitete Institution wie das Eigentum auf illusorischen Glaubensvorstellungen und Vorurteilen basieren soll, die jeder objektiven Grundlage entbehren. Schließlich gibt es keine Erd- oder Feldgeister. Wie ist es möglich, daß eine Institution, die nur auf Irrtum basiert, überhaupt Bestand hat? Man sollte meinen, sie wäre zusammengebrochen, sobald man erkannte, daß diesen mystischen Vorstellungen in der Wirklichkeit nichts entspricht. Aber die Religionen und selbst noch die grobschlächtigsten unter ihnen sind durchaus keine bloßen Wahngebilde, denen nichts in der Wirklichkeit entspräche, wie man vielfach geglaubt hat. Zweifellos bringen sie die Dinge der physikalischen Welt nicht so zum Ausdruck, wie sie sind; als Welterklärungen sind sie ohne Wert. Dafür aber bringen sie soziale Notwendigkeiten und kollektive Interessen in symbolischer Form zum Ausdruck. Sie stellen die Beziehungen bildlich dar, welche die Gesellschaft mit den Individuen, aus denen sie zusammengesetzt ist, und mit den Dingen unterhält, die Teil ihrer Substanz sind. Und diese Beziehungen, diese Interessen sind real. In einer Religion können wir die Struktur einer Gesellschaft erkennen, den Grad der Einheit, den sie erreicht hat, die mehr oder weniger starke Verschmelzung der Segmente, aus denen sie besteht, die Größe des Raumes, den sie einnimmt, die Natur der kosmischen Kräfte, die darin eine lebenswichtige Rolle spielen, usw. Die Religionen bilden die primitive Form, in der Gesellschaften sich ein Bild von sich selbst und ihrer Geschichte machen. Für die soziale Ordnung sind sie das, was die Sinneswahrnehmung für den einzelnen Menschen ist. Man wird fragen, warum sie die Dinge so verzerren, die sie denken. Aber verzerrt nicht auch die Wahrnehmung die Dinge, die sie dem einzelnen vorstellt? Geräusche, Farben oder Wärme gibt es in der Welt ebensowenig, wie es Götter, Dämonen oder Geister gibt. Allein schon weil die Vorstellung eines vorstellenden Subjektes bedarf – hier eines individuellen und dort eines kollektiven Subjekts –, stellt die Beschaffenheit dieses Subjekts einen Faktor in dieser Vorstellung dar und verzerrt die vorgestellten Dinge. Wenn der einzelne vermittels seiner Empfindung die Beziehungen denkt, die er mit der ihn umgebenden Welt unterhält, dann fügt er ihnen etwas hinzu, was darin gar nicht enthalten ist, Qualitäten, die allein von ihm selbst stammen. Die Gesellschaft tut nichts anderes, wenn sie durch die Religion das Milieu denkt, das sie selbst bildet. Nur sind die Verzerrungen, die dabei auftreten, in beiden Fällen nicht dieselben, denn die Subjekte sind verschieden. Es ist Aufgabe der Wissenschaft, diese praktisch notwendigen Täuschungen zu korrigieren. Wir dürfen also sicher sein, daß die religiösen Glaubensvorstellungen, die wir am Grunde des Eigentumsrechts gefunden haben, für gesellschaftliche Realitäten stehen, die sie metaphorisch zum Ausdruck bringen.

Wenn unsere Erklärung wirklich befriedigen soll, müßten

wir diese Realitäten erschließen, müßten wir hinter dem Buchstaben des Mythos den Geist aufspüren, der darin zum Ausdruck kommt, das heißt, wir müßten die gesellschaftlichen Ursachen aufdecken, aus denen diese Glaubensvorstellungen hervorgegangen sind. Die Frage, die wir stellen müssen, lautet also: Wie ist die kollektive Vorstellungskraft dahin gelangt, den Boden als heilig und als von göttlichen Prinzipien bewohnt anzusehen? Das Problem ist viel zu allgemein, als daß wir es hier behandeln könnten, zumal eine Lösung noch längst nicht gefunden ist. Dennoch sei hier eine vorläufige Möglichkeit aufgezeigt, wie wir uns die Dinge vorstellen können. Sie wird uns wenigstens zu verstehen gestatten, wie es möglich ist, daß diese mythologischen Halluzinationen in Wirklichkeit eine positive Bedeutung haben.
Die Götter sind nichts anderes als kollektive Kräfte, die in materieller Gestalt verkörpert und hypostasiert worden sind. Im Grunde ist es die Gesellschaft, die darin von den Gläubigen angebetet wird. Die Überlegenheit der Götter über die Menschen ist die der Gruppe über ihre Mitglieder. Die ersten Götter waren materielle Objekte, die als Embleme für die Gemeinschaft dienten, und aus diesem Grunde wurden sie zu deren Sinnbildern; als solche hatten sie teil an der Achtung, welche die Gesellschaft den Individuen einflößt, aus denen sie besteht. Dies ist der Ursprung der Vergöttlichung. Aber wenn die Gesellschaft auch ihren einzelnen Mitgliedern überlegen ist, so existiert sie doch nur in ihnen und durch sie. Die kollektive Vorstellungskraft mußte daher zu der Auffassung gelangen, daß die religiösen Wesenheiten dem Mensch selbst innewohnten. Und genau dies geschah auch. Jedes Mitglied des Klans trägt in sich ein Stück jenes Totems, dessen Kult die Religion des Klans darstellt. Im Klan des Wolfes ist jeder einzelne Mensch ein Wolf. Er trägt einen Gott oder sogar mehrere Götter in sich. Wenn in den Dingen und insbesondere im Boden Götter wohnen, so weil die Dinge und insbesondere der Boden ebenso eng mit

dem Leben der Gruppe verbunden sind wie der einzelne Mensch. Man glaubt, daß sie am Leben der Gemeinschaft teilhaben. Da ist es dann ganz natürlich, daß auch in ihnen das Prinzip des Gemeinschaftslebens wohnt und sie heiligt. Wir sehen nun, worin der religiöse Charakter des Bodens besteht. Es handelt sich keineswegs um eine haltlose Erfindung, eine bloße Traumvorstellung, sondern um den Stempel, den die Gesellschaft den Dingen allein schon deshalb aufgedrückt hat, weil sie so eng mit ihr verknüpft, weil sie Teil der Gesellschaft waren. Wenn der Boden für den einzelnen unzugänglich war, so weil er der Gesellschaft gehörte. Dies war die reale Macht, die den Boden absonderte und jeder privaten Aneignung entzog. Alles, was wir bisher ausgeführt haben, könnten wir daher in die Aussage übertragen, daß die private Aneignung eine erste kollektive Aneignung voraussetzt. Wir sagten, daß die Gläubigen sich an die Stelle der Rechte der Götter gesetzt haben; nun werden wir sagen, daß der einzelne sich an die Stelle der Rechte der Gemeinschaft gesetzt hat. Von ihr geht jegliche Religiosität aus. Halten wir uns an das, was empirisch bekannt ist, dann hat nur sie genügend Macht, reale Dinge dem privaten Zugriff zu entziehen, ganz gleich, ob es sich dabei um Felder, Tiere oder Menschen handelt. Und das Privateigentum ist deshalb entstanden, weil der einzelne die Achtung, welche die Gesellschaft einflößt, und die Würde, die sie besitzt und die sie auf jene Dinge überträgt, aus denen ihr materielles Substitut besteht, für seine Zwecke und zu seinem Nutzen hat einsetzen können. Die Hypothese, wonach die Gruppe der erste Eigentümer gewesen ist, stimmt mit den Tatsachen vollkommen überein. Wir wissen in der Tat, daß der Klan Besitzer des gesamten Territoriums ist, das er besetzt und durch Jagd oder Fischfang ausbeutet.

Aus dieser Sicht erhalten selbst die rituellen Praktiken, die wir beschrieben haben, eine Bedeutung und können in eine weltliche Sprache übersetzt werden. Der Frevel, den der

Mensch allein schon dadurch an den Göttern zu begehen glaubt, daß er den Boden aufreißt und umpflügt, diesen Frevel begeht er in Wirklichkeit an der Gesellschaft; denn sie ist die Wirklichkeit, die sich hinter seinen mythologischen Vorstellungen verbirgt. Daher gelten ihr auch in gewisser Weise die Opfer, die er darbringt, die Opfertiere, die er schlachtet. Und wenn diese Vorstellungen verschwinden, wenn diese phantasierten Götter sich auflösen, wenn die Realität, die sie zum Ausdruck brachten, als solche hervortritt, dann werden diese jährlichen Opfergaben, mit denen der Gläubige ursprünglich seinen Göttern das Recht abkaufte, den Boden zu bestellen und auszubeuten, unmittelbar an die Gesellschaft entrichtet. Diese Opfer und Erstlingsopfer aller Art sind eine erste Form von Steuer. Sie sind eine Schuld, die man zuerst den Göttern zahlte; dann wurde der Zehnt daraus, der den Priestern gezahlt wurde, und dieser Zehnt ist bereits eine regelrechte Steuer, die schließlich in die Hände der weltlichen Mächte gelangt. Aus den rituellen Sühneopfern wird am Ende auf unbemerkte Weise eine Steuer. Doch der Keim dieser Institution ist bereits darin enthalten und wird sich in der Zukunft entfalten.
Wenn diese Erklärung Hand und Fuß hat, dann konnte der religiöse Charakter der Aneignung lange Zeit lediglich bedeuten, daß das Privateigentum eine Konzession seitens der Gemeinschaft darstellte. Doch wie es um diese Deutung auch bestellt sein mag, in jedem Falle bestimmten die Entstehungsbedingungen des Eigentums dessen Charakter. Es konnte nur kollektives Eigentum sein. Und in der Tat waren es stets Gruppen, die sich solcherart den Boden aneigneten und die beschriebenen formellen Handlungen ausführten; entsprechend profitierte auch die ganze Gruppe von diesen Formalien. Ja, diese rituellen Handlungen verliehen der Gruppe eine Persönlichkeit und einen Zusammenhalt, die sie zuvor nicht besessen hatte. Denn der Streifen geweihter Erde, der das Feld von den Nachbarfeldern isoliert, dieser

Streifen grenzt auch die darin Wohnenden gegen alle ähnlichen Gruppen ab, die sich anderswo niedergelassen haben. Deshalb hat die Entwicklung der Landwirtschaft solchen familialen Gruppen, die kleiner als der Klan waren, ohne Zweifel eine Festigkeit und einen Zusammenhalt gegeben, die sie bis dahin nicht gekannt hatten. Letztlich war es die Individualität des Feldes, die ihnen ihre kollektive Individualität verlieh. Von da an war es nicht mehr möglich, daß sie sich bei geringfügigen Anlässen für eine gewisse Zeit zusammenfanden und wieder auseinandergingen, je nachdem, in welche Richtung private Neigungen und vorübergehende Interessen sie trieben. Sie besaßen nun feste Formen, ein Skelett, das auf unzerstörbare Weise dem von ihnen besetzten Gebiet aufgeprägt war, eben weil diese Formen den unveränderlichen Formen des Territoriums entsprachen.

So erklärt sich auch eine der Eigenschaften des kollektiven Familieneigentums, auf die wir im vergangenen Jahr[42] hingewiesen haben, die Tatsache nämlich, daß unter solchen Bedingungen eher die Menschen von den Dingen als die Dinge von den Menschen besessen werden. Die Verwandten sind nur deshalb Verwandte, weil sie gemeinsam ein bestimmtes Stück Land ausbeuten. Scheidet einer von ihnen endgültig aus dieser wirtschaftlichen Gemeinschaft aus, dann zerreißen auch die verwandtschaftlichen Bande, die ihn mit den Zurückbleibenden verbunden haben. Dieses Übergewicht der Dinge zeigt sich besonders deutlich in der Tatsache, daß die Menschen unter bestimmten Voraussetzungen aus der so konstituierten Gruppe ausscheiden können; ihre verwandtschaftlichen Beziehungen können enden. Die Dinge dagegen, der Grund und Boden und alles, was eng damit verbunden ist, bleiben stets erhalten, denn der Familienbesitz ist unveräußerlich.[43] Manchmal werden die Menschen sogar zu

42 Dieser Teil der Vorlesung ist verloren gegangen. Siehe die editorische Notiz und das Nachwort des Herausgebers.

43 Am Fuß der Seite unleserlicher Zusatz.

wahrhaften Sklaven der Dinge. Hatte zum Beispiel in Athen ein Vater nur einen weiblichen Nachkommen, so war diese Tochter die Erbin, doch der rechtliche Status der von ihr übernommenen Güter bestimmte ihren eigenen rechtlichen Status. Da dieses Vermögen in der Familie bleiben mußte – denn es stellte deren Seele dar –, mußte die Erbin ihren nächsten männlichen Verwandten heiraten. War sie bereits verheiratet, blieb ihr nichts anderes übrig, als diese Ehe aufzulösen oder aber auf das Erbe zu verzichten. Die Person folgte der Sache. Die Tochter wurde eher geerbt, als daß sie selbst geerbt hätte. All das läßt sich leicht erklären, wenn das Grundeigentum so entstanden ist, wie wir es dargestellt haben. Denn dann ist es das Grundeigentum, das den Besitz mit der Familie verbindet; und es bildet ihr Gravitationszentrum, das ihr überdies noch ihre äußeren Formen verleiht. Die Familie ist die Gesamtheit der Personen, die auf jener isolierten religiösen Insel leben, welche der im Besitz der Familie befindliche Grund und Boden darstellt. Die Gesetze, die sie mit dem geweihten, von ihnen ausgebeuteten Boden verbanden, diese Gesetze verbanden sie im Gegenzug auch miteinander. So erklärt sich, ganz allgemein gesprochen, jener Kult, der die Felder der Familie zum Gegenstand hatte, wie auch das religiöse Ansehen, das Grund und Boden bei den Menschen genossen. Dieses Ansehen resultiert nicht einfach aus der Bedeutung, die der Boden für den Bauern hat, noch auch aus der Allmacht der Tradition, sondern aus der Tatsache, daß der Boden als solcher von Religiosität durchdrungen war. Er war jene heilige Sache, deren Heiligkeit sich weit mehr auf die Familie übertragen hatte, als daß sie von dort ihren Ausgang genommen hätte.

Aber eben weil das Eigentum in seinen Anfängen nur kollektiven Charakters sein kann, bleibt zu erklären, wie daraus das individuelle Eigentum entstanden ist. Wie kommt es, daß die solcherart zu Gruppen zusammengefaßten und mit ein und demselben Komplex von Dingen verbundenen Individuen schließlich spezifische Rechte an spezifischen Dingen erworben haben? Im Prinzip ist der Boden nicht teilbar; er bildet eine Einheit, die Einheit des Erbes; und diese unteilbare Einheit prägt sich der Gruppe der Individuen auf. Wie war es da möglich, daß jeder einzelne schließlich Privateigentümer wurde? – Es liegt auf der Hand, daß diese Individuierung des Eigentums nicht ohne weitere Veränderungen im Verhältnis zwischen den Dingen und den Menschen denkbar ist. Denn solange die Dinge die oben beschriebene moralische Überlegenheit gegenüber den Menschen behielten, war es dem einzelnen unmöglich, sich zum Herren über die Dinge aufzuschwingen und sie seiner Herrschaft zu unterwerfen.

Zwei unterschiedliche Wege mußten zu diesem Ergebnis führen. Zunächst genügte es, daß ein Mitglied der familialen Gruppe durch eine Reihe von Umständen zu besonderer Würde aufstieg, dadurch ein Ansehen erlangte, wie es kein anderes Gruppenmitglied besaß, und zum Repräsentanten der häuslichen Gesellschaft wurde. Die Bande, welche die Dinge mit den Menschen verknüpften, diese Bande verknüpften sie nun unmittelbar mit dieser privilegierten Persönlichkeit. Und da diese Persönlichkeit die gesamte Gruppe, Menschen wie Dinge, verkörperte, fand sie sich mit einer Autorität ausgestattet, welche die Menschen und die Dinge in seine Abhängigkeit brachten; auf diese Weise entstand ein individuelles Eigentum. Diese Veränderung trat ein, als die väterliche Macht und insbesondere die patriarchalische Gewalt entstanden. Im vergangenen Jahr[44] haben wir gesehen, aus welchen Gründen die Familie aus jenem Zustand demokratischer Homogenität heraustrat, den man vor kurzem noch bei der slawischen Familie beobachten konnte, und sich ein Oberhaupt wählte, dem sie sich unterwarf. Wir haben gesehen, daß dieses Oberhaupt zu einer hohen morali-

44 Dieser Teil der Vorlesung ist verloren gegangen. Siehe die editorische Notiz und das Nachwort des Herausgebers.

schen und religiösen Instanz wurde, denn in ihm vereinigte sich das gesamte Leben der Gruppe, und dadurch erlangte es über sämtliche Gruppenmitglieder dieselbe Überlegenheit, wie sie der Gemeinschaft als solcher zukam. Das Familienoberhaupt personifizierte die Familie. Und nicht nur die Personen, die Traditionen und die Gefühle fanden ihren Ausdruck in seiner Person, sondern auch und vor allem der Familienbesitz mit all den Vorstellungen, die sich damit verbanden. Die römische Familie bestand aus zwei Arten von Elementen, einerseits dem *pater familias* und andererseits der restlichen Familie, also dem, was man als *familia* bezeichnete, den Söhnen und sonstigen Nachkommen, den Sklaven und allen zur Familie gehörigen Dingen. Nun war alles, was die *familia* an Moralischem und Religiösem enthalten konnte, gleichsam in der Person des Vaters konzentriert. Eben dies verlieh dem Vater eine so herausragende Position. Damit hatte das Gravitationszentrum der Familie sich verändert; es verschob sich von den Dingen, in denen es zuvor gelegen hatte, auf eine bestimmte Person. Von nun an war ein einzelner Mensch Eigentümer, und dies im vollen Wortsinne, denn die Dinge hingen nun eher von ihm ab als er von ihnen. Solange die Macht des *pater familias* so absolut war, wie sie es in Rom gewesen ist, war er der einzige, der dieses Recht ausübte. Doch wenn er starb, waren auch seine Söhne dazu aufgerufen, es ihrerseits auszuüben. Und als die patriarchalische Macht zumindest *de jure* langsam weniger despotisch wurde, als die Individualität der Söhne selbst vor dem Tod des Vaters Anerkennung zu finden begann, konnten sie zumindest in gewissem Maße auch schon vor seinem Tode Eigentümer werden.

Die zweite Ursache, von der oben die Rede war, hat in gleicher Weise zu diesem Ergebnis beigetragen. Ihre Wirkung entfaltete sich parallel zur Wirkung der erstgenannten Ursache und verstärkte diese noch.

Die zweite Ursache ist die Entwicklung des Eigentums an

beweglichem Besitz. In der Tat besaß nur der Grundbesitz jenen religiösen Charakter, der ihn der Verfügung durch den einzelnen in gewisser Weise entzog und daher eine gemeinschaftliche Verwaltung erforderlich machte. Die beweglichen Güter dagegen waren aus sich heraus im Prinzip profanen Charakters. Doch solange die Ökonomie im wesentlichen auf der Landwirtschaft basierte, spielten sie nur eine zweitrangige oder nebensächliche Rolle; sie bildeten allenfalls ein Anhängsel des Besitzes an Grund und Boden. Der Grundbesitz war das Gravitationszentrum, um das alles kreiste, was es an Beweglichem in der Familie gab, die Dinge ebenso wie die Menschen. Er hielt die Dinge in seinem Einflußbereich und hinderte sie, einen ihren Besonderheiten entsprechenden rechtlichen Status zu erlangen und den in ihnen steckenden Keim eines neuen Rechts zu entfalten. Auch die Vermögenswerte, die von den Mitgliedern der Familie außerhalb der Familiengemeinschaft erworben werden mochten, fielen dem Familienbesitz anheim und vermengten sich nach dem Grundsatz, wonach das Nebensächliche der Hauptsache folgt, mit dem übrigen Vermögen. Doch wie wir bereits gesagt haben, hatten jene belebten oder unbelebten Instrumente, die speziell für landwirtschaftliche Arbeiten bestimmt waren und deshalb in einer engeren Beziehung zum Boden standen, teil an dessen besonderem Merkmal; sie waren unveräußerlich. – Doch mit der Zeit, mit den Fortschritten von Produktion und Handel, erlangte das bewegliche Eigentum größere Bedeutung; es emanzipierte sich vom Grundbesitz, als dessen Anhängsel es bis dahin existiert hatte; es begann aus sich selbst heraus eine gesellschaftliche Rolle zu spielen, die sich von der des Grundeigentums unterschied, und wurde zu einem eigenständigen Faktor des wirtschaftlichen Lebens. So bildeten sich neue Eigentumszentren heraus, die jenseits des Grundeigentums standen und daher auch nicht dessen Eigenheiten aufwiesen. Die Dinge, die in jenen Zentren zusammenfanden, hatten nichts an sich, was sie dem gewünschten Zugriff entzog; es waren nur Sachen, und der einzelne, in dessen Hände sie gelangten, befand sich ihnen gegenüber in einer Position der Gleichheit, wenn nicht sogar der Überlegenheit. Er konnte frei über sie verfügen. Nichts fesselte sie an einen bestimmten Ort; nichts machte sie unbeweglich. Unmittelbar gebunden waren sie nur an die Person, die sie, auf welche Weise auch immer, erworben hatte. So also entstand dieses neue Eigentumsrecht. Noch in unserem heutigen Recht können wir gut erkennen, was das Eigentum an beweglicher Habe vom Grundeigentum unterscheidet und daß beide Eigentumsformen verschiedenen Phasen in der Entwicklung des Rechtes entsprechen. Das Grundeigentum ist noch ganz durch Verbote und Behinderungen geprägt – Reminiszenzen an seinen alten religiösen Charakter. Das bewegliche Eigentum dagegen war immer schon mobiler, freier und vollständig der Willkür des einzelnen überlassen. Doch so real diese Unterschiede auch sind, so dürfen sie uns dennoch nicht aus dem Blick verlieren lassen, daß die eine dieser beiden Eigentumsformen aus der anderen hervorgegangen ist. Das Eigentum an beweglichen Dingen hat sich als eigenständiges rechtliches Institut erst im Gefolge und in Nachahmung des Grundeigentums entwikkelt; es ist dessen abgeschwächtes Abbild, dessen gemilderte Form. Es war die Institution des Grundeigentums, die erstmals ein Band *sui generis* zwischen bestimmten Gruppen von Menschen und bestimmten Dingen herstellte. Als das geschehen war, fand das öffentliche Bewußtsein sich ganz natürlich zu dem Eingeständnis bereit, daß unter partiell andersartigen sozialen Bedingungen ähnliche, wenngleich davon verschiedene Bande ihren Anknüpfungspunkt nicht mehr in der Gemeinschaft, sondern in einzelnen Personen haben konnten. Doch dies bedeutete lediglich die Anwendung einer bestehenden Regelung auf neue Verhältnisse. Das bewegliche Eigentum ist nichts anderes als das modifizierte Grundeigentum – modifiziert im Hinblick auf die Besonderheiten beweglicher Habe. Noch heute finden wir darin die Spuren dieser Ursprünge. So ist es in der Tat in derselben Weise erblich wie das Eigentum an Grund und Boden; bei Abstammung in direkter Linie ist das Erbe sogar obligatorisch. Nun ist das Erbrecht ohne Zweifel ein Überrest des alten Gemeinschaftseigentums. Daher war dieses Gemeinschaftseigentum, das anfänglich vom Grundeigentum ungeschieden ist, das eigentliche Vorbild des beweglichen Eigentums.

Wir sehen nun, welcher Zusammenhang zwischen dem heutigen Eigentum und den mystischen Glaubensvorstellungen besteht, die wir am Grunde dieser Institution gefunden haben. Ursprünglich ist das Eigentum Grundeigentum, oder zumindest erstrecken sich die Merkmale des Grundeigentums auch auf den beweglichen Besitz, und zwar wegen dessen geringerer Bedeutung. Aufgrund ihres religiösen Charakters implizieren diese Merkmale notwendig den Kommunismus. Das ist der Ausgangspunkt. Dann führen zwei Entwicklungen im Bereich des kollektiven Eigentums zur Herausbildung des individuellen Eigentums. Einerseits führt die Konzentration der Familie, in deren Folge sich die väterliche Gewalt herausbildet, dazu, daß vom Familienoberhaupt nun jene religiöse Kraft ausgeht, die dem Familienbesitz innewohnte und dessen außergewöhnliche Stellung ausmachte. Von nun an steht der Mensch über den Sachen, und das gilt insbesondere für den Menschen, der die Position des Familienoberhauptes einnimmt, der also besitzt. Unabhängig vom Familienbesitz entstehen Systeme von profanen Dingen; sie lösen sich von letzterem und werden zum Gegenstand eines neuen, seinem Wesen nach individuellen Eigentumsrechts. Andererseits verdankte diese Individuierung des Eigentums sich der Tatsache, daß Grund und Boden ihren sakrosankten Charakter verloren, der nun auf den Menschen überging, wie auch dem Umstand, daß jene Güter, die diesen religiösen Charakter von sich aus nicht besaßen, sich soweit entwickelten, daß sie sich eine eigene und andersartige rechtliche Organisation schufen. Doch da das Gemeinschaftseigentum den Ursprung darstellt, aus dem die anderen Eigentumsformen hervorgegangen sind, finden wir noch heute Spuren davon in der Art und Weise ihrer Organisation.

Vielleicht wird man erstaunt sein, daß wir der Vorstellung, wonach Eigentum sich aus Arbeit herleitet, keine Rolle in der Genese des Eigentums zuweisen. Aber man sehe nur einmal nach, wie das Eigentum in unserem bürgerlichen Gesetzbuch geregelt ist, dann wird man feststellen, daß dieser Grundsatz darin nirgendwo *expressis verbis* vorkommt. Eigentum, sagen Artikel 711 und 712 des Code civil, wird begründet durch Erbschaft, Schenkung, Verbindung, Ersitzung oder infolge eines Schuldverhältnisses. Von den fünf hier aufgezählten Möglichkeiten des Eigentumserwerbs umfassen die ersten vier den Gedanken der Arbeit überhaupt nicht, und die fünfte impliziert ihn nicht notwendig. Wenn ich durch Kauf Eigentümer einer Sache werde, so weder weil die Sache durch die Arbeit dessen, der sie mir überläßt, erzeugt worden ist, noch weil das, was ich im Austausch dafür gebe, das Ergebnis meiner Arbeit ist, sondern lediglich weil beide Sachen sich im rechtmäßigen Besitz derer, die sie austauschen, befinden, das heißt weil dieser Besitz zu Recht besteht und auf einem gültigen Rechtsanspruch beruht. Im Römischen Recht ist das Fehlen des Prinzips Arbeit noch offenkundiger. Man kann sagen, für das Recht ist das wesentliche Element aller Formen des Eigentumserwerbs der materielle Besitz, der Zugriff, der Kontakt. Nicht daß diese physische Tatsache genügte, um Eigentum zu begründen; aber sie ist stets notwendig, zumindest am Anfang. Im übrigen ist von vorneherein klar, daß diese Idee das Eigentumsrecht schon deshalb nicht oder zumindest nicht tiefgreifend beeinflussen konnte, weil sie noch sehr neu ist. Erst bei Locke finden wir die Vorstellung, wonach Eigentum nur dann rechtmäßig ist, wenn es auf Arbeit basiert. Zu Beginn des Jahrhunderts scheint Grotius diesen Gedanken noch nicht gekannt zu haben.

Heißt das nun, daß der Gedanke in unserem Recht überhaupt nicht vorkommt? Keineswegs; aber er ist nicht im Zusammenhang mit dem Eigentumsrecht, sondern mit dem Vertragsrecht entstanden. Auch halten wir es für gerecht, daß jede von anderen genutzte oder nutzbare Arbeit entlohnt wird, wobei diese Entlohnung im Verhältnis zur verausgabten nützlichen Arbeit stehen sollte. Nun überträgt jede Entlohnung Eigentumsrechte, denn demjenigen, der sie erhält, werden dabei Dinge übereignet. So kommt es im Vertragsrecht zu einer Bewegung, einer Veränderung, die unvermeidlich auch das Eigentumsrecht beeinflussen muß. Man kann sogar voraussehen, daß das Prinzip, das sich hier entwickelt, im Widerspruch zu dem Prinzip steht, auf dem die persönliche Aneignung bislang basierte. Denn Arbeit als solche genügt noch nicht; es bedarf auch eines Stoffes, eines Objekts, an dem sie sich betätigt, und dieses Objekt muß bereits angeeignet sein, denn die Arbeit besteht in seiner Veränderung. Die Arbeit unterdrückt also jene Aneignungen, die nicht auf Arbeit basieren. Daher die Konflikte zwischen den neuen, in Entwicklung begriffenen Anforderungen des moralischen Bewußtseins und der alten Vorstellung von der Organisation des Eigentumsrechts. Aber da diese neuen Anforderungen ihren Ursprung in den Ideen haben, die sich im Bereich des Vertragsrechts herausbilden, ist es sinnvoll, wenn wir sie anhand des Vertragsprinzips untersuchen.

FÜNFZEHNTE VORLESUNG

Das Vertragsrecht

Wir haben gesehen, auf welche Weise das Eigentumsrecht entstanden sein dürfte. Die göttlichen Kräfte, die den Dingen innewohnten und die sie jeder profanen Aneignung entzogen, wurden durch bestimmte Rituale entweder an die Türschwelle des Hauses oder an den Rand des Feldes verlagert und bildeten dort gleichsam einen geweihten Gürtel, einen geheiligten Damm, der den Grund und Boden vor jedem fremden Übergriff schützte. Nur jene Menschen konnten diese Zone durchschreiten und die auf diese Weise von der Umgebung abgetrennte Insel betreten, welche die Rituale vollzogen und dadurch spezielle Bindungen zu den heiligen Wesenheiten eingegangen waren, denen der Boden ursprünglich gehörte. Dann gingen die göttlichen Kräfte, die den Dingen innewohnten, nach und nach auf die Menschen über; die Dinge waren nicht mehr aus sich heraus heilig; vielmehr kam ihnen diese Eigenschaft nur noch indirekt zu, insofern sie sich in der Abhängigkeit von Personen befanden, die ihrerseits heilig waren. Das ursprünglich kollektive Eigentum wurde zu einem persönlichen Eigentum. Denn solange es ausschließlich auf der religiösen Qualität der Dinge beruhte, bezog es sich auf kein bestimmtes Subjekt; es hatte seinen Ursprung nicht in den Menschen und erst recht nicht in einem bestimmten Menschen, und folglich wurde auch kein Mensch als deren Inhaber angesehen. Die ganze Gruppe, die solcherart von diesem geweihten Gürtel umgeben war, hatte dieselben Rechte, und die nachwachsenden Generationen traten allein schon deshalb in ebendiese Rechte ein, weil sie im Schoße der Gruppe geboren wurden. Das persönliche Eigentum entstand erst, als aus dem Familienaggregat ein einzelner Mensch herauszutreten begann, der die in den

Menschen und Dingen der Familie verstreute religiöse Kraft in sich verkörperte und zum Träger sämtlicher Rechte der Gruppe wurde.
Vielleicht wird man erstaunt sein, das individuelle Eigentumsrecht solcherart mit alten religiösen Vorstellungen verknüpft zu sehen, und manche mögen meinen, solche Vorstellungen könnten dieser Institution keine solide Grundlage bieten. Aber wie wir gesehen haben, sind die religiösen Glaubensvorstellungen zwar nicht im buchstäblichen Sinne wahr, aber sie bringen dennoch gesellschaftliche Realitäten zum Ausdruck, wenngleich in symbolischer und metaphorischer Gestalt. Und wir wissen in der Tat, daß der religiöse Charakter, der dem Individuum heute anhaftet, sehr wohl in der Realität verankert ist; er bringt lediglich den überaus hohen Wert zum Ausdruck, den die individuelle Persönlichkeit in den Augen des moralischen Bewußtseins erlangt hat, und die Würde, die ihr innewohnt, und wir wissen, wie eng diese Wertschätzung des Individuums mit unserer gesellschaftlichen Verfassung zusammenhängt. Nun ist es aber unvermeidlich, daß dieser religiöse Charakter des Individuums sich auch auf jene Dinge ausdehnt, mit denen es in engem und rechtmäßigem Kontakt steht. Die Achtung, die man ihm entgegenbringt, kann sich nicht auf die physische Person beschränken; es ist unvermeidlich, daß auch die Dinge, die als die seinen gelten, an dieser Achtung teilhaben. Diese Erweiterung ist indessen nicht nur notwendig, sie ist auch nützlich. Denn unsere moralische Organisation bringt es mit sich, daß dem Individuum ein hohes Maß an Initiative zugestanden werden muß; soll aber solche Initiative möglich sein, muß es einen Bereich geben, in dem das Individuum ganz und gar sein eigener Herr ist, in dem es völlig unabhängig zu handeln vermag und frei von jedem äußeren Druck ist, so daß es ganz es selbst sein kann. Diese individuelle Freiheit, die uns so sehr am Herzen liegt, setzt nicht nur die Fähigkeit voraus, unsere Glieder nach unserem Belieben zu

bewegen; sie erfordert auch die Existenz eines Komplexes von Dingen, über die wir nach unserem Gutdünken verfügen können. Der Individualismus wäre nur ein leeres Wort, wenn es keinen materiellen Handlungsbereich gäbe, in dem wir gleichsam volle Souveränität genießen. Wenn man sagt, das individuelle Eigentum sei heilig, so verleiht man damit lediglich einem unbestreitbaren moralischen Axiom symbolischen Ausdruck, denn das individuelle Eigentum ist die materielle Voraussetzung für den Kult des Individuums.

Damit ist das individuelle Eigentum zwar charakterisiert, aber noch nicht erklärt. Was wir bislang ausgeführt haben, läßt uns verstehen, auf welche Weise *rechtmäßig besessene* Dinge eine Qualität erlangen, die sie vor jedem Zugriff schützt, und warum sie diese Qualität erlangen müssen; es bleibt aber noch völlig unklar, welche Voraussetzungen die Dinge erfüllen müssen, damit man sagen kann, sie seien rechtmäßiges Eigentum, sie seien rechtmäßig Teil eines individuellen Besitzes. Nicht alles, was mit dem Individuum in Berührung und selbst in dauerhaften Kontakt kommt, kann rechtmäßig von ihm angeeignet werden, wird nicht schon deshalb sein Eigentum. Wann kann also Aneignung als gerecht gelten? Genau das vermag die Heiligkeit der Person keinesfalls zu bestimmen. Als das Eigentum noch kollektiv war, bestand diese Schwierigkeit nicht. Denn das Eigentumsrecht hatte seinen Ursprung in einer Qualität eigener Art, die den Dingen und nicht den Personen innewohnte. Da war es denn keine Frage, welchen Dingen sie sich mitteilen mochte; sie war bereits in ihnen. Die Frage war lediglich, welche Personen sich diese Qualität zunutze machen konnten, und die Antwort verstand sich von selbst. Allein jene nämlich, die es verstanden hatten, sie sich durch die beschriebenen Mittel nutzbar zu machen. Doch heute gilt das nicht mehr. Heute sind die Eigenschaften, die das Eigentum begründen, in der Person angesiedelt. Da stellt sich dann die Frage, welche Beziehungen zwischen den Dingen und der

Person bestehen müssen, damit die Heiligkeit der Person sich legitimerweise auf die Dinge übertragen kann, denn durch diese Übertragung kommt es zur Aneignung.

Die einzige Möglichkeit, diese Frage zu beantworten, liegt darin, die unterschiedlichen Formen des Erwerbs von Eigentum zu analysieren, nach deren Prinzip oder deren Prinzipien zu suchen und herauszufinden, auf welche Weise sie in unserer sozialen Organisation verankert sind. Der Eigentumserwerb hat zwei Hauptquellen: Vertrag und Erbschaft. Natürlich ist es eine Vereinfachung, wenn wir uns nur an diese beiden Möglichkeiten halten. Daneben gibt es auch noch die Schenkung und die Ersitzung; doch die einzigen Schenkungen, die in unserem Zusammenhang eine wichtige Rolle spielen, sind die testamentarisch verfügten, und da sie in einer engen Beziehung zum Erbrecht stehen, werden wir uns mit diesem Gegenstand befassen müssen. Was die Ersitzung angeht, so wäre es gewiß sehr interessant, sie in historischer Perspektive zu untersuchen, doch ebenso gewiß spielt sie in unserer heutigen Eigentumsverteilung nur eine sehr untergeordnete Rolle. Die beiden wichtigsten Wege, auf denen wir Eigentum erwerben, sind daher der vertraglich geregelte Austausch und die Erbschaft. Auf dem zweiten Wege übernehmen wir bereits bestehendes Eigentum; auf dem erstgenannten Weg schaffen wir neue Eigentumsobjekte. Aber, so wird man fragen, legen wir damit nicht dem Vertrag eine Funktion bei, die allein die Arbeit zu erfüllen vermag? Nur die Arbeit ist schöpferisch. Doch an sich selbst besteht Arbeit lediglich in einer körperlichen Verausgabung von Energie; sie kann keine Dinge schaffen. Die Dinge können allenfalls eine Belohnung für die Arbeit sein; die Arbeit vermag die Dinge nicht aus dem Nichts zu schaffen; vielmehr sind die Dinge zugleich Lohn und Voraussetzung der Arbeit. Daher kann Arbeit Eigentum nur im Wege des Austauschs hervorbringen, und jeder Austausch ist implizit oder explizit ein Vertrag.

Von diesen beiden gegenwärtigen Quellen des Eigentums scheint die eine auf den ersten Blick im Widerspruch zum Grundprinzip heutigen Eigentums, dem individuellen Eigentum nämlich, zu stehen. Tatsächlich hat ja das individuelle Eigentum seinen Ursprung im individuellen Eigentümer und nur in ihm. Nun kommt aber das Eigentum, das durch Erbschaft begründet wird, *per definitionem* von anderen Individuen. Es ist außerhalb des individuellen Eigentümers entstanden; er hat es nicht geschaffen; es kann daher auch nur in einer äußerlichen Beziehung zu ihm stehen. Wie wir gesehen haben, ist das individuelle Eigentum das Gegenteil des kollektiven Eigentums. Und die Erbschaft ist ein Überrest des Kollektiveigentums. Wenn die vormals ungeteilte Familie sich aufspaltet, so bleibt die ursprüngliche Einheit in anderer Form erhalten. Die Rechte, die jedes Mitglied der Gruppe am Eigentum der anderen hatte, wurden gleichsam paralysiert und in Schach gehalten, solange diese anderen lebten. Jeder nutzte seine Güter für sich; doch wenn der augenblickliche Besitzer gestorben war, gewannen die Rechte seiner alten Miteigentümer wieder ihre volle Kraft und Wirksamkeit. So entstand das Recht der natürlichen Erbfolge. Lange Zeit wurde das Recht des familiären Miteigentums so uneingeschränkt respektiert, daß es, selbst wenn die Familie nicht mehr in Gemeinschaft lebte, dem jeweiligen Besitzer unmöglich war, über sein Vermögen durch testamentarische oder anderweitige Schenkung zu verfügen. Er hatte nur ein Recht auf Nießbrauch; der eigentliche Eigentümer war die Familie. Erst als die Familie dieses Recht aufgrund ihrer Zerstreuung nicht mehr kollektiv auszuüben vermochte, kam es dahin, daß der nächste Verwandte des Verstorbenen in dessen Rechte eintrat. Das Erbrecht steht also in engem Zusammenhang mit archaischen Vorstellungen und Praktiken, die in unseren heutigen Sitten keine Grundlage mehr haben. Diese Feststellung berechtigt indessen noch nicht zu dem Schluß, daß diese Institution nun vollständig verschwinden müsse; vielmehr sind auch Überbleibsel gelegentlich notwendig. Die Vergangenheit erhält sich in der Gegenwart, auch wenn sie im Widerspruch zu ihr steht. Jede soziale Ordnung ist voll von solchen Widersprüchen. Wir können das Vergangene nicht einfach ungeschehen machen; die Vergangenheit ist real, und wir können nicht so tun, als hätte es sie nicht gegeben. Uralte soziale Formen dienen gelegentlich als Grundlage für ganz neue, und oft besteht ein derart enger Zusammenhang zwischen beiden, daß man etwas von ersteren bewahren muß, um letztere zu erhalten. Unsere Überlegungen zeigen indessen mit hinreichender Deutlichkeit, daß von den beiden wichtigsten Verfahren des Eigentumserwerbs vornehmlich das Erbrecht dazu verurteilt ist, immer mehr an Bedeutung zu verlieren. Deshalb können wir davon ausgehen, daß die Untersuchung des Vertragsrechts uns zu dem Prinzip hinführen wird, auf dem die Institution des Eigentums in Zukunft basieren dürfte. Machen wir uns also an diese Untersuchung.

Der Vertrag

Der Begriff des Vertrages bezieht sich nach gängiger Auffassung auf einen so einfachen Vorgang, daß man darin den elementaren Tatbestand erblicken zu können meinte, aus dem alle anderen sozialen Sachverhalte sich herleiten ließen. Auf diesem Gedanken beruht die Theorie des sogenannten Gesellschaftsvertrags. Danach ist das eigentliche soziale Band, das die Individuen zu einer Gemeinschaft zusammenfügt, vertraglicher Natur oder sollte es zumindest sein. Man hat den Vertrag solcherart entweder in zeitlicher oder wie Rousseau in logischer Hinsicht zum Urphänomen stilisiert, weil der Begriff des Vertrages als selbstevident erscheint. Man meint, er bräuchte mit keinem anderen Begriff verknüpft zu werden, der ihn selbst erst erklärte. Auch die Juristen sind vielfach in dieser Weise vorgegangen. So führen sie jedes Schuldverhältnis zwischen Menschen entweder auf Delikte oder auf Verträge zurück. Alle sonstigen Schuldverhältnisse, die ihren Ursprung nicht ausdrücklich in einem Delikt oder einem Vertrag im eigentlichen Sinne haben, gelten ihnen als Abwandlungen dieser beiden Fälle. Auf diese Weise entstand das Konzept des Quasikontrakts, durch das man zum Beispiel jener Schuldverhältnisse Rechnung trägt, welche aus der Führung fremder Geschäfte resultieren, oder auch des Umstands, daß ein Gläubiger mehr erhalten hat, als ihm zusteht. Die Idee des Vertrags erscheint aus sich heraus als derart einleuchtend, daß die erzeugende Ursache dieser verschiedenen Schuldverhältnisse ihrerseits nun auch nichts Dunkles mehr an sich zu haben scheint, sobald man sie erst einmal auf einen Vertrag im eigentlichen Sinne zurückgeführt hat. Doch nichts täuscht mehr als diese scheinbare Klarheit. Der Vertrag ist durchaus keine ursprüngliche Institution; vielmehr entsteht er und vor allem entwickelt er sich erst zu einem sehr späten Zeitpunkt. Er ist auch keineswegs einfach, sondern von äußerster Komplexität, und es ist nicht leicht zu erkennen, wie er entstanden ist. Das gilt es an erster Stelle zu begreifen. Um uns Klarheit zu verschaffen, wollen wir zunächst einmal klären, worin denn das vertragliche Band besteht.

Zuerst wollen wir jedoch allgemeiner fragen, worin ein rechtliches moralisches Band besteht. So nennt man eine Beziehung, die im öffentlichen Bewußtsein zwischen zwei individuellen oder kollektiven Subjekten besteht und vermöge derer eine der beiden Seiten ein bestimmtes Recht gegenüber der anderen besitzt. In aller Regel besitzen beide Seiten Rechte; doch diese Reziprozität ist nicht notwendig gegeben. Der Sklave ist rechtlich an seinen Herrn gebunden und hat dennoch ihm gegenüber kein Recht. Nun können Bindungen dieser Art zwei verschiedene Ursprünge haben. Sie können einmal aus einem realisierten Zustand der Dinge oder der Personen, die da miteinander verbunden sind, hervorgehen, insofern sie chronisch oder dauerhaft in bestimmter Weise beschaffen und situiert sind und das öffentliche Bewußtsein ihnen bestimmte Eigenschaften zuspricht. Oder aber sie gehen auf einen Zustand der Dinge oder Personen zurück, der noch nicht realisiert ist, sondern lediglich von beiden Seiten gewollt wird. In diesem Falle verdankt sich das Recht nicht der inneren Natur des Zustands, sondern der Tatsache, daß er gewollt wird. Aufgrund der Tatsache, daß ich in eine bestimmte Familie hineingeboren bin, trage ich einen bestimmten Namen, habe ich Pflichten gegen bestimmte Personen, die meine Eltern sind, oder gegen andere Personen, über die ich die Vormundschaft auszuüben habe. Weil eine bestimmte Sache *realiter* und rechtmäßig Eingang in mein Vermögen gefunden hat, habe ich ein Eigentumsrecht an dieser Sache. Weil ich eine bestimmte Liegenschaft besitze, die sich an einem bestimmten Ort befindet, habe ich gegenüber der Nachbarliegenschaft gewisse Ansprüche usw. In allen diesen Fällen geht das Recht, das ich ausübe, aus einem vollendeten oder realisierten Tatbestand hervor. Aber wenn ich mich mit dem Eigentümer eines Hauses darauf verständige, daß er mir sein Eigentum für eine bestimmte Summe vermietet, die ich ihm unter festgelegten Konditionen alljährlich zu zahlen habe, so gibt es auf meiner Seite lediglich den Willen, dieses Gebäude zu bewohnen und die versprochene Summe zu zahlen, während auf der anderen Seite der Wille steht, gegen Zahlung der ausgemachten Summe auf die entsprechenden Rechte zu verzichten. Wir haben es hier lediglich mit Willensakten, mit Willenszuständen zu tun, und dennoch genügen diese Willenszustände, um Schuldverhältnisse zu begründen und damit Rechte hervorzubringen. Den Bindungen, die auf solche Weise zustande kommen, müssen wir die Kennzeichnung als vertragliche Bindungen vorbehalten. Ohne Zweifel gibt es zwischen diesen beiden gegensätzlichen Formen eine Vielzahl von Übergangs- oder Zwischenformen; wichtig ist es indessen, daß wir uns den beiden Extremformen zuwenden, damit der Gegensatz zwischen beiden die jeweiligen Besonderheiten deutlicher hervortreten läßt. Und dieser Gegensatz könnte deutlicher gar nicht sein: auf der einen Seite Rechtsverhältnisse, die ihren Ursprung im Zustand von Sachen oder Personen oder in Modifikationen haben, welche von Anfang an in diesem Zustand enthalten sind; auf der anderen Seite Rechtsverhältnisse, die aus gleichlautenden Willensakten hinsichtlich der Modifikation dieses Zustandes hervorgehen.

Aus dieser Definition ergibt sich nun unmittelbar, daß vertragliche Bindungen kein ursprüngliches Phänomen darstellen können. In der Tat können Willensträger nur dann vertragliche Schuldverhältnisse begründen, wenn solche Schuldverhältnisse nicht schon aufgrund des rechtlichen Zustands der Sachen oder Personen gegeben sind; es kann nur darum gehen, den rechtlichen Status zu verändern, den bestehenden Beziehungen neue Beziehungen hinzuzufügen. Der Vertrag ist also eine Quelle von Variationen, die einen basalen rechtlichen Fundus voraussetzt, welcher einen anderen Ursprung hat. Der Vertrag ist das Instrument schlechthin, durch das Veränderungen herbeigeführt werden. Er kann unmöglich die Fundamente legen, auf denen das Recht ruht. Er setzt voraus, daß wenigstens zwei juristische Personen bereits vorhanden sind, daß sie in Beziehung zueinander treten und daß diese Beziehung ihren rechtlichen Status verändert; daß etwas, was der einen Seite gehörte, an die andere Seite übergeht und umgekehrt. Man denke zum Beispiel an zwei Familien A und B; eine Frau verläßt Familie A und heiratet einen Mann aus Familie B, wodurch sie in gewisser Weise Mitglied der zweiten Gruppe wird. Dadurch ist es zu einer Veränderung im Personalbestand der beiden Gruppen gekommen. Geht nun diese Veränderung friedlich und mit dem Einverständnis der beiden beteiligten Familien vonstatten, so haben wir einen Heiratsvertrag in mehr oder weniger rudimentärer Form vor uns. Daraus folgt, daß die Heirat, die notwendig einen Vertrag darstellt, eine vorgängige Organisation der Familie voraussetzt, die ihrerseits keinen Vertragscharakter hat. Hier haben wir einen weiteren Beweis dafür, daß die Ehe in der Familie gründet und nicht die Familie in der Ehe. Aber man stelle sich einmal vor, der Inzest wäre nicht verboten, jeder Mann verbände sich mit einer Frau aus seiner eigenen Familie und die Vereinigung der Geschlechter brächte keine wirklichen Veränderungen im Status der Personen und Sachen mit sich. Dann wäre das Institut des Heiratsvertrages niemals entstanden.

Das vertragliche Band hat also keinen ursprünglichen Charakter; aber es läßt sich auch leicht nachvollziehen, weshalb die Menschen erst spät auf die Möglichkeit solcher Bindungen stoßen konnten. Denn woher kommen diese Bindungen, das heißt die Rechte und Verpflichtungen, die ihren Ursprung im Status der Personen oder der Sachen haben? Sie basieren auf der Heiligkeit der Personen wie auch der Sachen, auf dem moralischen Ansehen, daß sie mittelbar oder unmittelbar genießen. Wenn der Primitive sich seiner Gruppe gegenüber verpflichtet fühlt, so weil die Gruppe in seinen Augen das Heilige schlechthin ist, und wenn er in gleicher Weise gegenüber den einzelnen Menschen, aus denen die Gruppe besteht, Verpflichtungen anerkennt, so weil sich etwas von der Heiligkeit der Gemeinschaft auch deren Teilen mitteilt. Alle Mitglieder eines Klans tragen in sich ein Stück jenes göttlichen Wesens, von dem der Klan abstammen soll. Sie haben also religiösen Charakter, und deshalb ist man gehalten, sie zu verteidigen, ihren Tod zu rächen usw. Wir haben außerdem gesehen, daß die Rechte, die ihren Ursprung in den Dingen haben, auf dem religiösen Charakter dieser Dinge beruhten; darauf brauchen wir hier nicht zurückzukommen. So verdanken alle moralischen und rechtlichen Beziehungen, die sich aus dem Status der Personen oder Dinge herleiten, ihre Existenz einer eigentümlichen Kraft, die den Menschen wie auch den Dingen innewohnt und Achtung gebietet. Aber wie sollte solch eine Kraft auch bloßen Willensdispositionen innewohnen? Was aber besagt die Tatsache, daß jemand eine Sache oder eine Beziehung will, und was kann daran sein, das dazu zwingen könnte, diese Beziehung auch tatsächlich zu realisieren? Wer ein wenig darüber nachdenkt, der wird erkennen, daß die Idee, wonach die Übereinkunft zweier Willen hinsichtlich ein und desselben Zieles für beide Seiten obligatorischen Charakter haben kann, eine große juristische Innovation darstellt, die eine bereits sehr weit fortgeschrittene historische Entwicklung voraussetzt. Wenn ich beschließe, in einer bestimmten Weise zu handeln, so kann ich diesen Beschluß jederzeit revidieren. Warum sollten zwei Beschlüsse, die von zwei verschiedenen Subjekten getragen werden, allein schon deshalb größere Bindungskraft haben, weil sie miteinander übereinstimmen? Daß ich vor einer Person halt mache, die ich für heilig halte; daß ich mich davor hüte, sie anzurühren, ihren Zustand zu verändern, und dies wegen des heiligen Charakters, den ich ihr beilege, und wegen des Respekts, den sie mir deshalb einflößt, das ist nur allzuleicht nachzuvollziehen. Und dasselbe gilt unter den nämlichen Bedingungen auch für die Dinge. Aber ein Willensakt, ein Entschluß, das ist erst nur eine Möglichkeit; *per definitionem* ist damit noch nichts realisiert oder bewirkt. Wie sollte etwas, das gar nicht vorhanden ist oder zumindest erst auf gänzlich ideale Weise existiert, mich in diesem Maße verpflichten? Man erkennt leicht, daß eine Vielzahl von Faktoren zusammengekommen sein muß, damit unsere Willensakte eine zwingende Kraft erlangen, die ihnen analytisch aus sich heraus nicht zukommt. Und folglich ist der juristische Begriff des Vertrages, der vertraglichen Bindung, alles andere als unmittelbar einleuchtend und mußte erst mühsam erarbeitet werden.

Und in der Tat haben die Gesellschaften sehr lange gebraucht, um die ursprüngliche Phase eines rein statutarischen Rechtes zu überwinden und sie durch ein neues Recht zu überlagern. Die Annäherung an dieses neue Recht ist dabei durch zahlreiche aufeinanderfolgende Veränderungen des alten Rechtes erfolgt. Diese Entwicklung vollzog sich übrigens auf unterschiedlichen Wegen, deren wichtigste die folgenden sind:

Im allgemeinen werden neue Institutionen zunächst nach den vorhandenen geformt und lösen sich erst nach und nach von diesen, um ihre besondere Natur frei zu entfalten. Das Vertragsrecht hatte die Aufgabe, den persönlichen Status zu verändern; und dennoch dachte man es zunächst nach dem Modell des statutarischen Rechts, damit es diese Aufgabe erfüllen konnte. Die Bande, die zwischen den Menschen aufgrund ihres erworbenen und verwirklichten Status bestehen, hängen von diesem Status ab. Sie beruhen darauf, daß diese Menschen an einer Qualität teilhaben, die ihnen Achtung voreinander einflößt. Genauer gesagt, die Mitglieder eines Klans oder einer Familie haben Pflichten gegeneinander, weil sie vom selben Fleisch und Blut sind. Nicht daß die physische Blutsverwandtschaft aus sich heraus moralische Wirksamkeit entfaltete. Vielmehr ist das Blut Träger eines heiligen Prinzips, mit dem es sich vermischt; vom selben Blut sein heißt dann, an ein und demselben Gott teilzuhaben, dieselbe religiöse Qualität zu besitzen. Häufig wird die Adoption durch Rituale vollzogen, bei denen man einige Tropfen vom Blut der Gruppe in die Adern des Adoptierten einbringt. Als die Menschen nun das Bedürfnis verspürten, auch andere Bindungen zu schaffen als jene, die aus ihrem Status resultierten, Bindungen, die auf ihren Willen zurückgingen, da dachten sie diese zunächst einmal nach dem Vorbild der einzigen Bande, die sie kannten. Zwei Individuen oder Gruppen, zwischen denen keine natürlichen Bindungen bestehen, kommen überein, sich zu einem gemeinsamen

Werk zusammenzutun. Damit ihre Übereinkunft bindende Kraft erhält, werden sie jene materielle Blutsverwandtschaft herstellen, die als Quelle jeglicher Verpflichtung gilt. Sie vermischen ihr Blut. Zum Beispiel tauchen die Vertragschließenden ihre Hände in ein Gefäß, in das sie etwas von ihrem Blut gegeben haben, und nehmen ein paar Tropfen davon auf. Diese Prozedur hat Robertson Smith unter der Bezeichnung *blood-covenant* untersucht; ihre Natur und ihre allgemeine Verbreitung sind heute wohlbekannt. Auf diese Weise fanden beide Seiten sich einander verpflichtet; in gewisser Weise verdankte diese Beziehung sich einem Willensakt; sie hatte etwas von einem Vertragsverhältnis; doch ihre ganze Wirkungskraft erlangte sie erst, als sie auch die Form eines Vertrages annahm. Die beiden Individuen bildeten gleichsam eine künstliche Gruppe, die auf ähnlichen Bindungen basierte wie die natürlichen Gruppen, denen jedes von ihnen angehörte. Übrigens führten auch andere Mittel zu demselben Ergebnis. Aus Nahrung wird Blut, wird Leben; dieselbe Nahrung essen heißt daher, aus derselben Lebensquelle zu schöpfen; auch damit wird man vom selben Blut. Daher die bedeutende Rolle der gemeinsamen Nahrungsaufnahme in allen Religionen, von den ältesten angefangen bis hin zum Christentum. Man ißt gemeinsam von derselben heiligen Sache, um desselben Gottes teilhaftig zu werden. Dadurch entsteht eine Bindung zwischen den Individuen. Zwei Vertragschließende konnten sich auch dadurch binden, daß sie aus ein und demselben Glas tranken, ein und dieselbe Speise aßen oder daß sie gemeinsam aßen. Der Brauch, aus einem Glas zu trinken, findet sich noch heute in zahlreichen Heiratszeremonien. Und der Brauch, einen Vertrag dadurch zu besiegeln, daß man gemeinsam trinkt, hat wahrscheinlich denselben Ursprung. Gleiches gilt für den Handschlag.

In den genannten Beispielen dienen die aus dem persönlichen Status erwachsenden Bindungen als Modell für die entstehenden vertraglichen Bindungen. Doch auch die aus dem

Status der Dinge erwachsenden Bindungen wurden für dieselben Ziele eingesetzt. Die Rechte und Pflichten, die ich einer Sache gegenüber habe, hängen vom Status, von der rechtlichen Situation dieser Sache ab. Wenn sie zum Besitz eines anderen gehört, muß ich sie respektieren; wenn sie dennoch in meinen Besitz eindringt, muß ich sie oder ihren Gegenwert rückerstatten. Man stelle sich zwei Individuen oder Gruppen vor, die einen Tausch vornehmen wollen, die zum Beispiel eine Sache gegen eine Sache oder eine Summe Geld tauschen möchten. Eine der beiden Seiten liefert die Sache; schon dadurch geht die empfangende Seite eine Verpflichtung ein, die Verpflichtung nämlich, den Gegenwert der Sache zu erstatten. Das ist der Ursprung des sogenannten Realvertrages, das heißt eines Vertrages, der nur durch die tatsächliche Übertragung einer Sache zustande kommt. Nun kennen wir die Rolle, die der Realvertrag im römischen und im germanischen wie auch im alten französischen Recht gespielt hat. Selbst im heutigen Recht sind davon noch sehr deutliche Spuren erhalten geblieben. Denn daher stammt etwa der Brauch, ein Unterpfand zu geben. Statt das Objekt des Austauschs selbst zu übergeben, gab man lediglich einen Teil seines Werts oder ein anderes Objekt. Schließlich genügte vielfach eine wertlose Sache, zum Beispiel der Strohhalm oder der Handschuh, der im germanischen Recht üblich war. Durch die Entgegennahme des Gegenstandes wurde der Empfangende zum Schuldner des Gebenden. Mit der Zeit genügte dann die Geste der Übergabe des Gegenstandes.

Doch wie man sieht, sind weder *blood-covenant* noch Realvertrag Verträge im eigentlichen Sinne. Denn in beiden Fällen resultiert das Schuldverhältnis nicht aus der Wirksamkeit der übereinstimmenden Willen. Für sich allein wären diese nicht in der Lage, bindende Wirkung zu entfalten. Hinter den Willensäußerungen muß zudem auch der Status von Personen oder Sachen stehen; erst dieser Status und nicht der Wille der Vertragschließenden ist die erzeugende Ursache der solcherart zustandegekommenen Bindung. Wenn ich nach solch einem *blood-covenant* mit meinem Kontrahenten in einem wechselseitigen Schuldverhältnis stehe, so weil er und ich nach der Ausführung der zugehörigen Prozedur vom selben Blut sind. Wenn ich bei einem Realvertrag den Preis für das empfangene Objekt hingebe, so nicht, weil ich dies versprochen habe, sondern weil dieses Objekt in meinen Besitz übergegangen ist, weil es sich seither in einer bestimmten rechtlichen Situation befindet. Alle diese Praktiken sind Verfahren, durch die man auf anderen Wegen als durch einen Vertrag im eigentlichen Sinne zu etwa denselben Ergebnissen gelangt wie durch einen Vertrag. Denn es sei noch einmal wiederholt: Was den Vertrag konstituiert, das ist die übereinstimmende Willensäußerung der Beteiligten. In den genannten Fällen bedarf es aber noch eines weiteren Elementes; es muß unmittelbar ein persönlicher oder sachlicher Status geschaffen worden sein, der so beschaffen ist, daß er die betreffenden rechtlichen Wirkungen hervorbringt. Solange dieses vermittelnde Element vorhanden ist, ist der Vertrag noch kein Vertrag im eigentlichen Sinne.

Es gibt jedoch noch einen weiteren Weg, auf dem man dem Vertrag im eigentlichen Sinne näher kommt. Der Wille vermag nur dann Bindungen zu schaffen, wenn er sich äußert. Diese Äußerung erfolgt durch Worte. Nun sind Worte aber etwas Reales, Natürliches und Realisiertes, dem man eine religiöse Qualität zusprechen kann, aufgrund deren sie jene binden, die sie ausgesprochen haben. Dazu genügt es, daß sie diesen religiösen Formen entsprechend und unter religiösen Bedingungen ausgesprochen werden. Schon dadurch werden sie heilig. Eine Möglichkeit, ihnen diese Qualität zu verleihen, ist der Schwur, also die Anrufung eines göttlichen Wesens. Durch diese Anrufung wird das göttliche Wesen zum Garanten des ausgetauschten Versprechens. Ist das Versprechen in dieser Weise ausgetauscht worden, so erhält es auch dann schon bindende Kraft, wenn noch gar keine ausführende Handlung begonnen worden ist, und dies unter Androhung göttlicher Strafen, deren Schwere man kennt. Zum Beispiel spricht jeder Vertragschließende einen Satz aus, der ihn selbst bindet, und eine Formel, mit der er eine bestimmte göttliche Strafe auf sich herabruft für den Fall, daß er die eingegangene Verpflichtung nicht erfüllen sollte. Sehr oft wird die bindende Kraft der solcherart ausgesprochenen Worte noch durch Opfer und magische Rituale aller Art verstärkt.

Hier haben wir den Ursprung der formellen und feierlichen Verträge. Charakteristisch dafür ist die Tatsache, daß sie nur dann bindende Kraft erlangen, wenn die Parteien sich durch eine bestimmte feierliche Formel, von der keine Seite abweichen kann, verpflichtet haben. Diese Formel schafft die bindende Wirkung. An diesem Zeichen erkennt man ein wesentliches Merkmal magischer und religiöser Formeln. Die rechtliche Formel ist lediglich ein Ersatz für den religiösen Formalismus. Wenn bestimmte Worte, in ganz bestimmter Ordnung ausgesprochen, eine moralische Wirkung entfalten, die sie verlieren, wenn die Worte andere sind oder auch nur in einer anderen Reihenfolge ausgesprochen werden, dann darf man sicher sein, daß sie religiöse Bedeutung besitzen oder besessen haben und daß ihre Sonderstellung religiöse Gründe hat. Denn nur das religiöse Wort hat solche Wirkung auf Menschen und Dinge. Was die Römer angeht, so zeigt hier eine Tatsache mit besonderer Deutlichkeit, wie sehr Verträge ursprünglich religiösen Chrakters waren; gemeint ist der Brauch des *sacramentum*. Wenn zwei Vertragschließende sich uneinig über die beiderseitigen Rechte und Pflichten waren, hinterlegten sie in einem Tempel eine Geldsumme, deren Höhe vom Streitwert abhing; das war das *sacramentum*. Derjenige, der den Prozeß verlor, verlor auch die hinterlegte Summe. Aus der Tatsache, daß ihm damit ein Strafgeld zugunsten der Götter auferlegt wurde, können wir

schließen, daß der Versuch, den er unternommen hatte, als Vergehen gegen die Götter angesehen wurde. Demnach waren die Götter als Parteien im Vertrag präsent.
Wir sehen nun, wie langsam der Begriff des Vertrages sich herausgebildet hat. Der *blood-covenant* und die Realverträge sind noch keine echten Verträge. Der feierliche Vertrag kommt dem schon näher. Denn hier ist die eingegangene Verpflichtung heilig, sobald der Wille der Beteiligten sich in Worten geäußert hat und durch religiöse Formeln besiegelt ist. Dennoch resultiert auch in diesem Falle der moralische Wert der Verpflichtung nicht unmittelbar aus der Übereinstimmung der beteiligten Willen, sondern aus der verwendeten Formel. In der nächsten Vorlesung werden wir die weiteren Etappen kennenlernen, die das Vertragsrecht durchlaufen mußte, bis es zu dem wurde, was es heute ist.

SECHZEHNTE VORLESUNG

Die Vertragsmoral (Fortsetzung)

In der letzten Vorlesung haben wir gesehen, welche Schwierigkeiten es den Gesellschaften bereitete, zum Begriff des Vertrages zu gelangen. Alle Rechte und Pflichten basieren auf einem bestehenden Zustand von Personen oder Dingen; beim Vertrag im eigentlichen Sinne hat die Verpflichtung ihren Ursprung dagegen in einem Zustand, der nur vorgestellt und noch zu verwirklichen ist. Gegeben und vorhanden ist hier lediglich eine Willensäußerung. Wie kann eine solche Äußerung den Willen binden, von dem sie stammt? Soll man sagen, im Vertrag seien zwei Willen präsent, die sich gegenseitig bänden; sie seien in gewisser Weise solidarisch geworden, und diese Solidarität lasse ihre Freiheit nicht unangetastet? Aber wie soll das Versprechen meines Vertragspartners, er werde eine bestimmte Leistung erbringen, wenn ich meinerseits eine bestimmte Leistung erbringe, wie sollte dieses Versprechen mich und ihn verpflichten, unsere jeweiligen Leistungen zu erbringen? Meine Verpflichtung dem anderen gegenüber wird ja nicht dadurch zwingender, daß der andere mir gegenüber eine Verpflichtung eingegangen ist. Denn beide Verpflichtungen sind von derselben Art, und wenn keine von ihnen das moralische Ansehen besitzt, das den Willen zu zwingen vermag, dann können beide zusammen dieses Ansehen auch nicht zuwege bringen. Im übrigen ist es für einen Vertrag gar nicht notwendig, daß gegenseitige Leistungen vereinbart werden. Es gibt auch einseitige Verträge. Der Schenkungsvertrag und der Pfandvertrag implizieren keinen Austausch. Wenn ich unter gegebenen Bedingungen erkläre, daß ich einer bestimmten Person eine bestimmte Geldsumme oder einen Gegenstand gebe, so bin ich verpflichtet, mein Versprechen zu halten, obwohl ich keine Gegenleistung dafür erhalten habe. In diesem Falle ist es also allein meine Willensäußerung, die mich verpflichtet, ohne daß ihr eine reziproke Willensäußerung gegenüberstünde. Woraus aber bezieht sie ihre Kraft?

Die Völker sind nur sehr langsam dahin gelangt, die bloße Willensäußerung mit einer solchen rechtlichen und moralischen Wirksamkeit zu versehen. Als Veränderungen und Tauschvorgänge häufiger wurden, begann auch das Bedürfnis nach vertraglichen Beziehungen sich bemerkbar zu machen, und man bemühte sich auf Umwegen, es zu befriedigen. Ohne ein neues Recht zu schaffen, versuchte man, das statutarische Recht an die neuen Erfordernisse anzupassen. Dabei verfiel man auf folgendes Prinzip: Wenn die Parteien Übereinstimmung erzielt hatten, realisierte man einen Zustand der Dinge oder der Personen, der dann zur Quelle der eigentlichen Verpflichtung wurde. Zum Beispiel erbrachte einer der Vertragschließenden die Leistung, zu der er sich verpflichtet hatte; damit gab es etwas Reales und Gegebenes, das die andere Seite verpflichtete. Der Verkäufer lieferte die Sache; diese Sache, die dadurch in den Besitz des Käufers überging, verpflichtete den Käufer aufgrund jener Regel, die in allen Gesellschaften anerkannt, wenngleich auf unterschiedliche Weise sanktioniert wird und wonach niemand sich auf Kosten anderer bereichern darf. Oder aber die Vertragschließenden unterwarfen sich, nachdem das Einverständnis zwischen ihnen hergestellt war, einer Prozedur, die zwischen ihnen eine Art Verwandtschaft *sui generis* schuf, und diese Verwandtschaft schuf dann ihrerseits zwischen ihnen ein ganzes System von Rechten und Pflichten. Durch diese zwei Verfahren wird das statutarische Recht im Gefolge einer Willensübereinstimmung verändert, und dadurch gewinnen die solcherart geschaffenen Bindungen durchaus vertraglichen Charakter. Aber diese Bindungen sind nicht das Ergebnis der Willensübereinstimmung; und in diesem Sinne handelt es sich noch nicht um einen echten Vertrag. In beiden Fällen ist die Übereinkunft für sich allein nicht in der Lage, die bindende Wirkung hervorzubringen; zumindest schafft sie diese Rechte nur über ein vermittelndes Element. Im unmittelbaren Gefolge einer Übereinkunft stellt sich ein sachlicher oder personaler Status ein, und erst dieser Status bewirkt, daß die Übereinkunft rechtliche Folgen hat. Solange die vereinbarte Leistung nicht wenigstens zum Teil erbracht ist, solange die Vertragschließenden nicht ihr Blut vermischt oder am selben Tische gespeist haben, behalten sie die Freiheit, ihren Entschluß zu revidieren. Für sich allein hat die Willensäußerung keinerlei Wirkungskraft. Man bedient sich des statutarischen Rechts, um annähernd die Wirkung zu erzielen, die das Vertragsrecht hervorbringt; aber das Vertragsrecht selbst ist noch nicht geboren.

Doch es gibt noch einen weiteren Weg, auf dem die Menschen dem Vertrag näher kommen konnten. Unter allen Umständen vermag der Wille sich nur dann zu binden, wenn er sich äußert, wenn er nach außen dringt. Er muß bekannt sein, wenn die Gesellschaft ihm moralischen Charakter zusprechen soll. Diese Äußerung erfolgt durch Worte. Nun sind Worte aber etwas Reales, Materielles und Realisiertes, dem man eine religiöse Qualität zusprechen kann, aufgrund derer sie, sobald sie einmal ausgesprochen sind, jene binden, die sie ausgesprochen haben. Dazu genügt es, daß sie bestimmten religiösen Formen entsprechend und unter bestimmten religiösen Bedingungen ausgesprochen werden. Dadurch werden sie heilig. Wie man leicht einsehen wird, flößen Worte, wenn sie erst einmal als heilig angesehen werden, denen, die sie aussprechen, Respekt ein. Sie genießen dasselbe Ansehen wie die Personen und Sachen, die Gegenstand von Rechten und Pflichten sind. Auch sie können daher zur Quelle von Verpflichtungen werden. Eine der Möglichkeiten, ihnen diese Qualität und damit auch diese zwingende Kraft zu verleihen, ist der Schwur, also die Anrufung eines göttlichen Wesens. Durch diese Anrufung wird das göttliche Wesen zum Garanten der einseitig oder wechselseitig gemachten Versprechen; es ist darin gegenwärtig und vermittelt ihm etwas von ihm selbst und den Gefühlen, die es auslöst. Wer sein Versprechen bricht, der beleidigt die Gottheit und zieht sich deren Rache zu, das heißt er zieht göttliche Strafen auf sich, die dem Gläubigen als ebenso gewiß und unausweichlich erscheinen wie die Strafen, die später die Gerichte verhängen werden. Sobald die Worte den Mund des Vertragschließenden verlassen haben, sind sie nicht mehr die seinen, sie sind ihm äußerlich geworden, denn sie haben ihre Natur verändert. Sie sind heilig, und er ist profan. Folglich sind sie seiner Willkür entzogen; obwohl sie von ihm herkommen, hängen sie nicht mehr von ihm ab. Er kann sie nicht mehr verändern; er ist gehalten, sie auszuführen. Auch der Schwur ist ein Mittel, den Worten, das heißt den unmittelbaren Äußerungen des menschlichen Willens, jene Transzendenz zu verleihen, die allen moralischen Dingen eigen ist. Auch er löst sie gleichsam von dem Subjekt, von dem sie ausgegangen sind, und macht sie zu etwas Neuem, das ihn bindet.

Hier haben wir ohne Zweifel den Ursprung der feierlichen und förmlichen Verträge. Charakteristisch für diese Verträge ist die Tatsache, daß sie nur dann Geltung erlangen, wenn bestimmte festliegende Formeln ausgesprochen worden sind. Niemand darf davon abweichen; sonst hat der Vertrag keine bindende Kraft. Genau dies ist nun aber ein wesentliches Merkmal magischer und religiöser Formeln. Wenn die Menschen glauben, daß Worte, in einer festgelegten Reihenfolge ausgesprochen, eine Kraft haben, die sie bei der kleinsten Abwandlung wieder verlieren, dann darf man sicher sein, daß sie eine religiöse Bedeutung besitzen oder besessen haben und daß diese Besonderheit religiöse Gründe hat. Denn nur das religiöse Wort hat solch eine Wirkung auf

Menschen und Dinge. Der juristische Formalismus ist lediglich ein Surrogat des religiösen Formalismus. Bei den Germanen belegte man den Abschluß feierlicher Verträge mit dem Ausdruck *adhramire* oder *arramire,* was man mit *fidem jurejurendo facere* übersetzt. Anderswo findet es sich mit dem *sacramentum* verknüpft: *Sacramenta quae ad palatium fuerunt adramita. Adramire* heißt, ein feierliches, durch Schwur besiegeltes Versprechen abzulegen. Es ist äußerst wahrscheinlich, daß die römische *stipulatio* von gleicher Art war. Es handelte sich um einen Vertrag, der *verbis,* das heißt durch festgelegte Formeln zustande kam. Wer weiß, wie sehr das Römische Recht seinem Wesen nach religiös und pontifikal war, der wird kaum daran zweifeln, daß diese *verba* zunächst rituelle Formeln waren, die der Verpflichtung einen geheiligten Charakter verleihen sollten. Gewiß wurden sie vor Priestern und vielleicht auch an geweihten Stätten ausgesprochen. Und nannte man die feierlichen Formeln nicht auch sakramentale Worte?

Wahrscheinlich genügten sprachliche Riten niemals oder zumindest in der Regel nicht, um die ausgetauschten Worte zu heiligen, sie unwiderruflich zu machen; vielmehr wurden daneben auch manuelle Rituale vollzogen. Dies ist wahrscheinlich der Ursprung des Gottespfennigs. Der Gottespfennig war ein Geldstück, das einer der Vertragschließenden dem anderen gab, wenn der Vertrag abgeschlossen war. Es handelte sich nicht um eine Anzahlung auf den Preis, um eine Art Pfand, denn es handelte sich um eine zusätzliche Zahlung der einen Seite, die nicht auf die letztlich zu zahlende Summe angerechnet wurde. Daher scheint es nicht möglich, eine partielle Vertragserfüllung darin zu erblicken, wie man dies bei Realverträgen beobachten kann. Es muß aber ein Sinn darin stecken. Nun wurde das Geld in den meisten Fällen für fromme Zwecke verwandt; das sagt schon die Bezeichnung »Gottespfennig«. Es dürfte sich also um den Überrest einer Opfergabe gehandelt haben, die dazu bestimmt war, die Gottheit in irgendeiner Weise am Vertrag zu interessieren, sie zum Mitbeteiligten an der Übereinkunft zu machen, und dies ist eine ebenso wirkungsvolle Methode wie die Übung, die Gottheit mit Worten anzurufen und die geschlossene Vereinbarung damit abzusegnen.

Ähnliches gilt höchstwahrscheinlich auch für das Strohhalmritual. In der letzten Vorlesung haben wir gesagt, hier handele es sich um einen Überrest des Realvertrages. Doch das ist ein Irrtum. In Wirklichkeit berechtigt nichts zu der Annahme, dieser Brauch wäre jünger als der Realvertrag; folglich haben wir auch keinen Beweis für die These, wonach er sich davon herleitet. Gegen eine solche These spricht auch die Tatsache, daß der Strohhalm oder die festuca, deren Übergabe die vertraglich eingegangene Verpflichtung besiegelte, nicht vom zukünftigen Gläubiger, sondern vom zukünftigen Schuldner kam. Es handelte sich also nicht wie beim Realvertrag um die vollständige oder teilweise Erbringung einer Leistung, denn die vom Schuldner geschuldete Leistung blieb noch insgesamt zu erbringen. Solch eine Operation konnte daher nicht den Gläubiger gegenüber dem Schuldner, sondern nur den Schuldner gegenüber dem Gläubiger verpflichten. Und schließlich trug bei den Römern der feierliche Vertrag, der *verbis,* also mit Hilfe heiliger Formeln, abgeschlossen wurde, die Bezeichnung *stipulatio*. Nun leitet das Wort *stipulatio* sich aber von *stipula* her, und das bedeutet gleichfalls Strohhalm. »Veteres, quando sibi aliquid promettebant, stipulam tenentes frangebant.« Dieser Brauch war selbst in relativ später Zeit noch verbreitet. Er stand in einer engen Beziehung mit dem feierlichen, durch sprachliche Formeln besiegelten Vertrag; ja, beide Verfahren scheinen unlösbar miteinander verbunden. Der genaue Sinn dieses Rituals läßt sich nur schwer beschreiben. Offenbar bedeutete es eine Art Lehnseid des Schuldners gegenüber dem Gläubiger, der ersteren gegenüber letzterem verpflichtete. Dadurch wurde dem Gläubiger etwas von der juristischen Persönlichkeit, etwas von den Rechten des Schuldners übertragen. Was mich in dem Glauben bestärkt, daß dies der Sinn dieses Brauchs gewesen sein dürfte, ist die Operation, die im Verlaufe des Mittelalters an dessen Stelle trat. Denn die festuca überlebte kaum die fränkische Zeit. An ihre Stelle trat eine Geste der Hand. Handelte es sich um eine Verpflichtung gegenüber einer bestimmten Person, so legte der zukünftige Schuldner seine Hände in die des Gläubigers. Handelte es sich lediglich um ein einseitiges Versprechen, einen Eid, legte man die Hand auf eine Reliquie oder hob sie in die Höhe (um den Himmel als Zeugen anzurufen?). Bei diesen Gesten spüren wir den religiösen, das heißt mystischen Charakter noch deutlicher, denn sie sind noch heute in Gebrauch; andererseits kann kein Zweifel bestehen, daß sie dem Zweck dienten, eine Bindung zu schaffen. Besonders deutlich zeigt sich dies bei zwei überaus wichtigen Vertragsformen. Zunächst beim Feudalvertrag, der den Mann mit dem Herrn verband. Beim Lehnseid kniete der Mann nieder, legte die Hände in die des Lehnsherrn und gelobte ihm Treue. Dieselbe Praxis finden wir beim Verlöbnis. Wenn Mann und Frau sich die Ehe versprachen, legten sie die Hände ineinander; im katholischen Heiratsritual finden sich noch heute Spuren davon. Und bekanntlich war die Verlobung ein verpflichtender Vertrag.

Wir können nicht mehr genau sagen, welche religiösen Glaubensvorstellungen die Grundlage für diese Praktiken gebildet haben. Dennoch lassen sich aus den aufgezeigten Parallelen einige allgemeine Hinweise ableiten. Das Auflegen oder Ineinanderlegen der Hände ist ein Ersatz für die Tradition der *festuca*; beide müssen daher dieselbe Bedeutung und denselben Zweck gehabt haben. Nun ist die Handauflegung ein weithin bekanntes Ritual. Es gibt keine Religion, die sie nicht praktizierte. Beim Segnen oder bei der Weihe legt der Priester die Hände auf den Kopf; will ein Mensch sich von seinen Sünden befreien, so legt er die Hand auf die Opfertiere, die er anschließend opfert. Was an Unreinem in ihm ist, wird dadurch auf das Tier übertragen und dann mit dem Tier vernichtet. Aufgrund eines ähnlichen Vorgangs wird das zu Ehren eines Gottes geopferte Tier zum Stellvertreter dessen, der es geopfert hat oder hat opfern lassen usw. Die Menschen stellten sich die menschliche Persönlichkeit demnach als etwas vor, das sich entweder insgesamt oder zu bestimmten Teilen übertragen läßt, und ganz offensichtlich dienen die geschilderten Praktiken dem Zweck, eine Kommunikation dieser Art herzustellen. Wenn wir uns diesen Dingen mit unseren heutigen Ideen nähern, sind wir natürlich versucht, darin lediglich Symbole zu erblicken, allegorische Repräsentationen der damit eingegangenen Bindungen. Aber ganz allgemein gilt, daß solche Praktiken anfänglich niemals symbolischer Natur sind; ihr Symbolcharakter ist vielmehr eine Verfallserscheinung, die sich einstellt, wenn die ursprüngliche Bedeutung verloren gegangen ist. Zu Anfang sind sie keine Zeichen, sondern wirksame Ursachen sozialer Beziehungen; sie bringen diese sozialen Beziehungen hervor, und erst später werden sie zu bloß äußerlichen materiellen Zeichen. Die Übergabe, auf der der Realvertrag basiert, gilt als reale Übergabe; sie begründet den Vertrag und verleiht ihm seine bindende Kraft. Erst sehr viel später wird sie zu einem bloßen Mittel, mit dem die Existenz des Vertrages sich materiell beweisen läßt. Dasselbe gilt für die Bräuche, die wir beschrieben haben. Man vergleiche sie nur einmal mit dem *blood-covenant*. Auch sie schaffen eine Bindung zwischen den Vertragsparteien, indem sie deren moralische Persönlichkeit ansprechen. Möglicherweise hat der Handschlag (deutsch im Original) denselben Ursprung?

Verträge dieser Art bestehen demnach aus zwei Elementen: einem sprachlichen Kern, der Formel, und den materiellen Ritualen. Damit stehen sie dem echten Vertrag schon näher als dem Realvertrag. Denn auch wenn immer noch vermittelnde Praktiken erforderlich sind, damit die Übereinkunft rechtliche Wirkung hat, so binden diese Praktiken die beteiligten Willen doch immerhin unmittelbar. In der Tat bestehen die hier eingeschalteten Praktiken weder in der effektiven noch in einer teilweisen Erbringung der vertraglich vereinbarten Leistung. Welche feierlichen Handlungen auch vollzogen werden mögen, die von beiden Parteien eingegangenen Verpflichtungen sind in jedem Falle zur Gänze erst noch zu erbringen, und dies auch dann noch, wenn die feierlichen Handlungen vollzogen sind. Auf beiden Seiten gibt es lediglich Versprechen; dennoch sind diese Versprechen für die Vertragsparteien bindend. Beim Realvertrag liegt die Sache anders, denn dort hat eine der beiden Parteien ihr Versprechen bereits vollständig oder teilweise erfüllt; einer der beiden Willen befindet sich nicht mehr im Zustand des Willens, weil er realisiert ist. Nun hatte allerdings auch der *blood-covenant* diesen Vorzug. Man sieht indessen leicht, daß dieses außerordentlich komplizierte Ritual nur bei wichtigen Anlässen ausgeführt werden kann und nicht für den alltäglichen Verkehr. Man kann es nicht für die alltäglichen Käufe und Verkäufe durchführen. Es wird allenfalls dann benutzt, wenn es darum geht, langfristige Bindungen herzustellen.

Aber der feierliche Vertrag war einer Vervollkommnung fähig, zu der es dann auch im Laufe der Geschichte kam. Die materiellen Rituale, in die er sich gleichsam kleidete, lösten sich auf und verschwanden langsam. In Rom kommt es zu dieser Vervollkommnung in der klassischen Periode. Die äußerlichen Formalitäten der *stipulatio* sind nur noch Erinnerungen, deren Spuren die Gelehrten in den volkstümlichen Sitten und Bräuchen der Zeit wiederfinden oder auch in der Etymologie des Wortes selbst. Aber notwendig sind sie nicht mehr, damit die *stipulatio* Gültigkeit erlangt. Diese beruht vielmehr ausschließlich auf der heiligen Formel, welche die beiden Vertragschließenden mit religiöser Genauigkeit auszusprechen haben. Zu derselben Entwicklung kam es in den modernen Gesellschaften unter dem Einfluß des Christentums. Die Kirche neigte mehr und mehr dazu, im Eid die notwendige und hinreichende Bedingung für die Gültigkeit des Vertrages zu sehen, ohne daß noch weitere Formalitäten erforderlich gewesen wären. Auf diese Weise verflüchtigte sich der Vermittler zwischen der Übereinkunft der beteiligten Willen und der Verpflichtung, diese Übereinkunft in die Tat umzusetzen. Da die Worte unmittelbarer Ausdruck des Willens sind, blieben als äußere Bedingungen der Übereinkunft nur noch der festliegende Charakter der Formel, in der sie ihren Ausdruck finden mußte, sowie die spezifischen Kräfte und Eigenschaften, die mit dieser Formel verbunden waren. Nun brauchte sich diese Kraft nur noch zu verflüchtigen, so daß es gar keine Anforderungen mehr an die von den Vertragsparteien einzuhaltenden sprachlichen Formen gab, und der Konsensualvertrag war geboren.

Das ist die vierte Etappe der hier geschilderten Entwicklung. Wie ist es dem Vertrag gelungen, sich von diesem letzten äußerlichen und zufälligen Element zu befreien? Mehrere Faktoren haben zu diesem Ergebnis beigetragen.

Zunächst einmal paßte der hinderliche Formalismus des feierlichen Vertrages schwerlich zu der wachsenden Häufigkeit und Vielfalt der Austauschvorgänge. Neue Beziehungen wurden auf dem Wege des Vertrages hergestellt, denen die von der Tradition abgesegneten stereotypen Formeln nicht genügen konnten. Die juristischen Operationen mußten selbst flexibler werden, damit sie der Form des sozialen Lebens entsprachen. Wenn unablässig Käufe und Verkäufe getätigt werden, wenn das Geschäftsleben sozusagen gar keinen Stillstand mehr kennt, dann kann man nicht von jedem Käufer und Verkäufer verlangen, einen Eid abzulegen oder ganz bestimmte Formeln zu verwenden usw. Die Alltäglichkeit und Kontinuierlichkeit dieser Beziehungen schließen jede feierliche Förmlichkeit von Grund auf aus, und so gelangte man ganz natürlich dahin, nach Wegen zu suchen, wie man den Formalismus verringern oder sogar gänzlich abschaffen konnte. Doch das ist noch keine ausreichende Erklärung. Denn aus der Tatsache, daß man das Bedürfnis verspürte, nach solchen Wegen zu suchen, folgt noch nicht, daß man sie auch fand. Auch wäre aufzuzeigen, wie sie sich dem öffentlichen Bewußtsein darboten, als sie als notwendig befunden wurden. Es reicht nicht aus, daß eine Institution nützlich ist, damit sie zur rechten Zeit aus dem Nichts auftaucht; es müssen auch die Mittel vorhanden sein, sie zu schaffen, das heißt, die vorhandenen Ideen müssen sie zulassen, und die bestehenden Institutionen dürfen sich ihrer Entstehung nicht widersetzen oder müssen sogar das für ihre Herausbildung erforderliche Material bereitstellen. So reichte es nicht aus, daß der Fortschritt des wirtschaftlichen Lebens den Konsensualvertrag erforderlich machte; auch das öffentliche Bewußtsein mußte bereit sein, diese Möglichkeit ins Auge zu fassen. Da vertragliche Verpflichtungen bis dahin nur aus bestimmten feierlichen Handlungen oder aus der Übergabe der betreffenden Sache erwachsen konnten, mußte ein Wandel im Denken erfolgen, der es zuließ, sich solche Verpflichtungen auch aus anderen Quellen entstanden zu denken. Wie es zu dieser letzten Transformation kam, können wir uns folgendermaßen vorstellen:

Wo liegen die Widerstände, die dem Konzept eines Konsensualvertrages anfangs entgegen standen? Sie liegen in dem Prinzip, wonach rechtliche Verpflichtungen ihren Ursprung allein in einem realisierten Zustand der Personen oder Dinge haben zu können schienen. An sich ist dieses Prinzip unbestreitbar. Jedes Recht hat einen Daseinsgrund, und dieser Daseinsgrund kann nur in etwas Festumrissenem liegen, das heißt in einer feststehenden Tatsache. Wie ist es da möglich, daß bloße Willenserklärungen dieser Anforderung genügen? Gar nicht. Zweifellos können sie diese Bedingung nicht erfüllen, solange der Wille, der sich da geäußert hat, die Freiheit behält, sich zurückzunehmen. Denn dann könnte dieser Wille keine feststehende Tatsache sein, weil man nicht weiß, in welcher Weise er sich letztlich manifestieren wird. Man kann nicht mit Sicherheit sagen, was er ist und was er sein wird. Deshalb kann auch nichts Festes daraus resultieren, kann kein Recht daraus erwachsen. Man stelle sich nun vor, der Vertragschließende äußere seinen Willen in einer Weise, die es unmöglich macht, daß er seine Äußerung revidiert. Dann hat dieser Wille alle Merkmale einer feststehenden, realisierten Tatsache, die in der Lage ist, Konsequenzen ähnlichen Charakters hervorzubringen, und zwar deshalb, weil er unwiderruflich ist. Wenn ich mich verpflichte, Ihnen ein bestimmtes Objekt zu verkaufen oder zu vermieten, und dies in einer Weise, daß ich weder das Recht noch die Mittel habe, diese Verpflichtung wieder zurückzunehmen, dann rufe ich bei Ihnen einen gleichfalls sehr fest umrissenen geistigen Zustand hervor, und zwar im Verhältnis zu der Gewißheit, die Sie hinsichtlich dessen, was ich tun werde, haben dürfen. Sie rechnen auf die versprochene Leistung und können auch zu Recht darauf rechnen. Sie haben das Recht, so zu tun, als wäre sie bereits erfolgt, und Sie handeln entsprechend oder können entsprechend handeln. Aufgrund dieser berechtigten Gewißheit gehen Sie Verpflichtungen ein, Sie tätigen einen Kauf oder einen Verkauf. Wenn ich nun mein Versprechen plötzlich zurückziehe, bereite ich Ihnen ebenso große Schwierigkeiten, wie ich sie Ihnen bereiten würde, wenn ich Ihnen die Sache, die ich Ihnen aufgrund eines Realvertrages bereits überlassen habe, nach der Lieferung wieder wegnähme. Ich nehme Ihnen Ihren geistigen Halt und mache all das zunichte, was Sie im Vertrauen auf mein Wort unternommen haben mögen. Es ist klar, daß die Moral sich gegen solch ein Unrecht stellt.

Nun ist die Bedingung, von der wir gesprochen haben, im Realvertrag erfüllt; die Unwiderruflichkeit des Willens ist gewährleistet. Die Feierlichkeit der Verpflichtung verleiht ihr diese Qualität, indem sie sie heiligt und dadurch zu etwas macht, das nicht mehr von mir abhängt, obwohl es von mir ausgegangen ist. Die andere Seite darf daher auf mein Wort zählen (und umgekehrt, wenn es sich um einen zweiseitigen Vertrag handelt). Sie ist moralisch und juristisch berechtigt, das Versprechen als eines anzusehen, das unbedingt einzuhalten ist. Wenn ich es nicht halte, verstoße ich damit gegen zwei Pflichten zugleich: 1. begehe ich ein Sakrileg, weil ich einen Eid verletze, weil ich etwas Heiliges profaniere, weil ich eine Tat begehe, die religiös verboten ist, und weil ich mich eines Übergriffs in den Bereich der göttlichen Dinge schuldig mache; 2. verletze ich damit geradeso das Eigentum eines anderen, wie ich es täte, wenn ich das Grundstück eines Nachbarn verletzte; ich füge ihm Schaden zu, oder ich laufe Gefahr, ihm Schaden zuzufügen. Nun ist es, sobald das Recht des Individuums hinreichende Achtung genießt, nicht erlaubt, ihm einen unverdienten Schaden zuzufügen. So ist denn auch im feierlichen Vertrag das formelle Band, das die Vertragparteien miteinander verbindet, ein zweifaches: Durch meinen Eid bin ich den Göttern gegenüber gebunden; ich habe ihnen gegenüber die Pflicht, das Versprechen zu erfüllen. Aber ich bin auch gegenüber dem anderen gebunden, denn da der Eid mein Wort enteignet und exteriorisiert, darf der andere sich dieses Wortes so endgültig bemächtigen, als wäre es eine Sache. Demnach gibt es also zwei Widerstände gegen die Verletzung solcher Verträge, und zwar sowohl seitens des archaischen religiösen Rechts als auch seitens des neuen menschlichen Rechts.

Wir sehen nun, wie die Dinge sich abgespielt haben können. Aus dem zweiten der genannten Elemente ist – unter völliger Ablösung vom ersten (dem feierlichen Vertrag) – der Konsensualvertrag hervorgegangen. Die Erfordernisse eines aktiveren Lebens nahmen den feierlichen Formvorschriften einen Teil ihrer Bedeutung. Zugleich bewirkte übrigens der schwindende Glaube, daß man ihnen geringeren Wert beimaß; der Sinn vieler dieser formellen Handlungen verflüchtigte sich nach und nach. Wenn der feierliche Vertrag allein solche rechtlichen Bindungen zustande gebracht hätte, die auf formelle Handlungen zurückgingen, dann hätte die beschriebene Entwicklung zu einem Verfall des Vertragsrechts führen müssen, da die vertraglich vereinbarten Verpflichtungen keine Grundlage mehr gehabt hätten. Doch wie wir gesehen haben, gab es eine andere Grundlage, die auch weiterhin fortbestand und die ihren Ursprung im Recht des Individuums hatte. Es ist schon richtig, daß dieses zweite Band einen Ableger des ersten darstellt; denn wenn es bereits eine feststehende Tatsache gibt, wenn das Wort einen objektiven Charakter erlangt, der es der Verfügungsgewalt des Vertragschließenden entzieht, so weil ein Eid abgelegt worden ist. Doch wenn dieses Ergebnis erst einmal auf diese Weise erzielt ist, kann es dann nicht auch auf andere Weise erreicht werden? Dazu braucht man lediglich davon auszugehen, daß die bloße Willenserklärung unwiderruflich war, wenn sie ohne Vorbehalte, Hintergedanken und hypothetische Bedingungen abgegeben wurde, mit einem Wort: wenn sie sich selbst als etwas Unwiderrufliches präsentierte; dann konnte sie in den Augen der Menschen dieselbe Wirkung hervorrufen wie eine feierlich abgegebene Erklärung und besaß auch dieselbe bindende Kraft. Damit ist gesagt, daß der Konsensualvertrag existierte. Er ist aus dem feierlichen Vertrag hervorgegangen. Der feierliche Vertrag hatte die Menschen gelehrt, daß es Verpflichtungen gab, denen man definitiven Charakter zusprechen konnte; nur ging dieser definitive Charakter aus liturgischen und formalistischen Handlungen hervor. Man löste ihn von der Ursache, aus der er ursprünglich hervorgegangen war, und verknüpfte ihn mit einer anderen Ursache; damit war eine neue Vertragsform entstanden oder genauer gesagt: der Vertrag im eigentlichen Sinne. Der Konsensualvertrag ist ein feierlicher Vertrag, dessen nützliche Wirkungen man beibehält und auf andere Weise erzielt. Hätte es den feierlichen Vertrag nicht gegeben, dann wäre die Idee des Konsensualvertrages gar nicht entstanden, man wäre gar nicht auf den Gedanken gekommen, das Ehrenwort, das so flüchtig ist und das jeder auch wieder zurückzunehmen vermag, könne etwas so Festes und Substantielles sein. Aber während die Festigkeit des feierlichen Vertrages allein durch magische oder religiöse Praktiken zustande kam, erlangte der Konsensualvertrag dieselbe Festigkeit und Objektivität allein durch die Wirkung des Gesetzes. Wenn wir diese Vertragsform verstehen wollen, dürfen wir daher nicht von der Natur des Willens oder des Wortes ausgehen, in dem er zum Ausdruck kommt; denn da ist nichts in diesem Wort, was den, der es ausspricht, zu binden vermöchte. Die bindende Kraft und die Handlungen treten von außen hinzu. Die Synthese kommt durch religiöse Glaubensvorstellungen zustande; ist sie erst einmal geschaffen, bleibt sie aus anderen Gründen erhalten, weil sie nützlich ist.

Natürlich vereinfacht diese Erklärung den Sachverhalt, damit er verständlich wird. Man hat nicht eines schönen Tages auf den Formalismus verzichtet und das neue Prinzip in Geltung gesetzt. Nur sehr langsam haben die feierlichen Formalitäten unter dem Einfluß der beiden Sachverhalte an Boden verloren, die wir oben aufgezeigt haben: der neuen Anforderungen des wirtschaftlichen Lebens nämlich und der Abschwächung jener Ideen, welche die Grundlage für die feierlichen Formalitäten gebildet hatten. Und nur sehr langsam auch hat sich die neue Regel von der formalistischen Einkleidung gelöst, die sie verhüllte, und dies in dem Maße, wie das Bedürfnis danach drängender wurde und die alten Traditionen ihren Widerstand dagegen verringerten. Der Kampf zwischen beiden Vertragsprinzipien währte lange. Realvertrag und feierlicher Vertrag blieben die Grundlage eines römischen Vertragsrechts, das seine Bedeutung nur für einige ganz bestimmte Fälle behielt. Und bis ins Spätmittelalter hinein finden sich noch deutliche Spuren der alten Rechtsvorstellungen.

Im übrigen ist der feierliche Vertrag nicht ganz verschwunden. Es gibt kein bürgerliches Gesetzbuch, in dem er nicht noch Anwendung fände. Und aus dem, was wir oben gesagt haben, wird auch verständlich, warum er überlebt hat. Der feierliche Vertrag bindet die Menschen in zweifacher Weise; er bindet die Menschen untereinander, und er bindet sie gegenüber einem Gott, wenn ein Gott an dem Vertrag teilhat, oder gegenüber der Gesellschaft, wenn die Gesellschaft in Gestalt ihrer Vertreter beteiligt ist; im übrigen wissen wir, daß ersteres nur die symbolische Form von letzterem ist. Der feierliche Vertrag besitzt also eine größere Bindungskraft als jeder andere. Deshalb wird er überall dort eingesetzt, wo das herzustellende Band von besonderer Bedeutung ist, wie es zum Beispiel bei der Heirat der Fall ist. Wenn die Heirat einen feierlichen Vertrag darstellt, so nicht nur, weil die Förmlichkeiten den Beweis erleichtern, die Daten präzise festlegen usw., sondern vor allem, weil dieses Band, das hohe moralische Werte hervorbringt, nicht der Willkür der Vertragschließenden überlassen werden darf. Damit eine moralische Macht, die über ihnen steht, in die zu schaffende Beziehung Eingang findet ...[45]

45 Es folgen sechs nicht zu entziffernde Zeilen, deren Fehlen jedoch kaum ins Gewicht fallen dürfte.

SIEBZEHNTE VORLESUNG

Das Vertragsrecht (Schluß)

Der Konsensualvertrag ist gleichsam das gemeinsame Endergebnis, der Konvergenzpunkt der Entwicklung des Realvertrages wie auch des feierlichen Vertrages. Beim Realvertrag kommt es zur Übergabe einer Sache, und diese Übergabe erzeugt das Schuldverhältnis; weil ich einen bestimmten Gegenstand von Ihnen erhalten habe, bin ich Ihr Schuldner. Beim feierlichen Vertrag wird die Leistung nicht unmittelbar erbracht; alles verbleibt im Bereich der Worte, die in der Regel von bestimmten rituellen Gesten begleitet sind. Doch diese Worte werden in einer Weise ausgesprochen, die bewirkt, daß sie gewissermaßen zu etwas Äußerem werden, sobald derjenige, der damit etwas verspricht, sie ausgesprochen hat; sie sind nun seiner Willkür entzogen; er hat keinen Einfluß mehr auf sie; sie sind, was sie sind, und er kann sie nicht mehr ändern. Sie sind zu einer echten Sache geworden. Doch als Sache können auch sie übergeben werden; auch sie können gleichsam veräußert, einem anderen übertragen werden, ganz wie die materiellen Dinge, aus denen unser Besitz besteht. Noch heute ist es üblich, Ausdrücke wie »sein Wort geben«, »sein Wort verpfänden« zu benutzen, und diese Ausdrücke sind keine bloßen Metaphern; vielmehr bezeichnen sie eine wirkliche Entäußerung. Wenn wir unser Wort gegeben haben, ist es nicht mehr das unsere. Im feierlichen Vertrag war diese Übergabe bereits vollzogen, aber sie hing von den oben beschriebenen magisch-religiösen Operationen ab, die erst die Möglichkeit einer solchen Übergabe schufen, denn erst sie objektivierten das Wort und den Willensentschluß dessen, der darin ein Versprechen abgab. Nun brauchte diese Übergabe sich nur noch von den Ritualen zu befreien, auf die sie ursprünglich angewiesen war, um als solche den Vertragsakt zu konstituieren, und der Konsensualvertrag war geboren. Als der feierliche Vertrag erst einmal existierte, mußten diese Reduktion und diese Vereinfachung sich ganz von selbst einstellen. Einerseits kam es aufgrund eines spontanen Verfalls und unter dem Druck gesellschaftlicher Notwendigkeiten, die eine schnellere Abwicklung von Tauschvorgängen erforderlich machten, zu einer Rückbildung der sprachlichen Formalien; andererseits ließen sich die nützlichen Wirkungen des feierlichen Vertrages auch (in ausreichendem Maße) auf einem anderen Wege als über solche Formalien erzielen; es genügte, wenn das Gesetz jede Willenserklärung, die sich als unwiderruflich ausgab, auch für unwiderruflich erklärte. Diese Erleichterung konnte um so eher akzeptiert werden, als die Praktiken, die hier nun eine Vereinfachung erfuhren, durch den natürlichen Gang der Dinge einen Großteil ihrer ursprünglichen Bedeutung und ihrer Autorität eingebüßt hatten. Zweifellos konnte der solcherart vereinfachte Vertrag nicht dieselbe bindende Kraft besitzen wie der feierliche Vertrag, denn im feierlichen Vertrag sind die beteiligten Individuen gleichsam zweifach gebunden, nämlich untereinander und im Hinblick auf die moralische Macht, die in den Vertrag einbezogen wird. Doch gerade für das Wirtschaftsleben bestand die Notwendigkeit, daß die vertraglichen Bindungen etwas von ihrer Rigidität verloren; damit Verträge leichter zustande kommen konnten, mußten sie einen stärker zeitlichen Charakter erhalten, durfte der Akt, durch den sie zustande kamen, nicht länger von solcher religiösen Gewichtigkeit geprägt sein. Es reicht aus, wenn man den feierlichen Vertrag jenen Fällen vorbehält, in denen die vertragliche Beziehung besondere Bedeutung besitzt.

Das Prinzip des Konsensualvertrages sieht folgendermaßen aus: Er setzt an die Stelle der beim Realvertrag erfolgenden tatsächlichen Übergabe der Sache eine nur mündliche oder genauer: eine geistige und psychische Übergabe, wie wir noch sehen werden. Als er erst einmal entstanden war, verdrängte er den Realvertrag vollständig; der Realvertrag hatte seine Daseinsberechtigung verloren. Seine bindende Kraft war nicht größer als die des Konsensualvertrages; seine Formen waren unnötig kompliziert und allgemein. Deshalb hat er in unserem heutigen Recht auch keine Spuren hinterlassen, während der feierliche Vertrag, der aus dem Realvertrag hervorgegangen ist, sich erhalten hat.

In dem Maße, wie dieses Prinzip sich durchsetzte, erfuhr die Institution des Vertrages eine Reihe von Veränderungen, die deren Gesicht nach und nach veränderten.

Realvertrag und feierlicher Vertrag entsprachen einem Stadium der gesellschaftlichen Entwicklung, in dem das Recht des Individuums nur gering geachtet wurde. Deshalb waren auch die individuellen Rechte, die in jedem Vertrag berührt sind, nur wenig geschützt. Zweifellos kommt es sehr oft vor, daß ein widerspenstiger Schuldner bestraft wird: durch Schläge, Gefängnis oder ein Strafgeld. So erhält er in China eine gewisse Anzahl Schläge mit dem Bambusstock; in Japan hält man es genauso; nach dem alten hinduistischen Recht wird er mit einer Geldstrafe belegt. Doch die Regel, wonach die eigentliche Sanktion darin besteht, die Vertragsparteien zu zwingen, ihre Verpflichtungen zu erfüllen, indem sie entweder ihr Wort halten oder aber den Schaden ersetzen, den sie der anderen Seite durch ihre Vertragsverletzung zugefügt haben, diese Regel war noch unbekannt. Mit anderen Worten, Vertragsverletzungen wurden nur insofern bestraft, als sie als Angriff auf die öffentliche Autorität erschienen; dagegen blieb außer Betracht, ob und in welcher Weise dadurch die Interessen des einzelnen berührt wurden. An die Schäden, die dem einzelnen daraus erwuchsen, dachte man nicht. Deshalb konnte der Gläubiger auch keineswegs sicher sein, daß er die geschuldete Summe erhielt. Aus dieser Situation erklärt sich ein merkwürdiger Brauch, den man bei verschiedenen Völkern beobachtet hat, vor allem aber in Indien und

Irland, und der deshalb allgemein unter der Bezeichnung bekannt ist, mit der man ihn in Indien belegt, der Bezeichnung *dharna* nämlich. Um den Schuldner zu zwingen, seiner Verpflichtung nachzukommen, setzt der Gläubiger sich an dessen Haustür und droht, nichts mehr zu essen, bis man ihm die geschuldete Summe gezahlt hat. Natürlich mußte der Schuldner, wenn seine Drohung ernst genommen werden sollte, entschlossen sein, notfalls auch bis ans Ende zu gehen und den Tod auf sich zu nehmen. Bei der Aufzählung der rechtlichen Zwangsmittel gegen den Schuldner schreibt Marion: »An vierter Stelle ist das Fasten zu nennen, wobei der Gläubiger sich an der Tür des Schuldners niederläßt, um dort zu verhungern.«[46] Die Wirksamkeit dieser seltsamen Methode beruht auf den Vorstellungen und Gefühlen, die mit den Toten verbunden sind. Wir wissen, wie sehr man sie fürchtet. Sie sind Mächte, denen die Lebenden nicht zu entkommen vermögen. In wenig entwickelten Gesellschaften geschieht es häufig, daß jemand sich aus Rache umbringt. Durch die Selbsttötung glaubt man sich besser rächen zu können als durch die Tötung des Gegners. Von dieser Möglichkeit der Rache können vor allem die Schwachen gegen die Starken Gebrauch machen. Wer in diesem Leben nichts gegen einen Mächtigen vermag, ist immer noch in der Lage, die irdische Rache, die ihm verwehrt ist, durch eine jenseits des Grabes angesiedelte Rache an seinem Feind zu ersetzen, von der man glaubt, daß sie noch schrecklicher und vor allem unfehlbar sein wird. Es ist daher nicht ausgeschlossen, daß der Selbstmord im Falle des echten *dharna* dem Ziel dient, den Schuldner in seinem Haus einzuschließen, indem man der Schwelle magischen Charakter verleiht und sie dadurch unüberschreitbar macht. Denn der Gläubiger setzt sich in der Tat auf die Schwelle, und dort stirbt er auch; so wird denn auch sein Geist dorthin kommen, wenn er den

46 Marion, *De la solidarité morale*, Paris 1880

Körper verlassen hat. Er wird dort wachen und den gegenwärtigen Besitzer des Hauses daran hindern, die Schwelle zu überschreiten. Zumindest wird er sie nicht überschreiten können, ohne sich in große Gefahr zu begeben. Es ist, als hätte der Tote sich das Haus angeeignet, als hätte er posthum davon Besitz ergriffen.

Dieser Brauch macht deutlich, daß der Gläubiger bei der Eintreibung von Schulden auf sich selbst gestellt ist. Selbst im germanischen Recht muß er selbst dafür sorgen. Das Gesetz sagt zwar, daß der Schuldner dies hinnehmen muß; aber die Autorität greift nicht zugunsten des einzelnen ein, ja, sie unterstützt ihn nicht einmal. Der Grund liegt darin, daß die Bindung, die im Vertrag angelegt ist, keinen sonderlich ausgeprägt moralischen Charakter hatte; den erhielt sie erst im Konsensualvertrag, denn dort macht sie die ganze Beziehung aus, die durch den Vertrag hergestellt wird. Die Sanktionen, die den Vertrag schützen, sind dort denn auch nicht als Strafe für den Ungehorsam gegenüber einer öffentlichen Autorität zu verstehen wie im Falle des widerspenstigen Schuldners, vielmehr sichern sie den beiden Parteien die vollständige und unverzügliche Verwirklichung jener Rechte, welche sie durch den Vertrag erworben haben.

Aber nicht nur die Sanktionen, also die äußere Organisation des Vertragsrechts, veränderten sich; auch seine innere Struktur erfuhr einen vollkommenen Wandel.

Zunächst einmal konnte sowohl der feierliche Vertrag als auch der Realvertrag nur einseitig sein. Beim Realvertrag resultierte der einseitige Charakter aus der Tatsache, daß eine der beiden Parteien indirekt eine Leistung erbrachte; sie konnte daher nicht gegenüber der anderen gebunden sein. Es gab nur einen Schuldner (den, der die Sache erhalten hatte) und einen Gläubiger (den, der die Sache geliefert hatte). Beim feierlichen Vertrag war es ebenso, denn der feierliche Vertrag setzt ein Subjekt voraus, das ein Versprechen abgibt, und ein Subjekt, das dieses Versprechen entgegennimmt. In Rom zum Beispiel fragte der eine: »Versprichst du mir, dies oder jenes zu tun bzw. mir dies oder jenes zu geben?« Und der andere erwiderte: »Ich verspreche es.« Sollte eine zweiseitige Bindung entstehen, das heißt, sollte es durch den Vertrag zu einem Austausch kommen, sollte jeder Vertragschließende zugleich Schuldner und Gläubiger sein, so bedurfte es zweier verschiedener und voneinander unabhängiger Verträge; denn die Rollenverteilung war in beiden Fällen eine völlig andere; sie kehrte sich nämlich notwendig dabei um. Derjenige, der zunächst als Fordernder oder Gläubiger sprach, sprach anschließend als Schuldner oder Versprechender und umgekehrt. Beide Operationen waren vollkommen unabhängig voneinander, und zwar so sehr, daß die Geltung der einen nichts mit der Geltung der anderen zu tun hatte. Nehmen wir zum Beispiel an, ich verpflichtete mich feierlich, dem Primius eine bestimmte Geldsumme als Gegenleistung für einen Mord zu zahlen, den auszuführen dieser sich seinerseits verpflichtet. Diese wechselseitige Verpflichtung kann beim feierlichen Vertrag nur durch zwei nacheinander geschlossene einseitige Verträge zustande kommen. Zuerst verspreche ich dem Primius einen Geldbetrag, den er akzeptiert; hier bin ich der Versprechende, und er ist der Fordernde; von dem Mord, den er ausführen soll, ist dabei nicht die Rede. Sodann verspricht er mir in einem anderen Vertrag, den Mord, den ich von ihm erwarte, auszuführen. Nun ist aber der zweite Vertrag nichtig, weil er sittenwidrig ist. Der erste Vertrag dagegen ist durchaus gültig. Demnach sah das römische Recht in dem Versprechen, besagten Geldbetrag zu zahlen, eine aus sich heraus gültige Verpflichtung, und man mußte schon einen juristischen Umweg gehen, wenn man die Konsequenzen abwenden wollte. Solch ein System war natürlich nicht gerade gut geeignet für Tauschprozesse, für zweiseitige oder synallagmatische Beziehungen. So war denn auch bei den Germanen der synallagmatische Vertrag zwar nicht ganz unbekannt, aber man findet ihn fast nur bei Bargeschäften, und Bargeschäfte sind nicht wirklich vertraglicher Natur. Nur der Konsensualvertrag vermochte mit einem Schlage jenes zweiseitige Netz von Bindungen zu schaffen, das jede zweiseitige Übereinkunft darstellt. Denn die größere Flexibilität des Systems gestattet es jedem Vertragspartner, zugleich sowohl die Rolle des Schuldners als auch die des Gläubigers zu übernehmen. Da man nicht mehr gezwungen ist, sich streng an eine bestimmte Formel zu halten, können die wechselseitigen Verpflichtungen in ein und demselben Vertrag festgelegt werden. Beide Parteien erklären gleichzeitig, daß sie dem Tausch zu den von ihnen ausgehandelten Bedingungen zustimmen.

Eine weitere wichtige Neuheit resultiert aus der Tatsache, daß es sich bei Konsensualverträgen unvermeidlich um Verträge auf Treu und Glauben handelt. Damit ist gemeint, daß Umfang und rechtliche Folgen der Verträge ausschließlich von den Intentionen der Vertragsparteien abhängen.

Realvertrag und feierlicher Vertrag konnten diese Eigenschaft nicht oder zumindest nur sehr unvollkommen vorweisen. In der Tat resultierte die Verpflichtung in beiden Fällen nicht allein aus der getroffenen Übereinkunft und den jeweiligen Willensäußerungen. Ein weiterer Faktor war erforderlich, damit die Bindung zwischen den Parteien zustande kam. Dieser Faktor, der zugleich der entscheidende Faktor war, mußte natürlich die Formen der Verträge nachhaltig bestimmen, und daher war es ausgeschlossen, daß Verträge ausschließlich oder hauptsächlich vom psychologischen Faktor, wie man ihn nennen könnte, also vom Willen und den Intentionen der Vertragsparteien abhingen. Beim Realvertrag wurde die Sache selbst übergeben; da die bindende Kraft des Aktes aus der Übergabe der Sache resultierte, war sie es auch, die zu einem Gutteil den Umfang der Verpflichtung bestimmte. Beim römischen *mutuum*, dem Darlehen, schuldete der Darlehensnehmer Dinge derselben Qualität und derselben Menge, wie er sie erhalten hatte. Anders gesagt, Art, Beschaffenheit und Menge der erhaltenen Dinge bestimmten Art, Beschaffenheit und Menge der geschuldeten Dinge. Hier haben wir die ursprüngliche Form des Realvertrages. Später diente der Realvertrag allerdings Tauschvorgängen im eigentlichen Sinne, bei denen der Schuldner dem Gläubiger keine äquivalenten Dinge, sondern einen äquivalenten Wert schuldete. Die Rolle der Sache ist hier geringer. Doch der Einsatz des Realvertrages zu diesem Zweck erfolgt erst relativ spät; wenn er diese Form annimmt, so weil der Konsensualvertrag bereits im Entstehen begriffen ist. Solange er nicht existiert, das haben wir mit Bezug auf die Germanen gesagt, findet Tausch kaum anders denn als Bargeschäft statt. Und selbst in diesem Falle ist die gelieferte Sache nicht minder Quelle eines Schuldverhältnisses, und folglich beeinflußt sie auch dieses Schuldverhältnis. Man braucht sich nicht zu fragen, was die eine Seite hat liefern wollen und was die andere Seite hat haben wollen, denn die Lieferung ist bereits erfolgt, die Sache ist da, mit dem ihr eigenen Wert, der den Wert dessen bestimmt, was der Schuldner dem Gläubiger schuldet. Der Gegenstand spricht für sich selbst, ihm fällt die entscheidende Rolle zu. – Die Rolle, die der Sache im Realvertrag zukommt, übernehmen im feierlichen Vertrag die Worte oder Rituale, die bei der Vertragschließung benutzt werden. Hier sind es die benutzten Worte und die ausgeführten Gesten, welche das Schuldverhältnis begründen; und sie bestimmen es auch. Will man wissen, was der Schuldner zu geben oder zu tun gehalten ist, braucht man weder nach seinen Intentionen noch nach denen seines Vertragspartners zu fragen. Entscheidend ist die Formel, die er benutzt. Zumindest hat die juristische Analyse davon auszugehen. Da die Worte die Bindung schaffen, bestimmen sie auch das Maß der hergestellten Bindungen. Selbst im letzten Stadium des Römischen Rechts mußte die vertragliche Vereinbarung im engsten Sinne ausgelegt werden. Auch da, wo die Intentionen der Vertragsparteien offenkundig waren, blieben sie immer dann außer Betracht, wenn sie aus den verwendeten Formeln nicht hervorgingen. (Accarias, S. 213.)[47] Denn, es sei noch einmal gesagt, die Formel hat ihren eigenen Wert, ihre eigene Kraft, und diese Kraft hängt nicht vom Willen der Vertragsparteien ab, vielmehr drängt sie sich ihrem Willen auf. Magische Formeln bringen ihre Wirkung gleichsam mechanisch hervor, ganz gleich, welche Absichten jene, die sich ihrer bedienen, damit verfolgen mögen. Wenn diese wissen, welche Formel ihren Interessen am ehesten dient – um so besser für sie. Doch die Wirkung der Formel hängt nicht von ihren Wünschen ab. Aus all diesen Gründen fanden Treu und Glauben, also die Intentionen der Vertragsparteien, im Realvertrag und im feierlichen Vertrag kaum Beachtung. In Rom wurde erst im Jahre 688 nach Gründung der Stadt eine Klagemöglichkeit aufgrund arglistiger Täuschung (*dolo*) eingeführt, die es dem durch Arglist getäuschten Vertragspartner ermöglichte, eine Entschädigung für den erlittenen Schaden zu erlangen.

Anders lagen die Dinge, als der Konsensualvertrag entstanden war. Hier bestimmt in der Tat die Sache nicht mehr das Vertragsverhältnis und dessen Charakter. Es gibt zwar noch Worte, zumindest im allgemeinen, doch diese Worte besitzen keine eigenständige Kraft mehr, weil sie jeden religiösen Charakter verloren haben. Wert haben sie nur noch insofern, als sie den Willen der Beteiligten zum Ausdruck bringen, und folglich entscheidet letztlich der Wille der Beteiligten über die vertraglich eingegangenen Pflichten. Für sich genommen sind die Worte nichts mehr; sie sind nur noch Zeichen, die es zu deuten gilt, und ihre Bedeutung hängt von der Art des Willens ab, dem sie sich verdanken. Wir haben kürzlich gesagt, daß der Ausdruck »sein Wort geben« nicht gänzlich metaphorischen Charakters ist. Da gibt es tatsäch-

47 Calixte Accarias, *Précis de droit romain*, Paris 1863.

lich etwas, das man gibt, dessen man sich entäußert und das man daher nicht mehr verändern kann. Doch streng genommen sind es nicht die ausgesprochenen Worte, die solcherart als *ne varietur* qualifiziert werden; unabänderlich ist vielmehr der Entschluß, den sie zum Ausdruck bringen. Was ich dem anderen gebe, das ist meine feste Absicht, in einer bestimmten Weise zu handeln, und folglich muß man sich an diese Absicht halten, wenn man wissen will, was ich gegeben habe, das heißt, wozu ich mich verpflichtet habe. Aus demselben Grunde muß der Vertrag, damit er überhaupt zustande kommt, in der Absicht der Vertragsparteien liegen. Sollte die Absicht auf einer der beiden Seiten fehlen, kann es auch keinen Vertrag geben. Denn was der eine da gibt, ist die Absicht, in einer bestimmten Weise zu handeln, das Eigentum an einem bestimmten Objekt zu übertragen, und was der andere bestätigt, das ist seine Absicht, das ihm damit Übertragene anzunehmen. Wenn die Absicht fehlt, bleibt nichts übrig als die Form des Vertrages, die leere Form bar jeglichen positiven Inhalts. Dann sind nur Worte ohne jeden Sinn, das heißt ohne jeden Wert, ausgesprochen worden. Wir brauchen hier nicht im einzelnen auf die Regeln einzugehen, nach denen sich beurteilt, wie die Absichten der Vertragsparteien sich auf die Vertragspflichten auswirken. Hier genügte es, das allgemeine Prinzip vorzustellen und aufzuzeigen, warum der Konsensualvertrag auf Treu und Glauben beruhen muß und warum der Vertrag nur dann auf Treu und Glauben beruhen kann, wenn er ein Konsensualvertrag ist.

Wir sehen, welche rechtliche Revolution der Konsensualvertrag darstellte. Die überragende Bedeutung, die der Übereinkunft und der Willenserklärung darin zukommen, hat die Institution verändert. Der Konsensualvertrag unterscheidet sich von den älteren Vertragsformen durch eine Reihe klar umrissener Merkmale. Allein schon aufgrund seines konsensuellen Charakters ist er sanktioniert, ist er zweiseitig und beruht auf Treu und Glauben. Doch das ist noch nicht alles. Das Prinzip, auf dem die solcherart erneuerte Institution basiert, birgt in sich darüber hinaus auch den Keim für eine umfangreiche Entwicklung, deren Ursachen, Ablauf und Richtung wir nun nachzeichnen wollen.

Der Konsens kann je nach den Umständen auf sehr unterschiedliche Weise zum Ausdruck gebracht werden und daher auch ganz unterschiedliche Merkmale aufweisen, was zur Folge hat, daß sein Wert und seine moralische Bedeutung variieren. Als erst einmal der Konsens als Grundlage des Vertrages anerkannt war, gelangte das öffentliche Bewußtsein naturgemäß dahin, die verschiedenen Modalitäten, in die er sich kleiden kann, zu unterscheiden, zu beurteilen und ihre rechtlichen sowie moralischen Konsequenzen zu bestimmen.

Der Gedanke, der diese Entwicklung beherrscht, besagt, daß eine Übereinkunft nur dann wirklich eine Übereinkunft ist, daß er denjenigen, der darin einwilligt, nur dann wirklich und absolut bindet, wenn die Zustimmung dazu aus freien Stücken erfolgt. Alles, was die Freiheit eines Vertragspartners einschränkt, mindert auch die bindende Kraft des Vertrages. Diese Regel darf nicht mit jener anderen verwechselt werden, wonach der Vertrag den Absichten entsprechen muß. Denn ich kann durchaus den Willen gehabt haben, mich vertraglich in der Weise zu binden, wie ich es getan habe, und dennoch den Vertrag nur unter Zwang abgeschlossen haben. In diesem Falle will ich die Verpflichtung, die ich eingegangen bin, aber ich will sie nur, weil man entsprechenden Zwang auf mich ausgeübt hat. Man sagt dann, die Zustimmung sei ungültig und der Vertrag daher nichtig.

Dieser Gedanke mag uns nur allzu natürlich erscheinen; dennoch hat er sich nur sehr langsam und gegen zahlreiche Widerstände durchgesetzt. Da man jahrhundertelang der Ansicht gewesen war, die bindende Kraft des Vertrages liege jenseits der Vertragsparteien in der ausgesprochenen Formel, in der ausgeführten Geste oder der übertragenen Sache, fiel es schwer, den Wert der vertraglichen Bindung davon abhängig zu machen, was sich tief im Bewußtsein der Vertragsparteien abgespielt haben mochte, von den Bedingungen also, unter denen sie zu ihrem Entschluß gelangt waren. Erst im Jahre 674 nach der Gründung Roms wurde dort kurz nach dem Ende der Diktatur des Scylla eine Klagemöglichkeit geschaffen, die es möglich machte, daß jemand, der durch Drohungen dazu bewegt worden war, für ihn schädliche vertragliche Verpflichtungen einzugehen, einen Schadensersatz für die ihm entstandenen Nachteile erhielt. Entstanden war die Idee unter dem Eindruck der Wirren und Mißbräuche, die man in Rom während der Schreckensherrschaft des Scylla hatte erleben müssen. Sie wurde also aus einer außergewöhnlichen Situation geboren, aber sie überdauerte diese Situation. Sie erhielt die Bezeichnung *actio quod metus causa*. Ihrem Umfang nach war sie übrigens äußerst beschränkt. Sollte die dem Kontrahenten eingeflößte Angst zu einer Annullierung des Vertrages führen, mußte ihm schon ein außergewöhnliches Übel angedroht worden sein, das selbst mutige Menschen nicht unberührt ließ; und die einzigen Übel, die man nach dieser Definition für einschlägig hielt, waren der Tod und körperliche Qualen. So war es denn schon eine beträchtliche Aufweichung, wenn man der Todesfurcht auch noch die Furcht vor unverdienter Versklavung, vor einer Mordanklage und vor Vergewaltigung hinzufügte. Niemals jedoch ging man soweit, daß auch die Furcht vor Ehrverlust oder einem Vermögensschaden ausgereicht hätten. (Accarias, S. 1079.)

In unserem heutigen Recht sind die Anforderungen noch weiter gesunken. Die Angst, die zur Nichtigkeit des Vertrages führt, braucht nicht mehr von einer Art zu sein, die selbst stoische Gemüter nicht ungerührt ließe. Nach der derzeit geltenden Formel (Artikel 112) genügt es, daß sie geeignet ist, auf einen vernünftigen Menschen Eindruck zu machen. Der Text fügt sogar noch hinzu, daß dabei »Alter, Geschlecht und Situation der betreffenden Personen« zu berücksichtigen seien. Die Gewalt ist hier also relativiert; in manchen Fällen braucht sie sogar nur sehr schwach ausgeprägt zu sein. Die rigorosen Einschränkungen des Römischen Rechts sind hier endgültig fallengelassen.

Woher kommt nun diese Rechtsvorschrift, deren ganze Bedeutung wir später noch erkennen werden? Gewöhnlich sagt man, der Mensch sei frei und folglich könne ihm eine von ihm gegebene Einwilligung nur dann zugerechnet werden, wenn er sie aus freien Stücken gegeben habe. Wir stoßen hier auf ganz ähnliche Vorstellungen wie bei der Schuld. Wenn ein Straftäter seine Tat nicht aus freien Stücken begangen hat, ist diese Tat ihm nicht zuzurechnen und kann ihm deshalb auch nicht vorgeworfen werden. Beim Vertrag gibt es gleichfalls eine Art Verantwortung, die aus dem gegebenen Versprechen resultiert, denn aufgrund dieses Versprechens bin ich verpflichtet, bestimmte Dinge zu tun. Aber der andere, dem dieses Versprechen gegeben worden ist, kann die Erfüllung des Versprechens nur dann von mir verlangen, wenn wirklich ich ihm dieses Versprechen gegeben habe. Ist mir dieses Versprechen nun von einem Dritten aufgezwungen worden, bin nicht ich dafür verantwortlich, und folglich kann man auch nicht von mir verlangen, daß ich eine Verpflichtung erfülle, die ein anderer gleichsam über mich eingegangen ist. Und wenn derjenige, der mich gezwungen hat, zugleich der Nutznießer des Vertrages ist, dann steht er sozusagen nur sich selbst gegenüber, und das heißt, daß von einem Vertrag gar nicht die Rede sein kann.

Doch diese Erklärung hat zunächst einmal den Nachteil, daß sie die Funktionsweise eines Rechtsinstituts von der Lösung eines metaphysischen Problems abhängig macht. Ist der Mensch frei? Ist er nicht frei? Das ist eine Frage, die nun in der Tat die Gesetzgebung noch nie beeinflußt hat, und man versteht auch leicht, weshalb sie davon nicht abhängen darf. Man könnte allerdings durchaus der Ansicht sein, daß die Meinungen zu dieser Streitfrage gelegentlich dazu beigetragen haben, Geist und Buchstaben des Gesetzes in der einen oder anderen Weise zu beeinflussen; daß die Gesetze unterschiedlich ausfallen, je nachdem, ob die betreffenden Völker an die Freiheit glauben oder nicht. Doch die Wahrheit ist, daß dieses Problem sich dem öffentlichen Bewußtsein niemals in dieser abstrakten Form stellt. Man dürfte wohl kaum eine Gesellschaft finden, die nicht an irgend etwas der Freiheit Ähnliches glaubte und zugleich an etwas, das dem analog ist, was wir als Determinismus bezeichnen, ohne daß diese beiden Vorstellungen sich jemals wechselseitig vollständig ausschlössen. Im Christentum zum Beispiel finden wir nebeneinander sowohl den Gedanken der Prädestination als auch die Vorstellung, daß jeder Gläubige der Urheber seines Glaubens und seiner Moralität sei.

Wenn der Mensch frei ist, dann scheint es doch, daß er jederzeit in der Lage ist, seine Einwilligung zu verwehren, sofern er nur will; warum also sollte er nicht die Folgen tragen? Diese Tatsache ist um so überraschender und unerklärlicher, als in unserem Falle, dem des Vertrages nämlich, oft schon ein geringes Maß an Gewalt als ausreichend angesehen wird, um die Einwilligung nichtig zu machen. Um dem zu widerstehen, bedürfte es keiner außergewöhnlichen Anstrengung. Wir lassen nicht zu, daß jemand einen anderen Menschen tötet, nur um einen finanziellen Nachteil abzuwenden; vielmehr ziehen wir ihn dafür zur Rechenschaft. Dennoch sind wir heute der Ansicht, daß die Furcht vor einem finanziellen Nachteil ausreicht, um die Nichtigkeit eines Vertrages zu bewirken, und daß sie die Vertragspartei, die das Opfer dieser Gewalt geworden ist, von ihren vertraglichen Pflichten entbindet. Wie kommt es, daß hier (im beschriebenen Fall) die Tat als freiwillig gilt, während sie dort ganz anders beurteilt wird? Und schließlich gibt es zahlreiche Fälle, in denen die Angst sehr stark ist und gar keine andere Wahl läßt, in denen also der Wille vorbestimmt ist und der Vertrag dennoch seine Gültigkeit behält. Der Geschäftsmann, der dem drohenden Konkurs nur dadurch entrinnen zu können glaubt, daß er einen Kredit aufnimmt, greift zu diesem Mittel, weil er gar nicht anders kann; und dennoch ist der Vertrag moralisch und rechtlich gültig, sofern der Kreditgeber die Situation nicht ausgenutzt hat.

Worauf es ankommt, ist also nicht das mehr oder minder große Ausmaß an Freiheit. Wenn Verträge, die durch direkten oder indirekten Zwang zustande gekommen sind, keine bindende Kraft besitzen, so nicht wegen des Zustandes, in dem sich der Wille im Augenblick der Zustimmung zum Vertrag befunden hat, sondern wegen der Folgen, die eine so zustandegekommene Verpflichtung notwendig für den betreffenden Vertragspartner hat. Denn wenn er den Akt, der diese Verpflichtung begründet, unter äußerem Druck vollzogen hat, wenn man ihm seine Zustimmung abgepreßt hat, so weil diese Zustimmung seinen Interessen und den billigen Erwartungen zuwider lief, die er nach den allgemeinen Grundsätzen der Gerechtigkeit hegen durfte. Der Zwang kann kein anderes Ziel und kein anderes Ergebnis gehabt haben, als ihn zu zwingen, eine Sache herzugeben, die er nicht hergeben wollte, oder etwas zu tun, was er nicht tun wollte, oder etwas herzugeben bzw. zu tun, was er nicht zu diesen Bedingungen hergeben oder tun wollte. Damit hat man ihm ein Leid zugefügt, das er nicht verdient hat. Nun weckt es aber unser Mitgefühl, wenn einem Mitmenschen ein Leid zugefügt wird, ohne daß er dieses Leid verdient hätte. Das einzige Leid, das uns gerecht erscheint, ist die Strafe, und Strafe setzt eine Straftat voraus. Jede Handlung, die einem unserer Mitmenschen ein Übel zufügt, ohne daß etwas in seinem Tun geeignet wäre, die Gefühle, die alles Menschliche in uns wecken, zu schmälern, erscheint uns daher als unmoralisch. Wir bezeichnen solch eine Handlung als ungerecht. Eine ungerechte Tat darf jedoch vom Recht nicht belohnt werden, wenn das Recht sich nicht in Widersprüche verstricken soll. Das ist der Grund, weshalb ein Vertrag, der durch Gewalt zustande gekommen ist, ungültig wird, und nicht weil die bestimmende Ursache der Verpflichtung außerhalb des Subjektes liegt, das diese Verpflichtung eingeht. Der Grund liegt in der Tatsache, daß dem Subjekt dadurch ein ungerechtfertigter Schaden entsteht; kurz gesagt, er liegt darin, daß solch ein Vertrag ungerecht ist. So führt also die Entstehung des Konsensualvertrages in Verbindung mit einer Entwicklung des menschlichen Mitgefühls zu dem Gedanken, daß ein Vertrag nur dann moralisch ist, daß er nur dann von der Gesellschaft anerkannt und sanktioniert werden darf, wenn er nicht bloß dazu da ist, eine der beiden Vertragsparteien auszubeuten, mit einem Wort: wenn er gerecht ist.

Nun handelt es sich hier wohlgemerkt um ein neues Prinzip, um einen abermaligen Wandel der Institution. Der reine Konsensualvertrag impliziert in der Tat lediglich, daß die Zustimmung die notwendige und hinreichende Bedingung des Schuldverhältnisses darstellt. Hier tritt nun eine neue Voraussetzung hinzu, die im Begriffe steht, zur wesentlichen Bedingung zu werden. Es reicht nicht aus, daß der Vertrag auf Konsens beruht, er muß darüber hinaus auch gerecht sein, und die Art und Weise, wie die Zustimmung gegeben wurde, ist nur noch ein äußerliches Kriterium für das Maß an Gerechtigkeit, das der Vertrag aufweist. Nun wird nicht mehr nur der Zustand in Betracht gezogen, in dem die Vertragsparteien sich subjektiv befinden; allein die objektiven Konsequenzen der vertraglich eingegangenen Verpflichtungen entscheiden über den Wert dieser Verpflichtungen. Anders gesagt, wie aus dem feierlichen Vertrag der Konsensualvertrag entstand, so geht nun aus dem Konsensualvertrag eine neue Vertragsform hervor: der gerechte Vertrag. In der nächsten Vorlesung werden wir sehen, wie dieses Prinzip sich entwickelt hat und wie es in seiner Weiterentwicklung dazu bestimmt ist, die gegenwärtige Institution des Eigentums tiefgreifend zu verändern.

ACHTZEHNTE VORLESUNG

Die Vertragsmoral (Schluß)

Wie aus dem feierlichen Vertrag und dem Realvertrag der Konsensualvertrag hervorgegangen ist, so bringt dieser seinerseits eine neue Vertragsform hervor: den objektiv gerechten Vertrag. Deutlich wurde dessen Existenz an der Regel, wonach ein Vertrag nichtig ist, falls eine der Vertragsparteien ihre Zustimmung nur unter dem Druck offenkundiger Gewalt gegeben hat. Die Gesellschaft lehnt es ab, eine Willenserklärung abzusegnen, die nur durch Drohung zustande gekommen ist. Woher kommt das? Wir haben gesehen, wie wenig fundiert jene Erklärung zu sein schien, die diese rechtliche Folge von Gewalt auf den Umstand zurückführt, daß dadurch der freie Wille des Handelnden unterdrückt wird. Sollte man das Wort in seiner metaphysischen Bedeutung nehmen? Wenn aber der Mensch frei ist, dann vermag er auch jeglichem Druck zu widerstehen, den man auf ihn ausübt; seine Freiheit bleibt voll erhalten, ganz gleich, welcher Bedrohung er ausgesetzt ist. Oder versteht man unter freiem Handeln lediglich einen spontanen Akt, und will man sagen, daß Zustimmung die Spontaneität des Willens beim Zustimmenden voraussetze? Doch wie oft geschieht es, daß wir nur deshalb unsere Zustimmung geben, weil die Umstände uns dazu zwingen und weil wir gar keine andere Wahl haben? Und dennoch ist ein Vertrag, der unter solchem Zwang zustande kommt, durchaus gültig, sofern es nur Dinge und keine Personen waren, die diesen Zwang ausgeübt haben. Aus Krankheitsgründen bin ich gezwungen, mich an einen bestimmten Arzt zu wenden, der sehr hohe Honorare verlangt. Die Krankheit zwingt mich geradeso, seine Honorarforderungen zu akzeptieren, als setzte er mir die Pistole auf die Brust. Die Beispiele ließen sich beliebig vermehren. Es ist stets ein Element von Zwang in unserem Tun und in den Einwilligungen, die wir geben, denn beide entsprechen niemals genau unseren Wünschen. Wer einen Vertrag abschließt, der macht Konzessionen, der bringt Opfer, um noch größere Opfer zu vermeiden. In dieser Hinsicht lassen sich beim Zustandekommen von Verträgen allenfalls graduelle Unterschiede ausmachen.

Der wahre Grund, weshalb man Verträge verurteilt, die durch Zwang zustande gekommen sind, liegt in der Tatsache, daß sie denjenigen Vertragspartner schädigen, der das Objekt dieses Zwanges gewesen ist. Denn der Zwang hat ihn dazu veranlaßt, etwas herzugeben, was er nicht hergeben wollte, hat ihm etwas, das er besaß, mit Gewalt entrissen. Er ist das Opfer einer Erpressung geworden. Das Gesetz weigert sich deshalb, eine Tat abzusegnen, durch die einem Menschen unverdientes Leid zugefügt würde; es weigert sich also, ein Unrecht abzusegnen. Und das Gesetz weigert sich, dies zu tun, weil das mitmenschliche Gefühl, das jeder Mensch in uns weckt, sich dagegen wehrt, daß ihm Leid zugefügt wird, sofern er nicht zuvor eine Tat begangen hat, die unser Mitgefühl beeinträchtigt oder sogar in sein Gegenteil verkehrt. Der Gesellschaft gilt der Vertrag nicht deshalb als inexistent, weil der betreffende Vertragspartner nicht wirklich die Ursache der von ihm gegebenen Zustimmung wäre, sondern weil diese Zustimmung leidvoll gewesen ist. Damit hängt die Geltung des Vertrages von den Folgen ab, die er für den Vertragschließenden haben kann.

Doch die auf Gewalt beruhende Ungerechtigkeit ist nicht das einzige Unrecht, zu dem es in Vertragsbeziehungen kommen kann. Sie ist vielmehr nur eine von mehreren Arten. So kann man seinen Vertragspartner auch durch List, durch überlegene Geschicklichkeit und durch geschicktes Ausnutzen ungünstiger Situationen dazu bringen, in einen ganz und gar ungerechten Tausch einzuwilligen, das heißt, Dienste oder Dinge ohne angemessene Gegenleistung von ihm zu erlangen. In jeder Gesellschaft gibt es zu jedem Zeitpunkt ihrer Geschichte ein dunkles, aber lebendiges Gefühl für den Wert der verschiedenen sozialen Dienste und Dinge, die in den Tausch gelangen. Zwar werden diese Dinge und Dienste nicht genau taxiert; dennoch gibt es in jeder gesellschaftlichen Gruppe eine feststehende Meinung, die ihren normalen Wert zumindest näherungsweise festlegt. Es gibt einen mittleren Preis, der als der wahre Preis gilt, als Ausdruck des realen Werts, der diesen Dingen zum betreffenden Zeitpunkt zukommt. Wie diese Wertskala zustande kommt, brauchen wir jetzt nicht zu untersuchen. Zahlreiche Ursachen tragen zu ihrer Entstehung bei: Vorstellungen hinsichtlich der realen Nützlichkeit der betreffenden Dinge und Dienstleistungen, hinsichtlich der Mühe, die sie gekostet haben, und hinsichtlich der relativen Leichtigkeit oder Schwierigkeit, sie zu beschaffen; Traditionen, Vorurteile usw. Doch stets ist diese Skala sehr real (und nur darauf kommt es im Augenblick an); sie ist der Prüfstein, an dem die Gerechtigkeit der Tauschvorgänge sich zu beweisen hat. Zweifellos ist dieser normale Preis ein idealer Preis; nur selten fällt er mit dem tatsächlichen Preis zusammen. Dieser variiert natürlich je nach den Umständen; es gibt keine offizielle Maßzahl, die auf alle Einzelfälle anwendbar wäre. Der normale Preis ist nur ein Richtpunkt, um den herum der tatsächliche Preis unvermeidlich in beiden Richtungen schwankt; aber diese Ausschläge dürfen sowohl in die eine als auch in die andere Richtung eine bestimmte Schwankungsbreite nicht überschreiten, wenn sie nicht als anormal gelten sollen. Man kann sogar feststellen, daß diese Hierarchie der Werte mit der Entwicklung der Gesellschaft immer fester und gleichmäßiger wird, wobei sie sich von allen lokalen Bedingungen und allen sonstigen Besonderheiten frei macht und eine unpersönliche Gestalt annimmt. Als noch jede Stadt und fast jedes Dorf einen eigenen Markt darstellte, hatte jeder Ort seine eigene Skala, seinen eigenen Tarif. Diese Vielfalt ließ viel Raum für persönliche Preisüberlegungen. Deshalb ist das Feilschen, die individuelle Preisfestsetzung, eines der Merkmale von Kleinhandel und Kleinproduktion. Je weiter die Entwicklung voranschritt, desto stärker internationalisierten sich die Preise aufgrund des Systems der Börsen und der kontrollierten Märkte, deren Einfluß sich über ganze Kontinente erstreckt. Wollte man früher, in den Zeiten der lokalen Märkte, wissen, zu welchen Konditionen man ein Objekt erwerben konnte, mußte man geschickt verhandeln und kämpfen; heute genügt es, eine einschlägig kompetente Zeitung aufzuschlagen. Auch gelangen wir immer mehr zu der Auffassung, wonach die wahren Preise der ausgetauschten Dinge bereits vor dem Abschluß der Verträge feststehen und keineswegs daraus resultieren.

Doch unter diesen Umständen erscheint jeder Vertrag, der sich deutlich von diesen Preisen entfernt, unvermeidlich als ungerecht. Wenn jemand eine Sache zu einem Preis weggibt, der unter ihrem Wert liegt, dann erleidet er einen ungerechtfertigten und durch keine Gegenleistung ausgeglichenen Verlust. Es ist so, als hätte man ihm den unbillig vorenthaltenen Teil mit Gewalt entrissen. Wir sind in der Tat der Ansicht, daß ihm dieser Preis zusteht, und wenn er ihm grundlos vorenthalten wird, protestiert unser Moralgefühl dagegen, und zwar aus den oben genannten Gründen. Der Verlust, den man ihm zugefügt hat, weckt das Mitgefühl, das wir für ihn empfinden, falls der Betreffende diesen Verlust nicht verdient hat. Da zählt es denn auch wenig, daß er der indirekten Gewalt, der er ausgesetzt war, nicht widerstanden, ja, daß er dem Vertrag vielleicht sogar bereitwillig zugestimmt hat. In dieser Ausbeutung eines Menschen durch einen anderen ist etwas, das uns beleidigt und unseren Unwillen erregt, und dies selbst dann, wenn der Betreffende darin eingewilligt hat oder wenn diese Ausbeutung nicht erst durch Zwang im eigentlichen Sinne möglich geworden ist. Und das gilt wohlgemerkt auch für den Fall, daß der Austausch zu einem Preis erfolgt ist, der über dem wahren Wert liegt. Denn in diesem Falle ist der Käufer der Ausgebeutete. Wir sehen also, daß die Idee der Gewalt immer stärker in den Hintergrund tritt. Ein gerechter Vertrag ist nicht einfach jeder Vertrag, der durch freie Übereinkunft, das heißt ohne förmlichen Zwang, zustande gekommen ist; gerecht ist vielmehr ein Vertrag, bei dem die Dinge und Dienstleistungen zu ihrem wahren und normalen Wert getauscht werden, das heißt insgesamt: zu ihrem gerechten Wert.

Nun läßt sich nicht bestreiten, daß uns solche Verträge als unmoralisch erscheinen. Immer entschiedener verlangen wir, daß Verträge nicht nur auf beiderseitiger Zustimmung beruhen, sondern daß sie auch die Rechte der Vertragsparteien respektieren müssen, wenn wir sie für moralisch bindend halten sollen. Und das erste dieser Rechte besagt, daß man jede Sache oder Dienstleistung nur zu ihrem Preis hergeben soll. Wir mißbilligen jeden erpresserischen Vertrag, das heißt einen Vertrag, der die eine Seite auf Kosten der anderen unbillig begünstigt; folglich sind wir der Auffassung, daß die Gesellschaft nicht gehalten ist, solch einem Vertrag Achtung zu verschaffen, oder zumindest darf sie ihm nicht im selben Maße Achtung verschaffen, wie sie es bei einem gerechten Vertrag tun müßte, und zwar deshalb, weil dieser Vertrag nicht im selben Maße Achtung verdient. Es trifft schon zu, daß diese Urteile des moralischen Bewußtseins bislang noch vor allem moralische Urteile sind und noch keinen sonderlichen Einfluß auf das Recht ausgeübt haben. Die einzigen Verträge dieser Art, die anzuerkennen man sich rundheraus weigert, sind die Wucherverträge. In diesem Falle hat man den gerechten Preis, das heißt die Zinsen, die man beim Geldverleih nehmen darf, sogar gesetzlich festgelegt, und es ist nicht erlaubt, ihn zu überschreiten. Aus diversen Gründen, denen wir nicht nachzugehen brauchen, hat diese spezielle Form der Ausbeutung das moralische Bewußtsein besonders früh und besonders stark gegen sich aufgebracht; vielleicht weil die Ausbeutung hier materieller und greifbarer erscheint. Doch von demselben Bedürfnis zeugen neben dem Wuchervertrag auch all die Regeln, die man in das Arbeitsrecht eingeführt hat oder einführen möchte, um den Arbeitgeber daran zu hindern, seine Position auszunutzen und sich die Arbeit der Beschäftigten zu Konditionen anzueignen, die allzu ungünstig für sie sind, das heißt, die unter dem wahren Wert der Arbeit liegen. Daher auch der Vorschlag – ob er berechtigt ist, sei dahingestellt –, einen Mindestlohn festzusetzen, der nicht unterschritten werden darf. Solche Vorschläge zeigen, daß nicht jeder Vertrag, der ohne unmittelbare Gewalt zustande gekommen ist, für uns schon ein gültiger und gerechter Vertrag ist. In Ermangelung solcher Vorschriften zum Mindestlohn gibt es derzeit im Arbeitsrecht mehrerer europäischer Länder Regelungen, die es dem Arbeitgeber auferlegen, den Arbeiter gegen Krankheit, gegen die Auswirkungen des Alters und gegen mögliche Unfälle zu versichern. Auf Vorstellungen dieser Art geht auch das kürzlich bei uns verabschiedete Gesetz über Arbeitsunfälle zurück. Das ist eines der zahlreichen Mittel, mit denen der Gesetzgeber versucht, dem Arbeitsvertrag etwas von seiner Ungerechtigkeit zu nehmen. Ohne einen Mindestlohn festzulegen, verpflichtet man den Arbeitgeber, seinen Beschäftigten gewisse Vorteile einzuräumen. Manche protestieren dagegen und sagen, damit würden dem Arbeitnehmer eindeutig Privilegien zuteil. Und in gewissem Sinn trifft das durchaus zu; aber diese Privilegien sollen lediglich jene Privilegien zu einem Teil aufwiegen, die der Arbeitgeber genießt und die ihn in die Lage versetzen, die Dienste der Arbeitnehmer nach Belieben unter ihren Wert zu drücken. Ich möchte hier nicht der Frage nachgehen, ob diese Regelungen tatsächlich die ihnen zugeschriebenen Wirkungen haben. Es mag sehr wohl sein, daß es damit nicht gerade zum Besten steht, ja daß sie sogar das Gegenteil von dem bewirken, was sie eigentlich bewirken sollen. Doch

wie dem auch sei, es genügt, das moralische Anliegen zu konstatieren, dem sie sich verdanken und dessen Realität sie belegen.
Alles weist darauf hin, daß diese Entwicklung ihr Ende noch nicht erreicht hat, sondern daß unsere diesbezüglichen Anforderungen immer größer werden. In der Tat wird das Gefühl mitmenschlicher Sympathie, das wir als bestimmende Ursache erkannt haben, immer stärker werden, wie es gleichzeitig einen stets ausgeprägteren egalitären Charakter annehmen wird. Unter dem Einfluß diverser, aus der Vergangenheit überkommener Vorurteile sind wir immer noch nicht bereit, die Menschen der verschiedenen Klassen mit den gleichen Augen zu betrachten; für das Leid und die unverdienten Verluste, die Angehörigen der oberen Klassen und Menschen mit gehobenen Tätigkeiten zustoßen mögen, sind wir empfindlicher als für das Leid derer, die sich mit niedrigeren Funktionen und Tätigkeiten begnügen müssen. Alles weist indes darauf hin, daß diese ungleiche Zuteilung unseres Mitgefühls nach und nach verschwinden wird; daß wir das Leid der einen nicht länger für schrecklicher oder weniger schrecklich halten werden als das Leid der anderen; daß wir beides vielmehr als gleichwertig einschätzen werden, und zwar allein deshalb, weil es sich in beiden Fällen um menschliches Leid handelt. Daher werden wir auch stärker darauf bedacht sein, daß die vertraglichen Beziehungen zwischen den Angehörigen der verschiedenen Klassen auf Gleichheit beruhen. Wir werden mehr Gerechtigkeit in den Verträgen fordern. Ich möchte nicht so weit gehen und behaupten, eines Tages werde die Gerechtigkeit vollkommen oder eine vollkommene Gleichwertigkeit im Austausch von Dienstleistungen hergestellt sein. Die Vernunft lehrt uns, daß dies nicht möglich ist, gibt es doch Dienste, die gar nicht ausreichend belohnt werden können; jedenfalls kann solch eine Übereinstimmung nur annäherungsweise erreicht werden. Doch ohne jeden Zweifel vermag die heute erreichte Übereinstimmung unseren derzei-

tigen Vorstellungen von Gerechtigkeit nicht zu genügen, und je weiter wir voranschreiten, desto intensiver werden wir uns bemühen, einer genaueren Übereinstimmung zwischen Verdienst und Entlohnung näher zu kommen. Ein Endpunkt für diese Entwicklung läßt sich nicht festlegen.

Das große Hindernis, vor das diese Entwicklung sich gestellt sieht, ist indessen die Institution des Erbrechts. Das Erbrecht schafft Ungleichheiten zwischen den Menschen, die auf die Geburt zurückgehen und nichts mit Verdiensten oder geleisteten Diensten zu tun haben; es liegt auf der Hand, daß dadurch das gesamte Vertragsrecht in seinen Grundfesten erschüttert wird. Denn worin besteht die Grundvoraussetzung, um die Reziprozität der vertraglich vereinbarten Dienste zu gewährleisten? Sie besteht darin, daß die Vertragsparteien möglichst mit den gleichen Waffen ausgerüstet sind, wenn sie sich in jenen Kampf begeben, aus dem der Vertrag hervorgeht und in dessen Verlauf die Bedingungen für den Austausch festgelegt werden. Dann und nur dann wird es weder einen Sieger noch einen Verlierer geben, das heißt, die ausgetauschten Dinge werden im Gleichgewicht stehen, sie werden gleichwertig sein. Was der eine bekommt, wird ebensoviel wert sein wie das, was er hergibt, und umgekehrt. Wäre es anders, könnte die Seite, die sich im Vorteil befindet, diesen Vorteil dazu nutzen, der anderen Seite ihren Willen aufzuzwingen und sie zu nötigen, ihr die Sache oder Dienstleistung unter ihrem Wert zu überlassen. Wenn zum Beispiel der eine den Vertrag abschließt, damit er überhaupt leben kann, der andere aber lediglich, damit er besser leben kann, dann ist klar, daß die Verhandlungsmacht des zweiten ungleich größer sein wird als die des ersten, und zwar allein deshalb, weil er auf den Vertragsabschluß verzichten kann, wenn ihm die gewünschten Konditionen nicht zugestanden werden. Der andere kann dies nicht. Er ist gezwungen, sich dem Gesetz zu unterwerfen, das man ihm auferlegt. Die Institution des Erbrechts impliziert also, daß es von Geburt aus Reiche und Arme gibt; das heißt nichts anderes, als daß die Gesellschaft aus zwei großen Klassen besteht, zwischen denen allerdings noch alle erdenklichen Übergänge existieren. Wenn sie überleben will, ist die eine Klasse gezwungen, der anderen ihre Dienste zu jedem Preis anzubieten; die andere ist dank ihrer Ressourcen in der Lage, auf diese Dienste zu verzichten, obwohl sie ihre Ressourcen keineswegs irgendwelchen von ihr geleisteten Diensten verdankt. Solange in der Gesellschaft ein so ausgeprägter Gegensatz existiert, mögen mehr oder weniger glückliche Notbehelfe die Ungerechtigkeit der Verträge etwas abmildern, doch im Prinzip funktioniert das System in einer Weise, die keine Gerechtigkeit zuläßt. Dabei kommt es nicht nur hier und da zu ungleichen Verträgen; vielmehr begründet der Vertrag ein Regime der Ungleichheit in sämtlichen Beziehungen zwischen den beiden Klassen. Es ist die Art und Weise, wie die Dienste der Vermögenslosen bewertet werden, die als ungerecht erscheint, weil diese Dienste ihre Bewertung unter Bedingungen erfahren, die eine Beurteilung nach ihrem wahren gesellschaftlichen Wert nicht zulassen. Wird das ererbte Vermögen in die Waagschale geworfen, so verfälscht es das Gleichgewicht. Gegen diese ungerechte Bewertung und gegen den Gesellschaftszustand, der sie erst möglich macht, protestiert das moralische Bewußtsein immer entschiedener. Jahrhundertelang hat man dies ohne Gegenwehr hingenommen, weil der Wunsch nach Gleichheit noch nicht so stark ausgeprägt war. Doch heute widerspricht es allzu deutlich dem Gefühl, das nun die Grundlage unserer Moralität bildet.

Wir beginnen zu erkennen, welch ein historisch bedeutsames Ereignis die Entstehung des gerechten Vertrages gewesen ist und welche weitreichenden Auswirkungen dieses Konzept haben mußte. Die gesamte Institution des Eigentums hat einen Wandel erfahren, weil eine der wichtigsten Möglichkeiten des Eigentumserwerbs, die Erbschaft nämlich, sich dadurch an den Pranger gestellt sieht. Doch nicht allein auf diese indirekte und negative Weise berührt die Entwicklung des Vertragsrechts das Eigentumsrecht, sondern auch auf direktem Wege. Wie wir gesehen haben, verlangt die Gerechtigkeit, daß geleistete und ausgetauschte Dienste nicht unter ihrem Wert entlohnt werden. Doch dieses Prinzip impliziert als Korrelat jenes andere, wonach jedem empfangenen Wert ein geleisteter gesellschaftlicher Dienst entsprechen muß. Denn es liegt auf der Hand, daß dort, wo diese Entsprechung nicht gegeben ist, der Begünstigte den Wertüberschuß nur dadurch erlangt haben kann, daß er ihn einem anderen weggenommen hat. Dieser Wertüberschuß muß von einem anderen als dem, der ihn sich ungerechtfertigt angeeignet hat, geschaffen worden sein. Wenn er zuviel erhält, das heißt mehr, als er verdient, muß ein anderer zuwenig bekommen. Daher der Grundsatz: die Verteilung der Dinge unter den Menschen kann nur dann gerecht sein, wenn sie im proportionalen Verhältnis zum sozialen Verdienst eines jeden erfolgt. Das Eigentum des Individuums muß die Gegenleistung für von ihm geleistete gesellschaftliche Dienste sein. Dieses Prinzip steht nicht im Widerspruch zu jenem Gefühl mitmenschlicher Sympathie, das die Grundlage dieses Teils der Moral bildet. Denn dieses Gefühl vermag durchaus mit den gesellschaftlichen Verdiensten des einzelnen zu variieren. Wir empfinden mehr Sympathie für Menschen, die der Gemeinschaft in besonderem Maße dienen; wir gönnen ihnen größere Vorteile, und folglich sträubt sich nichts in uns, wenn sie besser behandelt werden – mit einigen Einschränkungen allerdings, auf die wir noch zu sprechen kommen werden. Auf der anderen Seite stimmt solch eine Verteilung des Eigentums auch in höchstem Maße mit den gesellschaftlichen Interessen überein. Denn die Gesellschaft hat ein Interesse daran, daß die Dinge in den Händen der Fähigsten liegen.

So entfaltet das Prinzip, das die Grundlage des gerechten Vertrages bildet, seine Wirksamkeit auch über das Vertragsrecht hinaus und steht im Begriff, zur Grundlage des Eigentumsrechts zu werden. Nach dem gegenwärtigen Zustand erfolgt die grundlegende Verteilung des Eigentums durch Geburt (Institution des Erbrechts); der Austausch des solcherart verteilten Eigentums geschieht dann über Verträge, die jedoch aufgrund der konstitutionellen Ungleichheit, in der sich die Vertragsparteien aufgrund des Erbrechts befinden, notwendig zu einem Teil ungerecht sind. Diese grundlegende Ungerechtigkeit des Eigentumsrechts kann nur in dem Maße verschwinden, wie die ökonomische Ungleichheit zwischen den Menschen allein auf die Ungleichheit ihrer Dienste zurückgeht. Auf diese Weise bewirkt die Entwicklung des Vertragsrechts eine vollständige Umgestaltung der Eigentumsmoral. Man achte aber darauf, wie wir dieses gemeinsame Prinzip des Sachenrechts und des Vertragsrechts formuliert haben. Wir sagen nicht, das Eigentum resultiere aus der Arbeit, als gäbe es eine logische Notwendigkeit, wonach die Sache dem zusteht, der sie erarbeitet hat, und als wären Arbeit und Eigentum Synonyme. Das Band, das Sache und Person verbindet, hat, wie wir ausgeführt haben, nichts Analytisches; nichts in der Arbeit hat notwendig zur Folge, daß die Sache, an der sie sich betätigt, dem Arbeitenden zufiele. Wir haben auf sämtliche Unstimmigkeiten dieser Deduktion hingewiesen. Die Synthese dieser beiden heterogenen Begriffe wird in Wirklichkeit von der Gesellschaft geleistet; sie sorgt für die Zuschreibung, und sie nimmt diese Zuschreibung und Zuteilung aufgrund der Gefühle vor, die sie für die Individuen hegt, und aufgrund ihrer Wertschätzung für deren Leistungen. Und da diese Bewertung nach ganz unterschiedlichen Prinzipien erfolgen kann, folgt daraus, daß das Eigentumsrecht keinesfalls ein für allemal festliegt, kein unveränderliches Konzept darstellt, sondern daß es zu unablässiger Entwicklung fähig ist. Selbst das Prinzip, von dem oben die Rede war, kann je nach Entwicklung mehr oder weniger variieren. Wir werden darauf noch zurückkommen. Zugleich entgehen wir damit auch den Irrtümern, denen die Ökonomisten und die Sozialisten verfallen sind, die Arbeit und Eigentum gleichsetzen. Durch diese Gleichsetzung erhält die Quantität der Arbeit den Vorrang vor deren Qualität. Doch wie wir gesehen haben, bestimmt nicht die Menge der in eine Sache investierten Arbeit deren Wert, sondern die Art und Weise, wie die Gesellschaft sie bewertet, und diese Bewertung hängt weniger von der Menge der verausgabten Energie als vom Nutzen der Sache ab oder zumindest von der Einschätzung dieses Nutzens durch die Gemeinschaft. Hier haben wir es mit einem subjektiven Faktor zu tun, der nicht zu eliminieren ist. Eine geniale Idee, mühelos und freudvoll ersonnen, ist mehr wert und schafft größere Verdienste als jahrelange manuelle Arbeit.

Wenn wir davon ausgehen, daß dieses Prinzip zwar im moralischen Bewußtsein der zivilisierten Völker verankert, nicht aber formell durch das Recht anerkannt ist, stellt sich uns eine praktische Frage: Welche Reform wäre in der Lage, diesem Prinzip gesetzliche Realität zu verleihen? Eine erste Reform ist schon heute und nahezu übergangslos möglich. Ich meine die Aufhebung des Intestaterbes und insbesondere der gesetzlichen Erbfolge, die unser Recht bei Vorhandensein direkter Nachkommen vorsieht. Wie wir an anderer Stelle gesehen haben, ist das Intestaterbe ein Überbleibsel des alten korporativen Eigentums des Familienverbandes, das heute keine Daseinsberechtigung mehr besitzt. Da ihm in unseren Sitten nichts mehr entspricht, könnte man es abschaffen, ohne daß die moralische Konstitution unserer Gesellschaft dadurch beeinträchtigt würde. Als komplizierter scheint sich da schon die Frage der testamentarisch verfügten Erbschaft darzustellen. Nicht daß diese Form des Erbes leichter mit dem genannten Prinzip in Einklang zu bringen wäre. Es verletzt das Gerechtigkeitsgefühl nicht weniger als das Intestaterbe, und es schafft dieselbe Ungleichheit. Wir lassen es heute nicht mehr zu, daß jemand durch testamentarische Verfügung die Titel, Ehrenstellungen oder Funktionen vererbt, die er in seinem Leben erlangt hat. Warum sollte dann das Eigentum erblich sein? Die gesellschaftliche Stellung, die wir erreicht haben, ist mindestens ebensosehr unser Werk wie unser Vermögen. Wenn das Gesetz es uns verwehrt, darüber zu verfügen, warum sollte es uns nicht auch verwehren, eine testamentarische Verfügung über unseren Besitz zu treffen? Eine solche Beschränkung des Verfügungsrechts wäre durchaus kein Angriff auf die Idee des individuellen Eigentums, im Gegenteil. Das individuelle Eigentum ist das Eigentum, das mit dem Individuum beginnt und endet. In Wirklichkeit steht die Möglichkeit, sein Eigentum durch testamentarische Verfügung oder anderweitig zu vererben, im Widerspruch zum Geist des Individualismus. Wirklich schwierig wird das Problem im Falle des testamentarisch verfügten Erbes beim Vorhandensein direkter Nachkommen. Hier ergibt sich ein Konflikt zwischen unserem Gerechtigkeitssinn und gewissen eingefleischten, die Familie betreffenden Gewohnheiten. Ohne Zweifel würde der Gedanke, wir dürften unseren Besitz nicht unseren Kindern hinterlassen, heute auf lebhaften Widerstand stoßen. Denn wir arbeiten ebensosehr für unser wie für ihr Wohlergehen. Doch alles spricht dafür, daß solche Vorstellungen in einem engen Zusammenhang mit der gegenwärtigen Organisation des Eigentums stehen. Da es die Möglichkeit des Vererbens gibt und damit eine ursprüngliche Ungleichheit zwischen den einzelnen Menschen bereits zum Zeitpunkt ihres Eintritts in das gesellschaftliche Leben, bemühen wir uns darum, daß diese Ungleichheit für die Menschen, die uns besonders am Herzen liegen, möglichst wenig schädliche und nach Möglichkeit sogar günstige Auswirkungen hat. Daher der Wunsch, für sie zu arbeiten. Doch wenn Gleichheit die Regel wäre, dann würde dieses Bedürfnis weit weniger lebhaft empfunden. Denn die Gefahren, die darin lägen, daß sie sich dem Leben ohne andere Ressourcen als der eigenen stellen müßten, wären verschwunden. Diese Gefahren resultieren nämlich gegenwärtig allein aus der Tatsache, daß manche Menschen von Anfang an mit gewissen Vorteilen ausgestattet sind, weshalb jene, die ohne solche Vorteile auskommen müssen, offenkundig benachteiligt sind. Im übrigen wird höchstwahrscheinlich ein Rest an Testierfreiheit erhalten bleiben. Alte Institutionen verschwinden niemals vollständig; sie treten nur in den Hintergrund und verschwinden nach und nach. Die Testierfreiheit hat eine allzu große Rolle in der Geschichte gespielt, als daß man annehmen dürfte, nichts davon werde überleben. Allerdings wird sie nur in abgeschwächter Form überleben. Man könnte sich zum Beispiel vorstellen, daß jeder Familienvater das Recht behält, seinen Kindern bestimmte Teile seines Vermögens zu vererben. Die dann noch verbleibende Ungerechtigkeit wäre so gering, daß sie die Funktionsweise des Vertragsrechts nicht mehr nachhaltig beeinträchtigen könnte.

Im übrigen ist es nicht möglich, darüber genauere Voraussagen zu machen, denn eine Frage bleibt derzeit noch völlig offen. Es fragt sich in der Tat, wem denn die Reichtümer zufallen sollen, die jede Generation gleichsam in Freiheit setzt, wenn sie verschwindet. Wer soll das Erbe antreten, wenn es keine natürlichen oder durch Testament eingesetzten Erben mehr gibt? Der Staat? Wer sähe nicht, daß es ausgeschlossen ist, Ressourcen so gewaltigen Ausmaßes in den gierigen und verschwenderischen Händen des Staates zu konzentrieren? Dann aber müßte man diese Dinge von Zeit zu Zeit unter die Individuen verteilen; zumindest gilt das für bestimmte Dinge, vor allem für jene, die unerläßlich für die Arbeit sind, zum Beispiel wenn es um die Bearbeitung des Bodens geht. Natürlich könnte man sich vorstellen, daß Versteigerungen abgehalten werden, auf denen diese Dinge an den Meistbietenden verkauft werden. Doch es liegt auf der Hand, daß der Staat sowohl den Dingen als auch den Menschen zu fern steht, als daß er eine so gewaltige und komplizierte Aufgabe sinnvoll zu erfüllen vermöchte. Es wäre nötig, daß sekundäre Gruppen geringerer Größe, die den Dingen und deren Details näher stünden, diese Aufgabe übernähmen. Und wer könnte geeigneter sein, diese Aufgabe zu übernehmen, als die Berufsgruppen? Da sie die Kompetenz besitzen, die verschiedenen Sonderinteressen zu verwalten; da sie in der Lage sind, sich über das gesamte Territorium zu verzweigen und die lokalen Unterschiede sowie die territorialen Besonderheiten zu berücksichtigen, erfüllten sie alle Voraussetzungen, um im wirtschaftlichen Bereich gleichsam das Erbe der Familie anzutreten. Denn die Familie war bis heute nur deshalb am ehesten in der Lage, die Dauerhaftigkeit des Wirtschaftslebens zu gewährleisten, weil sie eine kleine Gruppe war, die in unmittelbarem Kontakt zu den Dingen und den Menschen stand, und weil sie selbst solche Dauerhaftigkeit aufwies. Doch heute ist diese Dauerhaftigkeit verschwunden. Die Familie ist in beständigem Zerfall begriffen; sie hat nur noch kurze Zeit Bestand; ihre Existenz ist ohne Dauer. Sie hat nicht mehr die Kraft, die Generationen in wirtschaftlicher Hinsicht miteinander zu verbinden. Andererseits aber kann nur ein sekundäres und eingeschränktes Organ an ihre Stelle treten. Dabei kann und muß dieses Organ umfassender sein als die Familie, denn auch die ökonomischen Interessen haben an Bedeutung gewonnen und verteilen sich vielfach über das gesamte Land. Aber es ist ausgeschlossen, daß das zentrale Organ überall zur selben Zeit präsent und aktiv ist. So spricht denn in dieser Frage alles für die Berufsgruppen.[48]

Neben diesen praktischen Konsequenzen veranlaßt uns diese Untersuchung des Vertragsrechts auch zu einer wichtigen theoretischen Feststellung. In dem Teil der Ethik, mit dem wir uns hier befaßt haben – das heißt in der allgemeinmenschlichen Moral –, werden vielfach zwei Klassen höchst

48 Der letzte Satz ist keine unmögliche Lesart, sondern eine offenkundige Rekonstruktion der Bedeutung.

unterschiedlicher Pflichten unterschieden; dabei sollen die einen dem Gebot der Gerechtigkeit, die anderen dem Gebot der Barmherzigkeit entsprechen, wobei man davon ausgeht, daß zwischen beiden ein Bruch besteht. Es hat den Anschein, als nähmen sie ihren Ausgang bei ganz unterschiedlichen Vorstellungen und Gefühlen. Die Rechtswissenschaft nimmt nun ihrerseits eine andere Unterscheidung vor, die zwischen distributiver und retributiver Gerechtigkeit. Letztere ist jene Gerechtigkeit, die bei Tauschvorgängen waltet oder walten soll; sie besagt, daß wir stets eine gerechte Gegenleistung für das erhalten müssen, was wir geben; erstere bezieht sich auf die Art und Weise, wie die Gesellschaft Rechte, Funktionen und Ehrenstellungen unter ihre Mitglieder verteilt. Aus dem, was wir gesagt haben, folgt nun, daß zwischen diesen beiden Bereichen der Moral allenfalls graduelle Unterschiede bestehen, daß sie ein und demselben moralischen Bewußtsein, ein und demselben kollektiven Gefühl entsprechen, das darin lediglich zu unterschiedlichen Zeitpunkten seiner Entwicklung betrachtet wird.

Was nun die distributive und die retributive Gerechtigkeit betrifft, so haben wir gesehen, daß sie sich wechselseitig bedingen. Wenn Tauschvorgänge gerecht sein sollen, müssen sie eine gerechte Verteilung darstellen. Doch selbst wenn die Verteilung der Dinge ursprünglich nach allen Regeln der Gleichheit erfolgte, könnte sie nicht gerecht bleiben, falls die anschließenden Austauschprozesse auf der Grundlage ungerechter Verträge stattfänden. Beides ist eine rechtliche Konsequenz desselben moralischen Gefühls, der Sympathie nämlich, die der Mensch für den Menschen empfindet. Nur wird es in beiden Fällen aus unterschiedlichen Blickwinkeln betrachtet. Im einen Falle wendet es sich dagegen, daß jemand mehr gibt, als er erhält, daß er Dienste erbringt, die nicht nach ihrem wahren Wert entgolten werden. Im anderen Falle verlangt dasselbe Gefühl, daß zwischen den Menschen keine anderen sozialen Ungleichheiten bestehen als solche, die auf die Ungleichheit ihres gesellschaftlichen Wertes zurückgehen. Mit einem Wort, in der einen wie in der anderen Form tendiert dieses Gefühl dahin, aus sämtlichen gesellschaftlichen Sanktionen jegliche physische und materielle Ungleichheit zu eliminieren, mag sie nun auf dem Zufall der Geburt oder auf familiären Bedingungen beruhen, damit nur noch solche Ungleichheiten übrigbleiben, die auf Verdienst beruhen.

Doch solange nur von Gerechtigkeit die Rede ist, bleiben solche Ungleichheiten erhalten. Aus der Sicht mitmenschlicher Sympathie sind indessen auch diese Ungleichheiten nicht gerechtfertigt. Denn es ist der Mensch als solcher, den wir lieben und lieben sollen, und nicht der Mensch als genialer Wissenschaftler, als geschickter Unternehmer usw. Sind letztlich nicht auch die auf Verdienst beruhenden Ungleichheiten zufallsbedingt; beruhen sie nicht gleichfalls auf Geburt, so daß es in gewisser Weise ungerecht ist, die Menschen dafür die Verantwortung tragen zu lassen? Wir halten es nicht für gerecht, daß ein Mensch gesellschaftlich besser behandelt wird, weil er das Kind reicher Eltern ist und in guten Verhältnissen aufwachsen durfte. Aber ist es gerechter, wenn ein Mensch gesellschaftlich besser behandelt wird, weil er von einem intelligenteren Vater abstammt und unter günstigeren geistigen Bedingungen aufgewachsen ist? Und genau hier beginnt der Bereich der Barmherzigkeit. Zur Barmherzigkeit wird das Gefühl mitmenschlicher Sympathie dann, wenn es sich auch von diesen letzten Möglichkeiten der Ungleichheit freimacht, wenn es auch diese letzte Form der Erbübertragung, die Übertragung psychischer Faktoren nämlich, nicht mehr als Verdienst anrechnet. Hier erreicht die Gerechtigkeit ihren Gipfel. Die Gesellschaft gelangt zur vollständigen Vorherrschaft über die Natur, schreibt ihr das Gesetz vor, setzt diese moralische Gleichheit an die Stelle der physischen Ungleichheit, die den Dingen unweigerlich eigen ist. Allerdings erreicht dieses Gefühl mitmenschlicher Sympathie solche Intensität nur bei einer kleinen geistigen Elite; in den Köpfen der meisten Menschen bleibt es dagegen zu schwach, als daß es sich bis zu seinem logischen Ende zu entwickeln vermöchte. Wir sind noch nicht soweit, daß der Mensch alle seine Mitmenschen wie Brüder liebte, ganz gleich welchen Verstand, welche Intelligenz und welchen moralischen Wert sie haben mögen. Wir sind noch nicht soweit, daß der Mensch seinen Egoismus abgelegt hätte, daß es nicht mehr nötig wäre, den Verdiensten ihren doch nur ganz vorläufigen Wert beizumessen, einen Wert, den wir werden verringern müssen, um die Mitmenschlichkeit zu fördern und den Egoismus abzubauen. Und deshalb ist ein vollkommener Egalitarismus heute nicht möglich. Andererseits kann kein Zweifel bestehen, daß die Gefühle menschlicher Brüderlichkeit an Stärke zunehmen und daß die Besten unter uns durchaus fähig sind zu arbeiten, ohne eine exakte Gegenleistung für ihre Mühen und Dienste zu erwarten. Daher kommt es, daß wir uns bemühen, die Auswirkungen einer allzu exakten und das heißt in Wirklichkeit stets unvollkommenen distributiven und retributiven Gerechtigkeit zu mildern und abzuschwächen.[49] Deshalb auch bringt der Fortschritt es mit sich, daß die Barmherzigkeit im eigentlichen Sinne immer... (unlesbar) wird, daß sie aufhört, eine überschießende, fakultative Pflicht zu sein, um zu einer strengen Verpflichtung zu werden und neue Institutionen hervorzubringen.

49 Hier fehlt ein Satz, der aus drei völlig unleserlichen Zeilen besteht; der Fluß der Darstellung scheint dadurch jedoch nicht unterbrochen.

Anhang

Hans-Peter Müller
Die Moralökologie moderner Gesellschaften

Durkheims ›Physik der Sitten und des Rechts‹

»Unsere erste Pflicht besteht heute darin, uns eine neue Moral zu bilden.«
»Wir wollen die Moral nicht aus der Wissenschaft ableiten, sondern die Wissenschaft der Moral betreiben, was etwas ganz anderes ist. Die moralischen Fakten sind Phänomene wie alle anderen auch. Sie bestehen aus Verhaltensregeln, die man an bestimmten Merkmalen erkennen kann. So muß es möglich sein, sie zu beobachten, sie zu beschreiben, sie zu klassifizieren und die Gesetze zu suchen, die sie erklären.«
»Was die Wissenschaft mit der Moral versöhnt, ist die Wissenschaft der Moral; denn indem diese uns lehrt, die moralische Wirklichkeit zu achten, liefert sie uns zugleich die Mittel, ebendiese Wirklichkeit zu verbessern.«

Emile Durkheim

I

Es scheint die »ewige Wiederkehr des Gleichen« zu sein. In den achtziger Jahren dieses Jahrhunderts wird eine Diskussion über ›Moral‹ wiederbelebt, die bereits jeweils am Ausgang der vergangenen Jahrhunderte[1] geführt worden ist. Die ›kommunitaristische Herausforderung‹, wie sich die gegen-

1 So bemerkt auch Luhmann (1990, S. 10): »Mit geradezu astrologischer Regelmäßigkeit kommt es in den 80er Jahren eines jeden Jahrhunderts zu einer solchen Ethikwelle – mindestens seit der Verbreitung des Buchdrucks.«

wärtige moralische Bewegung in den Vereinigten Staaten[2] selbst bezeichnet, richtet sich gegen den herrschenden Zeitgeist, der im ungehemmten ›Enrichissez-vous‹ einer deregulierten ›Laissez faire‹-Ökonomie ebenso zum Ausdruck kommt wie in den spielerischen Ästhetizismen einer postmodernen Kultur oder in der ökonomischen Potenz und im ästhetischen Konsum der dominanten Figur dieses Jahrzehnts, dem ›Yuppie‹. Dieser Zeitgeist, so die kommunitaristischen Kritiker, resultiert aus einem überzogenen Liberalismus, der eine ›Ethik der Vereinzelung‹ statt eine ›Ethik der Zugehörigkeit‹ propagiert, der dem Ideal eines losgelösten und unabhängigen statt eines integrierten Individuums frönt, der individuelle Rechte und Optionen über moralische Obligationen und soziale Bindungen stellt; kurz – und das dominante sozialtheoretische Rational Choice-Paradigma paraphrasierend –, der die Gesellschaft als ›Republic of Choice‹ (Friedman 1990) ansieht statt als ›republic of virtue‹, wie es dem traditionellen amerikanischen Selbstverständnis entsprechen würde. Das Projekt einer ›kommunitaristischen Moral‹, das seinerseits auf vagen Vorstellungen beruht und heterogene intellektuelle Strömungen[3] umfaßt, ist indes keineswegs so neu oder originell, wie ein Blick zurück auf das ausgehende 19. Jahrhundert beweist.
Denn im *fin de siècle*[4], in dem das ›Unbehagen in der Kultur‹ sich in neuen kollektiven Ideologien wie den diversen Spielarten des Sozialismus oder der kultischen Verehrung der heroischen Persönlichkeit im modischen Nietzscheanismus manifestiert, sucht auch Emile Durkheim nach einer tragfä-

2 Siehe dazu Bellah et al. (1985), Etzioni (1988), Friedman (1990), MacIntyre (1981), Reynolds/Normann (1988) und Wolfe (1989).

3 Sie reichen von einer neoaristotelischen Tugendlehre (MacIntyre 1981) bis hin zur Revitalisierung der amerikanischen republikanischen Tradition (Bellah et al. 1985).

4 Das ›fin de siècle‹ als zeitgenössischen geistigen Hintergrund der Durkheimschen Soziologie betonen König (1975, 1976), Joas (1992), Müller (1983, 1986) und Mestrovic (1991).

higen Moral. Mit der fortschreitenden Arbeitsteilung und Differenzierung, der Dynamik von Industrie, Wissenschaft und Technik, so Durkheims Diagnose, hat das gesellschaftliche Moralbewußtsein nicht Schritt halten können. Die traditionelle Moral ist brüchig geworden und hat die Gesellschaft in die Krise der Anomie gestürzt. Einen Ausweg aus dieser Krise kann es aus Durkheims Sicht nur geben, wenn es der Gesellschaft gelingt, eine moralische und institutionelle Infrastruktur zu schaffen, die dem Stand gesellschaftlicher Differenzierung entspricht *und* neuen gesellschaftlichen Bedürfnissen und Werten Rechnung trägt. Eine solche moralische und institutionelle Infrastruktur muß aus individueller Perspektive das System von Rechten und Pflichten der Gesellschaftsmitglieder umreißen und aus gesellschaftlicher Perspektive die neuen Institutionen und ihre Träger ebenso beschreiben wie sie das funktionale Zusammenspiel der Gruppen und ihre Integration in die Gesellschaft zu erklären hat. Um die Konturen der moralischen und institutionellen Infrastruktur zu bestimmen, bedarf es der Wissenschaft. Durkheim entwickelt deshalb einen soziologischen Ansatz, der ethische Fragen wissenschaftlich, d. h. in rationaler, positiver und empirischer Weise, zu beantworten erlauben soll. Er bezeichnet seinen Ansatz als *Physik der Sitten und des Rechts*, um sich bewußt in die Tradition der Kantischen Philosophie einzureihen. So wie Kant am Ende des 18. Jahrhunderts die gesamte Moralphilosophie mit seiner *Metaphysik der Sitten und des Rechts* auf eine neue transzendentaltheoretische Grundlage gestellt hatte, so versucht auch Durkheim zu Ausgang des 19. Jahrhunderts der Ethikdiskussion eine neue, strikt sozialwissenschaftliche Basis zu verleihen und auf diese Weise der Gesellschaft zu einer neuartigen, weltlichen Moral zu verhelfen. In diesem Sinne ist seine *Physik der Sitten und des Rechts* darauf gerichtet, zumindest in Grundzügen die Moralökologie einer modernen Gesellschaft zu bestimmen, d. h. »das Netzwerk moralischer Verständigungen und Bindungen, das die Menschen zu einer Gemeinschaft zusammenfügt«. (Bellah et al. 1985, S. 335) Auf diese Zielsetzung hin entwickelt Durkheim – wie die ›kommunitaristischen‹ Kritiker am Ausgang des 20. Jahrhunderts – seine Soziologie als Wissenschaft der Moral[5]. Wie die Eingangszitate verdeutlichen, schließt dieser Zuschnitt einen normativen, wissenschaftlichen und praktischen Bezugspunkt mit ein. Einen *normativen* Bezugspunkt, weil seine Bemühungen auf die Bildung einer neuen Moral gerichtet sind; einen *wissenschaftlichen* Bezugspunkt, weil die Soziologie der Moral nicht einfach ein neues ›Moralgesetz‹ dekretiert, sondern dessen Konturen aus dem positiven und empirischen Studium von Idealen und Werten, Regeln und Normen einer sich wandelnden Gesellschaft herauszuarbeiten sucht, und einen *praktischen* Bezugspunkt, weil die Ergebnisse der Wissenschaft der Moral genutzt werden können, um politische Reformen zur Schaffung einer neuen Moralökologie anzuleiten.

In den nächsten Abschnitten soll deutlich werden, warum und in welcher Weise Durkheims *Physik der Sitten und des Rechts* auf die Moralökologie einer modernen Gesellschaft gerichtet ist. Zunächst werden Intention und Anlage der fragmentarischen Studie, ihr gedachter Aufbau und ihre Stellung im Gesamtwerk Durkheims betrachtet; nach diesen werkgeschichtlichen Erläuterungen sollen seine Überlegungen zur beruflichen und staatsbürgerlichen Moral sowie zu den Eigentumsrechten und der Vertragsmoral skizziert werden; abschließend wird Durkheims Konzeption einer *Physik der Sitten* kritisch resümiert.

5 Die moralische Dimension im Denken Durkheims haben seine Zeitgenossen immer wieder hervorgehoben. Vgl. Bouglé (1903, 1930), Davy (1919, 1920, 1950), Fauconnet (1984) und Mauss (1925, 1928, 1937). Die Bezüge von Durkheims Soziologie zum ›Solidarismus‹, der politischen Ideologie der Dritten Republik in Frankreich, arbeiten Clark (1973), Filloux (1977), Hayward (1959, 1960, 1961), Karady (1981) und Scott (1951) heraus.

II

»Die wesentliche Sache«, so schrieb Durkheim im Jahre 1899, »besteht darin, sie (die Schüler in den Gymnasien, H.-P. M.) dazu zu bringen, über das Wesen der Gesellschaft, der Familie, des Staates zu reflektieren, über die wesentlichen rechtlichen und moralischen Pflichten und die Art und Weise, in denen diese verschiedenen sozialen Phänomene gebildet werden. ... Ich habe hier, ungefähr seit 1896, eine Vorlesung mit dem Titel ›Allgemeine Physik des Rechts und der Sitten‹ begonnen ..., in der alle diese Fragen soziologisch behandelt werden.« (Zit. nach Lukes 1973, S. 255.) Diese Vorlesungsreihe hat er zwischen 1896 und 1900 zweimal in Bordeaux, zwischen 1902 und 1915 mehrfach in Paris unter verschiedenen Bezeichnungen gehalten; sie ist posthum 1950 in unvollständiger Form veröffentlicht worden. Die Titel, die er der Vorlesung gibt, schwanken im Zeitablauf zwischen *Physiologie du droit et des mœurs* und *Physique générale des mœurs et du droit*. Inhalt und Stoßrichtung der Vorlesung[6] werden über die genannte allgemeine Zielsetzung eines staatsbürgerlichen Programms hinaus deutlich, wenn man sie mit seinen frühesten Schriften einerseits, seinen späteren Arbeiten andererseits in Beziehung setzt.

»Was alle philosophischen Lehren anbetrifft, die Deutschland hervorgebracht hat, so ist der Kantianismus diejenige, die sich – klug interpretiert – noch am besten mit den Erfordernissen der Wissenschaft in Einklang bringen läßt.« (Durkheim 1887a, S. 330, bzw. 1975c, S. 456, H.-P. M.) Diese ›kluge Interpretation‹ vorzunehmen und die Erkenntnisse des philosophischen Idealismus in den Rahmen einer soziologischen Moraltheorie zu übertragen ist eine Grundidee von Durkheims Soziologie, die er bereits 1887 in *La philosophie dans les universités allemandes* äußert. Sein Pro-

6 Vgl. dazu Hall (1987), Lacroix (1986), Müller (1983, 1986) und Wallwork (1972).

gramm eines *soziologischen Kantianismus* zielt nicht auf eine Metaphysik, sondern auf eine *Physik der Sitten und des Rechts*. Auch wenn Durkheim an der Kantschen Beschreibung moralischer Phänomene – dem kategorischen Imperativ, der Freiheit und Autonomie des Willens – anknüpft, so lehnt er doch dessen philosophische Erklärung ab. Wie sieht demgegenüber eine soziologische Erklärung aus? Worin besteht demnach das Untersuchungsobjekt einer Physik der Sitten und welchen Methoden folgt sie? »Die Physik der Sitten und des Rechts befaßt sich mit moralischen und rechtlichen Tatbeständen. Bei diesen Tatbeständen handelt es sich um sanktionsbewehrte Verhaltensregeln. Die Wissenschaft hat zu klären: 1. wie diese Regeln im geschichtlichen Verlauf entstanden sind, das heißt, auf welche Ursachen sie zurückgehen und welchen Zwecken sie dienen; 2. wie sie innerhalb der Gesellschaft funktionieren, das heißt, auf welche Weise sie von den Individuen angewandt werden.« (Durkheim 1950, S. 41; in diesem Band, S. 9) Der Kern des Programms umfaßt demnach die Entstehung von moralischen und rechtlichen Regeln, ihre Ursachen und ihr Telos sowie ihre Funktionsweise, ihre Wirkungen und Effekte. Da man die Entstehung einer Regel durchaus von ihrer Funktionsweise trennen kann, obgleich es sich um zusammenhängende Fragen handelt, benötigt man auch zwei Forschungsmethoden. »Auf der einen Seite haben wir die vergleichende Geschichtswissenschaft und die vergleichende Ethnographie; sie helfen uns, die Genese der Regel nachzuzeichnen; sie zeigen uns die einzelnen Elemente, aus denen sie besteht, und führen uns vor Augen, wie diese Elemente nach und nach zusammengefügt worden sind. Auf der anderen Seite haben wir den statistischen Vergleich, der es uns gestattet, das jeweilige Maß an Autorität zu ermitteln, das diese Regel im Bewußtsein der Menschen besitzt, und die Gründe zu bestimmen, weshalb diese Autorität in ihrer Stärke unterschiedlich ausgeprägt ist.«

(Durkheim 1950, S. 41 f.; in diesem Band, S. 10) Kurz gesagt, legt Durkheim seine Soziologie der Moral als Physik der Sitten und des Rechts an, welche die bestehenden Moralregeln – wie Werte, Sitten, Bräuche und Konventionen – mit Hilfe komparativer Ethnologie oder Historiographie und komparativer Statistik erfaßt, vergleicht, klassifiziert und ihren Einfluß auf das soziale Leben untersucht. Da Durkheim ›Moral‹ ganz allgemein als System von Verhaltensregeln begreift, das in der Gesellschaft Nachachtung verlangt, stellt sich die Frage, worauf diese Achtung beruht. »Keine Form gesellschaftlicher Aktivität«, so erklärt er in seiner zweiten Vorlesung, »vermag ohne eine ihr eigene moralische Disziplin auszukommen. ... Die Interessen des Individuums sind nicht identisch mit den Interessen der Gruppe, der es angehört, und oftmals stehen beide sogar im Gegensatz zueinander. ... Daher bedarf es einer Instanz, die den einzelnen an diese Interessen erinnert, die ihn zwingt, sie zu respektieren, und bei dieser Instanz kann es sich nur um moralische Disziplin handeln. Denn jede Disziplin dieser Art ist ein Korpus von Regeln, die dem Individuum vorschreiben, was es tun muß, um nicht gegen die kollektiven Interessen zu handeln und seine eigene Gesellschaft zu destabilisieren. Überließe der einzelne sich seinen natürlichen Neigungen, so hätte er keinen Grund, sich nicht ohne Rücksicht auf die anderen zu entfalten oder zumindest den Versuch dazu zu machen und sich dabei nicht um die Störungen zu kümmern, die er um sich herum verursacht. Erst die moralische Disziplin setzt ihm Grenzen, sagt ihm, wie sein Verhältnis zu den anderen beschaffen sein soll, wo die Schwelle zu einem unrechtmäßigen Übergriff überschritten ist und welche Leistungen er der Gemeinschaft zu deren Erhaltung schuldet. Da diese Disziplin ja gerade die Aufgabe hat, ihm Grenzen vor Augen zu führen, die nicht die seinen sind, die über ihn hinausgehen und außerhalb seiner stehen, erscheint sie ihm als etwas, das ihm äußerlich ist und ihn beherrscht – und in gewisser Weise trifft dies auch zu. Eben dieser transzendente Charakter der Moral findet ihren Ausdruck in der volkstümlichen Vorstellung, wonach die Vorschriften der Ethik auf ein göttliches Gesetz zurückgehen. Je größer eine soziale Gruppe ist, desto notwendiger wird eine Reglementierung dieser Art.« (Durkheim 1950, S. 53 f.; in diesem Band, S. 27 f.)

Wie sehr die Größe einer Gesellschaft und die Entstehung verschiedener sozialer Gruppen Regeln neuer Art erforderlich machen, diskutiert Durkheim (1988) bereits in seiner Dissertation *Über die Arbeitsteilung* aus dem Jahre 1893. In der *Arbeitsteilung* führt er den Nachweis, daß im Laufe der gesellschaftlichen Entwicklung soziale Funktionen, Tätigkeiten und Berufe ausdifferenziert werden, in der Folge neue Berufsgruppen entstehen, die eigenständiger moralischer und rechtlicher Regeln bedürfen. Diese Folgerung zieht er aus seiner Gegenüberstellung von archaischer und moderner Gesellschaft. Die archaische Gesellschaft ist eine einfache Einheit, in der ein homogenes Kollektivbewußtsein genügt, um diese Einheit zu repräsentieren, und in der die mechanische Solidarität das Individuum direkt in die Gesellschaft integriert. Die moderne Gesellschaft hingegen ist eine komplexe Einheit, in der die Arbeitsteilung eines diversifizierten Moralkodex bedarf, um diese Einheit in angemessen differenzierter Weise zu repräsentieren; folglich bindet die organische Solidarität den einzelnen indirekt an die Gesellschaft, indem sie ihn in die verschiedenen Gruppen integriert, denen er angehört. Wenn demnach »der funktionalen Differenzierung... eine Art moralischer Polymorphismus« entspricht, so Durkheim (1950, S. 47, in diesem Band S. 17 f.), dann muß die »Dezentralisierung des moralischen Lebens« detailliert untersucht werden. Auf diese Weise läßt sich der neue moralische Rahmen bestimmen, das ›encadrement moral‹, die moralische Einbettung des einzelnen und mithin die Moralökologie einer modernen Gesellschaft.

Dieser Rahmen, der den Nomos einer funktional differenzierten Gesellschaft umschreibt und für eine dynamische *und* gerechte Gesellschaft sorgen soll, erlaubt Durkheim zugleich, den Zusammenhang von Arbeitsteilung und organischer Solidarität[7] zu präzisieren. Trotz aller evolutionistischen Zuversicht in dieser Frage hatte er in der *Arbeitsteilung* drei Problemkomplexe nicht zu lösen vermocht: erstens, die Rolle *kollektiver Akteure*; da er vorrangig aus der Perspektive eines Gegensatzes von Individuum und Gesellschaft argumentiert, werden die Träger organischer Solidarität nicht näher behandelt. Dieses Defizit zwingt Durkheim dazu, Stellung und Funktion der Berufsgruppen zu klären. Zweitens, die Rolle des *Staates*; Durkheims Einschätzung in der *Arbeitsteilung* ist doppeldeutig. Gegen Auguste Comtes kollektivistische Forderung nach einem starken Staat hält er die These, daß der moderne Staat selbst nur ein Nebenprodukt sozialer Differenzierung sei. Gegen Herbert Spencers Idee eines liberalen Nachtwächterstaates wendet er ein, daß der Staat heute schon zu einem zentralen Regelorgan geworden sei. Drittens, die Rolle des *modernen Kollektivbewußtseins*; einerseits erweckt er den Eindruck, als ob die Arbeitsteilung an die Stelle des alten Kollektivbewußtseins als Quelle sozialer Solidarität rücke und sich kollektive Vorstellungen auf den »Kult des Individuums« verdünnten; andererseits erachtet er diesen Kult als das letzte und höchste Kollektivideal der Moderne. Es ist meine These, daß Durkheim die ungelösten Probleme aus der *Arbeitsteilung* zum Gegenstand seiner *Physik der Sitten* macht. Er diskutiert die Rolle von Berufsgruppen als Träger organischer Solidarität, die Funktionen von Staat und Demokratie sowie die Bedeutung

7 Siehe zu dieser ungelösten Problematik Alexander (1986), Alpert (1961), Bouglé (1903), Corning (1982), Fenton (1984), Filloux (1977), Giddens (1978), Gouldner (1958), Lukes (1973), Meier (1987), Müller (1983), Müller/Schmid (1988), Parsons (1967), Pope/Johnson (1983), Rüschemeyer (1985), Turner (1981) und Tyrell (1985).

des »moralischen Individualismus« als modernem Kollektivbewußtsein. Wenn durch institutionelle Reformen eine neue Moralökologie ausgebildet werden kann, die ein reibungsloses Zusammenspiel von Berufsgruppen, demokratischem Staat und individualistischem Ideal gestattet, dann, so seine Überzeugung, wird Arbeitsteilung organische Solidarität erzeugen und soziale Integration sicherstellen.

Welche Gestalt nimmt diese neue Moralökologie an? Wie sieht der Rahmen aus, der den Nomos einer funktional differenzierten Gesellschaft umreißt? Ein erstes Bild kann man sich machen, wenn man den gedachten Aufbau der Physik der Sitten betrachtet. Der Moralkodex einer modernen Gesellschaft besteht aus zwei prinzipiellen Klassen von Regeln – den Regeln der universellen Moral und den Regeln partikularer Moralsysteme. Die Regeln der *universellen Moral*, so Durkheim, lassen sich wiederum in zwei Kategorien aufspalten: die Regeln und Pflichten, die der Mensch gegenüber sich selbst hat, und die Regeln und Pflichten gegenüber der Menschheit. Beide Kategorien universeller Moralregeln sind zwei Polen gleich, zwischen denen die partikularen Moralregeln angesiedelt sind: die Pflichten, die der Mensch gegenüber sich selbst hat, sind die Grundlage jeglicher Moralität; die Pflichten, die er gegenüber der Menschheit im allgemeinen hat, sind die Krönung jeglichen Moralgesetzes. Folglich befinden sich die Regeln der *partikularen Moral* zwischen dem individuellen Code – der Mensch – und dem sozialen Code – die Menschheit. Durkheim unterscheidet drei Arten partikularer Moralregeln: die *häusliche Moral* (›morale domestique‹) oder die *familiale Moral*; die *berufliche Moral* (›morale professionelle‹) und die *staatsbürgerliche Moral* (›morale civique‹). Sowohl die Vorlesung über die universalen Pflichten des Menschen gegenüber sich selbst wie auch die Vorlesung über die häusliche Moral sind verlorengegangen. Es ergibt sich also folgender ursprünglicher Aufbau der *Physik der Sitten und des Rechts*:

I Universelle Regeln
 1. Pflichten des Menschen gegenüber sich selbst (verlorengegangen)
 2. Pflichten gegenüber der Menschheit

II Partikulare Regeln
 1. die häusliche Moral oder familiale Moral (verlorengegangen)
 2. die berufliche Moral
 3. die staatsbürgerliche Moral

Nach der Beendigung seiner religionssoziologischen Studie *Die elementaren Formen des religiösen Lebens* (1912) hatte Durkheim (1979, dt. 1981) noch mit dem großangelegten Versuch begonnen, seine gesammelten Erkenntnisse zur Soziologie der Moral in einem Buch mit dem Titel *Die Moral*[8] zusammenzufassen – ein Vorhaben, das ihm durch seinen frühen Tod verwehrt blieb. Wie aus der *Einleitung* – dem einzig erhaltenen Fragment dieses Projekts – hervorgeht, wollte er einen Großteil der vorliegenden Vorlesungsreihe gemäß dem skizzierten Aufbau übernehmen und die Resultate seiner empirischen Forschungen einarbeiten. Da es dazu nicht mehr gekommen ist, wird die *Physik der Sitten und des Rechts* – wenn auch in unvollständiger Form – zu einem Schlüsseltext, um Durkheims Vorstellungen über die Moralökologie einer modernen Gesellschaft zu rekonstruieren.

III

Ein Blick auf die Gestalt der Physik der Sitten zeigt, daß dieses komplexe Netzwerk von Moralregeln selbst den Stand der modernen Entwicklung repräsentiert. Der archai-

8 Siehe Durkheim (1920, dt. 1986a) und die Erläuterungen bei Davy (1950), Fauconnet (1984) und Mauss (1925, 1928, 1937).

sche Mensch wird direkt in das Stammeskollektiv integriert; der moderne Mensch hingegen gehört verschiedenen Gruppen an, denn er ist Mitglied einer Familie, einer Schule, einer Berufsgruppe, einer Gesellschaft und der gesamten Menschheit. Diese verschiedenen sozialen Milieus besitzen Regeln unterschiedlicher Reichweite und Allgemeinheit und sind auf verschiedenen Ordnungsniveaus angesiedelt. Da eine Regel um so allgemeiner ist, je unpersönlicher sie ist, bilden Familie, Profession, Staat und Menschheit nach Durkheims Auffassung eine Hierarchie. Unter den partikularen Moralregeln spielt die berufliche Moral und folglich die Berufsgruppe die wichtigste Rolle. Warum nicht aber die Familie oder der Staat?

Zweifellos ist und bleibt die *Familie* eine wichtige Gruppe für die primäre Sozialisation des Kindes, den Anschluß an die erste soziale Gruppe und ganz allgemein für die Welt privater Intimität. Wie Durkheim (1921) in seinem Kontraktionsgesetz nachweist, hat sie jedoch im Laufe der geschichtlichen Entwicklung einen erheblichen Funktionsverlust hinnehmen müssen. War die häusliche Organisation zunächst eine Gesellschaft en miniature, so hat sie nach und nach wirtschaftliche Funktionen an die Ökonomie, erzieherische Funktionen an das Bildungssystem und politische Funktionen an den Staat abtreten müssen. Dieser Funktionswandel verändert das Aussehen der Institution Familie, wie Durkheim an den verschiedenen Familientypen – von der primitiven Familie, der Blutsverwandtenfamilie, der patriarchalischen und paternalistischen Familie bis hin zur modernen Gattenfamilie – demonstriert. Obgleich diese Entwicklung nichtlinear und diskontinuierlich verläuft, scheint ihm der generelle Trend zur Kern- oder Gattenfamilie unaufhaltsam und irreversibel zu sein.

Unbestritten ist auch, daß man als Mitglied eines politischen Gemeinwesens *staatsbürgerliche Rechte* und *Pflichten* hat und mithin der Staat die Welt öffentlichen Engagements repräsentiert – wie die Diskussion von Staat und Demokratie noch erweisen wird.

Dennoch ist das *berufliche Milieu* für eine moralisch angeleitete, individuelle Lebensführung *und* für die gesellschaftliche Integration von zentraler Wichtigkeit. Nach Durkheims Auffassung prägt das berufliche Milieu in besonderem Maße die individuelle Lebensführung. Das gilt zum einen *quantitativ*, denn der moderne Berufsmensch investiert einen Großteil von Zeit, Kraft und Energie in seine Ausbildung und seine Arbeit. Das gilt zum anderen *qualitativ*, weil die funktional spezialisierte Tätigkeit die besondere Individualität eines Menschen fördert oder behindert und durch die Ausübung eines Berufs auf selbstverständliche Weise die Zugehörigkeit zu einem arbeitsteiligen Gemeinwesen sicherstellt. In welch besonderem Maße Durkheim als typischer Verfechter der ›Arbeitsgesellschaft‹ gelten darf, beweist seine Charakterisierung des neuen *kategorischen Imperativs* in der *Arbeitsteilung*: »Bereite dich vor, eine bestimmte Funktion nützlich auszufüllen.« (Durkheim 1988, S. 87) In seinen Augen ist der Beruf nicht nur ein Medium der Sinnstiftung, sondern ein struktureller Mechanismus zur Schaffung individueller Freiheit. Da der einzelne die Erwartungen mehrerer Gruppen erfüllen muß, erwachsen ihm aus deren Koordination Handlungs-, Dispositions- und Freiheitsspielräume von Familie und Beruf, Beruf und politischem Engagement. Diese recht allgemeinen Überlegungen zur Berufsethik werden jedoch nicht weiter vertieft, da er die intendierte detaillierte Studie über das Berufsverbandswesen[9] niemals durchgeführt hat. So prüft er weder, ob wirklich jede, auch noch so routinisierte Tätigkeit zur Persönlichkeitsbildung und

9 Siehe seine diesbezügliche Ankündigung am Ende seiner Selbstmordstudie – Durkheim (1897, S. 451, dt. 1976, S. 466); zu Beginn des zweiten Vorworts der *Arbeitsteilung* erklärt er, daß andere Vorhaben – wie die Gründung der *Année sociologique* – ihn von der Studie über das Berufsverbandswesen abgehalten hätten. Vgl. Durkheim (1902, S. I, dt. 1988, S. 41).

mithin zu sinnhafter Lebensführung beiträgt; noch analysiert er im einzelnen, wie die soziale Organisation der Berufe mit den geforderten persönlichen Fähigkeiten der Berufsinhaber korrespondiert.

Der unausgearbeitete Charakter der Berufsethik resultiert aber auch aus seinem vorrangigen Interesse an der gesellschaftlichen Stellung und Funktion von Berufsgruppen, ihrer Rolle als Träger organischer Solidarität und ihrem Beitrag zur sozialen Integration. Durkheim mißt ihrer Einrichtung zentrale wirtschafts- und gesellschaftspolitische Bedeutung zu, da er sie als Träger der ökonomischen *und* der politischen Organisation gleichermaßen für geeignet hält. Berufsgruppen sollen vor allem die Anomie in der *Ökonomie* beseitigen. Industrie und Handel, so Durkheim, sind seit über hundert Jahren zunehmend dereguliert und von politischem Einfluß freigesetzt worden, ohne daß ein organisatorisches Netzwerk die wichtigsten Regelungsaufgaben übernommen hätte. Die Syndikate wurden in den Tagen der Commune 1871 zerschlagen; erst 1884 erhielten die Arbeiter wieder das Recht zur Gewerkschaftsbildung; freilich ohne daß die ›soziale Frage‹ durch ein System industrieller Beziehungen mit Erfolg gelöst wurde, da die ›Patrons‹ sich standhaft weigerten, mit Arbeitervertretern auch nur zu verhandeln. Aus dieser paradoxen Entwicklung – Autonomisierung und Deregulierung der Wirtschaft einerseits, Primat der Ökonomie in modernen Gesellschaften andererseits – resultiert die drückende Anomie, die in der sozialen Frage ihren Ausdruck findet.

Um genaueren Aufschluß über Form und Funktionsweise von Berufsgruppen zu erhalten, unternimmt Durkheim eine historisch-komparative Analyse von Korporationen in Altertum und Mittelalter. Er stellt fest, daß deren Form und erfolgreiche Funktionsausübung in Abhängigkeit von der ökonomischen Organisation variieren. Die Entstehung eines National- bzw. Weltmarktes verlangt demzufolge die Einrichtung von Berufsorganisationen auf nationaler oder gar internationaler Ebene. Deren oberstes Gremium könnte ein gewählter administrativer Rat sein, in dem auf nationaler Ebene alle Industriezweige vertreten sind. Die hierarchische Organisation bis hinunter auf Lokalebene kann die lückenlose Artikulation und Repräsentation von industriellen Interessen und Problemen gewährleisten. Der Rat selbst sollte gleich dem Parlament als Zwei-Kammer-System gestaltet sein, in dem Arbeitgeber und Arbeitnehmer vertreten sind. Zwangsmitgliedschaft ist erforderlich, um die Kooperation von Unternehmern und Arbeitern zu gewährleisten. Ihm obliegt als wirtschaftlichem Zentralorgan die Regelung des gesamten Komplexes industrieller Beziehungen, von den Arbeitsbedingungen über Löhne und Gehälter bis hin zu den Wettbewerbsbedingungen. Artikulations-, Repräsentations- und Entscheidungsfunktionen sind eingebunden in den verbindlichen Rahmen, wie er vom Staat gesetzt wird. Zwar sollte reger Kontakt und Austausch zwischen administrativem Rat und Staat bestehen, aber das Handeln von ersterem bleibt innerhalb der allgemeinen Prinzipien industrieller Gesetzgebung, die der Staat festlegt. In dieser Arbeitsteilung von Staat und Rat, in dem der eine den Rahmen setzt, der andere ihn im einzelnen ausfüllt, und in der relativen Autonomie beider Institutionen sieht Durkheim die höchste Garantie für ein wirtschaftspolitisches Regelungssystem, das auf lange Sicht ökonomische Effizienz und soziale Gerechtigkeit miteinander zu versöhnen vermag.

IV

Durkheim schätzt die Leistungsfähigkeit der Berufsorganisation so hoch ein, daß er sie auch als Grundlage der *politischen* Struktur für geeignet hält. Berufsgruppen sollen also nicht nur die ökonomische Anomie abbauen, sondern in zweiter Linie auch zur politischen Reorganisation Frankreichs beitragen. Der Vorschlag, wirtschaftliche Gruppierungen zur Grundlage politischer Organisation zu machen, trägt einen stark korporatistischen Zug. Einmal mehr steht dahinter die französische Erfahrung des Verlusts aller intermediären Instanzen, denn mit der Abschaffung der ›corps intermédiaires‹ während der Französischen Revolution, der nachfolgenden Zentralisierung und der territorialen Neuordnung sind sämtliche sekundären Organe zerstört worden. Daraus resultiert eine strukturelle Konstellation, in der ein zentralisierter Staat einer Masse von Individuen gegenübersteht. »Eine Gesellschaft, die aus einer Unmasse von unorganisierten Individuen zusammengesetzt ist und die sich ein Überstaat bemüht zusammenzuhalten, ist ein wahres soziologisches Monstrum.« (Durkheim 1988, S. 71) Wie Tocqueville (1976) hält Durkheim diese Konstellation für eine ernsthafte Gefährdung der Demokratie, was sich an der fortwährenden Diskrepanz zwischen revolutionärem Anspruch (Individualismus) und bürokratischer Verwaltungsroutine (Traditionalismus) zeigt. Er führt diese Diskrepanz auf die Verwirklichung der Rousseauschen Demokratiekonzeption zurück, die aus einem falsch verstandenen Einheitsbedürfnis die Identität von Regierung und Regierten verlangt und die strukturelle Einheit von Staat und Gesellschaft heraufbeschwört. Daraus entspringt letztlich das Vexierbild eines Gegeneinanders von Kollektivismus und Individualismus einerseits, das Vexierbild von gleichzeitiger Allmacht und Ohnmacht des Staates andererseits. Anomie in der Ökonomie und in der Gesellschaft haben in seinen Augen daher gleichgelagerte strukturelle Defizite zur Ursache: »So hat also die politische Malaise dieselbe Ursache wie die gesellschaftliche Malaise, unter der wir leiden: das Fehlen von sekundären Organen, die zwischen den Staat und die übrige Gesellschaft eingeschaltet wären.« (Durkheim 1950, S. 129, in diesem Band, S. 150 f.) Infolgedessen muß die funktionale

Differenzierung von Staat und Gesellschaft so gestaltet werden, daß Berufsgruppen als intermediäre Instanzen zwischen Staat und Individuum treten und als Gegengewichte zu staatlicher Machtausübung wirken. Die politische Reorganisation der Gesellschaft und die Etablierung eines Systems von Gegenkräften zum Staat sind die notwendigen Rahmenbedingungen, um die Werte der Französischen Revolution in institutionelle Realität zu übersetzen.
Um die Realisierbarkeit dieses Reformvorschlags zu demonstrieren, entwickelt Durkheim eine Konzeption des Staates, beleuchtet er das Verhältnis von Staat und Individualismus und die Rolle der Demokratie. Das *Staats*konzept in der *Arbeitsteilung*, so hatten wir gesehen, schwankt zwischen der Vorstellung von Staat als mechanischem Produkt sozialer Differenzierung und als eigenständigem Zentralorgan. In einer Studie über die Entwicklung des Strafrechts zeigt Durkheim (1901), daß der Zusammenhang zwischen dem Stand der sozialen Differenzierung und dem Grad der Zentralisierung politischer Herrschaft historisch kontingent ist; die Absolutheit staatlicher Macht hängt nicht von Anzahl und Umfang staatlicher Funktionen ab, wie Spencer fälschlicherweise annahm, sondern von der Existenz von Gegenkräften. Diese wichtige Einsicht legt ihm nahe, konzeptionell zwischen Staat und politischer Gesellschaft zu unterscheiden. Als *Staat* bezeichnet er die Repräsentation der souveränen Herrschaft; die *politische Gesellschaft* hingegen umfaßt eine komplexe Gruppe, von der der Staat selbst nur das oberste regelsetzende Organ ist und die alle übrigen sekundären Gruppen der Gesellschaft mit einschließt. Diese etwas vage Staatsvorstellung, die den Staat zunächst nur als übergeordnetes Entscheidungsorgan begreift, präzisiert Durkheim im Hinblick auf die personelle Zusammensetzung: »Er (der Staat, H.-P. M.) besteht aus einer Gruppe von Funktionsträgern *sui generis*, in deren Schoß Vorstellungen und Willensakte entwickelt werden, die für die Gemeinschaft bindende

Kraft haben, obwohl sie nicht das Werk der Gemeinschaft sind. ... Der Staat ist ein spezielles Organ, das die Aufgabe hat, bestimmte Vorstellungen zu entwickeln, die für die Gemeinschaft bindend sind. Diese Vorstellungen unterscheiden sich von den übrigen kollektiven Vorstellungen durch ein höheres Maß an Bewußtheit und Reflexion.« (Durkheim 1950, S. 86 f., in diesem Band, S. 74 f.) Der Staat besteht also aus einer Gruppe von Funktionären, die eine Art Artikulations-, Informations- und Entscheidungszentrum darstellen, das diffuse Kollektivvorstellungen in der Gesellschaft aufgreift, systematisiert und in kollektiv verbindliche Entscheidungen umformt.

Neben diesen Steuerungsfunktionen hat der Staat integrative Aufgaben zu erfüllen, denn er ist ›Hüter des Kollektivideals‹. In traditionellen Gesellschaften wachte er über den *Kult des Staates*; im Zeichen archaischen Kollektivismus galt die einzelne Person nicht viel, der Staat dagegen alles. In modernen Gesellschaften kehrt sich die Relation von Staat und Individuum um, und die Person wird heilig, ohne daß der Staat einen Funktionsverlust erleidet: »Daß die Geschichte in der Tat zur Annahme eines solchen ursächlichen Zusammenhangs zwischen der Entwicklung des moralischen Individualismus und der Entwicklung des Staates berechtigt, das zeigen die Tatsachen. Sieht man einmal von anomalen Fällen ab, auf die wir bei Gelegenheit noch zu sprechen kommen werden, können wir sagen: Je stärker der Staat, desto größer die Achtung vor dem Individuum.« (Durkheim 1950, S. 93, in diesem Band, S. 85)

Diese These gilt freilich nur unter spezifischen Randbedingungen, fehlen sie, stellt sich Despotismus ein. Denn: »Jede Gesellschaft ist despotisch, soweit nicht etwas von außen hinzutritt, das ihren Despotismus in Grenzen hält.« (Durkheim 1950, S. 96, in diesem Band, S. 90) Durkheim unterscheidet zwei pathologische Fälle, den kollektiven Partikularismus und die staatliche Tyrannei. Bei *kollektivem Partiku-*

larismus ist der Staat schwach und es regieren die dominanten Gruppen. Die Zünfte im Mittelalter etwa beherrschten das Individuum und banden es völlig an die lokale Autorität, so daß Individualismus nicht entstehen konnte. Gleiches gilt für *staatliche Tyrannei*, die auftritt, wenn sich dem Staat keine anderen Kräfte entgegenstellen. Es muß also immer ein System der Gegenkräfte bestehen, die sich in einer Machtbalance befinden. »Erst aus diesem Widerstreit erwachsen die individuellen Freiheiten.« (Durkheim 1950, S. 99, in diesem Band, S. 93)

Aus der Analyse der pathologischen Formen leitet Durkheim folgende Schlußfolgerung ab: *Machtbalance* und *Kommunikation* sind die beiden entscheidenden Randbedingungen, die das Verhältnis von sekundären Gruppen und Staat so gestalten, daß daraus die Autonomie des Individuums erwächst. Die *Demokratie* ist die politische Form, welche diese beiden Eigenschaften auf sich vereint und pathologische Entwicklungen minimiert. Sowohl die Konzeption *direkter Demokratie* als auch die *liberale Demokratie*, wie sie in der Dritten Republik praktiziert wird, unterschätzen die Bedeutung einer solchen ausgewogenen Kräftebalance für die Realisierung des wichtigsten Erbes der Französischen Revolution: des moralischen Individualismus.

Durkheim ist überzeugt, daß ein Machtgleichgewicht zwischen Berufsgruppen und demokratischem Staat die zentrale strukturelle Voraussetzung ist, um dem ›Kult des Individuums‹ zu huldigen. Aber kann der moralische Individualismus[10] auch eine Art säkularer Religion, eine Zivilreligion im Rousseauschen Sinne werden? Die zentralen Werte einer Gesellschaft, gleichgültig ob religiöser oder säkularer Natur, so nimmt Durkheim an, tendieren stets dazu, in den Augen ihrer Anhänger als ›heilig‹ zu gelten. Den Verbindlichkeitscharakter des moralischen Individualismus kann man also

10 Siehe dazu Durkheim (1898, dt. 1986 b).

daran ablesen, ob und inwieweit die individuelle Freiheit als unantastbar gesehen wird. Ein empirischer Prüfstein für die Geltung des moralischen Individualismus ist die Dreyfus-Affäre. Durkheim erblickt in den Attacken der Dreyfus-Gegner gegen den ›gottlosen Individualismus‹ und der Beschwörung individueller Freiheit seitens seiner Anhänger erste Anzeichen dafür, daß der ›Kult des Individuums‹ – wie umstritten auch immer – zum höchsten Maßstab bei der Beurteilung gesellschaftlicher Verhältnisse wird. Jenseits der heftigen politischen Auseinandersetzungen zeichnet sich der religiöse Charakter des Ideals ab, denn der moralische Individualismus repräsentiert die *Heiligkeit der Person*: »Diese menschliche Person ... wird als heilig betrachtet, sozusagen in der rituellen Bedeutung des Wortes. Sie hat etwas von der transzendenten Majestät, welche die Kirchen zu allen Zeiten ihren Göttern verleihen; ... Und genau daher kommt der Respekt, der der menschlichen Person entgegengebracht wird ... Eine solche Moral ist also nicht einfach eine hygienische Disziplin oder eine weise Ökonomie der Existenz; sie ist eine Religion, in der der Mensch zugleich Gläubiger und Gott ist.« (Durkheim 1986 b, S. 56 f.) Der religiöse Aspekt, den Durkheim dem moralischen Individualismus zuspricht, erklärt erst die heftige Reaktion der Öffentlichkeit auf die fragwürdige Aburteilung von Hauptmann Dreyfus. Das Urteil wird als Sakrileg gegen das heilige Kollektivideal, die Freiheit und Unverletzlichkeit der Person, angesehen. Die öffentliche Empörung ist daher nicht nur Mitleid mit dem Betroffenen, sondern gilt auch der Reinigung und Wiederherstellung des religiösen Ideals. Engagierte Parteinahme für *individuelle* Interessen ist also nichts anderes als die nachhaltige Stärkung des *gemeinschaftlichen* Kollektivideals.

Durkheim ist zuversichtlich, daß die forcierte Weiterentwicklung des Erbes von 1789 zu einer wahrhaft demokratischen Gesellschaft führen wird, in der der Staat oberster Hüter des individualistischen Kollektivideals, Berufsorganisationen die Regelungsorgane von Wirtschaft und Politik und ein rationaler Erziehungs- und Bildungsprozeß die beste Gewähr für die Entwicklung autonomer Persönlichkeiten sind. Er scheut sich daher nicht, einen friedlichen *Patriotismus* zu empfehlen, der sich von einem aggressiven Nationalismus dadurch unterscheiden soll, daß kosmopolitische Werte auf nationaler Ebene als Vorbild für die übrigen europäischen Nationen verwirklicht werden. Freilich steht diese Idealvorstellung schon zu seiner Zeit in auffallendem Kontrast zum aggressiven Imperialismus der Dritten Republik. Vollends zur Makulatur wird sie dann bei Ausbruch des Ersten Weltkrieges, auf dem Gipfel nationalistischer Kriegsbegeisterung. Durkheim notiert nicht ohne Interesse das Anwachsen mechanischer Solidarität, beklagt aber den hohen Preis dafür, die moralische Regression in den archaischen Kollektivismus. In seinen Kriegsschriften versucht er den heftigen Ausbruch des deutschen Nationalismus mit der Kriegsmentalität zu erklären, wie sie exemplarisch in den Schriften von Treitschkes zum Ausdruck kommt. Er vermag dies nur als soziologische Monstrosität zu registrieren, die pathologischer Natur und folglich nur von vorübergehender Dauer sein kann: »Ein Staat kann sich nicht halten, wenn er die ganze Menschheit gegen sich hat.« (Durkheim 1915, S. 45, H.-P. M.)

V

Nach der Behandlung der partikularen Moral wendet sich Durkheim im zweiten, größeren Teil seiner Vorlesung den Regeln der universellen Moral zu – den allgemeinen Pflichten gegenüber der Menschheit. »Es gibt ... Pflichten, die unabhängig von jeder besonderen Gruppierung sind. Ich muß das Leben, das Eigentum und die Ehre meiner Mitmenschen achten, auch wenn sie nicht meine Verwandten oder Landsleute sind. Es handelt sich um den allgemeinsten Bereich jeder Ethik, denn er ist unabhängig von jeder lokalen oder ethnischen Bedingung. Zugleich handelt es sich um den höchsten Bereich.« (Durkheim 1950, S. 142, in diesem Band, S. 156) Da die allgemeinen Pflichten hauptsächlich ›das Leben, das Eigentum und die Ehre der Mitmenschen‹ betreffen, diskutiert Durkheim das Strafrecht, vor allem Mord und Totschlag, das Eigentumsrecht und das Vertragsrecht. Auf den ersten Blick scheinen diese drei distinkten Bereiche des Rechts nichts miteinander gemein zu haben – außer eben, daß Durkheim sie als konstitutive Bestandteile der universellen Moral bezeichnet. Über das rein äußerliche Merkmal dieser Klassifikation hinaus verbindet sie jedoch ein inneres Band. Durkheim versucht den Nachweis zu führen, daß eine universelle Moral ausschließlich als individualistische Moral möglich ist. Erst wenn die menschliche Person als ›heilig‹ angesehen wird, können moralische und rechtliche Regeln ohne Ansehen der Person gebildet und verwendet werden. Ansonsten wird der Mensch nicht als Mensch schlechthin, sondern aufgrund kollektiver Attribute wie rassischer, ethnischer, religiöser, sprachlicher oder nationaler Zugehörigkeit behandelt – was dem universalistischen Moment widerspricht. Alle drei Bereiche des Strafrechts, des Eigentumsrechts und des Vertragsrechts, die er studiert, leiten diese Grundüberlegung an. Auf diese Weise stellt Durkheim nicht nur einen engen Zusammenhang zwischen partikularer und universeller Moral her, sondern er vertieft seine im Kontext der Dreyfus-Affäre geäußerte Behauptung, daß der moralische Individualismus zum Kollektivideal moderner Gesellschaften geworden sei.

Den entscheidenden Einschnitt, der die Entwicklung zu einer individualistischen Moral in Gang gesetzt hat, sieht Durkheim im Christentum. Das Christentum führt zum Bruch zwischen alter und neuer Moral, denn durch die christliche Ethik »ist es zu einer völligen Umkehrung in der

Hierarchie der Pflichten gekommen. In den gänzlich unentwickelten Gesellschaften und selbst noch in den Stadtstaaten bildeten die Pflichten, von denen hier die Rede ist, nicht den Gipfel der Moral, sondern befanden sich allenfalls an der Schwelle der Ethik.« (Durkheim 1950, S. 143, in diesem Band, S. 157) Das zeigt exemplarisch die rechtliche und moralische Behandlung von Tötungsdelikten. In archaischen Gesellschaften werden Mord und Totschlag erst gar nicht kollektiv sanktioniert, sondern gelten als ›Privatsache‹, die von den betroffenen Klans und Familien zu regeln ist. Vielfach genügt ein Geldgeschenk, um den durch die Tötung verursachten ›Schaden‹ wiedergutzumachen. In modernen Gesellschaften hingegen gehören alle Tatbestände, die Leib und Leben des Menschen bedrohen, zu den am schärfsten rechtlich sanktionierten Verbrechen. Die Regeln zum Verbot von Totschlag, so folgert Durkheim, sind demnach eine Funktion der kollektiven Ideen und Gefühle, die den Wert des Individuums betreffen. Allgemein gilt: Je ›heiliger‹ das Individuum wird, desto strenger wird die Verbotsregel zur Tötung und desto stärker wird ihre Verletzung sanktioniert. Durkheim versucht diese These mit fragwürdigen statistischen Befunden empirisch zu illustrieren, wonach die Tötungsdelikte im neunzehnten Jahrhundert kontinuierlich zurückgegangen sein sollen.

Eine ähnlich gelagerte Argumentationsstrategie verfolgt er in seiner Diskussion der Entstehung und Funktion des Eigentumsrechts. Seine Fragestellung lautet dementsprechend: »Woher kommt die Achtung, die uns das Eigentum anderer einflößt und die das Gesetz durch Strafsanktionen heiligt? Woher kommt es, daß Sachen so eng mit Personen verknüpft werden, daß sie an deren Unverletzlichkeit teilhaben?« (Durkheim 1950, S. 152, in diesem Band, S. 171) Nach einer kritischen Auseinandersetzung mit den vorherrschenden Doktrinen – mit Lockes und Mills Position, wonach das Eigentumsrecht sich aus der Arbeit ergibt, mit Rousseaus und Kants Position, die auf das Recht der ersten Besitznahme verweisen – entwickelt Durkheim eine gänzlich andersgeartete Erklärung. Nach seiner Auffassung besteht die Verbindung zwischen Besitzer und Sache ursprünglich aus einem kollektiven Band, das auf religiösen Vorstellungen und der Verknüpfung von Eigentum und Tabu beruht. Die erste Form von Eigentum ist der Grundbesitz, den ein Klan oder eine Familie bewohnt und wirtschaftlich nutzt. Der Boden wird durch das Totem des Klans oder später durch die Götter des Stammes geweiht und als ›heilige Sache‹ angesehen. Der sakrale Charakter des Besitzes wird durch die Tabuisierung des Eigentums und durch die entsprechenden Rituale symbolisiert, die den Umgang mit dem religiös geweihten Grund und Boden verbindlich festlegen. Im Laufe der Zeit geht das kollektive Eigentum auf das Familienoberhaupt, die väterliche Gewalt, über und die Heiligkeit des Grundeigentums kommt noch in der Unveräußerlichkeit des Familienbesitzes zum Ausdruck. In dem Maße jedoch, wie bewegliche Formen des Eigentums neben Grund und Boden als ›festem Besitz‹ entstehen, und in dem Maße, wie die Konzentration der Familie die moderne Gatten- und Kleinfamilie hervorbringt, wird das Eigentum profaniert und individualisiert. Durkheim faßt die Entwicklung des Eigentumsrechts folgendermaßen zusammen: »Ursprünglich ist das Eigentum Grundeigentum, oder zumindest erstrecken sich die Merkmale des Grundeigentums auch auf den beweglichen Besitz, und zwar wegen dessen geringerer Bedeutung. Aufgrund ihres religiösen Charakters implizieren diese Merkmale notwendig den Kommunismus. Das ist der Ausgangspunkt. Dann führen zwei Entwicklungen im Bereich des kollektiven Eigentums zur Herausbildung des individuellen Eigentums. Einerseits führt die Konzentration der Familie, in deren Folge sich die väterliche Gewalt herausbildet, dazu, daß vom Familienoberhaupt nun jene religiöse Kraft ausgeht, die dem Familienbesitz innewohnte und dessen außergewöhnliche Stellung ausmachte. Von nun steht der Mensch über den Sachen, und das gilt insbesondere für den Menschen, der die Position des Familienoberhauptes einnimmt, der also besitzt. Unabhängig vom Familienbesitz entstehen Systeme von profanen Dingen; sie lösen sich von letzterem und werden zum Gegenstand eines neuen, seinem Wesen nach individuellen Eigentumsrechts. Andererseits verdankte diese Individuierung des Eigentums sich der Tatsache, daß Grund und Boden ihren sakrosankten Charakter verloren, der nun auf den Menschen überging, wie auch dem Umstand, daß jene Güter, die diesen religiösen Charakter von sich aus nicht besaßen, sich so weit entwickelten, daß sie sich eine eigene und andersartige rechtliche Organisation schufen. Doch da das Gemeinschaftseigentum den Ursprung darstellt, aus dem die anderen Eigentumsformen hervorgegangen sind, finden wir noch heute Spuren davon in der Art und Weise ihrer Organisation.« (Durkheim 1950, S. 195, in diesem Band, S. 234 f.)

Dieser allgemeine Entwicklungsprozeß, vom Gemein- zum Individualeigentum, von der ›Heiligkeit‹ des Kollektivs (Klan, Familie) zur ›Heiligkeit‹ der Person, spiegelt sich auch in der Geschichte des Vertragsrechts wider. Durkheim konstruiert eine Entwicklungslinie von dem ›blood covenant‹, dem Realvertrag und dem feierlichen Vertrag, die als Vorformen des modernen Vertragsrechts auf religiösen Ritualen beruhen, über den Konsensualvertrag, der auf der Reziprozität der ausgetauschten Leistungen beruht, bis hin zum gerechten Vertrag, der auf Fairneß gründet. Besonders die jüngste Entwicklung, den Übergang vom Konsensualvertrag zum gerechten Vertrag, hält er für einen tiefgreifenden Einschnitt, der auch das Eigentumsrecht verändern wird. Denn »es reicht nicht aus, daß der Vertrag auf Konsens beruht, er muß darüber hinaus auch gerecht sein, und die Art und Weise, wie die Zustimmung gegeben wurde, ist nur mehr ein äußerliches Kriterium für das Maß an Gerechtigkeit, das der

Vertrag aufweist.« (Durkheim 1950, S. 231, in diesem Band, S. 285) Wenn in wachsendem Maße nicht nur Reziprozität, sondern Gleichheit und Gerechtigkeit zur Grundlage von Vertragsbeziehungen werden, dann, so Durkheim, gerät die Institution der Erbschaft zunehmend unter Rechtfertigungsdruck. Eine Gesellschaft auf der Basis von Arbeitsteilung, organischer Solidarität und sozialer Gerechtigkeit beurteilt ihre Mitglieder einzig und allein aufgrund ihres Beitrags zum Wohlergehen der Gemeinschaft und entlohnt sie nach dem meritokratischen Leistungsprinzip. Aus diesem Blickwinkel erscheint dann ›Erbschaft‹ mehr und mehr als ungerechtfertigter Verdienst. Aber selbst wenn es gelänge, so schließt Durkheim, eine Gesellschaft nach Maßgabe von Gleichheit und distributiver Fairneß einzurichten, so wäre sie gleichwohl keine vollkommen gerechte Gesellschaft. Erst wenn man noch einen Schritt weitergeht und neben der Gerechtigkeit das Prinzip der Barmherzigkeit als tiefstem Ausdruck mitmenschlicher Sympathie befolgen würde, ließe sich das wertvollste Erbe der Französischen Revolution neben Freiheit und Gleichheit auf längere Sicht verwirklichen: das Ideal der menschlichen Brüderlichkeit.

VI

In der Sekundärliteratur ist die *Physik der Sitten und des Rechts* eher vernachlässigt worden. Wenn auf die Vorlesung überhaupt Bezug genommen wurde, dann meist wegen der Konzeption von Berufsgruppen und ihren Parallelen zum zweiten Vorwort der *Arbeitsteilung*. Erst in jüngerer Zeit erfuhr sie eine unvermutete Renaissance, als man darin Durkheims ›politische Soziologie‹[11] zu erkennen glaubte –

11 Zu dieser Rezeption siehe Bendix (1960), Bottomore (1981), Chamboredon (1984), Coser (1960), Fenton (1984), Filloux (1970), Giddens (1977, 1986), Hearn (1985), Janowitz (1976), Knapp (1985), Lacroix

eine Entdeckung, die eine rege Diskussion unter anderem im Kontext der Korporatismusdebatte auslöste. Unproblematisch ist diese Einschätzung indes nicht; denn Durkheim hat keine politische Soziologie im engeren Sinne entwickelt. Sie taucht weder in seiner Klassifikation der Soziologie noch als eigenständige Rubrik in der *Année Sociologique* auf. In seinen Schriften wird man vergeblich nach institutionellen Analysen von Regierung, Parlament, Parteien, Wahlen, Gesetzgebung und Bürokratie suchen – den klassischen Themen der politischen Soziologie.

Der Versuch, seine *Physik der Sitten* als Beitrag zur Moralökologie moderner Gesellschaften zu rekonstruieren, kommt Durkheims Intentionen wohl näher, interessiert ihn doch ›Politik‹ nur aus moralsoziologischer Perspektive. Aus diesem Motiv heraus studiert er die moralische und institutionelle Infrastruktur, um den Nomos einer funktional differenzierten Gesellschaft zu entwerfen. Dieser diversifizierte Moralkodex, der ›moralische Polymorphismus‹, ist Grundlage für eine dynamische und gerechte Sozialordnung wie für die Verwirklichung des moralischen Individualismus als Zivilreligion oder ›civiquisme‹. Wollte man die beiden Lesarten – die ›Physik der Sitten‹ als politische Soziologie oder als Moralsoziologie – auf einen Nenner bringen, so könnte man behaupten, daß Durkheim ›Moralpolitik‹ auf sozialwissenschaftlicher Grundlage betreibt. In dieser Intention trifft er sich zweifelsohne mit den heutigen ›Kommunitaristen‹. Es ist daher kaum verwunderlich, wenn Etzioni (1988) in seiner Kritik am Rational Choice-Paradigma die ›moralische Dimension‹ betont und Durkheim als Kronzeugen anruft. Es ist auch nicht überraschend, daß Bellahs et al. (1985) Studie über den amerikanischen Individualismus neben Tocqueville vor allem Durkheim angeleitet hat, zumal Bellah (1973) eine einfühlsame Interpretation von Durk-

(1981, 1986), Marske (1987), Meier (1987), Müller (1983, 1992), Pizzorno (1963), Poggi (1972), Prager (1981) und Richter (1960).

heims Projekt beigesteuert hat. Selbst MacIntyres (1981) neoaristotelische Tugendlehre, so hat ein amerikanischer Kritiker[12] jüngst treffend bemerkt, heißt nur ›Durkheim neu zu erfinden‹, ohne dessen soziologische Stärken zu teilen. Wenn nach einem Jahrhundert die Frage der ›Moral‹ von den ›Kommunitaristen‹ wieder auf die Tagesordnung gesetzt wird, dann sollte man an den Stärken des Durkheimschen Ansatzes anknüpfen. Durkheims ›Moralpolitik‹ ist gerade nicht ein rein normatives Unternehmen, in dem ein idealer Wertmaßstab an die Mediokrität gesellschaftlicher Verhältnisse herangetragen wird oder mit Hilfe der Wissenschaft eine ›neue Moral‹ begründet werden soll. Beide Verfahren, eine derartige ›Gesellschaftskritik‹ wie auch die wissenschaftliche Kreation von Idealen, lehnt Durkheim als folgenlose Unternehmungen ab. Sein Ansatz ist auf den wesentlich ehrgeizigeren Versuch gerichtet, die soziologische Reflexion der gesellschaftlichen Entwicklung (Durkheim als Struktursoziologe) mit der soziologischen Reflexion der religiösen und moralischen Entwicklung (Durkheim als Kultursoziologe) so zu verbinden, daß die moralischen Möglichkeiten einer Gesellschaft nicht nur spekulativ postuliert, sondern soziologisch ausgelotet werden können. In diesem Sinne ist die *Physik der Sitten* Durkheims geistiges Vermächtnis, das einen aufschlußreichen Ansatz zur sozialphilosophischen und moralsoziologischen Diskussion bereithält, den es noch zu entdecken gilt.

Literatur

Alexander, J. C. (1982), *Theoretical Logic in Sociology*, Bd. 2: *The Antinomies of Classical Thought: Marx and Durkheim*, London/Melbourne/Henley: Routledge & Kegan Paul.

Alexander, J. C. (1986), »Differentiation Theory: Its Promise and Problems«. Einführung zu J. C. Alexander/P. Colomy (Hg.), *Differentiation Theory: Problems and Prospects*, Stanford: Stanford University Press.

12 Siehe Levine (1983).

Alexander, J. C. (Hg.) (1988), *Durkheimian Sociology. Cultural Studies*, Cambridge: Cambridge University Press.
Alpert, H. (1961²), *Emile Durkheim and His Sociology*, New York: Russell & Russell.
Aron, R. (1971), *Hauptströmungen des soziologischen Denkens*, Bd. 2, Köln: Kiepenheuer & Witsch.
Bellah, R. N. (1973), »Introduction«, in: E. Durkheim, *On Morality and Society*, hg. v. R. N. Bellah, Chicago: Chicago University Press, S. IX–LV.
Bellah, R. N. et al. (1985), *Habits of the Heart. Individualism and Commitment in American Life*, Berkeley/Los Angeles: University of California Press.
Bendix, R. (1960), »Social Stratification and the Political Community«, in: *Europäisches Archiv für Soziologie* 1, S. 181–210.
Bertram, H. (Hg.) (1986), *Gesellschaftlicher Zwang und moralische Autonomie*, Frankfurt: Suhrkamp.
Besnard, P. (1981), »Die Bildung des Mitarbeiterstabs der *Année Sociologique*«, in: W. Lepenies (Hg.), *Geschichte der Soziologie*, Bd. 2, Frankfurt: Suhrkamp, S. 263–302.
Besnard, P. (Hg.) (1983), *The sociological domain. The Durkheimians and the founding of French sociology*. Cambridge: Cambridge University Press, Paris: Maison des Sciences de l'Homme.
Bottomore, T. (1981), »A Marxist Consideration of Durkheim«, in: *Social Forces* 59/4, S. 902–917.
Bouglé, C. (1903), »Revue générale des théories récentes sur la division du travail«, in: *Année sociologique* 6, S. 73–122.
Bouglé, C. (1930), »L'œuvre sociologique d'Emile Durkheim. Quelques souvenirs«, in: *Europe* 22, S. 281–304.
Bourgeois, L. (1897), *La solidarité*, Paris: Alcan.
Chamboredon, J.-C. (1984), »Emile Durkheim. Le social objet de science: du moral au politique?« in: *Critique*, S. 445–446, 460–531.
Clark, T. N. (1973), *Prophets and Patrons. The French University and the Emergence of the Social Sciences*. Cambridge: Harvard University Press.
Clark, T. N. (1981), »Die Durkheim-Schule und die Universität«, in: W. Lepenies (Hg.), *Geschichte der Soziologie*, Bd. 2, Frankfurt: Suhrkamp, S. 157–205.
Corning, P. A. (1982), »Spencer and Durkheim«, in: *The British Journal of Sociology* 33/3, S. 359–382.
Coser, L.A. (1960), »Durkheim's Conservatism and its Implications for his Sociological Theory«, in: K. H. Wolff (Hg.), *Emile Durkheim. A Collection of Essays with Translations and a Bibliography*, Ohio: Ohio State University Press, S. 211–232.
Davy, G. (1919), »Emile Durkheim: l'homme«, in: *Revue de métaphysique et de morale* 26, S. 181–198.
Davy, G. (1920), »Emile Durkheim: l'œuvre«, in: *Revue de métaphysique et de morale* 27, S. 71–112.

Davy, G. (1950), »Introduction« zu Durkheim (1950), Paris: Presses Universitaires de France, S. 9–39.
Durkheim, E. (1887a), »La science positive de la morale en Allemagne«, in: E. Durkheim, *Textes*, Bd. 1, hg. v. V. Karady, Paris: Minuit 1975, S. 437–486.
Durkheim, E. (1887b), »La philosophie dans les universités allemandes«, in: E. Durkheim, *Textes*, Bd. 3, hg. v. V. Karady, Paris: Minuit 1975, S. 437–486.
Durkheim, E. (1888a), »Cours de science sociale. Leçon d'ouverture«, in: E. Durkheim, *La science sociale et l'action*. Introduction et présentation de J. C. Filloux, Paris: Presses Universitaires de France 1970, S. 77–119; deutsch: »Eröffnungsvorlesung«, in: E. Durkheim, *Frühe Schriften zur Begründung der Sozialwissenschaft*, hg. v. L. Heisterberg, Darmstadt/Neuwied: Luchterhand 1981, S. 26–52.
Durkheim, E. (1888b), »Introduction à la sociologie de la famille«, in: E. Durkheim, *Textes*, Bd. 3, hg. v. V. Karady, Paris: Minuit 1975, S. 9–34; deutsch: »Einführung in die Soziologie der Familie«, in: E. Durkheim. *Frühe Schriften zur Begründung der Sozialwissenschaft*, hg. v. L. Heisterberg, Darmstadt/Neuwied: Luchterhand 1981, S. 53–76.
Durkheim, E. (1892), *Montesquieu et Rousseau, précurseurs de la sociologie*, Paris 1953; deutsch (auszugsweise): These von 1892. Montesquieus Beitrag zur Gründung der Soziologie, in: E. Durkheim, *Frühe Schriften zur Begründung der Sozialwissenschaft*, hg. v. L. Heisterberg, Darmstadt/Neuwied: Luchterhand 1981, S. 85–128.
Durkheim, E. (1895), *Les règles de la méthode sociologique*, Paris: Alcan; deutsch: *Die Regeln der soziologischen Methode*, hg. und eingeleitet von R. König, 4. revidierte Auflage, Neuwied/Berlin: Luchterhand 1976.
Durkheim, E. (1897), *Le suicide. Etude de sociologie*, Paris: Alcan; deutsch: *Der Selbstmord*, Neuwied/Berlin: Luchterhand 1976.
Durkheim, E. (1898), »L'individualisme et les intellectuels«, in: *Revue bleue* 4, S. 7–13; repr. in: E. Durkheim, *La science sociale et l'action*, hg. v. J. C. Filloux, Paris: Presses Universitaires de France 1970, S. 261–278; deutsch: »Der Individualismus und die Intellektuellen«, in: H. Bertram (Hg.), *Gesellschaftlicher Zwang und moralische Autonomie*, Frankfurt: Surhkamp 1986 b, S. 54–70.
Durkheim, E. (1901), »Deux lois de l'évolution pénale«, in: *Année sociologique* 4, S. 65–95.
Durkheim, E. (1902), *De la division du travail social.*, 2. Aufl. Paris: Alcan; deutsch: *Über soziale Arbeitsteilung. Studie über die Organisation höherer Gesellschaften*, Frankfurt: Suhrkamp 1988.
Durkheim, E. (1912), *Les formes élémentaires de la vie réligieuse*, Paris: Presses Universitaires de France 1979; deutsch: *Die elementaren Formen des religiösen Lebens*, Frankfurt: Suhrkamp 1981.
Durkheim, E. (1915), *L'Allemagne au-dessus de tout. La mentalité allemande et la guerre*, Paris: Colin.
Durkheim, E. (1920), »Introduction à la morale«, in: *Revue philosophique*

89, S. 79–97; deutsch: »Einführung in die Moral«, in: H. Bertram (Hg.), *Gesellschaftlicher Zwang und moralische Autonomie*, Frankfurt: Suhrkamp 1986 a, S. 33–53.

Durkheim, E. (1921), »La famille conjugale«, mit einer Vorbemerkung von M. Mauss, in: *Revue philosophique* 90, S. 2–14; repr. in: E. Durkheim, *Textes*, Bd. 3, hg. v. V. Karady; Paris: Minuit, S. 35–49.

Durkheim, E. (1925a), *Sociologie et philosophie*. Préface de C. Bouglé, nouvelle édition, Paris: Presses Universitaires de France 1963; deutsch: *Soziologie und Philosophie*, mit einer Einleitung von Th. W. Adorno, Frankfurt: Suhrkamp 1967.

Durkheim, E. (1925b), *L'Education morale*. Neue Aufl., Paris: Presses Universitaires de France 1974; deutsch: *Erziehung, Moral und Gesellschaft*, Frankfurt: Suhrkamp 1984.

Durkheim, E. (1928), *Le Socialisme. Sa definition, ses débuts, la doctrine saint-simonienne*, Paris: Presses Universitaires de France.

Durkheim, E. (1937), »Morale professionelle«, in: *Revue de métaphysique et de morale*, XLIV, S. 527–544, S. 711–738.

Durkheim, E. (1950), *Leçons de sociologie. Physique des mœurs et du droit*, mit einem Vorwort von H. N. Kubali und einer Einleitung von G. Davy, Paris: Presses Universitaires de France.

Durkheim, E. (1970), *La science sociale et l'action*, hg. und eingel. von J. C. Filloux, Paris: Presses Universitaires de France.

Durkheim, E. (1973), *On Morality and Society*, hg. und eingel. von R. N. Bellah, Chicago/London: The University of Chicago Press.

Durkheim, E. (1979), *Essays on Morals and Education*, hg. und eingel. von W. S. F. Pickering, London/Boston: Routledge & Kegan Paul.

Durkheim, E. (1987), *Schriften zur Soziologie der Erkenntnis*, hg. und mit einem Nachwort von H. Joas, Frankfurt: Suhrkamp.

Etzioni, A. (1988), *The Moral Dimension*, New York: The Free Press.

Fauconnet, P. (1984), »Das pädagogische Werk Durkheims«, in: E. Durkheim, *Erziehung, Moral und Gesellschaft*, Frankfurt: Suhrkamp, S. 7–33.

Fenton, S. (1984), *Durkheim and Modern Sociology*, Cambridge: Cambridge University Press.

Ferguson, A. (1767), *Versuch über die Geschichte der bürgerlichen Gesellschaft*, Frankfurt: Suhrkamp 1986.

Filloux, J.-C. (1970), »Introduction«, in: E. Durkheim, *La science sociale et l'action*, Paris: Presses Universitaires de France, S. 5–68.

Filloux, J.-C. (1977), *Durkheim et le Socialisme*. Geneva/Paris: Librairie Droz.

Friedman, L. M. (1990), *The Republic of Choice. Law, Authority, and Culture*. Cambridge: Harvard University Press.

Gephart, Werner (1990), *Strafe und Verbrechen. Die Theorie Emile Durkheims*, Leverkusen: Leske & Budrich.

Giddens, A. (1977), »Durkheim's political sociology«, in: A. Giddens, *Studies in Social and Political Theory*, London: Hutchinson, S. 235–272.

Giddens, A. (1978), *Durkheim*, Hassocks: The Harvester Press.
Giddens, A. (1986), *Durkheim on Politics and the State*, Cambridge: Polity Press.
Ginsberg, M. (1951), »Durkheim's Ethical Theory«, in: *British Journal of Sociology*, 2, S. 210–218.
Gouldner, A.W. (1958), *»Introduction« in:* E. Durkheim, *Socialism and Saint-Simon*, transl. by C. Sattler, London.
Hall, R. T. (1987), *Emile Durkheim. Ethics and the Sociology of Morals*, Westport: Greenwood Press.
Hayward, J. E. S. (1959), »Solidarity: The Social History of an Idea in Nineteenth Century France«, in: *International Review of Social History* 4, S. 261–284.
Hayward, J. E. S. (1960), »Solidarist Syndicalism: Durkheim and Duguit«, in: *Sociological Review* n.s. 8, S. 17–36, S. 185–202.
Hayward, J. E. S. (1961), »The Official Social Philosophy of the French Third Republic: Leon Bourgeois and Solidarism«, in: *International Review of Social History* 6, S. 19–48.
Hearn, F. (1985), »Durkheim's political sociology: Corporatism, state autonomy, and democracy«, in: *Social Research* 52, S. 151–178.
Janowitz, M. (1976), *Social Control of the Welfare State*, New York: Elsevier.
Joas, H. (1992), »Durkheim's intellectual development. The problem of the emergence of a new morality and new institutions as a ›leitmotif‹ for Durkheim's œvre«, in: M. Borlandi/S. Turner (Hg.), *Emile Durkheim*, London: Unwin (im Erscheinen).
Kant, I. (1983), *Schriften zur Ethik und Religionsphilosophie*, in: *Werke*, Bd. 4, hg. v. W. Weischedel, Darmstadt: Wissenschaftliche Buchgesellschaft.
Karady, V. (1981), »Strategien und Vorgehensweisen der Durkheim-Schule im Bemühen um die Anerkennung der Soziologie«, in: W. Lepenies (Hg.), *Geschichte der Soziologie*, Bd. 2, Frankfurt: Suhrkamp, S. 206–262.
Kern, L./H.-P. Müller (Hg.) (1986), *Gerechtigkeit, Diskurs oder Markt? Die neuen Ansätze in der Vertragstheorie*, Opladen: Westdeutscher Verlag.
Knapp, P. (1985), »The question of Hegelian influence upon Durkheim's sociology«, in: *Sociological Inquiry* 55, S. 1–15.
König, R. (1975), *Kritik der historisch-existentialistischen Soziologie. Ein Beitrag zur Begründung einer objektiven Soziologie*. München: Piper.
König. R. (1976), »Emile Durkheim. Der Soziologe als Moralist«, in: D. Käsler (Hg.), *Klassiker des soziologischen Denkens*, Bd. 1, München: Beck, S. 312–364.
Kubali, H. N. (1950), »Avant-Propos« zu E. Durkheim (1950), Paris: Presses Universitaires de France, S. 5–7.
Lacroix, B. (1981), *Durkheim et le politique*, Paris/Montreal: Presses de l'Université de Montréal.
Lacroix, B. (1986), »Emile Durkheim (1858–1917), Leçons de Sociologie

(1950)«, in: Chateles/Dukamel/Pivier (Hg.), *Dictionnaire des œuvres politiques*, Paris: Presses Universitaires de France, S. 213–219.
Levine, D. N. (1983), »Review Essay: Sociology after MacIntyre«, in: *American Journal of Sociology* 89/3, S. 700–707.
Lévi-Strauss, C. (1945), »French Sociology«, in: G. Gurvitch/W. E. Moore (Hg.), *Twentieth Century Sociology*, New York, S. 503–537.
Luhmann, N. (Hg.) (1985), *Soziale Differenzierung. Zur Geschichte einer Idee*, Opladen: Westdeutscher Verlag.
Luhmann, N. (1990), *Paradigm lost. Über die ethische Reflexion der Moral*, Frankfurt: Suhrkamp.
Lukes, S. (1967), »Alienation and Anomie«, in: P. Laslett/W. G. Runciman (Hg.), *Philosophy, Politics and Society*, Series 3, Oxford: Basil Blackwell.
Lukes, S. (1973), *Emile Durkheim. His Life and Work. A Historical and Critical Study*, Harmondsworth: Penguin Books.
Lukes, S. (1982), »Introduction«, in: E. Durkheim, *The Rules of Sociological Method. And Selected Texts on Sociology and its Method*, London/Basingstoke: MacMillan, S. 1–27.
MacIntyre, A. (1981), *After Virtue. A Study in Moral Theory*. Indiana: University of Notre Dame Press.
Marske, C. E. (1987), »Durkheim's ›Cult of the Individual‹ and the Moral Reconstitution of Society«, in: *Sociological Theory* 5, S. 1–14.
Mauss, M. (1921), »Vorbemerkung« zu Durkheim (1921), in: *Revue philosophique* 90, S. 1.
Mauss, M. (1925), »In memoriam, l'œuvre inédite de Durkheim et de ses collaborateurs«, in: *Année sociologique* nouvelle série 1, S. 7–29.
Mauss, M. (1928), »Introduction«, in: E. Durkheim, *Le socialisme*, Paris: Presses Universitaires de France.
Mauss, M. (1937), »Introduction à trois leçons extraites du cours d'Emile Durkheim ›Morale civique et professionelle‹ (1898–1900)«, in: *Revue de métaphysique et de morale* 4, S. 527–531.
Mauss, M. (1958), »Introduction to the First Edition«, in: E. Durkheim, *Socialism and Saint Simon*, Yellow Springs: The Antioch Press, S. 1–4.
Mauss, M. (1969), *Œuvres. Cohésion sociale et divisions de la sociologie*, Bd. 3, hg. v. V. Karady, Paris: Minuit.
Meier, K. (1987), *Emile Durkheims Konzeption der Berufsgruppen. Eine Rekonstruktion und Diskussion ihrer Bedeutung für die Neokorporatismus-Debatte*, Berlin: Duncker & Humblot.
Merton, R. K. (1964), *Social Theory and Social Structure*, enlarged edition, New York/London: The Free Press.
Mestrovic, S. G. (1991), *The Coming Fin de siècle. An application of Durkheim's sociology to modernity and postmodernism*. London/New York: Routledge & Kegan Paul.
Müller, H.-P. (1983), *Wertkrise und Gesellschaftsreform. Emile Durkheims Schriften zur Politik*, Stuttgart: Enke.
Müller, H.-P. (1986), »Gesellschaft, Moral und Individualismus. Emile

Durkheims Moraltheorie«, in: H. Bertram (Hg.), *Gesellschaftlicher Zwang und moralische Autonomie*, Frankfurt: Suhrkamp, S. 71–105.

Müller, H.-P. (1987), »Social Structure and Civil Religion. Legitimation Crisis in a Later Durkheimian Perspective«, in: J. C. Alexander (Hg.), *Durkheimian Sociology*, Cambridge: Cambridge University Press, S. 129–158.

Müller, H.-P. (1991), »Individualismus als gemeinschaftliche Lebensform? Die ›kommunitaristische‹ Herausforderung der Sozialwissenschaften«, in: *Kölner Zeitschrift für Soziologie und Sozialpsychologie* 43 (im Erscheinen).

Müller, H.-P. (1992), »Emile Durkheim's Political Sociology«, in: M. Borlandi/S. Turner (Hg.), *Emile Durkheim*, London: Unwin (im Erscheinen).

Müller, H.-P./M. Schmid (1988), *»Arbeitsteilung, Solidarität und Moral«, Nachwort zu E. Durkheim* (1988), Frankfurt: Suhrkamp, S. 481–521.

Müller, H.-P./M. Weihrich (1990), *Lebensweise – Lebensführung – Lebensstile. Eine kommentierte Bibliographie*. Neubiberg: Universität der Bundeswehr München.

Münch, R. (1982), *Theorie des Handelns. Zur Rekonstruktion der Beiträge von Talcott Parsons, Emile Durkheim und Max Weber*, Frankfurt: Suhrkamp.

Nisbet, R. A. (1965), *Emile Durkheim*, Englewood Cliffs: Prentice Hall.

Nisbet, R. A. (1967), *The Sociological Tradition*, New York: Basic Books.

Parsons, T. (1967), »Durkheim's Contribution to the Theory of Integration of Social Systems«, in: ders., *Sociological Theory and Modern Society*, New York/London: The Free Press, S. 3–34.

Parsons, T. (1968²), *The Structure of Social Action. A Study in Social Theory with Special Reference to a Group of Recent European Writers*, 2 Bde, New York: The Free Press.

Peterson, R. A. (1963), »Comment on Steeman's Durkheim's Professional Ethics«, in: *Journal for the Scientific Study of Religions* 3, S. 108–110.

Piaget, J. (1973), *Das moralische Urteil beim Kinde*, Frankfurt: Suhrkamp.

Pizzorno, A. (1963), »Lecture actuelle de Durkheim«, in: *Europäisches Archiv für Soziologie* 4, S. 1–36.

Poggi, G. (1972), *Images of Society. Essays on the Sociological Theories of Tocqueville, Marx and Durkheim*, Stanford: Stanford University Press.

Pope, W./B. D. Johnson (1983), »Inside Organic Solidarity«, in: *American Sociological Review* 48, S. 681–692.

Prager, J. (1981), »Moral Integration and Political Inclusion: A Comparison of Durkheim's and Weber's Theories of Democracy«, in: *Social Forces* 59, S. 918–950.

Reiner, R. (1984), »Crime, Law and Deviance. The Durkheimian Legacy«, in: S. Fenton, *Durkheim and Modern Sociology*, Cambridge: Cambridge University Press, S. 175–201.

Reynolds, C. H./R. H. Norman (Hg.) (1988), *Community in America. The Challenge of Habits of the Heart*. Berkeley/Los Angeles: University of California Press.

Richter, M. (1960), »Durkheim's Politics and Political Theory«, in: K. H. Wolff (Hg.), *Emile Durkheim. A Collection of Essays, with Translations and a Bibliography*, Ohio: Ohio State University Press, S. 170–210.

Rüschemeyer, D. (1985), *Power and the Division of Labor*, London: Polity Press.

Schmid, M. (1987), »Arbeitsteilung und soziale Gerechtigkeit. Einige philosophische Bemerkungen zur Gesellschaftstheorie Emile Durkheims«, Manuskript, Augsburg.

Scott, J. A. (1951), *Republican Ideas and the Liberal Tradition in France*, New York: Columbia University Press.

Seidel, B./S. Jenkner (Hg.) (1968), *Klassenbildung und Sozialschichtung*, Darmstadt: Wissenschaftliche Buchgesellschaft.

Sheleff, L. S. (1975), »From Restitutive Law to Repressive Law. Durkheim's ›The Division of Labor in Society‹ Revisited«, in: *Europäisches Archiv für Soziologie* 16, S. 16–45.

Smith, A. (1776), *An Inquiry into the Nature and Causes of the Wealth of Nations*, New York: Modern Library 1937.

Steeman, T. M. (1963), »Durkheim's Professional Ethics«, in: *Journal for the Scientific Study of Religions* 2, S. 163–181.

Tiryakian, E. A. (1978), »Emile Durkheim«, in: T. Bottomore/R.A. Nisbet (Hg.), *A History of Sociological Analysis*, New York: Basic Books, S. 187–236.

Tiryakian, E. A. (1981), »Die Bedeutung von Schulen für die Entwicklung der Soziologie«, in: W. Lepenies (Hg.), *Geschichte der Soziologie*, Bd. 2, Frankfurt: Suhrkamp, S. 31–68.

Tocqueville, A. C. de (1833), *Über die Demokratie in Amerika*, München: dtv 1976.

Tönnies, F. (1929), *Soziologische Studien und Kritiken*, Dritte Sammlung, Jena: Gustav Fischer.

Tönnies, F. (1935[8]), *Gemeinschaft und Gesellschaft. Grundbegriffe der reinen Soziologie*, Darmstadt: Wissenschaftliche Buchgesellschaft 1963.

Traugott, M. (1978), »Introduction«, in: E. Durkheim, *On Institutional Analysis*, hg. v. M. Traugott, Chicago/London: University of Chicago Press, S. 1–39.

Turner, J. H. (1981), »Emile Durkheim's Theory of Integration in Differentiated Social Systems«, in: *Pacific Sociological Review* 24, S. 379–391.

Tyrell, H. (1985), »Emile Durkheim. Das Dilemma der organischen Solidarität«, in: N. Luhmann (Hg.), *Soziale Differenzierung. Zur Geschichte einer Idee*, Opladen: Westdeutscher Verlag, S. 181–250.

Wallwork, E. (1972), *Durkheim, Morality and Milieu*, Cambridge: Harvard University Press.

Wolfe, A. (1989), *Whose Keeper? Social Science and Moral Obligation*, Berkeley/Los Angeles: University of California Press.

Editorische Notiz

Der vorliegende Band enthält eine Übertragung der Vorlesungen zur Soziologie der Moral und des Rechts, die Emile Durkheim mehrfach in Bordeaux und Paris gehalten hat. Auf Initiative von Hüseyin Nail Kubali, einem türkischen Rechtswissenschaftler, und mit der Unterstützung von Durkheims Tochter, Jacques Halphen, und Georges Davy wurden diese Vorlesungen erst 1950 unter dem Titel ›Leçons de Sociologie. Physique des mœurs et du droit‹ veröffentlicht. Sie erschienen zeitgleich in Istanbul (›Publications de l'Université, Faculté de Droit‹, no. 111. Istanbul: L'Université d'Istanbul) und Paris (Paris: Presses Universitaires de France). Obgleich Marcel Mauss die Publikation des Textes bereits 1925 angekündigt hatte, vermochte er nur die ersten drei Vorlesungen zur Berufsmoral 1937 in der ›Revue de métaphysique et de morale‹ zu veröffentlichen. In den Wirren des Zweiten Weltkrieges gingen die Manuskripte zur familialen Moral wie auch die Manuskripte zu den universalen Pflichten des Menschen gegenüber sich selbst verloren. Die deutsche Übertragung folgt der zweiten, textgleichen französischen Auflage aus dem Jahre 1969. Alle Angaben des französischen Textes wurden übernommen; wo es möglich war, wurden unvollständige Zitationen ergänzt. Reifliche Überlegung sprach für eine veränderte Titelgebung, um die Intention des Autors klarer hervortreten zu lassen. Mein Dank gilt Michael Bischoff und Friedhelm Herborth; ferner dem ›Soziologischen Arbeitskreis Emile Durkheim‹, allen voran Hans Joas (Berlin) und Michael Schmid (Augsburg) für ihre Verbesserungsvorschläge und der Werner-Reimers-Stiftung in Bad Homburg für die Möglichkeit zu Arbeitstreffen des genannten Kreises.

Heidelberg, im Mai 1991 Hans-Peter Müller

Namenregister

Sachregister